Weissman **Der Weg der Achtsamkeit**

Rosemary und Steve Weissman

# Der Weg der
# Achtsamkeit

## Vipassana-Meditation
### Ein 10-Tage-Kurs

Aus dem Amerikanischen von
Kay Zumwinkel

IRISIANA

# IRISIANA

Eine Buchreihe herausgegeben von
Margit und Rüdiger Dahlke

Die Originalausgabe erschien unter dem Titel
... with Compassionate Understanding
© Rosemary & Steve Weissman, 1990

Die Deutsche Bibliothek – CIP-Einheitsaufnahme
Weissman, Rosemary:
Der Weg der Achtsamkeit: Vipassana-Meditation; ein
10-Tage-Kurs / Rosemary und Steve Weissman. – München:
Hugendubel, 1994
(Irisiana)
Einheitssacht.: ... with compassionate understanding <dt.>
ISBN 3-88034-757-3
NE: Weissman, Steve

Umschlaggestaltung: Zembsch' Werkstatt, München
unter Verwendung einer Illustration von Rosemary Weissman
Produktion: Tillmann Roeder, München
Satz: Uhl + Massopust, Aalen
Druck und Bindung: Ebner Ulm
Printed in Germany

ISBN 3-88034-757-3

# Inhalt

Einleitung 7
Vorwort 8
Einführung des Übersetzers 11

Tagesablauf 12

*Erster Tag, abends* Einführung und Anleitung zur
Sitzmeditation 15

*Zweiter Tag, frühmorgens* Anleitung zur Steh- und
Gehmeditation 36

*Zweiter Tag, vor dem Frühstück* Besinnung auf die Mahlzeit und
Anleitung zu bewußtem Essen 43

*Zweiter Tag, vormittags* Das Zuhören und das
Schweigen 47

*Zweiter Tag, abends* Die fünf Hindernisse 52

*Dritter Tag, vormittags* Weitere grundlegende
Anleitungen 74

*Dritter Tag, abends* Mitgefühl und Liebende Güte,
Vortrag und geführte
Meditation 82

*Vierter Tag, vormittags* Vipassana-Romanze und
Vipassana-Wahnidee 105

*Vierter Tag, abends* Unangenehme körperliche
Empfindungen 113

*Fünfter Tag, vormittags* Gleichmut 129

*Fünfter Tag, abends* Satipattana Sutta: Die Vier
Grundlagen der Achtsamkeit 137

*Sechster Tag, vormittags* Mitgefühl 156

*Sechster Tag, abends* Loslassen 165

*Siebter Tag, vormittags* Emotionen 185

*Siebter Tag, abends* Fünf Betrachtungen 192

| | | |
|---|---|---|
| *Achter Tag, vormittags* | Seid gut zu euch selbst | 215 |
| *Achter Tag, abends* | Anstrengung und Ausge-wogenheit | 225 |
| *Neunter Tag, vormittags* | Seid ihr gewachsen? | 246 |
| *Neunter Tag, nachmittags* | Mitfreude | 253 |
| *Neunter Tag, spätnachmittags* | Reden und Zuhören | 262 |
| *Neunter Tag, abends* | Zweifel und Aufge-schlossenheit | 265 |
| *Zehnter Tag, vor dem Frühstück* | Respekt, Dankbarkeit, Großzügigkeit und Freude | 287 |
| *Zehnter Tag, vormittags* | Mitgefühl/Liebende-Güte-Meditation, Rückkehr | 295 |

# Einleitung

Es ist mir eine besondere Freude, einleitende Worte zu diesem Buch sprechen zu dürfen. »Der Weg der Achtsamkeit« (Vipassana-Meditation) von Steve und Rosemary Weissman ist ein praktischer Leitfaden für jeden, der sich ernsthaft und nicht nur philosophisch-spekulativ mit dem Thema Meditation auseinandersetzen möchte.

Gerade in einer Zeit, in der soviel Achtsamkeit im Rausch hektischen Fortschritts verlorengeht, in der die Menschen im Überfluß nebensächlicher Äußerlichkeiten zu ersticken drohen, kann ein Buch wie das vorliegende hilfreiche Impulse schenken. Es zeigt uns, wie man wieder Anschluß finden kann an das Wesentliche, an die friedvolle Stille, die jeder von uns tief in seiner Mitte entdecken kann. Ganz im Stil buddhistischer Tradition macht es dem Leser deutlich, daß praktische Übung der Kern jeder Meditation ist. Wer sich bisher nur am Rande mit dem Thema Selbsterkenntnis durch Meditation auseinandergesetzt hat, findet hier die Möglichkeit, gleichsam als geistiger Teilnehmer eines Vipassana-Retreats Schritt für Schritt mit den praktischen Grundlagen dieser Meditationsform vertraut zu werden.

Sicherlich – was im Menschen tatsächlich abläuft, wenn er sich in einen solchen Prozeß mit Leib und Seele einbringt, das vermag kein Buch zu illustrieren. Hier hilft nur die eigene Erfahrung. Und doch ist es den Erfassern gerade durch die protokollarische Beschreibung des Retreats gelungen, dem Leser ein überaus plastisches Bild zu zeichnen, als wäre er selbst mit dabei.

Man spürt, daß dieses Buch ursprünglich als liebevolle Hilfe für die Teilnehmer konzipiert war, ihnen einen Wegweiser an die Hand zu geben, wie man am geschicktesten die immer wieder auftretenden Hindernisse auf dem Weg in die eigene Mitte überwinden kann. Zwischen den Zeilen wird hier deutlich, daß Steve und Rosemary Weissman nicht nur über den im Buddhismus so entscheidenden Begriff des Mitgefühls reden, sondern sich in die Sorgen und Nöte des noch nicht so erfahrenen Meditationsschülers versetzen können, um ihn mitfühlend anzuleiten.

Aber auch für »alte Hasen« mit langjähriger Meditationspraxis ist dieses Buch in seiner Authentizität Er-Innerung und Anstoß zugleich, sich mit Freude und neuer Kraft auf den Weg zu der einen seligen Mitte zu machen, die uns bei regelmäßiger Übung der Achtsamkeit als Lohn erwartet.

Wer nicht nur philosophisch theoretisieren möchte, sondern ganz konkrete Hinweise für seine Meditationspraxis sucht, der wird in diesem Buch eine Fülle von Antworten finden, denen man die eigene langjährige Praxis der Verfasser anmerkt. In den vielen Meditationskursen, die ich selbst geleitet habe, habe ich mir ein Buch wie dieses als Hilfestellung für die Meditierenden schon lange gewünscht.

München, im Juli 1994                                          Nicolaus Klein

# Vorwort

Dieses Buch enthält fast alle Vorträge und Anleitungen, die anläßlich von 10-Tages-Meditationskursen (Retreats) unter der Leitung von Rosemary und Steve Weissman im Internationalen Meditationszentrum Wat Khao Tham auf Koh Pha-Ngan, Thailand, im Laufe des Jahres 1990 gegeben wurden.

Ende 1987 wurden wir gebeten, all die ausländischen Reisenden, die nach Koh Pha-Ngan kommen und auf der Suche nach Meditationsunterricht in dieses Waldkloster gelangen, zu unterweisen. Mit zunehmender Nachfrage nach einer Anleitung sahen wir ein Potential für einen formaleren und gründlicheren Unterricht im Retreat-Stil, so daß im Mai 1988 mit den intensiven 10-Tages-Retreats in der jetzigen Form begonnen werden konnte.

Diese Retreats sind als grundlegende Einführung in viele Methoden des Geistestrainings, die sich innerhalb der buddhistischen Lehre finden lassen, gedacht – Methoden, die dazu dienen, tiefen inneren Frieden und Weisheit zu finden.

Der Schwerpunkt des Retreats liegt auf der Entwicklung von heilsamen Eigenschaften wie Mitgefühl, liebende Güte, Gleichmut, Freude, Geduld, Beharrlichkeit, Durchhaltevermögen, Energie, Verständnis und Weisheit und auf dem Abbau von unheilsamen Eigenschaften wie Gier, Haß, Zorn, Eifersucht, Furcht, Besorgnis, Trauer und Unwissenheit.

Ein bedeutsamer Bestandteil dieser Art geistigen Trainings ist die Entwicklung geschärfter Achtsamkeit auf die eigenen Handlungen, sprachlichen Äußerungen und Gedanken. Diese Achtsamkeit oder Geistes-*Gegenwart* ist von wesentlicher Bedeutung, um Klarheit und Stärke des Geistes zu entwickeln. Mit Hilfe dieser Klarheit und Stärke kann man dann erkennen, welche Handlungen, Äußerungen und Gedanken zu Streß und Schwierigkeiten führen – und welche zu Frieden und Harmonie in uns und anderen hinleiten. Durch die Entwicklung von Verständnis dieser Art lernt man, wie man Streß und Schwierigkeiten – die von der eigenen Anhaftung an Gier, Abneigung und Unwissenheit herrühren – einfach fallen läßt.

In unserer eigenen Praxis konnten wir feststellen, daß die Entwicklung von Geistesgegenwart und das Loslassen von Schwierigkeiten durch die Entwicklung von Mitgefühl enorm gefördert werden: Mitgefühl als Triebfeder unserer Handlungen, Äußerungen, Gedanken und Mitgefühl *mit* ihnen.

Mit Mitgefühl als Grundeinstellung wird man dazu bewegt, sich und anderen keinen Schaden oder Schwierigkeiten zuzufügen. Je mehr man inneres Mitgefühl fördert, um so mehr erkennt man, daß Achtsamkeit ein äußerst wertvoller Weg ist, um Verständnis für das Leben in all seinen Aspekten zu entwickeln. Mit diesem Verständnis kann man dann daran arbeiten, heilsame Qualitäten aus- und unheilsame abzubauen. Dies wiederum schafft dann die Ursachen und Bedingungen für mehr Frieden, Zufriedenheit und tieferes Glück.

In der Vergangenheit gab es seitens der Kursteilnehmer eine überwältigende Nachfrage nach den Vorträgen in Schriftform. Also tippten wir die Vorträge und Anweisungen ab, um sie fotokopieren zu können. Es zeigte sich, daß die Kopien äußerst beliebt und von großer Hilfe für die Kursteilnehmer waren. Sie hatten jetzt etwas in der Hand, auf das sie später zur Gedächtnisauffrischung zurückgreifen konnten.

Daher hielten wir es für angebracht, die Vorträge in der vorliegenden Form herauszugeben: handlicher für die Kursteilnehmer und auch als Hilfe für Außenstehende, die sich für Meditation interessieren. Obwohl es äußerlich nicht gerade das typische Anfängerhandbuch für die Meditation darstellt, hat es sich gezeigt, daß viele Meditationsneulinge zu Beginn ihrer Praxis recht viel mit den Vorträgen anfangen konnten.

Wir beschlossen, die Vorträge im Retreat-Stil zu belassen und mit ein paar zusätzlichen Informationen bezüglich der Rahmenbedingungen des Retreats zu versehen. Dies geschah, um dem Leser die Kursatmosphäre zu vermitteln, was für viele Anfänger, aber auch Fortgeschrittene von Nutzen war.

Ebenso mag es für den Leser nützlich sein zu erfahren, daß die hier wiedergegebenen allgemeinen Anweisungen und Vorträge nicht die vollständige Unterweisung jedes einzelnen Kursteilnehmers abdecken. Darüber hinaus gab es jeweils private Interviews mit den Lehrern, die eine persönlichere Anleitung enthielten.

Auch gab es als Ergänzung zum Training in formaler Meditation spezielle Gymnastikübungen, die so manchem zu mehr Körperbewußtsein und Beweglichkeit verhalfen. Dies unterstützte den physischen Aspekt der verschiedenen Körperhaltungen, insbesondere bei der Sitzmeditation.

Wir möchten unsere höchste Wertschätzung ausdrücken für die Gastfreundschaft, Ermutigung und Unterstützung, die wir während unserer Jahre als Lehrer in Wat Khao Tham von der Äbtissin Mae Chi Ah Mohn Phaan und den anderen Nonnen und Mönchen erhalten haben.

Ebenso möchten wir unsere Dankbarkeit gegenüber unseren Eltern, Lehrern und anderen, die zu unserem inneren Wachstum beitrugen, ausdrücken.

Besonderer Dank gilt Seiner Heiligkeit, dem Dalai Lama und Tenzin Geshe Tethong für die Erlaubnis, Zitate des Dalai Lama (Vortrag 8. Tag, abends) und von Kyabje Yongzin Ling Dorje Chang Rinpoche (Vortrag 6. Tag, abends) zu verwenden.

Und ein ganz besonderes Dankeschön an Ruth Weissman und Peter Sudworth für ihre Zeit und Mühe, beim Editieren des Textes zu helfen.

Wir hoffen, daß dieses Buch vielen eine Stütze sein wird: um zu mehr Frieden und Zufriedenheit zu finden, um Schwierigkeiten und Probleme abzubauen; mit mehr Geduld, Liebender Güte, Gleichmut, Freude, Akzeptanz, Weisheit und...

... Mitfühlendem Verständnis.

Wat Khao Tham
Koh Pha-Ngan, Thailand, August 1990     *Steve und Rosemary Weissman*

# Einführung des Übersetzers

Die deutsche Sprache ist nicht ideal für die Darstellung psychologischer Zusammenhänge. Sie ist auch nicht die ideale Dhamma-Sprache. Das Wort »Geist« ist ein vielzitiertes Beispiel. Es hat nicht die Bedeutungsbreite des englischen »mind«. Dieses wiederum erfaßt nur einen Ausschnitt der Bedeutung des Pali-Begriffes »citta«. Dennoch ist die Muttersprache das am besten geeignete Instrument, um sich mit einem so vielschichtigen Thema wie der Meditation zu befassen, weil sie die Oberfläche der Semantik durchdringt.

Jede Übersetzung ist eine Interpretation des Inhalts. Gute Kenntnisse der Sprache des Originaltexts sind dabei unerläßlich, wichtiger noch ist die Auseinandersetzung mit den Nuancen der Sprache, in die man übersetzt. Am wichtigsten jedoch ist ein gewisses Verständnis der zu übersetzenden Inhalte.

Daher habe ich mich bemüht, die derzeitigen Ergebnisse meiner Meditationspraxis so gut wie möglich zu nutzen. Bei der Wortwahl habe ich auf erzwungene Wortschöpfungen verzichtet, weil diese nicht zur Klarheit beitragen. Auch habe ich weitgehend auf Begriffe verzichtet, die mit bestimmten christlichen Inhalten besetzt sind, die sozusagen bereits eine bestimmte Geschichte repräsentieren. Bei der Wahl technischer Ausdrücke habe ich mich an buddhistischen Autoren orientiert, die des Deutschen und Englischen gleichermaßen mächtig sind. Den Vortragsstil des Originals habe ich versucht beizubehalten.*

Ich möchte denjenigen Menschen danken, die dazu beitrugen, daß ich mich an die Übersetzung von »...with Compassionate Understanding« heranwagen konnte – Menschen, die mir durch selbstloses Geben ihrer Zeit und ihres Wissens auf dem spirituellen Weg weiterhalfen. Der Ausdruck tiefer Dankbarkeit gilt insbesondere Phra Cittapalo, Anila Karen, Geshe Konchog, der ehrwürdigen Ayya Khema, Kirti Tsenshab Rinpoche und den Autoren dieses Buches.

Möge diese Übersetzung anderen eine Hilfe sein.

---

\* Die Anmerkungen im Text sind vom Übersetzer.

12

# Tagesablauf

| | |
|---|---|
| 4.00 Uhr | Wecken |
| 4.45 Uhr | Sitzmeditation |
| 5.30 Uhr | Übungen für das Körperbewußtsein (Hatha-Yoga) |
| 6.35 Uhr | Sitzmeditation |
| 7.05 Uhr | Frühstück |
| 8.25 Uhr | Arbeitsmeditation |
| 9.00 Uhr | Gehmeditation |
| 9.30 Uhr | Vortrag und Sitzmeditation |
| 10.15 Uhr | Sitz- oder Stehmeditation |
| 10.25 Uhr | Vortrag |
| 10.30 Uhr | Gehmeditation |
| 11.00 Uhr | Mittagessen |
| 13.00 Uhr | Gehmeditation |
| 13.45 Uhr | Steh- oder Sitzmeditation |
| 14.45 Uhr | Gehmeditation |
| 15.30 Uhr | Sitzmeditation |
| 16.15 Uhr | Sitz- oder Stehmeditation |
| 16.30 Uhr | Gehmeditation |
| 17.15 Uhr | Leichte Abendmahlzeit |
| 18.15 Uhr | Steh- oder Gehmeditation |
| 19.15 Uhr | Vortrag |
| | danach Meditation nach Belieben oder Bettruhe |

*Erster Tag, abends*

# Einführung und Anleitung zur Sitzmeditation

Willkommen im Wat Khao Tham und willkommen zum 10-Tage-Meditationskurs. Wir heißen Steve und Rosemary und werden euch während des Retreats anleiten. Sinn und Zweck dieses 10-Tage-Retreats liegen im Versuch, einige grundlegende Meditationspraktiken zu erarbeiten, die euch in allen Lebenslagen hilfreich zur Seite stehen können.

Der Begriff *Geistige Entwicklung* wird während dieses Kurses des öfteren fallen. So wie er hier verwendet wird, bedeutet geistige Entwicklung, daß heilsame geistige Eigenschaften gefördert und unheilsame abgebaut werden. Die Meditationsmethoden, die wir lehren werden, drehen sich alle um diese geistige Entwicklung. Wir könnten also sagen, daß wir Meditation lehren, aber genausogut könnten wir von Unterricht in geistiger Entwicklung sprechen. So wie wir diese Begriffe verwenden werden, bedeuten sie im wesentlichen das gleiche.

Betrachten wir einmal, warum jemand überhaupt etwas über Meditation beziehungsweise geistige Entwicklung lernen will.

Wir alle machen Erfahrungen im Leben, die uns nicht vollkommen zufriedenstellen. Mögen es nun geringfügigere körperliche Probleme sein wie Kopfschmerzen oder kleinere Verletzungen oder gravierende Einschnitte wie Krebs oder der Tod. Es mögen geringfügige geistige Kümmernisse sein wie der Ärger, wenn der Bus Verspätung hat, oder Schwerwiegendes wie die Trauer um den Tod eines geliebten Menschen. Egal ob körperlicher oder geistiger Art, immer wieder werden wir mit Lebensumständen konfrontiert, die nicht völlig zufriedenstellend sind.

Eine Möglichkeit, mit diesen Schwierigkeiten fertig zu werden, ist, sie einfach zu ignorieren. Das funktioniert aber nur eine gewisse Zeit lang. Eine weitere Möglichkeit liegt in der Flucht, sei es die Flucht in Alkohol, Drogen, Arbeit oder was auch immer – wiederum funktioniert die nicht dauerhaft. In Zeiten von Schwierigkeiten angewendet, bewirken diese Methoden zwar ein gewisses Maß an Erleichterung, aber sie sind nicht ausreichend, um das Leben insgesamt zu meistern. Die Wurzeln unserer Probleme werden so nicht beseitigt. Aber wenn es uns gelingt, richtigen Umgang mit der ständigen Veränderung im Leben und mit unseren Reaktionen darauf zu lernen, dann gewinnen wir inneren Frieden, der nicht von äußerer Unterstützung abhängt. Bei der geistigen Entwicklung geht es darum, die Bewältigung aller Lebenssituationen zu erlernen.

Während dieses Retreats lehren wir Methoden, die geeignet sind für Menschen und Lebensumstände aller Art; für Leute jeglicher Religion, Nationalität und Hautfarbe; egal ob Mann oder Frau, jung oder alt, gesund oder krank, reich oder arm. Die Methode, die ihr hier lernen werdet, funktioniert bei jedem und überall.

Wir alle begegnen gewissen Schwierigkeiten, Problemen und Hindernissen im Leben. Wir alle wurden geboren, und wir alle werden sterben. Wenn wir lange genug leben, machen wir gelegentlich Krankheiten durch, der Körper altert und wird für gewöhnlich mit der Zeit schwach und gebrechlich.

Oft genug sind wir getrennt von dem, was wir gern haben. Oft genug müssen wir uns mit dem auseinandersetzen, was wir nicht ausstehen können. Und oft genug kriegen wir einfach nicht, was wir wollen. So sieht es aus im Leben. Es ist immer wieder unerfreulich und schwierig.

Wenn sich jemand den Arm bricht, so ist das ganz offensichtlich unerfreulich und kann sehr schmerzhaft sein. Der Arm muß dann in ärztliche Behandlung, wird eingegipst und ruhiggestellt. Das ist die eine Art von Schwierigkeiten – ein körperliches Problem, das durch gewisse Routinemaßnahmen aus der Welt geschafft werden kann. Viele Menschen mit einem gebrochenen Arm haben aber noch ein anderes Problem. Dieses rührt von ihrer inneren Reaktion auf den Armbruch her. Diese Reaktion ist manchmal ein »O weh! Mein Arm, mein Arm! Was soll ich bloß machen? Ich bin völlig hilflos! O weh!« und so weiter. Mal mit mehr Aufregung und Besorgnis, mal mit weniger.

Dieses zusätzliche Problem ist ein Produkt der Gedanken *über* die tatsächliche physische Unbill. Diese mentalen Probleme sind nur aufgepfropft, wir bräuchten sie eigentlich nicht zu haben. Genau hier

16

kann die geistige Entwicklung helfen, indem sie diese Zusatzprobleme, die wir uns und anderen bereiten, verkleinert oder gar ausmerzt; ebenjene Zusatzprobleme, die wir durch unsere Reaktionen auf den Wandel des Lebens heraufbeschwören. Es mag viele Gründe geben, warum jeder einzelne von euch hier ist. Darunter wird sicher der Wunsch sein, Methoden und Techniken der geistigen Entwicklung zu lernen, um erfolgreicher bei der Bewältigung von Daseinsproblemen und Schwierigkeiten zu sein. Auf diesen Wunsch, Schwierigkeiten abzubauen und deren Ursachen zu beseitigen, beziehen wir uns, wenn wir den Begriff *Mitgefühl* verwenden.

Mitgefühl ist ein Pfeiler der geistigen Entwicklung und der Meditationspraxis. Wenn man die Schwierigkeiten nicht erkennt und diesen mitfühlenden Wunsch nicht entwickelt, wird es wohl kein Verlangen nach einer Lösung der Probleme geben und auch kein Verlangen, geistige Entwicklung und Meditation zu praktizieren.

Ein weiterer Grund für eure Anwesenheit könnte darin liegen, daß ihr mehr Glück, Zufriedenheit und Frieden im Leben finden wollt. Auf diesen Wunsch nach Frieden und Glück beziehen wir uns, wenn wir den Begriff *Liebende Güte* verwenden. Innerhalb dieser Praxis bezeichnet der Begriff eine Art von Güte, die tiefer geht als normale Freundlichkeit, und eine Art von Liebe, die sich von dem unterscheidet, was wir normalerweise Liebe nennen.

Mitgefühl und Liebende Güte sind eng miteinander verbunden. Zusammen ergeben sie den Wunsch nach Wohlergehen, wem dieser Wunsch auch immer gelten mag. Mitgefühl ist der Wunsch, die Ursachen von Schwierigkeiten und Unglücklichsein zu beseitigen. Und Liebende Güte ist der Wunsch nach Frieden und Harmonie. Da dieses Retreat ja dazu da ist, bei der Lösung unserer Schwierigkeiten zu helfen, wird von der Förderung von Mitgefühl und Liebender Güte viel die Rede sein.

Mitgefühl und Liebende Güte sind zunächst einfach Gedanken. Wie also setzen wir diese in die Tat um? Zur Lösung jedweden Problems ist es erst einmal notwendig, dieses zu verstehen. Das bedeutet, es zu erkennen, wenn es da ist; zu sehen, wo es herkommt; zu verstehen, auf welche Art und Weise es vergeht; und – ganz wichtig – zu erkennen, wie dieses Problem in Zukunft vermieden werden kann.

Dazu ist es von Bedeutung, das, was man Geistesgegenwart und Achtsamkeit nennt, anzuwenden: sich der Gedanken, Äußerungen und Handlungen bewußt zu werden, sich vor Augen zu führen, was man denkt, sagt und tut. Indem wir aufmerksamer und achtsamer werden, vermeiden wir Fehler, bereiten wir uns selbst und anderen weniger Schwierigkeiten.

Mittels Achtsamkeit kommen wir der Lebenserfahrung näher und bauen Verständnis auf. Bei dieser Aufbauarbeit können wir das Mitgefühl und die Liebende Güte, die wir in uns haben, anwenden und auf die Lösung von Problemen sowie die Beseitigung ihrer Ursachen hinarbeiten. So bereiten wir den Boden, auf dem Frieden und Glück gedeihen können.

Hier ein Beispiel, wie das Problemlösen mittels Achtsamkeit funktioniert:

Die meisten von uns bemerken, daß ein bestimmtes Problem auf ähnliche Weise immer wieder auftaucht. Angenommen, wir haben eine bestimmte Art von Abneigung. Wir mögen eine bestimmte Person oder Situation nicht und reagieren mit Zorn oder Gereiztheit. Das passiert immer wieder, und es ist genau unsere Reaktion, mit der wir uns und anderen Probleme bereiten.

Dann aber, nachdem eines Tages eine solche Situation wieder einmal aufgetaucht ist und wir wie üblich reagiert und Schwierigkeiten produziert haben, kommen wir zu dem Schluß, daß es besser gewesen wäre, nicht derart zu reagieren. Das ist ein erster Schritt auf dem Weg der Achtsamkeit, hin zur Entwicklung von Verständnis; ein Problem zu erkennen, *nachdem* es aufgetaucht ist, und zu wünschen, es wäre nicht passiert. Dieser Wunsch kann eine Kombination aus Mitgefühl und Liebender Güte sein: der Wunsch, das Problem zu lösen und der Wunsch nach einer friedvollen und befriedigenden Zukunft. Mit Hilfe dieser Herzenswünsche und der Einsicht, daß es da etwas zu tun gibt, versuchen wir, noch achtsamer zu sein, um das Problem noch umfassender zu verstehen. Mag sein, daß wir noch viele Male das Problem erst nach seinem Auftauchen erkennen werden. Bis wir eines Tages, wenn unsere Achtsamkeit schärfer geworden ist, die Wiederkehr des Problems noch während unserer Reaktion darauf bemerken. Das bedeutet, die Achtsamkeit hat sich *während* der Situation eingestellt, anstatt danach. Und mit Hilfe unseres bereits erworbenen Verständnisses bezüglich ähnlicher Probleme kann es sein, daß wir den Ausgang der Situation zum Besseren hin ändern können.

Mit zunehmender Achtsamkeit werden wir die genannte Situation bereits *bei ihrem Eintreten* erkennen. Jetzt haben wir viel bessere Karten, um die Situation zu ändern und viele der üblichen Schwierigkeiten zu vermeiden.

Bei ausreichend starker Achtsamkeit werden wir schließlich tatsächlich in der Lage sein, die *Ursachen* des Problems zu verstehen. Mit Hilfe solchen Verständnisses werden wir die Begleitumstände erwähnter Problemsituation rechtzeitig erkennen und diese so völlig vermeiden können.

Also können diese fünf Aspekte meditativer Praxis folgendermaßen ineinandergreifen: Zuerst erkennen wir das Vorhandensein eines Problems. Angesichts der schwierigen Lage steigt dann Mitgefühl auf mit allen Personen, die darin verstrickt sind. Gleichermaßen kann Liebende Güte entstehen. Mit Hilfe dieser Einstellung üben wir uns in Achtsamkeit auf Handlung, Sprache und Gedanken. Indem wir uns der Achtsamkeit bedienen, erlangen wir Verständnis. Mit einem solchen Verständnis können wir schließlich unsere Probleme lösen.

Mit der gleichen Herangehensweise, mit der wir an unseren Problemen oder unheilsamen Eigenschaften arbeiten, können wir auch an unseren heilsamen und positiven Eigenschaften arbeiten, indem wir versuchen, mit Hilfe der Achtsamkeit ein Verständnis dafür zu entwickeln, wie wir unsere guten Seiten erhalten und stärken, so daß jeder Aspekt des Lebens davon profitieren kann.

Daran könnt ihr ermessen, wie wertvoll es ist, aufmerksam und achtsam hinsichtlich Gedanken, Äußerungen und Taten zu sein. Im Lauf dieses Kurses werden wir viele Techniken erklären, die uns helfen, Geistesgegenwart und Achtsamkeit zu fördern, so daß wir uns selbst besser kennenlernen. Diese Meditationspraxis hat die Entwicklung von Geistesgegenwart und Achtsamkeit zum Gegenstand; den Versuch zu verstehen, wer und was wir sind – das heißt die tatsächliche Wirklichkeit und nicht unsere Vorstellung davon, wer und was wir sind. Diese Art der Meditation wird oft als Vipassana- oder Einsichtsmeditation bezeichnet – der Versuch zu verstehen und Einsicht in die Natur der Realität zu entwickeln.

Viele der zusätzlichen Probleme, die wir uns und anderen bereiten, rühren von unseren Reaktionen her. Wenn wir lernen, wie wir
mit unseren Reaktionen auf die verschiedenen Lebenslagen umzugehen haben, sind wir schon auf dem Weg, Schwierigkeiten auszuräu-
men und mehr Frieden, Zufriedenheit und Glück zu schaffen.
Jeder Erfahrung, die wir machen, folgt automatisch eines von drei
möglichen Gefühlen: Es mag angenehm sein, unangenehm oder
neutral, das heißt weder angenehm noch unangenehm. Diese Gefühle bedingen Reaktionen.
Wenn unsere Reaktion weise und überlegt ist, voller Mitgefühl und
Verständnis, dann wird sich das Extraproblem oft gar nicht erst
einstellen. Aber wenn wir es an Weisheit, angemessenem Erwägen
und mitfühlendem Verständnis mangeln lassen, können unsere
Reaktionen oft noch mehr Schwierigkeiten erzeugen.
Achtsamkeit und Wissensklarheit bezüglich unserer Reaktionen
auszubauen, nimmt den breitesten Raum bei der geistigen Entwicklung ein. Es ist von großer Bedeutung, sich zu vergegenwärtigen, daß
unsere Reaktionen von Konditionierungen und Bedingungen aus der
Vergangenheit abhängen. Wer wir sind, hängt von der Vergangenheit
ab. Wir sind konditionierte Personen. Wir haben einen konditionier-
ten Geist, konditionierte Reaktionen, Vorlieben und Abneigungen.
Was wir sind, ist in Abhängigkeit entstanden − abhängig von den
unterschiedlichen Bedingungen, unter denen wir aufgewachsen sind,
unter denen wir uns entwickelt haben.
Die Art und Weise, wie jemand aufwächst, ist gewissermaßen in
jedem Land unterschiedlich. Selbst innerhalb eines Landes gibt es
Unterschiede: verschiedene Religionen, unterschiedliche Schulsy-
steme, verschiedene Witterungsbedingungen, unterschiedliches Essen. Viele, viele verschiedene Ursachen und Bedingungen haben zu
dem beigetragen, was wir heute sind.
Die Art und Weise, wie wir denken, hängt von Konditionierungen
aus der Vergangenheit ab. Das gleiche gilt für unsere Reaktionen.
Einige unserer Reaktionen sind weise, andere nicht. Einige sind
angemessen, andere nicht. Einige entstehen aus Mitgefühl und
Liebe, andere aus Haß und Zorn. Einige führen zu Frieden und
Glück, andere zu Problemen und Schwierigkeiten.
Wir alle hätten gern mehr Frieden und Glück. Wir alle hätten gern
weniger Probleme und Schwierigkeiten. Wenn wir Achtsamkeit auf

unser Denken, unsere Äußerungen, unsere Aktionen und Reaktionen entwickeln, sind wir im Prozeß der geistigen Entwicklung einen gewaltigen Schritt vorwärtsgekommen.

Dies ist kein leichtes Unterfangen. Es braucht seine Zeit. Nachdem unsere Konditionierung über viele, viele Jahre erfolgte, können wir die Dinge nicht über Nacht ändern. Wir müssen anerkennen, daß unsere Gewohnheiten und Verhaltensmuster im Laufe vieler Jahre derartig stark geworden sind, daß es einfach dauert, sie zu ändern. Geduld ist gefordert, Mitgefühl ist nötig. Beharrlichkeit ist erforderlich. Gleichmut ist nötig. Die verschiedenen heilsamen Qualitäten müssen entwickelt und verstärkt werden.

Denkt daran, wenn es darum geht, etwas Neues zu lernen, verhält es sich mit der Meditation ähnlich wie mit Angelegenheiten des Alltagslebens. Wie in dem Beispiel von einem, der das Schwimmen lernen will:

Kann er etwa erwarten, daß er bereits am ersten Tag des Schwimmunterrichts in der Lage ist, eine ganze Bahn zu schwimmen? Für gewöhnlich nicht, denn schwimmen lernen dauert eben. Bestimmte Techniken und Methoden müssen erlernt, eingeübt und weiterentwickelt werden. Und es gibt bestimmte Entwicklungsstufen – eine bestimmte Reihenfolge im Vorwärtskommen. Einem Anfänger bringt man keinen Startsprung oder die Saltowende bei. Diese Dinge sind später von Bedeutung, wenn der Schwimmer an Wettkämpfen teilnehmen will, aber am Anfang stehen sie nicht auf dem Lehrplan. Desgleichen können ausgefeilte Armzug- und Beinschlagtechniken erst gelehrt werden, wenn der Schwimmer gelernt hat, sich über Wasser zu halten.

Ein Anfänger, der es noch nicht schafft, eine Beckenlänge zu schwimmen, und dem man Start, Wende usw. beibringt, ist nicht in der Lage, diese Anweisungen zu verstehen und anzuwenden. Für gewöhnlich führt so ein Vorgehen zu Verwirrung und verlangsamt den Lernprozeß des Schwimmers.

Einige Schwimmschüler lernen schnell, andere langsam. Wenn die Anfänger aber alle mit Geduld und Beharrlichkeit durchhalten, werden sie wohl auch alle das Schwimmen lernen.

Das gleiche gilt, wenn man das Meditieren lernen will. Es braucht seine Zeit. Da gibt es gewisse Techniken und Methoden, die erlernt, eingeübt und weiterentwickelt werden müssen. Und es gibt sozusagen bestimmte Entwicklungsstufen. Der Anfänger muß sich die grundlegenden Techniken erarbeiten. Es wird wohl Verwirrung stiften, wenn man sich zu sehr damit beschäftigt, was einen im Fortgeschrittenenstadium erwartet, bevor man die Grundlagen beherrscht. Und möglicherweise wird das Vorwärtskommen gehemmt. Manche Leute lernen schnell, manche langsam. Beharrlichkeit, Geduld, Durchhaltevermögen, ständiges Probieren, Dazulernen und Üben, das macht Fortschritte in der Meditation möglich. Was im Alltag funktioniert, geschieht auch hier in der Meditation. Für einige von euch ist das hier etwas Neues. Während dieses Retreats geben wir euch viele grundlegende Instruktionen zur Meditation. Versucht nach Kräften, diesen Instruktionen zu folgen. Vieles davon ist schnell erklärt, aber es liegt an jedem einzelnen, auf gute Resultate hinzuarbeiten. Der Preis ist die Mühe wert, sehr sogar.

Es ist wichtig, daß ihr versucht, für alles aufgeschlossen zu bleiben. Einiges von dem, was wir sagen, wird wohl ziemlich klar sein, und die meisten von euch werden verstehen, was gemeint ist. Es wird aber auch Passagen geben, die nicht so klar sind, und unter Umständen versteht es der eine oder andere nicht. Das macht nichts. Versucht, euch darüber nicht den Kopf zu zerbrechen. Bei der Informationsfülle in den nächsten 10 Tagen ist es durchaus normal, nicht alles zu verstehen. Nehmt, was immer ihr versteht, und gebt euer Bestes, damit zu arbeiten. Laßt weg, was immer ihr im Moment nicht versteht. Möglicherweise bringt es euch später einmal etwas.

Die geistige Entwicklung hat viele verschiedene Aspekte, und es ist praktisch unmöglich, an allen gleichzeitig zu arbeiten. Je nach persönlicher Eigenart und Konditionierung neigt jeder einzelne auch zu unterschiedlichen Aspekten der Praxis.

Offenheit ist besonders wichtig in eurem Verhältnis zu mir, zu Rosemary und zu dem, was wir vermitteln wollen. Wie das Sprichwort sagt:

Einigen kann man es immer recht machen.
Allen kann man es manchmal recht machen.
Aber man kann es nicht allen immer recht machen.

Rosemary und ich erwarten nicht, daß wir es jedem zu allen Zeiten des Retreats recht machen können. Und ein guter Tip: Erwartet nicht, daß es euch zu allen Zeiten des Retreats recht gemacht wird. Das ist einfach nicht möglich. Aber wenn ihr feststellt, daß irgendwelche Abschnitte des Retreats für euch unangenehm sind, ihr euch darüber aufregt, ihr bestimmte Dinge nicht mögt, dann versucht aufgeschlossen zu sein, ehrlich euch selbst gegenüber. Gelegentlich kann in uns der Impuls hochkommen, vor Dingen, die wir nicht mögen, wegzulaufen. Aber oft genug sind Dinge, die wir nicht mögen, einfach nur Dinge, die wir nicht verstehen. Falls ihr während des Kurses irgendwelche Verständnisschwierigkeiten habt, wird es genügend Gelegenheit geben, diese Dinge im Gespräch mit Rosemary oder mir zu klären. Versucht aufgeschlossen zu sein, versucht ehrlich zu sein – mit euch und diesem Retreat.

Aufgeschlossenheit bedeutet auch Bereitschaft zu Veränderung und Anpassung. Das schließt die Bereitschaft mit ein, sich eventuelle Irrtümer einzugestehen.

Jeder von uns hat vermutlich schon einmal diese Erfahrung gemacht: Wir sind uns einer Sache sicher, und später stellt es sich als Irrtum heraus. Das ist völlig normal. Da wir noch nicht vollkommen sind, machen wir oft Fehler dieser Art. Während man sich das vor Augen hält, ist es nützlich zu bedenken, daß alle Aspekte des Lebens offensichtlich ständiger Veränderung unterworfen sind. Veränderung, wohin wir auch blicken. Jeder einzelne von uns verändert sich ständig – eine menschliche Eigenart. Unser Körper, unsere Gedanken verändern sich, ebenso unsere Ansichten und Meinungen.

Viele unserer Schwierigkeiten im Leben kommen daher, daß wir an unseren Ansichten über das Dasein festhalten und dessen Veränderung nicht akzeptieren. Oftmals sind wir in unseren Urteilen richtiggehend festgefahren, und das kann unser Verständnis und unseren inneren Frieden blockieren.

Wenn wir es schaffen, Meinungen und Vorurteile loszulassen, offen für jedwede Erfahrung zu sein, dann können wir ein besseres Daseinsverständnis aufbauen. Wir müssen versuchen, das Dasein *kennenzulernen*, statt zu glauben, daß wir alles *bereits wüßten*. Dies ist ein weiterer wichtiger Bestandteil des persönlichen Wachstums und bereitet den Boden, auf dem Frieden und Glück gedeihen können.

Der Ausdruck »Loslassen« ist ein weiterer Begriff, der im Laufe dieses Kurses oft auftauchen wird. In diesem Licht betrachtet ist die

Entwicklung von Frieden und Glück und der Abbau von Problemen und Schwierigkeiten weniger ein forsches Erobern, sondern ein Loslassen der vielfältigen Hindernisse, die den Reifungsprozeß davon abhalten, von sich aus auf natürliche Weise abzulaufen. Wir alle tragen den Keim zu innerem Frieden, Glück und dem Abbau von Problemen und Schwierigkeiten in uns. Wenn wir die richtigen Methoden anwenden, wird dieser Keimling wachsen. Möglicherweise ist es schwierig, diejenigen Teile unserer Konditionierungen loszulassen, die dieses Wachstum hemmen. Aber mit der Hilfe von Mitgefühl, Liebender Güte und Achtsamkeit können wir das nötige Verständnis entwickeln, um unsere Konditionierungen Stück für Stück zu verändern. Geistige Entwicklung ist ein allmählicher Prozeß.

Unsere Gewohnheiten und Neigungen haben Energie, gelegentlich sehr starke, und es kann zu noch mehr Schwierigkeiten führen, wenn man versucht, diese Energie aufzuhalten. Statt zu versuchen, jegliche unheilsame Gewohnheit oder Neigung auf einen Schlag loszuwerden, können wir die vorhandene Energie nutzen und behutsam ihre Richtung ändern. Mit mitfühlendem Verständnis dafür, warum wir in bestimmten Bahnen agieren, reden oder denken, können wir die Energie der Torheit in die Energie der Weisheit umwandeln.

Mit den verschiedenen Techniken und Methoden, die hier erklärt werden, kann jeder einzelne von uns daran arbeiten, neue und heilsame Ursachen und Bedingungen für die Zukunft zu schaffen. Was wir sind, verdanken wir unseren vergangenen Handlungen. Was wir sein werden, bedingen wir durch unsere gegenwärtigen Handlungen. Je mehr wir daran arbeiten, heilsame innere Qualitäten aufzubauen und unheilsame abzubauen, desto mehr Frieden und Glück bewirken wir, desto weniger Probleme und Schwierigkeiten bleiben zurück.

Zu lernen, wer und was wir sind, macht einen Großteil der geistigen Entwicklung aus. Indem wir verstehen, wer und was wir sind, lernen wir, uns selbst und andere zu akzeptieren, uns selbst und anderen zu vergeben, uns selbst und anderen mit Mitgefühl und Liebender Güte zu begegnen.

Wir lernen, wie wir konditioniert worden sind. Wir lernen, wie wir mit anderen und mit der Umwelt in gegenseitiger Wechselbeziehung stehen. Wir lernen unsere heilsamen und unheilsamen Eigenschaften kennen. In dem Maße, in dem unser Verstehen zunimmt, werden wir immer besser in der Lage sein, bei jedem Problem, das auftaucht, Gegenmittel anzuwenden und Lösungen zu finden.

Folgendes ist ganz wesentlich: Wenn wir unsere Gedanken, Gewohnheiten und Verhaltensmuster auf heilsame Weise ändern wollen, müssen wir erst einmal anfangen, uns selbst zu verstehen. Aber wie gesagt, damit verhält es sich genauso wie mit allen anderen Dingen im Leben. Ärzte, die Herzchirurgie betreiben, müssen das Herz und alle Körperpartien, die von solchen Operationen betroffen sind, genau studieren. Bevor man sich an einen solchen Eingriff heranwagen kann, ist viel Übung und Studium notwendig. Höchstwahrscheinlich lernen diese Leute zuerst die Grundbegriffe der Heilkunst, und erst viel später entwickeln sie die Fähigkeit, solche Operationen durchzuführen.

Mit der Meditation verhält es sich ähnlich. Wir müssen unseren Geist studieren und daran arbeiten. Wir müssen ihn verstehen, ihn kennenlernen; herausfinden, welche Geistesregungen heilsam und welche unheilsam sind; versuchen zu entdecken, wer und was wir sind; und dann damit arbeiten: versuchen, *mit* diesem gegenwärtigen Zustand zu arbeiten und nicht *dagegen*.

Es ist wichtig, sich an grundlegenden Praktiken und kleineren Problemen zu versuchen, bevor man die großen in Angriff nimmt. Mit schöner Regelmäßigkeit verschaffen wir uns zusätzliche Schwierigkeiten, weil wir etwas zuwege bringen wollen, was nicht im Rahmen unserer Möglichkeiten liegt. Es gibt oft einen Riesenunterschied zwischen unserem tatsächlichen und unserem eingebildeten Können. Das ist die Kluft zwischen Anspruch und Wirklichkeit.

Nur mit dieser Wirklichkeit läßt sich arbeiten, indem wir objektiv erkennen, wer und was wir sind, und genau dort ansetzen. Zu viele Leute wollen bei einem Bild oder einer Wunschvorstellung von sich anfangen. Sie haben eine Art von Idealvorstellung von sich oder ihren Fähigkeiten. Das führt regelmäßig zu Abneigung, Schmerz, Verzweiflung und Frustration. Wenn wir glauben, wir sollten so oder so sein, es aber in Wirklichkeit nicht sind, können auch Selbsthaß und Zweifel aufkommen.

Oftmals wurde uns gesagt, »tu dies, tu jenes«. Oftmals wurde dabei das Wie außer acht gelassen. Das Problem einer Diskrepanz zwischen

Selbstansprüchen und den tatsächlichen Fähigkeiten ist weit verbreitet, viele Meditierende müssen damit fertig werden. Wir ziehen es vor, das »du sollst« weitestgehend zu vermeiden. Statt dessen bemühen wir uns zu sagen, »probier mal, dies zu tun, jenes zu lassen«.

Probleme und Schwierigkeiten können abgebaut werden, wenn wir bei dem ansetzen, was wir wirklich sind; wenn wir ein paar Techniken und Methoden lernen, die sich um das »*Wie* geht das?« drehen, und wenn wir versuchen, diese Techniken und Methoden im Alltag einzusetzen.

Also, wir werden jetzt geraume Zeit damit verbringen, euch einige Techniken und Methoden zur Arbeit an der geistigen Entwicklung zu vermitteln, und hoffen, daß ihr diese Zeit nutzt, indem ihr daran arbeitet, euch diese Techniken und Methoden anzueignen.

Das, worüber ich jetzt gesprochen habe, sind lediglich die Grundzüge der Praxis. Über das meiste davon werden wir während des 10-Tage-Retreats immer wieder und ausführlicher reden.

Wir hoffen, ihr werdet diese Praxis der Meditation und geistigen Entwicklung als gewinnbringend und hilfreich empfinden, und zwar sowohl für euren Aufenthalt hier als auch danach für den Rest eures Lebens.

Jetzt möchte ich ein wenig über wesentliche organisatorische Dinge reden und darüber, was so auf euch zukommt. Auch über ein paar wesentliche Gründe, warum wir das so handhaben.

Wir baten euch, das Informationsblatt zu lesen. Es enthielt bestimmte Anforderungen, die es zu erfüllen gilt, was euch während des Retreats von Nutzen sein soll.

Die erste Voraussetzung ist, den Stundenplan einzuhalten. Wenn Sitzmeditation auf dem Plan steht, machen wir auch Sitzmeditation. Das gleiche gilt für die Stehmeditation. Ab und zu habt ihr die Wahl zwischen Gehen und Stehen oder zwischen Sitzen und Stehen. Die Sitzmeditation findet hier in der Halle statt. Gehmeditation wird unmittelbar neben der Halle oder auf den Wegen praktiziert. Bitte seid immer pünktlich und versucht, die gesamte anberaumte Zeit hindurch den Anweisungen zu folgen. Falls ihr irgendwelche Probleme damit haben solltet, so könnt ihr das während der Interviews ansprechen, oder ihr könnt eine Nachricht für uns an der Pinnwand hinterlassen. Das gleiche gilt, wenn ihr irgendwelche Schwierigkeiten anderer Art haben solltet.

Die nächste Bedingung ist, das Schweigen einzuhalten. Dies ist eine wertvolle Hilfe für jeden einzelnen von euch. Außer den Lehrern gegenüber oder im Notfall gibt es kein Sprechen, kein Schreiben, kein Lesen und keine Körper- oder Zeichensprache. Es wird euch auch helfen, wenn ihr versucht, Augenkontakt mit den anderen Kursteilnehmern zu vermeiden. Diese Maßnahme gehört zum Besten, womit wir ein unterstützendes Umfeld für die Praxis hier schaffen können. Es ist von unermeßlichem Wert, daß ihr euch hier die Gelegenheit zum Schweigen gönnen könnt. Wir können das gar nicht genug betonen. Wenn ihr das Schweigen einhaltet, werdet ihr viel besser dazu in der Lage sein, an den Meditationstechniken zu arbeiten.

Im Alltag blicken die allermeisten die ganze Zeit *nach außen*. Hier werden wir nach innen blicken. Das Reden verschlingt eine Menge unserer Energie und gestattet dem Geist in der Regel nicht, ruhig genug zu werden, um zu ergründen, wer und was wir sind. Wir tragen Unterhaltungen oft tagelang im Kopf mit uns herum. Benutzen wir also das Schweigen als Hilfsmittel, um den Geist ruhig und die Achtsamkeit stark zu machen.

Ein anderer Punkt dreht sich darum, unbedingt im Wat* zu bleiben. Ein Meditations-Retreat ist und bleibt ein Rückzug.** Ein Rückzug von der Alltagswelt ist ein Umfeld, das der Meditation gewidmet ist, um der Praxis der geistigen Entwicklung bestmögliche Rahmenbedingungen zu schaffen.

Selbstverständlich gilt das absolute Verbot, Drogen oder Alkohol einzunehmen. Für diese Art von Meditationsarbeit brauchen wir einen klaren, geschärften Geist.

Dann kommt ein Punkt, in dem es um Moskitos und andere Insekten geht. Die Entwicklung von Mitgefühl und Liebender Güte nimmt beträchtlichen Raum ein bei der Praxis geistiger Entwicklung, so wie sie hier gelehrt wird. Wenn wir anderen Lebewesen Leid

---

* Wat ist das Thaiwort für Kloster. In diesem Fall ist das recht weitläufige Gelände von Wat Khao Tham gemeint.
** Das engl. Wort *retreat* drückt das bereits aus. Das deutsche Wort *Meditationsklausur* ist ungebräuchlich.

zufügen, werden wir den Wachstumsprozeß von Mitgefühl und Liebender Güte mit Sicherheit hemmen. Später im Kurs werden wir darüber reden, wie man mit Ärgernissen dieser Art umgeht, aber für die meisten Leute ist es von Vorteil, ein gutes Mückenschutzmittel zu verwenden. Aufgrund zurückliegender Konditionierungen reagiert ihr vielleicht gelegentlich reflexhaft auf Insekten, aber bitte, gebt euch wenigstens Mühe. Es wird euch helfen.

Im letzten Punkt auf der Liste geht es um die Bekleidung. Um zu begreifen, warum die Kleidung den Körper von den Schultern bis unter das Knie bedecken soll, führt euch bitte vor Augen, daß das hier ein Kloster ist und daß wir hier zu Gast sind. Diese Anforderungen zu erfüllen drückt Respekt gegenüber den Thais aus, ebenso fördert es die Meditationspraxis.

Als nächstes möchte ich ein paar Worte über die Arbeitsmeditation verlieren. Die meisten von euch erwartet eine Arbeitsperiode nach dem Frühstück. Falls ihr mit jemandem zusammenarbeitet, kann es unter Umständen unumgänglich sein, ein klein wenig zu kommunizieren. Versucht, die diversen Zuständigkeiten morgens zu klären, und reduziert danach die Kommunikation auf das absolute Minimum. Ansonsten stört ihr nicht nur eure eigene Meditation, sondern auch die der anderen.

Die Arbeitsmeditation ist ein sehr wichtiger Bestandteil in diesem Kurs. Es geht nicht nur darum, gemeinsam die anfallende Arbeit zu bewältigen, es ist auch die Chance für jeden von euch, die Methoden der Meditation auf ganz gewöhnliche Aktivitäten zu übertragen. Alles, was wir tagein, tagaus tun, ist Bestandteil unserer Meditationspraxis. Die Ansicht, Meditation und das gewöhnliche Leben seien zwei Paar Stiefel, muß durchaus nicht sein. Natürlich haben wir Übungen in »formalem« Sitzen, Stehen, Gehen und Liegen. Das sind unsere Trainingseinheiten, in denen wir härter daran arbeiten, unseren Geist zu schärfen, aber darüber hinaus wenden wir diese Techniken rund um die Uhr an.

Nichts braucht von der Meditationspraxis ausgeklammert zu werden. Meditation bzw. geistige Entwicklung gehört nicht zu den Dingen, mit denen wir uns täglich ein wenig beschäftigen, sondern wird zu einer *Eigenschaft* unseres Lebens, den ganzen Tag lang, jeden Tag. So daß wir mit jeder Lebenssituation arbeiten können und Frieden und Glück überall finden können.

Wenden wir uns nun der formalen Sitzmeditation zu. Wie ist dabei vorzugehen?

Wenn wir uns zur Meditation niedergesetzt haben, beschäftigen wir uns mit dem sogenannten primären Konzentrationsobjekt, der Achtsamkeit auf den Atem. Das ist ein universales Objekt. Jeder atmet. Es ist etwas, das uns das ganze Leben hindurch bis zum Augenblick des Todes begleitet. Der Atem ist einfach da: einatmen, ausatmen. Normalerweise ist der Atem völlig neutral hinsichtlich unserer Gefühle; das heißt, normalerweise gehört er nicht zu dem, was uns aufregen oder aus der Fassung bringen könnte. Das macht ihn zu einem hervorragenden primären Meditationsobjekt.

Der Atem kann uns helfen, Geist und Körper kennenzulernen, sogar besser, als Geist und Körper selbst dies vermögen. Der Atem ist nämlich oft das Bindeglied zwischen den Gedanken und den körperlichen Reaktionen. Wenn wir unseren Atem beobachten, stellen wir fest, daß der Wechsel zwischen schnellem und langsamem Atmen, zwischen groben und feinen, heftigen und sanften Atemzügen oft die jeweilige innere Verfassung anzeigt. Auch andere Körperteile sind oft Indikatoren. Stellen wir uns beispielsweise jemanden vor, der sehr wütend ist. Dieser Gefühlszustand veranlaßt die betreffende Person in der Regel zu schnellem und heftigem Atmen und verursacht ein Gefühl von Enge und Anspannung im Körper.

Gefühlszustände deutlich zu erkennen ist oft schwierig, und aus diesem Grunde benutzen wir die Achtsamkeit auf den Atem und die körperlichen Reaktionen, um unsere Gefühle und Gedanken klarer wahrnehmen zu können.

Die Praxis sieht im wesentlichen so aus: einfach dasitzen und auf den Atem achten, wie jeder Atemzug kommt und geht. Laßt es ganz natürlich und zwanglos geschehen. Wenn der Atemzug lang ist, einfach erkennen, daß er lang ist. Wenn er kurz hist, ist er eben kurz. Wenn der Atem heftig ist, einfach erkennen, daß er heftig ist. Wenn er sanft ist, ist er eben sanft. Was auch immer, so wie es ist, ist es in Ordnung, kein Problem. Unsere Aufgabe ist es lediglich zu erkennen, wie es ist, und anzufangen, es zu verstehen. Wir versuchen, jeden Atemzug zu benutzen. Kein Atemzug ist besser als der andere. Jeder Atemzug kann zum Bestandteil unserer Meditationspraxis werden.

Dies ist zwar eine sehr grundlegende Praxis, aber keineswegs eine leichte. Unser Geist ist es nicht gewohnt, sich nur auf ein einziges Objekt zu konzentrieren. Unser Geist ist daran gewöhnt, an dieses oder jenes, an alles mögliche zu denken. Wahrscheinlich beobachten wir den Atem zwei Sekunden lang, und schon schweifen wir ab. Der Geist beginnt mit seinen Gedankenketten, verliert sich mal in der Vergangenheit, mal in der Zukunft und gelegentlich in der Gegenwart. Unter Umständen verlieren wir uns für fünf bis zehn Minuten in einer Tagträumerei. Während wir in der Meditation sitzen, wird das oft geschehen. Sobald ihr merkt, daß der Geist das Meditationsobjekt verlassen hat, gibt es nur eines: ganz sachte zur Kenntnis nehmen, daß der Geist spazierengegangen ist, und zum Atem zurückkehren. Dieses Zur-Kenntnis-Nehmen herumwandernder Gedanken ist in der Tat ein äußerst wichtiger Bestandteil unserer Meditationspraxis. Genau hier fangen wir an, uns kennenzulernen. Unsere Denkschemata hängen von Konditionierungen der Vergangenheit ab – das Abschweifen ist ein normaler Bestandteil davon. Zu verstehen, wer oder was wir sind, und dieses Verständnis anzuwenden, macht einen Großteil der Praxis aus.

Gedanken, die sich mit der Vergangenheit beschäftigen, mit der Zukunft, mit was auch immer; zornige Gedanken, liebende Gedanken, Gedanken der Einsamkeit und Furcht; ein jeglicher Gedanke ist Teil der Meditation. Das Objekt jedoch ist nicht das Denken. Am Anfang geht es darum, sich an der Atemachtsamkeit zu versuchen. Und jedesmal, wenn wir uns beim Abschweifen erwischen, sollten wir dies einfach nur feststellen und zum Atem zurückkehren.

Es ist nicht nötig, daß ihr diese Gedanken beurteilt oder ablehnt oder in ihnen schwelgt. Nicht nötig, euch irgend etwas über diese Gedanken oder ihre Ursache auszumalen. Das hängt alles von den Konditionierungen aus der Vergangenheit ab. Wir versuchen, die Gedanken zu erkennen und einfach nur ihre Anwesenheit festzustellen, dann sachte loszulassen und zum Atem zurückzukehren. Es besteht kein Grund zur Aufregung, wenn ihr feststellt, daß der Geist nicht in der Lage ist, längere Zeit beim Atem zu bleiben, bevor er sich wieder in Gedankenmustern verstrickt. Das ist ganz normal.

Mit Beharrlichkeit, Geduld und Durchhaltevermögen werden Konzentrationsvermögen und Achtsamkeit Stück für Stück, Schritt für Schritt wachsen. Jedesmal wenn ihr das Abschweifen des Geistes bemerkt, befindet ihr euch eigentlich in einem Moment der Achtsamkeit und des Wachstums, und eure Praxis macht Fortschritte.

Es ist ganz normal, sich gelegentlich über den umherwandernden Geist aufzuregen:»O nein, ich kann mich nicht mal eine Sekunde lang auf den Atem konzentrieren!« Aber Achtsamkeit auf die Unfähigkeit zur Achtsamkeit ist bereits ein Augenblick von Geistesgegenwart. Zu wissen, wann man nicht achtsam ist, bedeutet ein Anwachsen von Verständnis. Und das ist ein ausgesprochen *wertvoller* Teil der Praxis. Es ist ein ständiges Zurückkehren zur Atemachtsamkeit. Wahrnehmen, daß sich der Geist mit Denken beschäftigt, es erkennen und dann wieder beim Atem anfangen. Einatmen, ausatmen.

Wenn es darum geht, den Atem zu beobachten, stehen zwei Körperzonen zur Auswahl, auf die sich die Achtsamkeit richtet. Erstens die Nase, dort, wo die Luft ein- und ausströmt. Normalerweise wird nicht durch den Mund geatmet. Die Berührung des Luftstroms ist tatsächlich körperlich spürbar, in den Nasenlöchern, an der Nasenspitze oder auf der Oberlippe. Die zweite Beobachtungszone ist die Gegend von Brustkorb und Bauchdecke. Hier ist der Atem im Heben und Senken, im Ausdehnen und Zusammenziehen spürbar.

Es ist ein guter Rat, sich eine Zone auszusuchen und dabeizubleiben. Versucht nicht, zwischen den beiden Möglichkeiten hin- und herzuspringen. Das bringt nur Schwierigkeiten und Verwirrung.

Die eigentliche körperliche Wahrnehmung, wenn der Atem über die Nasengegend streicht beziehungsweise wenn sich die Bauchdecke hebt und senkt, ist das primäre Objekt der Konzentration. Es ist nicht leicht, sich auf ein einziges Objekt zu konzentrieren. Aber wir haben eine Methode, die euch helfen kann, Fortschritte im Konzentrieren zu machen. Mag sein, daß einige von euch diese zusätzliche Hilfe nicht benötigen, aber viele von euch werden davon profitieren können. Was wir empfehlen ist, beim Ein- und Ausatmen den jeweiligen Vorgang behutsam mit einem Etikett zu versehen.

Wenn ihr den Atem in der Nasengegend beobachtet, könnt ihr die Worte»Einatmen, Ausatmen« verwenden, während der Luftstrom kommt und geht. Oder bloß»Ein, Aus«, wenn euch das lieber ist. Wenn ihr die Bauchdecke beobachtet, könnt ihr die Worte»Heben, Senken« verwenden. »Ein, Aus« beschreibt den eigentlichen physischen Vorgang, der sich in der Nasengegend abspielt. »Heben, Senken« beschreibt den eigentlichen physischen Vorgang an der Bauchdecke.

Wenn ihr euch auf die jeweilige tatsächliche physische Wahrnehmung konzentrieren könnt, braucht ihr diese Methode des geistigen Etikettierens nicht. Aber sie kann euch auf jeden Fall helfen, stärkere Konzentration und Achtsamkeit zu entwickeln.

Wir sitzen also in der Meditation, beobachten den Atem, etikettieren behutsam mit »Ein, Aus«, »Einatmen, Ausatmen« oder »Heben, Senken«. Und schon geht der Geist spazieren. Wenn wir das feststellen, können wir die gleiche Methode anwenden. Sobald wir uns beim Abschweifen ertappen, können wir es behutsam mit »Abschweifen, Abschweifen« oder »Denken, Denken« etikettieren. Dann versuchen wir, die Gedanken sachte loszulassen und wieder beim Atem zu beginnen. Wenn uns Geräusche ablenken, können wir sanft ein »Hören, Hören« aufkleben und versuchen, zum Atem zurückzukehren. Kurz vor den Mahlzeiten kann es durchaus sein, daß uns Essensgerüche ablenken. In diesem Fall probieren wir es mit »Riechen, Riechen«. Jedesmal, wenn wir feststellen, daß wir nicht beim Atem sind, versuchen wir, das, was geschieht, mit einem Etikett zu versehen und dann zum Atem zurückzukehren.

Es gibt verschiedene Sitzweisen für die Meditation. Ein paar davon will ich jetzt vorführen. Manche Menschen verwenden Kissen, manche nicht. In der Regel sitzt man mit gekreuzten Beinen: im Viertellotossitz, im Halblotossitz; auch im Voll-Lotos, wenn der Körper flexibel genug ist, das schaffen aber nicht viele. Dann gibt es die burmesische Stellung mit parallel liegenden Unterschenkeln; ein Bein kann auch nach hinten abgewinkelt werden. Sogar der normale Schneidersitz ist geeignet für kurze Entspannungsphasen. Danach sollte man sich aber wieder um eine geeignetere Stellung bemühen. Des weiteren gibt es den japanischen Stil, entweder unter Verwendung eines Meditationsschemels oder mit Kissen unter dem Gesäß. Bei größeren körperlichen Problemen kann man sich zum Meditieren auch auf einen Stuhl setzen.

Es ist wichtig, in der Sitzposition entspannt zu bleiben, es bequem zu haben. Und den Rücken aufrecht und gerade zu halten; aufrecht, aber nicht verkrampft. Es ist wie bei einer neuen Sportart, es dauert seine Zeit, den Körper zu trainieren.

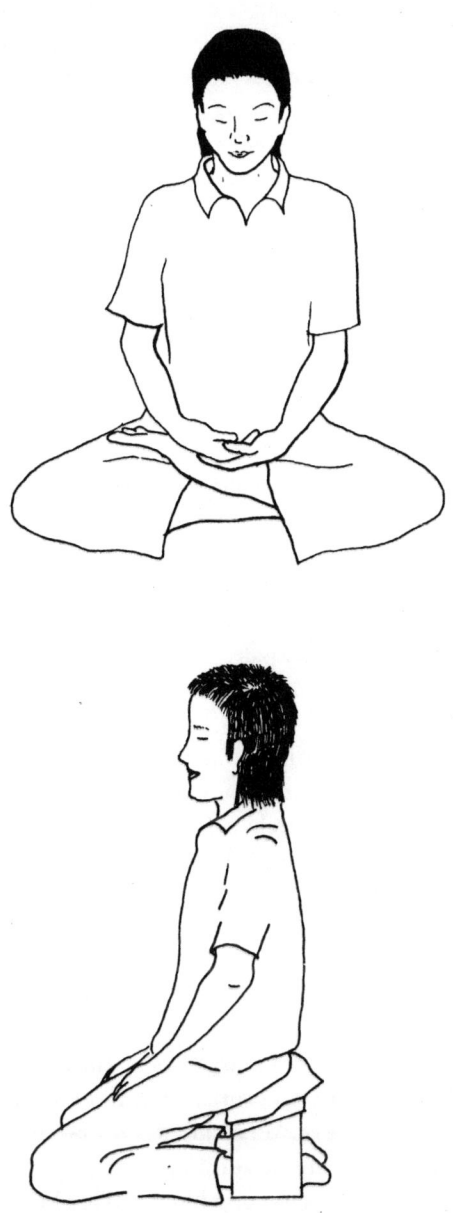

Viele Meditierende müssen den Rücken des öfteren ausruhen; versucht einfach, euer Bestes zu geben. Versucht, während der Meditationsperioden die ganze Zeit über still zu sitzen. Aber wenn das zu schwierig wird, kann man auch die Beinstellung wechseln. Wenn ihr euch bewegen müßt, versucht dabei leise zu sein, um die anderen Meditierenden nicht zu stören. Und versucht dabei, auf die Körperbewegungen zu achten.

Die Hände können im Schoß oder auf den Knien liegen, mit den Handflächen nach unten oder oben, wie ihr wollt. Wiederum bequem und entspannt. In der Regel sind die Augen geschlossen, aber nicht zusammengekniffen. Sanft und behutsam, einen winzigen Spalt zwischen den Lidern. Etwa so, daß ihr eine Veränderung der Helligkeit erkennen könnt, wenn jemand die Hand vor euren Augen bewegt. Solltet ihr euch zu irgendeinem Zeitpunkt schläfrig fühlen, dann raten wir euch, die Augen zu öffnen und den Blick auf den Boden – in circa eineinhalb bis zwei Meter Entfernung – zu richten.

Es ist auch wichtig, auf den Mund zu achten. Wir halten ihn geschlossen, aber nicht mit zusammengepreßten Lippen. Die Zahnreihen bilden einen kleinen Spalt, die Zungenspitze berührt leicht die Rückseite der Schneidezähne. Der Kopf ist ein klein wenig nach vorn geneigt.

Jetzt wollen wir eine Gruppenmeditation durchführen. Bitte richtet es euch in der Sitzstellung ein, ganz entspannt, nicht steif. Es ist gut, zuerst den Körper durchzuchecken und zu versuchen, dabei entspannt zu sein. Überprüft, ob die Beinhaltung in Ordnung ist. Dann könnt ihr euch so weit vorlehnen, daß das Gesäß von der Matte oder dem Kissen abhebt. Mit Hilfe der Muskulatur im Lendenwirbelbereich schiebt ihr nun das Gesäß leicht nach hinten und setzt euch wieder hin. Diese Vorgehensweise hilft gegen Probleme jeglicher Art im unteren Rückenbereich.

Als nächstes überprüft den restlichen Rückenbereich und die Bauch- und Brustgegend. Überprüft jetzt die Hände und die Arme bis hinauf zu den Schultern. Versucht, den Körper so gut wie möglich zu entspannen. Jetzt den Nacken und den Kopf. Entspannte Gesichtsmuskeln, die Augen sanft geschlossen. Der Mund ist entspannt, nicht verkrampft und locker geschlossen. Versucht, entspannt und bequem zu sitzen. Der Rücken ist gerade, aber nicht steif oder verspannt.

Es mag für die Entspannung von Nutzen sein, zu Anfang ein paarmal tief durchzuatmen, und danach richtet ihr die Achtsamkeit auf den Atem, entweder im Bereich der Nase oder der Bauchdecke. Wenn ihr es wünscht, notiert ihr »Ein, Aus«, »Einatmen, Ausatmen« oder »Heben, Senken«. Gestattet dem Atem, einfach so zu sein, wie er eben ist. Wenn er kurz ist, ist er eben kurz. Wenn er lang ist, ist er eben lang. Ob er heftig, sanft oder was auch immer ist – egal. Wie er auch immer sein mag – einfach zulassen. Lernt den Atem und seine verschiedenen Gesichter kennen, wie er kommt, wie er geht.

Wenn ihr merkt, daß der Geist abgeschweift ist, nehmt dies einfach zur Kenntnis und kehrt zum Atem zurück. Wenn ihr wollt, etikettiert ihr dies mit »Abschweifen, Abschweifen« oder »Denken, Denken«. Ich werde von Zeit zu Zeit einige Worte sagen, um euch beim Erlernen dieser Methode zu helfen.

Nach  6 Minuten:
Wenn ihr feststellt, daß der Geist abschweift, nehmt diese Tatsache sanft zur Kenntnis und kehrt zum Atem zurück; zum Bereich der Nase oder Bauchdecke.

Nach 12 Minuten:
Die Gedanken wandern in die Vergangenheit, sie wandern in die Zukunft. Nachdem ihr das zur Kenntnis genommen habt, kehrt ihr zum Atem zurück, zur Luft, die ein- und ausströmt, zur Bauchdecke, die sich hebt und senkt.

Nach 18 Minuten:
Wenn euch Geräusche ablenken, versucht einfach mit »Hören« zu etikettieren und kehrt sacht zum Atem zurück.

Nach 24 Minuten:
Der Geist ist das Umherschweifen gewöhnt. Wenn ihr ihn dabei ertappt, nehmt behutsam zur Kenntnis, daß er spazieren war, und kehrt zum Atem zurück, ein, aus, heben, senken.

Nach 30 Minuten:
Langsam und behutsam entspannen, die Augen öffnen und die Meditation beenden.

# Zweiter Tag, frühmorgens

## Anleitung zur Steh- und Gehmeditation

Den ganzen Tag hindurch befinden wir uns in den vier grundlegenden Körperstellungen: Sitzen, Stehen, Gehen und Liegen. Zur Sitzmeditation hat Steve euch bereits instruiert. Wir werden euch auch formale Steh- und Gehmeditationen beibringen. Im Rahmen der Yogaübungen erhaltet ihr auch Anleitung zu gewissen Arten der Meditation im Liegen. Die meiste Zeit des Tages werden wir jedoch mit Sitz-, Steh- und Gehmeditationen verbringen.

Warum lernen wir die Stehmeditation?

Wir betreiben hier den Versuch, Achtsamkeit und Geistesgegenwart aufzubauen. Indem wir lernen, die Achtsamkeit in den verschiedenen Körperhaltungen zu praktizieren, können wir sie immer mehr stärken; wir werden immer achtsamer. Wenn wir herausfinden wollen, wer und was wir sind, dann müssen wir genau hinschauen können, dann muß die Achtsamkeit so stetig wie möglich werden. Durch das Erlernen der Stehmeditation läßt sich die Achtsamkeit von der sitzenden in die stehende Position hinein fortsetzen.

Im Alltag verbringen wir eine Menge Zeit mit Stehen. Als Reisenden mag es euch passieren, daß ihr im Bus steht, am Bahnhof nach Fahrkarten und am Flughafen zur Paßkontrolle ansteht. Oder ihr steht vor dem Wechselschalter der Bank, im Lebensmittelgeschäft oder im Gespräch mit Mitreisenden.

Während ihr hier seid, werdet ihr zum Essenfassen und Geschirrspülen Schlange stehen. Wenn wir nicht achtsam sind, bringen wir in diesen Fällen oft Langeweile, Ungeduld, Frustration, Abneigung oder Verlangen hervor, und dadurch verstärken wir unsere Schwierigkeiten und den Mangel an innerem Frieden nur noch mehr. Indem wir Stehmeditation praktizieren, können wir diese Schwierigkeiten oft vermeiden. Wenn wir merken, daß wir uns in törichte Reaktionen verstrickt haben, in Gedanken, die sich im Kreis drehen, dann können wir uns darauf besinnen, zum Augenblick zurückzukehren. Das geschieht durch die »Erdung« der Achtsamkeit im Körper – oft einfach dadurch, daß wir den Erdkontakt der Füße spüren.

Auf diese Weise wirkt die formale Praxis der Stehmeditation als Schleifstein für den Geist, sie bringt geschärfte Achtsamkeit hervor. Diese geschärfte Achtsamkeit können wir im Alltag anwenden. Sie hilft, Schwierigkeiten zu vermeiden oder, wenn sie bereits aufgetaucht sind, sie loszulassen. Wenn wir die Meditation in den verschiedenen Körperhaltungen erlernen, können wir genau diese Haltungen als Gelegenheit zu innerem Wachstum nutzen und finden mehr Frieden und Ausgeglichenheit im Leben.

Bei der Stehmeditation versuchen wir, die Achtsamkeit nicht nur auf ihr Hauptobjekt, den Atem, zu richten, sondern auch auf die Körperstellung: das Stehen. Und zwar, weil Stehen etwas gefährlicher als Sitzen ist. Denn wenn wir schläfrig dabei werden, besteht die Möglichkeit, daß wir hinfallen und uns weh tun.

Zu Beginn stellt euch leicht breitbeinig hin, um so die Balance leichter halten zu können. Versucht, ein Hohlkreuz zu vermeiden. Das bringt die Hüfte zu weit nach vorne und verspannt den Rücken. Schultern, Bauch und Hüfte liegen auf einer Linie, so daß der Oberkörper vom Lendenwirbelbereich getragen wird. Der Körper ist entspannt, nicht verkrampft.

Die Hände könnt ihr zusammenbringen, mit abgewinkelten Ellbogen, die Handflächen dem Körper zugewandt, irgendwo zwischen Unterleib und Rippenbogen. Ihr könnt die Hände locker falten oder eine Hand auf dem Handrücken der anderen plazieren. Oder ihr laßt die Arme einfach locker seitlich herabhängen. Wir raten davon ab, die Arme auf dem Rücken zu verschränken. Das führt leicht zu verkrümmten Schultern und ruft Verspannungen im Rücken und Nacken hervor.

Der Kopf liegt mit dem Oberkörper auf einer Linie oder ist geringfügig nach vorn geneigt. Für das Gesicht gilt das gleiche wie bei der Sitzmeditation. Die Augen sind sachte geschlossen. Wenn ihr euch schläfrig fühlt, dann öffnet die Augen und blickt auf den Boden vor euch. Versucht, die Backenmuskeln zu entspannen.

Bei der Stehmeditation fangen wir damit an, daß wir die Achtsamkeit auf die Körperstellung ganz allgemein richten. Das heißt, wir betrachten aufmerksam, wie der Körper so dasteht – der Körper insgesamt. Dann verlagern wir die Aufmerksamkeit auf den Kopf. Von dort aus gehen wir allmählich den ganzen Körper durch. Wir beachten die Augen, das Gesicht, die Kopfstellung, die Schultern.

Wir machen den ganzen Körper durch und entspannen ihn dabei. Die Hände sind entweder vor dem Bauch oder dem Brustkorb plaziert oder hängen locker und entspannt seitlich herab. Weiter geht es, den Körper hinab. Wir kontrollieren die Stellung der Hüfte und sehen zu, daß sie auf der Geraden liegt, nicht zu weit vorgereckt. Wir gehen die Beine durch, bis wir spüren, wie die Füße fest auf dem Boden verankert sind.

Ihr merkt wahrscheinlich schon: Mit der Aufmerksamkeit für einen Moment bei den Füßen zu verweilen hilft, den Körper zu erden und zu stabilisieren. Also, kurz bei den Füßen bleiben, spüren, wie sie den Boden berühren.

Jetzt bringt die Aufmerksamkeit zum ganzen Körper zurück, so wie er dasteht. Atmet ein paarmal tief durch und richtet dann die Achtsamkeit auf den Atem, wie gehabt, entweder im Bereich der Nase oder der Bauchdecke. Gestattet dem Atem, ganz natürlich zu werden – Einatmen, Ausatmen, Heben, Senken. Benutzt das geistige Etikettieren, sofern es euch etwas bringt.

Wenn ihr eine Lücke, eine Pause zwischen Ein- und Ausatmung, zwischen Heben und Senken bemerkt, dann versucht, während dieser Pause auf die Stehposition oder den Bodenkontakt der Füße zu achten. Laßt den Atem ganz zwanglos seinen eigenen Rhythmus finden. Wenn der Geist abschweift, solltet ihr wie bei der Sitzmeditation feststellen, daß er abschweift, mit Denken beschäftigt ist, dann kehrt sachte zum Atem zurück.

Jetzt möchte ich euch Instruktionen zur Gehmeditation geben.

Wir können feststellen, daß wir im Alltag in gehörigem Maße mit Gehen beschäftigt sind. Oft gehen wir jährlich Hunderte von Kilometern. Beispielsweise befinden wir uns hier auf einer kleinen Insel im Golf von Thailand. Viele von euch haben vor dem Retreat am Strand gelebt und vermutlich lange Strandwanderungen unternommen. Ich frage mich allerdings, ob ihr bei diesen Wanderungen wirklich anwesend wart. Wart ihr wirklich bei der Sache, mit Wandern beschäftigt? Oder wart ihr versunken in Gedanken, wo ihr überall schon wart, wo ihr noch hinwollt, wen ihr treffen wollt, was es zu Mittag gibt, was die nächste Woche oder noch fernere Zukunft bringt? Die ganze Zeit über habt ihr die Realität des Augenblicks verpaßt – nämlich das Erlebnis des Strandwanderns.

Das passiert uns im Leben häufig. Wir befinden uns an einem bestimmten Ort, aber wir sind nicht wirklich anwesend, erleben den Ort nicht wirklich. Statt dessen erleben wir oft nur ein Gedankengebäude, das sich auf diesen Ort bezieht, oder auf die Zukunft und Vergangenheit. Die Gehmeditation ist eine sehr wertvolle Übung, um die Achtsamkeit auch in betriebsamere Aktivitäten hineinzutragen. Sie trägt dazu bei, mehr innere Energie zu erzeugen und kann dazu benutzt werden, die punktgerichtete Achtsamkeit der Sitz- und Stehmeditation aufzufächern, was für das Gehen und andere Bewegung von Nöten ist. In diesem Sinne lernen wir, Achtsamkeit in die Aktivitäten des Alltags hineinzutragen.

Die Perioden formaler Gehmeditation sind ein weiterer Schleifstein, der den Geist schärft. Wir können die so geschärfte Achtsamkeit benutzen und versuchen, sie im Alltag anzuwenden. Wir versuchen, auf uns selbst in allen Lebenslagen aufzupassen, indem wir achtsamer werden. Dann machen wir uns daran, alles, was dem Erleben des Augenblicks im Weg steht, loszulassen. Auf diese Art bemühen wir uns, zum Augenblick zurückzukehren, und können ihn wirklich er-leben. Die geschärfte Achtsamkeit auf den Körper ermöglicht uns, unsere Denkgewohnheiten klarer zu erkennen, und sie beginnt, immer mehr von dem, was in uns vorgeht, zu erfassen.

Bei der Gehmeditation geht ihr auf und ab. Aber ihr geht nirgendwo hin – es gibt kein Ziel. Laßt alle Gedanken von Abmarsch und Ankunft los. Statt dessen versucht, in jedem einzelnen Augenblick anzukommen, in jedem Schritt, in allen Empfindungen, die ihr im Körper, in den Beinen habt; die Erfahrung des Gehens.

Für die Gehmeditation braucht ihr eine »Bahn«, am besten ein ebenes Gelände ohne Hindernisse. Hilfreich ist eine Markierung an beiden Enden der Bahn. Dann braucht ihr euch nicht mehr um die Umkehrpunkte zu kümmern, was nur störende Gedanken und Unsicherheit hervorrufen würde.

Es gibt Leute, die eine lange Bahn von 30 bis 40 Schritten bevorzugen. Andere wiederum finden, daß dies abschweifende Gedanken begünstigt, und ziehen eine kürzere Bahn vor. Manche sind der Meinung, daß das häufige Wenden bei einer zu kurzen Strecke zusätzliche Unruhe schafft. Probiert es mit einer Bahn, die 10 bis 20 Schritte lang ist, und findet selbst heraus, ob ihr zu einer kürzeren oder längeren Strecke neigt.

Es gibt zwei wichtige Methoden, die wir hier lehren werden. Ihr könnt mit beiden experimentieren oder – falls ihr euch bereits für eine der beiden entschieden habt – mit dieser weitermachen. Bei der ersten Methode stellt ihr euch an den Anfang der Gehstrecke. Richtet die Achtsamkeit für einen Moment auf den Körper, die Körperhaltung beim Stehen. Der Kopf ist leicht nach vorn geneigt. Der Blick geht geradeaus, aber auf den Boden gerichtet, etwa in zwei Meter Entfernung. So könnt ihr beim Gehen feststellen, ob Ameisen, Schnecken, Tausendfüßler oder andere Tiere im Weg sind, und vermeiden, diese zu zertreten. Auch schränkt ihr den Sinneskontakt des Sehens ein und unterstützt somit die Achtsamkeit auf den Körper und die Bewegung. Gebt euch Mühe, nicht in der Gegend herumzuschauen. Die Stellung der Hände ist ähnlich wie bei der Stehmeditation, entweder locker hängen lassen oder vor dem Körper aufeinanderlegen beziehungsweise falten. Letzteres entweder auf Bauchhöhe oder mit stärker abgewinkelten Ellbogen auf Brusthöhe. Geht mit eurer Achtsamkeit beim Kopf beginnend durch den ganzen Körper hindurch, fließt entspannt in die Körperstellung hinein, bis ihr bei der Wahrnehmung des Bodenkontakts angelangt seid.

Dann geht ihr los, in normalem gemütlichem Tempo, nicht zu schnell, nicht zu langsam. Richtet eure Aufmerksamkeit auf die Wahrnehmung der Bodenberührung der Füße, die Berührung des rechten Fußes, dann des linken und so weiter. Versucht, mit der Achtsamkeit bei dem Gefühl der Berührung zu bleiben. Wenn ihr wollt, könnt ihr das innere Etikettieren benutzen;»links, rechts«oder »Schritt, Schritt« als Stütze, um mit der Achtsamkeit besser bei den Füßen zu bleiben. Wenn ihr merkt, daß der Geist abschweift, dann notiert behutsam»Abschweifen«oder»Denken«und versucht, zum Körpergefühl in den Füßen beim Berühren des Bodens zurückzukehren.

Wir möchten, daß ihr stehenbleibt, wenn ihr das Ende der Gehstrecke erreicht habt. Der Grund dafür ist, daß der Geist manchmal abschweift, ohne daß man es richtig bemerkt. Das Gehen wird zur automatischen Bewegung. Indem man stehenbleibt, kann man nachprüfen, ob der Geist noch bei der Sache ist, und sich gegebenenfalls die Gelegenheit verschaffen, zum Körper zurückzukehren.

Bleibt einige Augenblicke stehen, fühlt den Kontakt der Füße oder achtet auf den Körper als Ganzes. Je nach Belieben könnt ihr mit »Stehen, Stehen« etikettieren. Mancher mag vielleicht auch kurz auf den Atem achten. Wenn ihr ein wenig länger stehenbleiben wollt, so ist das in Ordnung. Wenn ihr euch dann umdrehen wollt, registriert die Absicht zum Umdrehen und führt dann die Drehung langsam aus. Während des Drehvorgangs versucht ihr, die Bewegung des Körpers beziehungsweise der Beine zu spüren. Dann wieder stehenbleiben.

Wenn ihr euch entschließt, wieder loszugehen, registriert die Absicht, die dahintersteckt, und bringt dann die Achtsamkeit zu den Beinen. Fangt wieder an mit »Schritt, Schritt« oder »links, rechts, links, rechts«. Das geistige Etikettieren fungiert als Achtsamkeitsstütze. Wenn ihr sie benutzt, versucht darauf zu achten, daß das Etikettieren das eigentliche Erleben der Bodenberührung nicht überdeckt.

Wenn ihr merkt, daß die Achtsamkeit und Geistesgegenwart etwas stärker geworden ist, wenn ihr euch besser auf das Berührungsempfinden in den Füßen konzentrieren könnt, dann könnt ihr gerne mit dem zweiphasigen Gehen anfangen. Bei der Praxis des Zweiphasengehens versucht ihr, nicht nur auf die jeweilige Bodenberührung zu achten, sondern auch auf das Heben der Füße. Wenn ihr wollt, etikettiert mit »Heben, Setzen, Heben, Setzen«.

Naturgemäß wird so mancher Meditierende zu diesem Zeitpunkt feststellen, daß er langsamer wird. Es ist wahrscheinlich besser, dieses Langsamerwerden am Anfang nicht zu übertreiben, da sich der Geist sonst unter Umständen zu sehr eingeengt fühlt. Ihr werdet vermutlich feststellen, daß sich die Verlangsamung mit zunehmender Achtsamkeit ganz natürlich einstellt.

Bei der nächsten Stufe der Gehmeditation versucht ihr, mit der Achtsamkeit die Bewegung von Füßen und Beinen in drei Phasen zu zerlegen. Versucht, darauf zu achten, wie ihr den betreffenden Fuß vom Boden abhebt, durch die Luft nach vorn bewegt und wieder absetzt. Das Abheben, nach vorn Bewegen, Absetzen des linken, dann des rechten Fußes und so weiter. Wiederum könnt ihr das Etikettieren benutzen, um die Achtsamkeit an die eigentliche Erfahrung zu binden: »Heben, vor, Setzen, Heben, vor, Setzen«.

Wann auch immer der Geist abschweift, sobald ihr es merkt, geht ihr vor wie bei der Sitz- und Stehmeditation: behutsam zur Kenntnis nehmen, daß der Geist abgeschweift ist, und wieder mit »Schritt, Schritt«, »Heben, Setzen« oder »Heben, vor, Setzen« anfangen.

Bei der zweiten Methode läuft das Auf- und Abgehen, Stehenbleiben und Wenden genauso ab, wie es bei der ersten Methode erläutert wurde. Bei dieser Methode jedoch versucht ihr, mit der Achtsamkeit beim Atem zu bleiben und die Schritte dem natürlichen Rhythmus des Atems anzupassen. Es ist ganz wichtig, nicht den Atem den Schritten anzupassen, das führt oft zu Erschöpfung. Wenn ihr den Atem gewaltsam beeinflußt, ermüdet ihr in kürzester Zeit. Jeder hat seinen eigenen natürlichen Atemrhythmus. Und der bleibt oft nicht die ganze Zeit über gleich. Zum Beispiel könnte das Einatmen einen Schritt dauern, das Ausatmen ebenso. Oder bei längeren Atemzügen dauert das Einatmen vielleicht zwei Schritte und das Ausatmen drei. Versucht, die Länge des Atems herauszufinden, und paßt dann die Schritte dem Atem an.

Vielleicht wollt ihr eine Zählmethode anwenden, um die Achtsamkeit an die Schritte und den Atem zu binden. Wenn zum Beispiel das Einatmen zwei Schritte und das Ausatmen drei Schritte dauert, so könntet ihr »eins, zwei« beim Einatmen und »eins, zwei, drei« beim Ausatmen zählen.

So, jetzt gehen wir hinaus und üben die Gehmeditation.

## Zweiter Tag, vor dem Frühstück

# Besinnung auf die Mahlzeit und Anleitung zu bewußtem Essen

Im Rahmen des buddhistischen Trainings in geistiger Entwicklung finden wir in der Essensbetrachtung eine weitere Technik, die wir zur Förderung der heilsamen Eigenschaften des Geistes benutzen können. Es wird gelehrt, daß es nützlich sei, bestimmte Dinge zu bedenken, die unser Essen und unser Verhältnis dazu betreffen. Dies geschieht, sobald die Mahlzeit vor uns steht, bevor wir anfangen zu essen.

Man findet in den buddhistischen Schriften gewisse traditionelle Methoden, und ich werde euch eine leicht veränderte Fassung davon erklären. Seht bitte auf euer Essen, während ich die einzelnen Aspekte dieser Besinnung erwähne, und versucht, das was ich sage, reflektiv nachzuvollziehen.

Diese Reflektion hat drei Teile. Im ersten Teil betrachten wir die Frage: »Warum essen wir?« Der wesentliche Grund dafür ist, den Körper am Leben und bei Gesundheit zu erhalten. Um das Unbehagen des Hungers zu lindern, um uns zu ermöglichen, mit der inneren Entwicklung fortzufahren.

Das meiste von dem, was wir zu uns nehmen, schmeckt vermutlich gut. Manches schmeckt nicht gut. Aber egal, ob gut oder schlecht, der wesentliche Grund für das Essen bleibt der gleiche: den Körper am Leben und bei Gesundheit zu erhalten. Wenn wir uns diese Tatsache vor Augen halten, dann stört uns schlecht schmeckendes Essen nicht mehr so arg wie früher. Leckeres Essen stellt in der Regel nicht gerade ein Problem dar. Aber diese Reflektion kann auch denjenigen von uns helfen, die sehr wohl ein Problem mit maßloser Eßlust haben. Erkennen, daß das Essen im wesentlichen zur Erhaltung des Körpers dient; versuchen, unheilsame Reaktionen, die den inneren Frieden stören könnten, zu vermeiden.

Im zweiten Teil der Reflektion besinnen wir uns darauf, was für ein Glück wir doch haben, daß wir so viel zu essen haben, während in der ganzen Welt viele Menschen hungern müssen. Auch das bringt uns wieder ins Lot, falls wir der Tatsache, ob uns das Essen schmeckt oder nicht, zu viel Bedeutung beimessen. Diese Art der Reflektion haben viele von uns bereits von den Eltern gelernt, wenn wir als Kinder das Essen nicht mochten. Als Kinder konnten wir vielleicht nicht verstehen, was uns unsere Eltern damit sagen wollten. Jetzt sind wir aber erwachsen und besitzen ein tieferes Verständnis von der Welt um uns herum, von den Millionen von Menschen, die verhungern.

Diese Reflektion kann uns helfen, mit Speise jeglicher Art zufrieden zu sein, egal ob wohlschmeckend oder nicht, indem wir wissen, wie gut es uns geht und daß viele Menschen auf der Welt Mangel leiden.

Im dritten Teil unserer Reflektion erwägen wir die Schwierigkeiten im Zusammenhang mit der Nahrungsbeschaffung. Viele Lebewesen müssen sterben, damit wir essen können, sogar wenn wir Vegetarier sind. Wenn ein Reisfeld oder Gemüseacker gepflügt wird, werden viele, viele Insekten und andere Kleintiere getötet. Der Anbau beziehungsweise die Produktion nahezu aller Lebensmittel verursacht den Tod anderer Lebewesen.

Des weiteren erwägen wir die Mühen der Bauern, Lieferanten, Ladeninhaber und aller anderen, die ihren Anteil daran haben, daß dieses Essen zu uns gelangt, genauer gesagt, zu den Leuten, die es für uns kochen und zubereiten. Auf diese Weise können wir erkennen, wie eng wir mit dem Rest der Welt verwoben sind. Insbesondere möchten wir an dieser Stelle eine Reflektion über jene empfehlen, die unser Essen zubereiten. Bei jedem Retreat, das hier im Wat stattfand, wurden spezielle Mahlzeiten für uns gekocht, und wir können für dieses Wohlwollen sehr dankbar sein.

Nachdem ihr soeben angesichts der Mahlzeit eine Essensbetrachtung durchgeführt habt, versucht jetzt beim Essen, eure Achtsamkeit anzuwenden. Versucht, bei der Sache zu sein, beim tatsächlichen Vorgang des Essens. Oft geht es uns beim Essen so: Wenn es schmeckt, machen wir in der Tat die Erfahrung des Wohlgeschmacks – beim ersten Bissen. Aber oft genug fängt der Geist dann an, sich zu zerstreuen und *über* das Essen nachzudenken. Und wir essen und essen und nehmen vom Geschmack der restlichen Mahlzeit nichts mehr wirklich wahr. Sogar wenn es sehr gut schmeckt, sind wir uns dessen unter Umständen gar nicht bewußt. Indem wir versuchen, Aufmerksamkeit beim Essen anzuwenden, helfen wir uns selbst,

mehr im Augenblick zu sein, näher an der Erfahrung dessen, was gerade vorgeht. Versucht, den Ablauf der Körperbewegungen zu beobachten. Die Hand, die nach dem Löffel greift, diesen ins Essen taucht, den Löffel zum Mund führt. Das Öffnen des Mundes, das Aufnehmen der Nahrung, das Schließen des Mundes, das Herausziehen des Löffels. Kauen, Schmecken, Schlucken. Wenn ihr wollt, könnt ihr Konzentration und Achtsamkeit durch inneres Etikettieren unterstützen, zum Beispiel: Greifen, Eintauchen, Heben, Öffnen, Hinein, Schließen, Herausziehen, Kauen, Schmecken, Schlucken. Versucht, voll bei der Sache, voll beim tatsächlichen Eßvorgang zu sein. Wenn es schmeckt, werdet gewahr, daß es schmeckt. Wenn es nicht schmeckt, einfach gewahr werden, daß es nicht schmeckt. Versucht, alle unheilsamen Reaktionen auf das Essen zu vermeiden, egal ob es schmeckt oder nicht.

Versucht also, euch jedesmal vor dem Essen auf die Mahlzeit und euer Verhältnis dazu zu besinnen. Der Inhalt eben erwähnter Reflektion noch einmal in Kürze: »Warum essen wir?« – in erster Linie, um den Körper zu erhalten. Des weiteren betrachtet, wie gut es uns geht mit soviel Nahrung, wo es doch viele Menschen auf der Welt gibt, die sehr wenig haben. Und drittens, erwägt die Schwierigkeiten im Zusammenhang mit der Nahrungsbeschaffung.

*Zweiter Tag, vormittags*

# Das Zuhören und das Schweigen

Wann immer wir Anleitungen oder grundlegende Erläuterungen zur geistigen Entwicklung geben, ist es äußerst wichtig und vorteilhaft für euch, wenn ihr euch nach Kräften bemüht, zuzuhören und das Gesagte zu verstehen. Versucht, so gut es geht zuzuhören, den Vortrag in den Mittelpunkt zu rücken.

Zuhören ist ein wichtiger Bestandteil des Lebens. Aber oft genug ist der Geist zu sehr mit Gedanken *über* das Gesagte beschäftigt, statt wirklich zu lauschen und zu begreifen, was gesagt *wird.*

Das Zuhören lernen mit klarem, offenem und wachem Geist ist als Teil unseres Wachstums von größter Wichtigkeit. Aus diesem Grunde bitten wir euch, nach Möglichkeit die Meditationshaltung einzunehmen, wenn ihr Rosemary oder mir zuhört. Betrachtet das als eine Art Sitzmeditation, nur daß ihr eben nicht auf den Atem achtet, sondern versucht, euch auf das Gesagte zu konzentrieren. Versucht, so gut ihr könnt zuzuhören.

Lediglich bei den Augen gibt es einen Unterschied zur üblichen Meditationshaltung. Einige Meditierende neigen dazu, den Vortragenden anzuschauen, andere schließen die Augen.

Wenn Schmerzen irgendwelcher Art auftauchen, so ist es – wie gehabt – in Ordnung, die Beine zu bewegen oder den Rücken zu entspannen. Diesmal brauchen wir uns jedoch nicht um starke Achtsamkeit auf die Bewegung zu kümmern. Versucht, euch leise zu bewegen, um die anderen nicht zu stören, aber bleibt mit der Konzentration überwiegend beim Zuhören. Dadurch, daß ihr in der Meditationshaltung sitzt, schafft ihr euch die besten Voraussetzungen, um konzentriert und aufnahmefähig zu bleiben.

Bemüht euch, während des gesamten Vortrags in der Sitzstellung zu bleiben, genau wie bei der normalen Sitzmeditation. Auf die Toilette gehen oder ein Glas Wasser holen sind Dinge, die ihr am besten während der Gehperioden oder in den üblichen Pausen erledigt. Die Sitzstellung ist eine stationäre Körperhaltung, und am besten bleibt ihr auch während der gesamten anberaumten Zeit stationär. Vermeidet bitte jegliche Störung eurer Sitzperioden, insbesondere bei den Vorträgen und Anleitungen.

Je besser ihr euch auf das Zuhören konzentrieren könnt, desto besser seid ihr in der Lage, das Gesagte zu verstehen. Je besser ihr das Gesagte versteht, desto mehr habt ihr davon. Je mehr ihr von den Vorträgen profitiert, desto besser ist das auch für andere.

Das Zuhören hat einen weiteren Aspekt, der in der Alltagswelt oft vernachlässigt wird: der Stille zuhören, dem Schweigen und der Ruhe lauschen. Die meisten Gesellschaftsformen sind nicht interessiert an Stille ... Schweigen ... Ruhe. Die meisten Menschen verstehen den Wert und die Bedeutung von Stille und Schweigen nicht. Und viele Menschen wissen nicht, wann es angebracht ist, still zu sein, zu schweigen.

Viele haben eine gewisse Furcht vor dem Schweigen, als handle es sich dabei um einen schrecklichen Feind. In dem Moment, da es um sie herum zu ruhig wird, fühlen sie sich irgendwie bedroht; sie glauben, sie müßten jetzt unbedingt den Fernseher oder Kassettenrecorder einschalten, mit jemandem telefonieren oder einen geschäftigen Ort aufsuchen.

Diese Menschen haben Stille und Schweigen noch nicht zu schätzen gelernt, haben noch nicht erfahren, wie man in den Augenblicken der Stille dazulernen und wachsen und den Wert des Lebens erkennen kann.

Ein Meditations-Retreat wie dieses kann jedem einzelnen von euch helfen, den Wert und die Bedeutung von Stille und Schweigen zu erfassen. Ihr könnt auch entdecken, wie angebracht und heilsam es gelegentlich sein kann, wenn man in der Stille ist und schweigt. Ebenso könnt ihr Verständnis dafür entwickeln, wieviel Ruhe und Frieden es mit sich bringt, wenn man still ist und schweigt. Ihr könnt lernen, in der Stille zu verweilen, statt Angst davor zu haben oder euch bedroht zu fühlen.

Das ist eine *seltene* und *wunderbare* Gelegenheit. Es wird euch tatsächlich gestattet, still zu sein, ihr werdet sogar darin bestärkt. Im Alltag werden stille Menschen oft als etwas merkwürdig und seltsam angesehen. So oft spüren wir gesellschaftlichen Druck, wenn wir still sein möchten. Wir glauben dann, wir müßten reden, sonst wäre irgend etwas nicht in Ordnung.

Aber es kann gelegentlich völlig normal und angemessen sein, wenn man still ist, und dieses Retreat kann dazu beitragen, den Wert der Stille zu ermessen. Das soll natürlich nicht heißen, daß Schweigen in jeder Situation des Alltags angebracht sei. Ganz klar, es gibt Momente, wo es besser ist, etwas zu sagen.

Es nimmt viel Raum bei dieser Art von geistiger Entwicklung ein, zu lernen, wann gewisse Handlungen richtig sind und wann nicht. Bestimmte Handlungen sind draußen durchaus richtig, hier aber nicht. Jemanden zu grüßen, jemandem zuzulächeln, mit jemandem zu kommunizieren – das kann im Alltag zuweilen sehr angebracht und gut sein. Hier jedoch führt es zu unheilsamen Ergebnissen.

In der Praxis ist es sehr wichtig, die Motivation und Absicht hinter allem, was wir tun, zu erkennen und eine Motivation des Mitgefühls hinter all unseren Handlungen, Äußerungen und Gedanken zu entwickeln; der Wunsch, kein Leid und keine Schwierigkeiten zu verursachen.

Mitfühlende Motivation bringt uns im Alltag oft dazu, andere zu grüßen und anzulächeln, mit anderen zu kommunizieren, dem Wunsch folgend, ihnen zu helfen. Hier jedoch fügt ihr anderen, aber auch euch selbst Schaden zu, wenn ihr grüßt, zulächelt und kommuniziert.

Handlungen dieser Art zeugen nicht von mitfühlender Motivation, wenn sie unter den Gegebenheiten hier vollzogen werden. Hier sind sie absolut nicht angebracht, um Fürsorge, Freundlichkeit, Mitgefühl und Liebende Güte auszudrücken.

Fürsorge drückt ihr hier am besten aus, indem ihr schweigt und so allen Meditierenden beste Rahmenbedingungen für das Retreat schafft. Das ist eure Art, Freundlichkeit, Mitgefühl und Liebende Güte zu zeigen – indem ihr schweigt, um einander zu helfen.

Aufgrund unserer Konditionierungen kann diese Situation unter Freunden noch schwieriger sein. Aber wenn ihr *wirklich* Freunde seid, wenn ihr euch wirklich umeinander *kümmert,* dann werdet ihr das Schweigen nicht brechen und euer Bestes geben, um eurem Freund Schwierigkeiten zu ersparen.

Und am Ende des Retreats stellt ihr vielleicht fest, daß ihr in der Tat eine tiefere, fürsorglichere, reichere Beziehung zu euren Freunden und allen anderen gewonnen habt; dadurch, daß ihr in Schweigen an diesen Techniken gearbeitet habt.

Jetzt führen wir eine Sitzmeditation durch. Wenn ihr damit anfangt, vergeßt nicht, den Körper durchzuchecken. Überprüft alle Körperzonen, seht zu, daß alles entspannt ist. Die Beine, Hüfte, Rücken, Bauch, Brust, Hände, Arme, Schultern, Nacken, Kopf, Gesicht, Augen, Mund und so weiter.

Immer wenn wir den Atem beobachten, versuchen wir, ihn so zu nehmen, wie er eben ist. Wir versuchen, nicht den Atem in irgendeiner Weise zu beeinflussen Wenn er lang ist, wissen wir einfach, daß er lang ist. Oder kurz oder schnell oder langsam. Wie der Atem auch immer sein mag, laßt es einfach zu. Und versucht, einfach nur zu beobachten. Lernt den Atem kennen und verstehen.

Jedesmal wenn wir bemerken, daß der Geist spazierengeht, nehmen wir dies sachte zur Kenntnis und versuchen, zum Atem zurückzukehren. Das Abschweifen des Geistes ist ein natürlicher, konditionierter Vorgang, und wir sind gerade dabei, diesen Vorgang etwas näher kennenzulernen.

Ein ständiges Bemühen – versuchen zurückzukehren, versuchen, achtsam zu sein, versuchen, das Beste zu geben. Jedesmal wenn wir den Geist beim Spazierengehen ertappen, fangen wir einfach wieder beim Atem an. Langsam und allmählich lernen wir den Geist kennen.

Im Laufe dieser Meditationsstunde – um 10 Uhr – ertönt normalerweise die Kuckucksuhr von gegenüber. Probiert einmal, vielleicht könnt ihr dies einfach mit »Hören, Hören« etikettieren, falls ihr die Uhr wahrnehmt. Versucht, euch nicht in Gedanken über diese Uhr zu verstricken, das lenkt euch nur vom Atem ab.

Nachdem ihr den Körper durchgecheckt habt, ein paar tiefe Atemzüge nehmen, entspannen und dann den Atem einfach so sein lassen, wie er eben ist. Beobachtet ihn im Bereich der Nase oder der Bauchdecke. Wenn ihr wollt, etikettiert mit »Einatmen, Ausatmen«, »Ein, Aus«, »Heben, Senken«.


Nach der Sitzung:

Im Laufe des Retreats werden wir euch jeden Tag darum bitten, auf eine bestimmte Aktivität im Tagesablauf besonders zu achten.

Wir möchten gerne, daß ihr von heute an bis zum Ende des Kurses besondere Aufmerksamkeit entwickelt, immer wenn ihr durch eine Tür tretet. Bei den meisten von euch bezieht sich dies auf das

Betreten und Verlassen der Duschräume. Bei einigen gilt dies auch für die Tür zum Schlafsaal.

Versucht, den eigentlichen Vorgang achtsam zu verfolgen: den Arm, der sich nach der Türklinke streckt, die Hand, die nach der Klinke greift, das Öffnen der Tür, das Hindurchtreten, Umdrehen, Schließen, Loslassen und so weiter... Nach Belieben könnt ihr das geistige Etikettieren verwenden, um die Entwicklung stärkerer Achtsamkeit zu fördern: Strecken, Greifen, Öffnen, Schritt, Drehen, Schließen etc....

Versucht, ganz im Augenblick zu sein. Versucht, die Vergangenheit und die Zukunft loszulassen. Versucht, den Frieden zu entdecken, der im Augenblick des Öffnens und Schließens einer Tür steckt.

# Zweiter Tag, abends

# Die fünf Hindernisse

Wenn wir mit der Meditation anfangen und versuchen, Konzentration auf den Atem oder das Gehen zu entwickeln, sind wir innerhalb kurzer Zeit mit Gedanken konfrontiert; Gedanken, die uns Probleme und Schwierigkeiten bereiten können – Gedanken, die uns vom Objekt der Konzentration wegbringen. Wir stellen fest, daß wir kaum länger als ein paar Augenblicke beim Atem oder bei der Gehmeditation bleiben können. Diese Stolpersteine, die der Konzentration im Weg liegen, verursachen oft auch Streß in Körper und Geist. In der Lehre des Buddha werden diese Stolpersteine die fünf Hindernisse genannt.

In der Vipassana-Meditation nimmt die Arbeit mit diesen Hindernissen breiten Raum ein. Sie können als ein Hilfsmittel bei der Entwicklung von Einsicht und Verständnis benutzt werden.

Wir können lernen, Gedanken und die Geisteszustände, die sie mit sich bringen, bereits beim Entstehen zu erkennen Wir können lernen, mit ein wenig »Abstand« ihre Wirkung auf Geist und Körper zu beobachten. Wir können versuchen, ihre jeweilige Energie, so wie sie ist, zu beobachten. Wir versuchen, uns nicht in ihnen zu verlieren, sie aber auch nicht zu verdrängen. Indem wir sie objektiv beobachten, verstehen wir nach und nach ihre Natur und lernen, wie man sie losläßt.

Im allgemeinen ist die übliche Antwort auf diese Gedanken und Gefühle, daß man sich mit ihnen beschäftigt, und so gelangen wir in den Teufelskreis des Reagierens. Sie färben und vernebeln alles, womit wir in Berührung kommen. Sie gewinnen an Kraft und beherrschen den Geist.

Wenn das geschieht, ist es sehr schwierig, die Dinge klar zu sehen. Das einzige, was wir dann sehen, sind unsere Meinungen und Ansichten. Es ist, als ob man die Welt durch gefärbtes Glas betrachtet. Alles nimmt die Farbe des Glases an. Wir versuchen, Achtsamkeit aufzubauen. Wenn wir kontinuierlich die Hindernisse in unserem Geist wahrnehmen, werden wir die Fähigkeit erlangen, sie zu beobachten, ohne sie ständig zu »füttern«. Wir können lernen, wie man ihre Wirkung auf Körper und Geist erkennt und wie man ihre unbefriedigende Natur sehen kann.

Wenn wir die Dinge so sehen, wird bei anhaltender Forschertätigkeit schließlich Mitgefühl entstehen – mit den unbefriedigenden Zuständen, dem Streß und den Schwierigkeiten von Geist und Körper. Und auf sanfte Weise lernen wir »loszulassen«. Dann werden wir in der Lage sein, die Vergänglichkeit der Hindernisse zu erkennen. Sie entstehen und vergehen.

Wenn wir sie niemals betrachten, sondern uns ständig in sie verstricken – »Ich bin wütend, ich will, ich bin erregt, ich bin besorgt«, an Stelle von »Da ist Zorn, Verlangen, Erregung, Besorgnis« –, dann werden wir nicht in der Lage sein, sie einfach vorbeigehen zu lassen. Sie werden weiterhin eine lange Kette von Gedanken und Reaktionen verursachen.

Zu Anfang werden wir die Hindernisse erst dann erkennen können, wenn wir schon eine Zeitlang in sie verstrickt sind. Zuerst stellen wir vielleicht fest, daß wir uns ständig abstrampeln, wir bemerken den Streß und die Unfähigkeit zur Konzentration. Oder wir stellen fest, daß wir uns innerlich verirrt haben, ohne genau zu wissen, worüber wir eigentlich nachgedacht haben.

Mit allmählich zunehmender Aufmerksamkeit und Achtsamkeit – uns fällt auf: »Wir meditieren ja eigentlich« – merken wir, daß wir uns verirrt haben. Dieser Augenblick der Geistesgegenwart ist sehr wertvoll. Dieser Augenblick des Erkennens gestattet uns, nachzuforschen und behutsam loszulassen. Mit stärker werdender Aufmerksamkeit und mitfühlendem Verständnis gelingt es uns allmählich, die Hindernisse immer frühzeitiger nach ihrem Entstehen zu erkennen.

Anstatt all das, was im Geist entsteht – Gedanken, Gefühle –, als Problem zu betrachten, als etwas, das um jeden Preis vernichtet oder ausgelöscht werden muß, sollte man es als Hilfsmittel zu Einsicht, Verständnis und Mitgefühl auffassen. Vipassana-Meditation bedeutet Entwicklung von Achtsamkeit ohne Anhaften, Konzentration und Wissensklarheit bezüglich des Entstehens geistiger und körperlicher Objekte in jedem einzelnen Augenblick und die Wahrnehmung ihrer Vergänglichkeit.

Dinge entstehen in Körper und Geist – und sie vergehen. Der Atem kommt und geht, Gedanken entstehen und vergehen, Gefühle kommen und gehen. Es ist ein Spiegelbild der fortwährenden Veränderung in der Natur. Wenn diese Hindernisse im Geist entstehen, versuchen wir, dies mittels Achtsamkeit festzustellen. Wir versuchen, sie zu identifizieren, nach Möglichkeit loszulassen und bei ihrem Entschwinden zuzuschauen. Wenn sie an uns kleben bleiben und das Loslassen Schwierigkeiten bereitet, dann können wir ihre Natur, ihre Energie erforschen; das erleichtert das Loslassen. Versucht, keine Abneigung gegenüber den Hindernissen aufzubauen, etwa indem ihr sie zum Teufel wünscht. Versucht, sie zu erkennen, sobald sie entstanden sind. Erfaßt mit Mitgefühl und Verständnis, daß der Geist ein Produkt von Konditionierungen ist. Was auch immer in der Gegenwart entsteht, ist ein Resultat unserer Konditionierungen und Handlungen der Vergangenheit: wie wir in der Vergangenheit reagiert und gedacht haben, die Konditionierungen der Gesellschaft, unsere Erziehung, Glaube, Elternhaus, Freunde, Lehrer.

Die Hindernisse zu unterdrücken ist das eine Extrem, ihnen nachzugeben das andere. Wenn wir diese Dinge unterdrücken, lernen wir sie nicht kennen und verpassen die Gelegenheit zum Loslassen. Wenn wir ihnen nachgeben, dann befinden wir uns andauernd in ihrer Macht und säen die Ursache für ihr fortwährendes Entstehen in der Zukunft. Wir werden nicht fähig sein, tiefer in ihr Wesen vorzudringen und uns ihrer Vormachtstellung zu entziehen.

Die Macht der Gewohnheit wird das Denken weiterhin prägen, insbesondere bei einem untrainierten Geist. Es bedarf einer Menge Geduld und Beharrlichkeit, Energie und Verständnis voller Mitgefühl – kurz jener sanften und fürsorglichen Einstellung. Es ist oft sehr unbequem, sich dem Sog alter Gewohnheiten zu entziehen. Abstand zu nehmen, einfach zu beobachten, ohne zu unterdrücken und ohne nachzugeben.

Aber dies ist in Ordnung. Der Entwicklungsprozeß zu tiefem inneren Frieden und Gleichgewicht geht einher mit der Ausbildung der Fähigkeit, mit unbequemen Situationen und Energien umgehen zu können; der Fähigkeit, sie zu verstehen und allmählich zu lernen, wie man beliebige negative Energie in positive umwandelt.

Möglicherweise fängt man an zu erkennen, daß der Geist und die Geistesobjekte verschiedene Dinge sind, daß der Geist tatsächlich die

Anlage zu Unerschütterlichkeit und Gleichmut besitzt. Möglicherweise erkennt man das Kommen und Gehen dieser Energien. Man braucht dazu Durchhaltevermögen, Geduld, Mitgefühl und die Bereitschaft, immer wieder von vorne anzufangen.

Oft hält man sich nicht gerade für vollkommen, wenn man nicht besonders lang beim Atem, den Schritten oder den Aktivitäten bleiben kann. Und doch – gerade durch das Probieren, das ständige Bemühen um Achtsamkeit und Erkennen, in welchem Zustand sich der Geist befindet, baut man Geduld auf. Man stärkt das Durchhaltevermögen, sammelt Kraft und Energie und gewinnt mitfühlendes Verständnis für den eigenen Geist und den Geist anderer. Des weiteren lernt man, impulsiven Reaktionen auf Gedanken sanft zu widerstehen.

Dies wiederum macht uns das Loslassen leichter und bringt Gleichmut hervor. Gleichmut ist jenes innere Gleichgewicht, das sich durch nichts aus der Fassung bringen läßt.

Das erste Hindernis, das es zu erkennen gilt, ist Sinnesbegierde. Sinnesbegierde ist ein Gefühl des Verlangens, ein geistiges Gefühl der Unvollständigkeit und Armut. Da gibt es Begierde nach erfreulichen Anblicken, Klängen, Gerüchen, Geschmackserlebnissen und Körpergefühlen beziehungsweise, wenn diese sich schon eingestellt haben, den Wunsch, diese erfreulichen Dinge mögen kein Ende finden. Sinnesbegierde ist fortwährender Durst und Habenwollen.

Diese besondere Energie der Begierde ist in den meisten von uns sehr stark vorhanden. Die Sinnesbegierde hat uns schon häufig beherrscht. Gleichzeitig entsteht dabei auch eine Menge Unzufriedenheit, denn was wir gegenwärtig haben, ist ja immer nicht gut genug. So sind wir vielleicht ständig auf der Suche nach noch spannenderen Erlebnissen – einem noch schöneren Anblick oder Klang, dem leckersten Essen, dem bestmöglichen Partner.

Wir wollen bewundert werden, wir wollen geliebt werden. Ständig sind wir auf der Suche nach Befriedigung. So viele unserer Gedanken sind in Phantasien verstrickt, Träumereien darüber, wie wir vom Objekt unserer Begierde Besitz ergreifen könnten.

Es ist nicht das Objekt der Begierde, das uns Schwierigkeiten macht – es ist das Gefühl des Mangels in uns und der tiefverwurzelte Irrglaube, daß wir glücklich wären, sobald wir alles hätten, was wir wollten.

Wir hatten fast alle die großartige Gelegenheit, viele unserer Wünsche und Sehnsüchte zu erfüllen. Die meisten von uns wuchsen in vergleichsweise reichen Ländern auf, mit Essen, Kleidung und anderen materiellen Dingen im Überfluß, mit vielen Möglichkeiten, die die meisten von uns für selbstverständlich halten.

Und doch – trotz Überfluß und ständiger Erfüllung unserer Wünsche: Haben wir Ruhe und inneren Frieden gewonnen?

Das Problem bei der Suche nach Erfüllung in den Sinnesfreuden liegt darin, daß diese vorübergehend sind, zwischen den Fingern zerfließen. Und sie sind sehr abhängig von äußeren Dingen, die wiederum vorübergehend und vergänglich sind. Die Sinnesfreuden mögen schon für kurze Zeit Befriedigung bringen, aber oft folgt ihnen Langeweile, Unzufriedenheit, Rastlosigkeit und die Suche nach neuen Erlebnissen.

Außerdem konditioniert dies den Geist dahingehend, daß er Glück darin sieht, in der Zukunft zu schwelgen; und das macht es uns unmöglich, wach zu sein, den Moment der Gegenwart zu erleben. Oft vernebeln Unzufriedenheit und innere Leere den Augenblick, der Geist verliert sich fortwährend in der Illusion von der Zukunft.

Wie viele von uns verirren sich in dem weitverbreiteten Denkmuster »Ach, wenn doch nur...«?

»Ach, wenn ich doch nur das Geld für weitere Reisen hätte und nicht heimfahren müßte – dann wäre ich glücklich.« »Ach, wenn ich doch nur irgendwo ein hübsches Stück Land besäße – dann wäre ich glücklich.« »Ach, wenn ich doch nur den richtigen Partner hätte – dann wäre ich glücklich.« »Ach, wenn ich in diesem Retreat doch nur ein besseres Sitzkissen hätte – dann wäre ich glücklich.« »Ach, wenn ich hier doch nur ein Einzelzimmer hätte – dann wäre ich glücklich.« »Ach, wenn ich doch nur den richtigen spirituellen Lehrer träfe – dann wäre ich glücklich.« Das kann endlos so weitergehen – »Wenn ich doch nur dieses oder jenes hätte – dann wäre ich glücklich«.

Wir sind ständig dabei, Frieden und Glück zu vertagen. Möglicherweise betrachten wir niemals den Schmerz und die Anspannung, die die Begierde und diese Art, damit zu leben, mit sich bringen. Und unser Frieden und Glück bleiben weiterhin von äußeren Faktoren abhängig.

Vielleicht liegt Frieden doch eher darin, daß man den Streß des Habenmüssens einfach ausblendet; vielleicht liegt er in der Abwesenheit von Begierde und einem Gefühl des Fließens im Augenblick, gleichgültig, was dieser Augenblick mit sich bringt. Wie also manifestiert sich die Begierde hier unter Retreat-Bedingungen? Weitverbreitet sind Konzentrationsschwierigkeiten während des Sitzens oder Gehens kurz vor den Mahlzeiten. Der Geist driftet in Richtung Essen ab. »Ich hoffe, es gibt was Süßes«, »Hoffentlich gibt es eine Menge Obst und Salat«, »Also, worauf ich jetzt Lust hätte – Snickers und Joghurt!« Viele Meditierende stellen fest, daß es sehr schwierig ist, auf jeden einzelnen Schritt zu achten, wenn dieser in Richtung Tee und Fruchtsalat geht.

Wir können auch über Musik phantasieren und innerlich zu singen beginnen. Das scheint *viel* spannender und kreativer zu sein, als hier schweigend herumzusitzen und den Atem zu beobachten.

Auf subtilerer Ebene gibt es das Verlangen nach der Glückseligkeit, die die Konzentration hervorbringen kann, nach strahlenden Lichtern und Visionen in der Meditation. Es gibt die Begierde nach Konzentration, ja sogar die Begierde nach dem nächsten Atemzug. Und ganz besonders die Begierde nach dem Glockenzeichen.*

Begierde ist ein Greifen nach etwas, ein Habenwollen, ein Gefühl des Mangels, der Unzufriedenheit. Ganz anders fühlt es sich an, wenn man mit dem Augenblick fließt, ohne Widerstand, ohne Festklammern, wenn man Abstand nimmt; das ist die Daseinsfülle.

Was fangen wir also mit dieser Energie der Begierde an? Zu allererst erkennen, sie als das sehen, was sie ist. Begierde, Begierde. Versucht, ihre Existenz nicht zu verurteilen. Diese verdammende Eigenschaft des Geistes hat nichts von mitfühlendem Verständnis in sich, welches erkennt, daß der Geist ein Prozeß von Konditionierungen ist. Was im Moment hochkommt, ist die Frucht früheren Denkens, früherer Reaktionen und Konditionierungen.

Aber wir versuchen auch, der Begierde nicht nachzugeben, weil wir erkennen, daß wir so weiter in ihrer Gewalt bleiben und den Geist dahingehend konditionieren, weiterhin nach äußeren Dingen zu verlangen und von ihnen abhängig zu sein. Auf diese Art erfahren wir wohl nie den Frieden des Augenblicks. Versucht, die Sinnesbegierde zu erkennen und zu beobachten. Schaut euch die Turbulenzen, den

---

* Das Ende der Meditationsperiode.

Aufruhr und die Unzufriedenheit an. Wir können lernen, sachte loszulassen und zum primären Meditationsobjekt zurückzukehren. Mit dieser klaren Sichtweise, mit beharrlichem Nichtreagieren dekonditionieren wir den Geist behutsam. Wir stärken Aufmerksamkeit, Gleichmut und unsere Fähigkeit zum Loslassen. Wir verstehen unseren Geist immer besser und sehen die streßhafte Natur der Sinnesbegierde. Auch ihr Entstehen, ihre Existenzdauer und ihr Vergehen – wir sehen, daß sie vergänglich ist. Das war also das erste Hindernis: Sinnesbegierde.

Das zweite Hindernis ist Ablehnung, Abneigung. Das ist das Gegenteil von Begierde. Wegschieben statt Habenwollen. Für jeden von uns hat das Leben unangenehme Dinge bereit. Das ist normal. Was wir dem hinzufügen, ist Abneigung – die verdammende Eigenschaft des Geistes. Aversion hat für gewöhnlich eine starke Energie. Deshalb finden viele Leute Aversion recht anregend. Sie genießen es, beschäftigt zu sein – genießen die Abwesenheit von Stumpfheit und Langeweile. Zorn und Haß stärken ihr Ich-Gefühl.

Diese Leute haben allerdings die negative Wirkung von Zorn und Ablehnung auf Geist und Körper noch nicht näher untersucht. Auch nicht die Wirkung auf diejenigen, denen der Zorn und die Ablehnung gilt. Dabei ist es ziemlich einfach, den zerstörerischen Einfluß von Abneigung und Haß in der Welt zu erkennen.

Aversion hat viele Gesichter. Es existieren Eifersucht, Verurteilung, Angst, Vorurteile, Ärger, Gereiztheit, Haß, Zorn und so weiter. Es gibt Aversion in Hinsicht auf einen Anblick, Klang, Geruch, Geschmack, körperliche Empfindung und Gedanken. Es gibt Abneigung gegen Leute, die für uns nicht erfreulich sind: Leute, die uns irgendwie herausfordern, die andere Meinungen und auch Glaubensbekenntnisse haben, die vielleicht unsere Erwartungen nicht erfüllen.

Abneigung und Ärger können auch aufsteigen, wenn Wünsche unerfüllt bleiben. Wenn wir nicht bekommen, was wir wollen, fangen wir vielleicht an, der Außenwelt die Schuld zu geben, Situationen und Menschen zu verurteilen, uns selbst auf ein Podest zu stellen und unseren Ärger und unsere Aversionen zu rechtfertigen. So haben wir das üblicherweise gemacht.

Diese Erfahrungen des Wegschiebens oder Verurteilens hinterlassen tiefe Furchen im Geist. Sie bringen den Geist dazu, noch lange vor sich hinzuköcheln, wenn der tatsächliche Vorfall schon längst vorbei ist, und so ruinieren sie unseren gegenwärtigen Augenblick – unseren Frieden. Wenn wir versuchen, uns in der Meditationspraxis auf den Atem zu konzentrieren, kommen diese Furchen oft an die Oberfläche. Wenn wir nicht genug Achtsamkeit und die Fähigkeit zum Abstandnehmen haben, verstricken wir uns oft darin, diese Szenen aus der Vergangenheit wiederzubeleben, und führen dem Teufelskreis von Gedanke und Reaktion neue Nahrung zu.

Der Streß und die unangenehmen Gefühle, die dabei entstehen, sind die Erscheinungsmerkmale von Aversion, Verurteilungen, abwertenden Vergleichen, enttäuschtem Begehren und unerfüllten Erwartungen. Die Ursache für den Streß und die Schwierigkeiten liegt im eigenen Geist, in der Reaktion auf unsere Erfahrungen. Aber die meisten von uns geben üblicherweise der Außenwelt die Schuld, den Menschen, den Situationen und nicht den eigenen Reaktionen und Erwartungen.

In diesem Retreat können wir nicht mit den anderen Meditierenden sprechen. Wenn wir also Aversionen haben, können wir sie nicht ausdrücken oder den anderen »an den Kopf werfen«. So bleiben sie also bei uns. Das macht es uns ziemlich leicht, zu erkennen: Die anderen leiden nicht – wir leiden, und zwar an unserem Anhaften an der Aversion.

Was sind die häufigsten Arten von Abneigung, die man als Meditierender in einem Retreat erfahren kann?

Beispielsweise sitzen wir friedlich da, und *endlich* schaffen wir es, beim Atem zu bleiben, wie er kommt und geht, ja wir sind richtig gut dabei. Und dann fängt diese Person neben uns an, herumzurutschen und herumzufummeln, macht jede Menge Lärm und steht vielleicht sogar auf und verläßt die Halle. Plötzlich ist der Geist wieder unterwegs: »Müssen die so viel Lärm machen? Können die nicht still sitzen? Das lenkt mich ab!« Und wir fangen an zu verurteilen.

Vielleicht sprechen die Thais ein bißchen zu laut oder lachen, und wir lassen uns in Urteile darüber verstricken . . . vielleicht seid ihr der Meinung, die Sitzmeditation wird *zu*viel – oder die Gehmeditation . . . irgendwie machen wir uns schlagartig zu Experten in Sachen Meditations-Retreat.

Jemand, der bei der Essensausgabe vor uns in der Schlange steht, braucht vielleicht ein bißchen lange, beim Versuch, das Essen sorgfältig und achtsam auf den Teller zu häufen. Wir werden eventuell ungeduldig:»Also, um achtsam zu sein, muß man wirklich nicht dermaßen langsam sein.« Vielleicht haben wir eine harte Zeit beim Sitzen und Konzentrieren. Die rauhe Wirklichkeit des Retreats mag sich von unseren Projektionen sehr unterscheiden, von unserer Hoffnung auf eine gute Zeit und leicht erreichbares»High«-Sein. Also fangen wir vielleicht an, dem Stundenplan oder den Lehrern die Schuld in die Schuhe zu schieben:»Wie kann man nur *derartig* rücksichtslos sein? Die ganze Zeit sollen wir sitzen und gehen, gehen und sitzen, sitzen und gehen. Es *reicht!*«

Im nächsten Moment gebt ihr euch vielleicht selbst die Schuld und erzeugt Selbsthaß:»Ich bin ein hoffnungsloser Fall. Ich kann einfach nicht meditieren!« Dann seht ihr euch in der Halle um:»Alle anderen sitzen da wie kleine Buddhas! Bloß ich kann nicht meditieren! Mein Geist ist ein einziges Durcheinander!«

Was fangen wir also mit der Abneigung an? Zuerst versuchen wir, ihr Entstehen zu vermeiden. Wenn wir ein Geräusch hören, etikettieren wir»Hören, Hören« und beobachten, wie das Geräusch vergeht. Das gleiche gilt für Gerüche, optische Eindrücke oder Körpergefühle. Nehmt einfach wahr, wie sie entstehen, eine Zeitlang da sind und dann vergehen. Versucht, bei Sinneskontakten Geistesgegenwart anzuwenden. Laßt euch nicht in äußere Dinge und die Reaktionen darauf verwickeln.

Wenn wir das verpassen und uns in Abneigung verloren haben, versuchen wir, diese Tatsache zu erkennen. Wir haben vielleicht eine Zeitlang negativ gedacht; das macht nichts, denn *jetzt* sind wir achtsam.

Wir etikettieren objektiv»Abneigung, Abneigung« oder»Verurteilung, Verurteilung«. Versucht, die wahre Natur dieses Zustandes zu sehen, ohne in noch mehr Abneigung oder Rechtfertigung hineinzugeraten. Versucht, keine Abneigung gegen die Abneigung zu haben. Das steht der Fähigkeit zum Loslassen nur im Weg und erhält die Energie der Abneigung am Leben.

Wir können uns bemühen zu verstehen, daß diese geistigen Tendenzen durch Denk- und Handlungsgewohnheiten der Vergangenheit sehr weitreichend konditioniert wurden. Indem wir das Gesetz von Ursache und Wirkung erkennen, wissen wir aber auch, daß wir die Möglichkeit haben, mit unseren Rechtfertigungen aufzuhören, Abstand zu nehmen, damit anzufangen, den Geist positiv zu konditionieren und das Loslassen zu lernen.

Oft schaffen wir es nicht, nur durch »reine Aufmerksamkeit« loszulassen, weil die Anhaftungen und Rechtfertigungen zu tief sitzen. In diesem Fall kann man nachforschen. Was meine ich mit »Nachforschen«? Es geht nicht darum, das Objekt des Zorns zu erforschen, auf wen oder was der Zorn gerichtet ist. Es geht auch nicht darum, warum wir uns mit unserem Zorn im Recht fühlen, sondern um die Erscheinungsmerkmale der Energie von Zorn und Abneigung.

Das ist von Bedeutung: Was ist Zorn? Was ist Abneigung? Wie fühlt es sich im Körper an, und wie fühlt es sich im Geist an? Beobachtet mit Aufmerksamkeit den ganzen Körper. Wie fühlen sich die Augen an, sind sie zusammengekniffen? Oder der Mund? Sind die Hände zu Fäusten geballt? Was machen die Schultern? Geht der Atem heftig und kurz? Nehmt die Enge und Anspannung im Körper wahr. Seht euch die geistigen Turbulenzen an. Öffnet euch der Erkenntnis, daß Aversion mit Unbefriedigtsein, Streß und Leid verbunden ist.

Mit Achtsamkeit und Weisheit erkennen wir, daß Abneigung von streßhafter Natur ist. Wenn wir gegenüber dieser Tatsache verschlossen sind und sie nicht untersuchen wollen, wird uns niemals deutlich bewußt, daß Aversion Streß ist. Vielleicht wollen wir unsere Anhaftungen und unsere Selbstgerechtigkeit dann gar nicht loslassen und geben der Umwelt die Schuld für unser eigenes Leiden.

Wenn wir aufgeschlossen sind, kann Mitgefühl mit der Streßsituation aufkommen, indem wir aufrichtig sind und die Ursache in uns selbst finden, und wir können auf sanfte Art lernen loszulassen. Wir vergeben uns selbst, und wir lassen ab von dem Wunsch, andere zu manipulieren. Wir leiten die Energie der Aversion um, verwandeln sie in die Energie von mitfühlendem Verständnis.

Mit zunehmender Achtsamkeit werden wir in der Lage sein, Abneigung beziehungsweise ihr Entstehen im Geist zu erkennen. Wenn wir sie beobachten und untersuchen können, ohne sie mit ständig neuer Abneigung zu füttern, ohne in Anhaftung daran zu schwelgen, dann lernen wir ihre besonderen Energien kennen. Und wir können sie leichter und frühzeitiger erkennen.

Vielleicht gelingt es uns auch zu verstehen, wie Abneigung entsteht und wie wir Achtsamkeit, Gleichmut, Mitgefühl und Verständnis anwenden können, im Umgang mit all den unangenehmen Dingen, die die Aversion in Gang bringen. Dadurch, daß wir ihre Energie und ihre unbefriedigende Natur verstehen, erlangen wir die Fähigkeit zum Loslassen. Diese Fähigkeit wird durch Mitgefühl genährt, und die Abneigung verliert an Macht.

Wir besprachen jetzt also das Hindernis der Sinnesbegierde und das Hindernis der Aversion.

Das dritte Hindernis heißt Trägheit und Müdigkeit. Im normalen Sprachgebrauch kann das Faulheit, Schwerfälligkeit, Dumpfheit, Schläfrigkeit, Langeweile, Lustlosigkeit hinsichtlich jeglichen Energieaufwands und so weiter bedeuten.

Wahrscheinlich stellt ihr fest, daß Müdigkeit und Schläfrigkeit an den ersten paar Tagen des Retreats Probleme aufwerfen. Vermutlich liegt das an der Umstellung; ihr wacht jetzt um vier Uhr auf und seid den ganzen Tag lang mit Sitzen und Gehen beschäftigt. Das macht einen gehörigen Unterschied zum gewohnten Tagesablauf der meisten von euch aus, und es ist ganz anders als das Faulenzen am Strand.

Schläfrigkeit und Müdigkeit sind eine allgemeine Erfahrung, die meisten Meditierenden haben damit zu tun. Versucht, Geduld damit zu haben, und begreift, daß ihr euch im Laufe des Kurses höchstwahrscheinlich an die Rahmenbedingungen gewöhnen werdet und daß der Geist klarer wird. So ging es bereits vielen Meditierenden. Versucht, den schläfrigen Geist zu erkennen und zu beobachten: Er ist dumpf, schwerfällig, antriebslos, gelangweilt, er macht alles verschwommen und trübe.

Oft bringen wir als nächstes Abneigung gegen die Schläfrigkeit hervor – wir wollen, daß sie verschwindet: »Ich will nicht schläfrig sein, ich will mich nicht so matschig fühlen.« Oder wir erzeugen Abneigung gegen den Stundenplan: »Es ist einfach zu hart!« Aber Trägheit durch Aversion vertreiben zu wollen, ermüdet uns noch mehr. Unser Anhaften daran, also der Wunsch, zu Bett zu gehen, keine Energie aufwenden zu müssen, in angenehme Dumpfheit sinken zu dürfen, führt oft zur Kapitulation beim Sitzen oder Gehen.

Wie arbeiten wir mit Trägheit und Müdigkeit? Wenn Müdigkeit vorherrscht, ist es schwierig, beim Atem zu bleiben. Der Atem ist ein feines, subtiles Objekt, und der Geist ist zu dumpf dafür geworden. Außerdem hat der Atem auf viele Meditierende zuweilen eine einschläfernde Wirkung. Wenn wir also beim Atem bleiben, kann es sein, daß wir immer schläfriger werden. Laßt den Atem zu diesem Zeitpunkt los und richtet die Aufmerksamkeit auf den Körper. Geht mit der Aufmerksamkeit durch den Körper und nehmt die verschiedenen Empfindungen zur Kenntnis. Sind die Augen bleiern? Etikettiert »bleiern, bleiern«. Ist der Kopf nach vorn gekippt? Feststellen und dann aufrichten. Ist der Oberkörper zusammengesackt? Zur Kenntnis nehmen, dann gerade hinsetzen. Macht in diesem Sinne weiter, laßt die Aufmerksamkeit durch den ganzen Körper gehen.

Wenn ihr dann immer noch Probleme habt, öffnet die Augen und sitzt einfach nur da. Fühlt, wie der Körper dasitzt, etikettiert »Sitzen, Sitzen«. Vielleicht läßt die Schläfrigkeit nach einer Weile nach, dann könnt ihr die Augen wieder schließen und zu den Körpergefühlen oder zum Atem zurückkehren.

Die Wirkung von eben erwähntem Nachforschen liegt darin, daß die Trägheit und Müdigkeit durch Momente der Geistesgegenwart »geknackt« wird, denn die Geistesgegenwart hat belebende Eigenschaften. Vielleicht stellen wir fest, daß Trägheit, Müdigkeit und Schläfrigkeit tatsächlich etwas Vorübergehendes sind und daß sie einem klaren Geist Platz machen.

Wenn wir ohne Anhaften und ohne Verurteilen nachforschen, werden wir die vergängliche Natur der Trägheit erkennen. In der Vipassana-Meditation versuchen wir, nichts beiseite zu schieben. Statt dessen wollen wir nachforschen und die Dinge so sehen, wie sie sind; nicht unser Bild, unsere Wunschvorstellungen oder unser Ideal, sondern die Tatsächlichkeit der Dinge – so wie sie sind.

Wenn ihr Schwierigkeiten mit Trägheit und Müdigkeit habt, beachtet ein paar nützliche Tips. Wenn ihr frühmorgens mit Schlaftrunkenheit zu kämpfen habt, dann spritzt euch Wasser ins Gesicht oder duscht kalt; so mancher findet das sehr erfrischend. Wenn euch das bei der Gehmeditation passiert, dann beschleunigt eure Schritte etwas, um die Energie in Schwung zu bringen, und geht zur bloßen Bodenberührung der Füße zurück. Ihr könnt Trägheit und Müdigkeit verhindern, indem ihr beim Essen maßhaltet. Zuviel Essen bringt Völlegefühl mit sich. Auch ein flotter Spaziergang nach dem Essen kann helfen.

Ihr könntet auch das innere Etikettieren verstärkt anwenden. Das verhindert oft, daß wir in einen Traumzustand abgleiten. Es ist auch ganz wichtig, den Unterschied zwischen der Trägheit, die von Langeweile herrührt, und der physischen Müdigkeit nach einem »langen, harten Tag« zu kennen. Schafft euch keine Idealvorstellungen. Versucht, den Geist nicht in Exzesse hineinzutreiben. Ihr habt hier ausreichend Gelegenheit zum Schlafen. Auch nach den Mahlzeiten habt ihr Zeit zum Entspannen. Der Großteil eurer Müdigkeit rührt also nicht von Schlafmangel her. Vermutlich seid ihr einfach nicht gewohnt, den Geist in Richtung Konzentration und Achtsamkeit zu trainieren und die nötige Energie aufzubringen. Das kann Langeweile sein, die vom Versuch, einfach nur den Atem oder Schritte zu beobachten, herrührt. Es kann sein, daß euch ein Fall von Aversion entgangen ist, der der Schläfrigkeit vorausging und der die geistige Batterie völlig entleert hat. Oder vielleicht gibt es da etwas im Geist, das ihr nicht wahrhaben wollt – vor dem ihr euch lieber verstecken wollt.

Versucht, nicht zu kapitulieren, euch nicht davontreiben zulassen. Versucht, mit ein wenig Energie-Einsatz nachzuforschen und den Geist aufzuhellen. Oder versucht, geduldig zu sein, bis es vergeht. Versucht, euch an die Augenblicke der Helligkeit zu erinnern, während ihr im »Nebel« steckt, das macht Mut.

Jetzt haben wir also Begierde, Aversion und Trägheit und Müdigkeit besprochen.

Das vierte Hindernis ist Unruhe und Sorge. Das ist das Gegenteil von Trägheit und Müdigkeit. Unruhe zeigt sich oft in wildgewordenen Gedanken. Weder ihr Sinn noch ihr Anlaß ist erkennbar. Eventuell ist die Unruhe mit einem Gefühl der Eile und Gehetztheit verbunden. Die Gedanken wirbeln, springen in die Zukunft, die Vergangenheit, mal hierhin, mal dorthin, überall und nirgends.

Wenn wir in die Zukunft hüpfen, erschaffen wir Situationen und machen uns Sorgen um die Konsequenzen von etwas, was vielleicht niemals eintritt. So entwickeln wir Furcht und Ängstlichkeit... zwei Tage... zwei Wochen... zwei Jahre... zwanzig Jahre lang. Wenn wir in die Vergangenheit hüpfen, wühlen wir in Erinnerungen. Oft rufen wir dabei Gefühle der Schuld oder der Trauer hervor und regen uns auf. So etwas kann den Geist überwältigen.

Für gewöhnlich ist Unruhe und Sorge ein starkes Hindernis für Meditationsanfänger. Ein Großteil dessen, was uns Anregung verschafft und unser Selbstwertgefühl stärkt, bezieht sich auf Zukunft oder Vergangenheit. Es ist schwierig für uns, in der Gegenwart zu bleiben.

Dieser innere Aufruhr manifestiert sich oft körperlich als machtvoller Drang, aufzustehen und fortzulaufen. Es ist die Unfähigkeit zum Stillsitzen, auch wenn keine besondere Unbequemlichkeit vorliegt. Es ist oft wie ein Druck in Geist und Körper, der manchmal derart stark wird, daß es uns so vorkommt, als ob wir gleich explodieren müßten, wenn wir die Sitzung nicht bald abbrechen oder die Glocke nicht bald ertönt.

Die Sorge der Meditierenden zeigt sich für gewöhnlich darin, daß wir die vor uns liegende Aufgabe ins Gigantische aufblasen, ins Unermeßliche steigern; wir starren gebannt in die Zukunft und projizieren alles, was noch auf uns zukommt, auf den gegenwärtigen Augenblick. Wenn wir das tun, können wir den Geist dabei total erschöpfen.

Diese Tendenz ist insbesondere im Anfangsstadium eines Retreats vorherrschend. Anfangs sind Konzentration und Geistesgegenwart noch recht schwach. Es hat den Anschein, als ob wir die ganze Zeit mit einem Gedanken nach dem anderen, einem Hindernis nach dem anderen fertig werden müßten. Wir haben innere Unbeschwertheit noch nicht erfahren. Vielleicht kommt Frustration auf und wir fangen an, diesen Augenblick mit der gesamten Zukunft zu beladen – die nächsten acht Tage ... die nächsten drei Sitzungen ... das Weckläuten morgen früh um vier Uhr. »Ich kann unmöglich morgen schon wieder um vier Uhr aufstehen! Ich bin *jetzt* schon fix und fertig!«

Versucht, euch daran zu erinnern, daß ihr euch nur mit dem nächsten Schritt, dem nächsten Atemzug und nicht mit dem ganzen Kurs beschäftigen müßt; das Heute ist wichtig, nicht der ganze Rest eures Lebens. Wozu ihr jetzt in der Lage seid – das tut jetzt. In der Zukunft wird sich der Geist auf die eine oder andere Art verändert haben. Und dann gilt wiederum: Einen Augenblick nach dem anderen gilt es zu bewältigen.

In dem Maße, in dem der Geist stärker wird, erweitern sich auch seine Grenzen. Versucht, keine statischen und unwirklichen Grenzen zu schaffen. Laßt die Furcht fallen, wann immer ihr die Tendenz dazu bemerkt. Fühlt den körperlichen Streß und das geistige Leid. Versucht, die Erscheinungsmerkmale von Sorge und Furcht in Körper und Geist auszuloten. Versucht nicht, euch dem zu entziehen.

Wenn ihr euch dem öffnen könnt, kann Mitgefühl gegenüber dem Streß und den Schwierigkeiten aufkommen, und ihr werdet loslassen wollen. Gestattet euch, die Erleichterung zu spüren, wenn ihr zur Gegenwart zurückkehrt – zum Augenblick – zum *Jetzt*. Genau das ist das Loslassen von Sorge und Angst. Versucht, diesen Moment intensiv zu erleben, den Moment des Loslassens, des Auflösens aller Verhärtungen, der Abwesenheit von Aufruhr, den Moment der Weite. Zu diesem Zeitpunkt könnt ihr die »Früchte« des Loslassens sofort erleben. Diese Erfahrung stärkt die Fähigkeit zu künftigem Loslassen.

Versteckt euch nicht vor den unbequemen inneren Energien – Unruhe, Angst, Sorge, Bedauern, Schuld –, denn nur so können wir sie erkennen und lernen, mit ihnen umzugehen. Auch werden wir so vielleicht in der Lage sein, diese Energien künftig leichter und frühzeitiger zu erkennen: »Aha, ... da ist Angst, da ist Sorge ... ich kenne euch ... ihr seid bloß Papiertiger, die mir angst machen wollen.«

Versucht, nicht mit harten Urteilen oder Konzepten zu reagieren, wie zum Beispiel »Sorge ist schlecht«, »Unruhe ist schlecht«, »Angst ist schlecht«. Die tatsächliche Energie klar zu erkennen und mittels Mitgefühl und Verständnis loszulassen, ist etwas anderes.

Des weiteren versucht, nicht mit überzogenem Idealismus zu reagieren, etwa mit der Erwartung, daß wir frei von Furcht, Sorge und Unruhe sein sollten. Denkt wiederum an das Gesetz von Ursache und Wirkung – die Gedanken, die jetzt hochkommen, sind die Früchte von früheren Reaktionen, früheren Neigungen und Lebensgewohnheiten. Allerdings schafft die Art und Weise, wie wir *jetzt* damit umgehen, die Bedingungen für die Zukunft.

Solltet ihr Schwierigkeiten haben mit dem »Öffnen« und Loslassen, so besteht im Fall von Unruhe und Sorge die Möglichkeit, sich selbst Mut zuzusprechen. Versucht, die Konzentrationsfähigkeit durch den Gebrauch einiger weniger Worte oder kurzer Phrasen zu

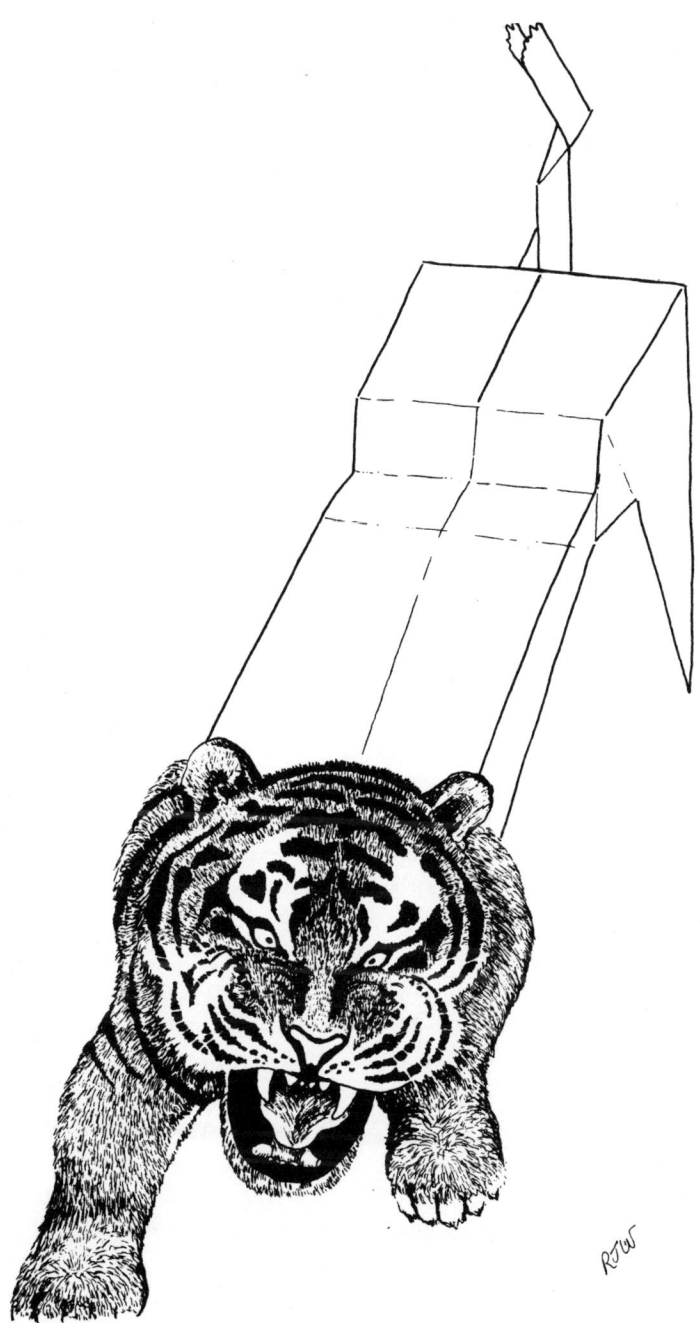

verbessern: »Immer nur einen Atemzug auf einmal«, »ein Schritt nach dem anderen, der Reihe nach«, »auf ein neues, auf ein neues«, »im Augenblick heimisch werden«, »um jeden einzelnen Schritt kümmern«, »jeder Atemzug verdient Sorgfalt« oder welche Worte ihr auch immer ansprechend findet. Das ist die Notbremse für die inneren Projektionen, wenn der Geist mit euch durchgeht, und es hilft bei der Konzentration. Die Funktion dieser Worte ist die gleiche wie beim »Ein, Aus«, das uns hilft, beim Atem zu bleiben. Zusätzlich haben sie die Kraft des inneren Zuspruchs.

Was als ganz simple Unruhe oder Gedankenwust anfängt, kann eine Kettenreaktion der Hindernisse auslösen, wenn man nicht gleich am Anfang den Finger darauf legt. Oft geschieht dies so: Zuerst entsteht Unruhe, und wir fangen an, Abneigung gegen unsere Unruhe und unsere Gedanken zu hegen. Dem folgt die Begierde nach angenehmeren Erfahrungen. Dieser ganze Denkvorgang erschöpft den Geist und öffnet den Weg für Trägheit und Müdigkeit. Im Zustand der Trägheit und Müdigkeit können wir uns nicht mehr konzentrieren, sehen nicht mehr klar, und so entwickeln sich jede Menge Selbstzweifel und Selbsthaß.

Das nennen wir »Angriff der Hindernisse an allen Fronten«. Ich frage mich, ob ihr das schon erlebt habt. Den meisten Anfängern geht es so. Dies kann sehr entmutigend sein; wir glauben dann, es hätte alles keinen Zweck. Versucht, euch in solchen Augenblicken Mut zu machen. Versucht, euch nicht unterbuttern zu lassen. Das ist eine ganz normale Erfahrung, wenn man mit dem Geistestraining beginnt. Besinnt euch immer wieder darauf, einfach von vorn anzufangen; es hilft euch, die Vergangenheit fallenzulassen.

Versucht, euch zu vergegenwärtigen, daß der Geist und seine verschiedenen Eigenschaften im Fluß sind, ständigem Wandel unterworfen. Vielleicht schafft ihr es bereits bei der nächsten Sitzung, Konzentration und Geistesgegenwart so weit zu stärken, daß ihr die Gedanken oder eure Reaktionen darauf für eine Weile loslassen könnt. Möglicherweise seid ihr dann voll innerem Frieden und voll starker Achtsamkeit.

Vergegenwärtigt euch, daß die Konditionierung des Geistes bis jetzt dahin ging, den Gedanken eine dominante Rolle zuzubilligen. Diese Konditionierung ist sehr stark. Die Energie der Geistesgegenwart ist zur Zeit noch sehr schwach. Die Fähigkeit zum Loslassen ist noch unterentwickelt, weil es eben etwas Neues ist. Versucht, euch beziehungsweise euren Geist nicht für das zu hassen, was er eben ist. In schwierigen Zeiten werden wir am stärksten auf die Probe gestellt, in schwierigen Zeiten lernen wir aber auch am meisten. Manchmal wird die Geistesgegenwart einfach von den früheren Konditionierungen überwältigt.

Das heißt nicht, daß wir nachgeben. Wir bemühen uns fortwährend, kehrtzumachen und loszulassen. Das ist schon sehr viel. Das gibt uns vielleicht die Gelegenheit, heilsame und ausgleichende geistige Energien aufzubauen. Wir arbeiten an innerer Stärke, Geduld, Ausdauer, Beharrlichkeit, Gleichmut sowie Mitgefühl und Verständnis in bezug auf unseren Geist. Oder einfach an der Fähigkeit, die ständige Attacke der Gedanken ausgeglichener hinzunehmen.

Man sieht das Kommen und Gehen der Gedanken, ohne Sinn und Zweck, wie Luftblasen im Wasser. Manchmal ziemlich blöde, nutzlos oder niedrig, manchmal luftig und erhaben. Fragt euch bei dieser Gelegenheit: »Welcher dieser Gedanken bin wirklich ich?« In diesen Augenblicken ist vielleicht die Fähigkeit zur Loslösung da, zur Einsicht in die Unpersönlichkeit der Gedanken.

So, jetzt haben wir uns mit Sinnesbegierde, Aversion, Trägheit und Müdigkeit und Unruhe und Sorge beschäftigt.

Das fünfte Hindernis ist der Zweifel. Zweifel ist ein geistiges Zögern. Zweifel besitzt eine lähmende Energie, ist eine Blockade, ein dunkler Nebel, ein Nichtwissen und ganz besonders ein Mangel an Zuversicht.

Da ist zum Beispiel der Selbstzweifel. Es fällt uns schwer stillzusitzen, wir öffnen die Augen, und vielleicht sitzen alle anderen ausgerechnet jetzt gerade still da: »Alle können meditieren, bloß ich nicht!«

Es gibt Zweifel bezüglich des Kurses. Jeder geht auf und ab, ohne mit den anderen zu reden. Sitzen, auf und ab gehen, auf und ab, auf und ab – irgendwie sieht es ein bißchen aus wie in der Klapsmühle!

Es gibt Zweifel an den Lehrern! »Jetzt komme ich extra nach Thailand, und diese Leute sind Westler, sehen genauso aus wie wir! Die sind ja nicht mal Mönche oder Nonnen!«

Es gibt Zweifel an den Lehrinhalten. »Bringt mir das wirklich was? Ist das der richtige Weg für mich? Wie soll ich bloß »erleuchtet«

werden, Antworten auf meine brennenden Fragen finden, wenn ich bloß dasitze und meinen Atem beobachte?«

Und es gibt Zukunftszweifel. »Wohin wende ich mich nach dem Retreat? Was soll ich bloß machen? Was fange ich mit meinem Leben an?«

Zweifel, ob man noch acht weitere solcher Tage durchhält! Zweifel daran, alles korrekt zu praktizieren.

Der Zweifel ist ein bedeutendes Hindernis, das es zu erkennen gilt, weil die Macht des Zweifels in der Fähigkeit liegt, uns zu stoppen. Er bringt uns dazu, vor unseren Herausforderungen davonzulaufen und untergräbt die besten Absichten.

Mit Zweifel im Herzen geht die Praxis nicht voran, statt dessen gibt es einen Berg von Gedanken und nur einen halbherzigen Einsatz. Weil der Zweifel zu Zagen und Zaudern in der Praxis führt, lassen Ergebnisse auf sich warten, wenn sie überhaupt kommen. Und weil die Resultate und das Verstehen auf sich warten lassen, fangen wir an, der Methode die Schuld dafür zu geben, statt unserem Zweifel und dem Mangel an Einsatz.

Es ist außerdem gefährlich, uns an unsere Zweifel zu klammern, ohne sie zu hinterfragen. Das kann dann leicht in Abneigung und Haß gegenüber der angezweifelten Person oder Sache umschlagen. Innere Abneigung beinhaltet ein Abwenden, man will nicht mehr zuhören. Statt dessen malen wir uns Gründe aus, warum wir nicht mehr zuhören sollten, und Rechtfertigungen der Zweifel treten auf.

Das bedeutet aber nicht, daß wir alles blindlings akzeptieren sollten. Mit dem Verstand erwägen wir das Gehörte und versuchen, aufgeschlossen zu bleiben. Und wenn es uns hilfreich erscheint, bemühen wir uns, diese Dinge in die Praxis umzusetzen und durch eigene Erfahrung zu bestätigen. Ohne ein gewisses Maß an Anstrengung können wir den Nutzen der Praxis nicht an uns selbst erfahren, es bleibt weiterhin der Erfahrungsschatz anderer.

Wie gehen wir also mit dem Zweifel um? Wie gehabt müssen wir den Zweifel zuerst als das, was er ist, erkennen. Das innere Zögern ist dabei ein Fingerzeig, des weiteren die vielen Debatten, die im Geist ablaufen.

Im Falle von Selbstzweifel können wir beobachten, daß er zum Großteil von Minderwertigkeitsgefühlen herrührt, die die Konditionierung in uns hineingetragen hat; auch vom Konkurrenzdenken, das im Westen so ausgeprägt ist. Laßt nicht zu, daß es euch überwältigt. Vollkommene Weisheit, Gleichmut und Konzentration müßt ihr nicht an einem Tag erlangen. Denkt immer daran.

Versucht, euch nicht mit anderen zu vergleichen. Gebt einfach euer Bestes, wozu ihr jetzt im Augenblick in der Lage seid. Laßt euch ruhig von anderen inspirieren, aber versucht, keine Minderwertigkeitsgefühle und Selbstzweifel hinzuzufügen. Diese rühren oft von selbstgeschaffenen Idealen, wie wir sein sollten, her.

In der Vipassana-Meditation erforschen wir die wahre Beschaffenheit der Dinge, nicht unsere Wunschvorstellung davon. Wir versuchen, die Fähigkeit zu erarbeiten, allen Erscheinungen mit Gleichmut und Ausgeglichenheit gegenüberzutreten, so daß unser innerer Friede nicht davon abhängt, ob die Dinge nun vollkommen sind oder nicht, sondern davon, ob wir mit dem Wandel und der Vergänglichkeit harmonieren.

Wir werden uns immer wieder verirren, doch ist dies in Ordnung –, einfach noch mal anfangen. Kehrt abermals zum Augenblick zurück und beschäftigt euch mit nur diesem einen Augenblick.

Zweifel hat bestimmte Erscheinungsmerkmale: Zögern, Ungewißheit, Mangel an Zuversicht. Versucht, deren Energie zu erkennen, und etikettiert deutlich: »Zweifel, Zweifel«. Das ist ganz wichtig, denn jedes Anklammern »ernährt« dieses Gefühl. Beobachtet es. Versucht, seiner schwierig zu handhabenden Energie offen gegenüberzutreten, erkennt die ihm eigene streßhafte und unbefriedigende Natur. Gönnt euch das Mitgefühl mit diesem unbefriedigenden und streßhaften Zustand und lernt auf sanfte Weise, wie man losläßt.

Wenn wir die Eigenschaften des Zweifels kennen und ihn oft genug entlarven, wird er immer weniger Macht über uns haben. Wir werden ihn immer rechtzeitiger erkennen, ohne uns darin zu verstricken. Versucht, die »Weite« im Geist zuzulassen – Nichtwissen muß nicht in Unbehagen münden.

Versucht, irgendwelche Zweifel bezüglich der Praxis so bald wie möglich zu klären. Das ist ganz wichtig. Vergeudet eure Zeit hier nicht, dazu ist sie zu wertvoll. Wenn ihr Verständnisschwierigkeiten habt, hinterlaßt Steve oder mir eine Nachricht. Einige eurer Zweifel verschwinden wahrscheinlich, je mehr wir im Laufe des Kurses erklären.

Wenn Zweifel in der Meditation auftaucht, versucht, ihn zu erkennen. Benennt ihn:»Zweifel, Zweifel« – auch wenn ihr das viele Male tun müßt. Und versucht, den Zweifel loszulassen, wenn ihr könnt. Es kann auch hilfreich sein, sich vorzunehmen, diese Methoden während dieser zehn Tage mit *ganzem* Einsatz zu testen. Auf diese Weise hindern die Zweifel euch nicht daran, euer Bestes zu geben und die bestmöglichen Resultate zu erzielen. Versucht, zum Augenblick zurückzukehren, seid zufrieden mit dem Schritt, der gerade an der Reihe ist, mit dem Atemzug, den ihr gerade macht. Kümmert euch nicht darum, was in künftigen Meditationen alles geschehen mag. Versucht, diese Tage wie eine »Entdeckungsfahrt« zu behandeln.

So, jetzt haben wir uns mit Begierde, Abneigung, Trägheit und Müdigkeit, Unruhe und Sorge und Zweifel auseinandergesetzt.

Das sind die fünf Haupthindernisse, die den Geist aus dem Gleichgewicht bringen und uns so lange Probleme bereiten, bis wir sie erkennen, ihre Energien verstehen und sehen, wie wir sie loslassen können. Versucht, sie mit einem Verständnis voller Mitgefühl zu erforschen. Sie entstehen aufgrund von Konditionierungen, je nachdem, wie wir in der Vergangenheit gedacht und reagiert haben. Versucht, sie zu erforschen, ohne sie zu verdrängen und ohne ihnen nachzugeben. Versucht, die Dinge so zu sehen, wie sie sind, mit Achtsamkeit und ohne Anhaftung.

Mit Hilfe der Geistesgegenwart sind wir in der Lage festzustellen, wann Hindernisse da sind. Dann können wir uns bemühen, sie zu erforschen und zu lernen, welche Wirkung diese Energien auf Geist und Körper haben. Indem wir nachforschen und uns öffnen, schaffen wir es, ihre unbefriedigende Natur zu sehen, zu erkennen, wie es zu Streß und Schwierigkeiten führt, wenn wir uns an diese Energien klammern und uns in sie verstricken. Das bereitet dem Mitgefühl mit den Schwierigkeiten den Weg, und wir lernen loszulassen.

Mit zunehmender Geistesgegenwart können wir diese Energien immer früher und immer öfter erkennen, sie verstehen und immer leichter vorbeigehen lassen. Auf diese Weise geht ihre einstige Vormachtstellung im Geist immer mehr zurück. Wir kommen näher an das Verständnis ihrer Ursachen heran und werden immer besser in der Lage sein, ihr künftiges Entstehen zu vermeiden.

Wir können diese Hindernisse als Hilfsmittel zur Entwicklung von Einsicht und Mitgefühl benutzen. Vipassana-Meditation ist die Achtsamkeit auf Körper und Geist, Augenblick für Augenblick; Achtsamkeit auf den Atem, die Körperempfindungen, die Gefühle, die Gedanken.

Alles entsteht, ist eine Zeitlang da und vergeht dann. Wir können damit beginnen, die Vergänglichkeit der Dinge zu erkennen, und versuchen, in Einklang mit dieser Vergänglichkeit zu leben. Wir können anfangen, das Unbefriedigende, den Streß, das Leiden zu sehen, das mit dem Anhaften an vergänglichen Dingen zusammenhängt.

Die Entwicklung dieses mitfühlenden Verständnisses stärkt den Wunsch und die Fähigkeit, sachte loszulassen.

## Dritter Tag, vormittags

# Weitere grundlegende Anleitungen

Ich möchte euch ein Kompliment machen für eure Bemühungen. Es ist nicht leicht. Den Geist umzuformen ist keine geringe Aufgabe. Aber es kann bewerkstelligt werden, Schritt für Schritt, Stück für Stück.

Bemüht euch weiterhin darum, zu allen Sitzungen und zu allen Gehmeditationen zu kommen. Es ist völlig in Ordnung, wenn ihr nicht umhin könnt, euch bei der Sitzmeditation zu bewegen. Ruht euch eine Weile aus und fangt danach wieder an. Schon dadurch, daß ihr erscheint und euch bemüht, baut ihr Geduld und Durchhaltevermögen auf; und ihr tragt dazu bei, den Geist zu festigen.

Am Anfang erinnert das Ganze ein wenig an jemanden, der für einen Marathonlauf trainiert. Der Anfang ist hart, aber nach einer Weile, mit einem gewissen Maß an Training, wird der Körper fit, und es wird immer leichter, lange Strecken zu laufen.

Der Meditationslehrer Joseph Goldstein hat einmal die Anfangsphase in der Entwicklung von Achtsamkeit mit dem Ankurbeln eines Oldtimers verglichen. Dabei muß man aussteigen, zur Vorderseite der Kühlerhaube gehen und die Kurbel drehen. Man muß kurbeln und kurbeln und sich ziemlich anstrengen, bis die Zahl der Umdrehungen pro Minute ausreicht, um den Motor anzuwerfen. Danach kann man einsteigen und losfahren.

Ähnlich verhält es sich mit der Meditation. Man muß sich ziemlich anstrengen, achtsam zu sein, um die Geistesgegenwart anzukurbeln, bis die Vergegenwärtigungen pro Minute ausreichen. Dann springt der Motor der Geistesgegenwart an, es läuft alles etwas mehr von selbst, und man kann in das Fahrzeug der Achtsamkeit einsteigen.

Das ist der Grund dafür, warum kontinuierliche Anstrengung so wichtig ist. Wenn jemand ein Auto anwerfen will und ein bißchen kurbelt, dann innehält und eine Pause macht, wieder ein bißchen kurbelt, dann innehält und Pause macht, kurbelt, innehält, Pause macht und so weiter, und jedesmal reicht die Dauer der Bemühungen nicht aus, um den Motor anzuwerfen – ja, dann ist dieser Mensch am Ende erschöpfter und hat mehr Energie verbraucht als jemand, der von Anfang an bei der Sache bleibt – jemand, der so lange kurbelt, bis die Maschine anspringt.

Jetzt möchte ich etwas stärker auf die Atemachtsamkeit eingehen. Versucht, die Energie eurer Konzentration im Auge zu behalten, wenn ihr auf den Atem achtet. Versucht, die Achtsamkeit »leicht« zu machen, nicht gezwungen oder verkrampft. Wenn ihr zu viel Druck hinter die Achtsamkeit setzt, kann es sein, daß ihr dem Atem Gewalt antut, anstatt ihn zu beobachten. So baut ihr Verspannungen auf.

Wenn ihr merkt, daß das geschieht, dann versucht, etwas zu entspannen. »Lehnt« euch zurück und beobachtet den Atem, so wie er ist. Da der Atem viele Veränderungen erfährt, kann das bedeuten, daß ihr den Feinheitsgrad der Achtsamkeit und Konzentration fortwährend anpassen müßt.

Das Meeresufer als Sinnbild mag euch dies verdeutlichen. Ihr steht am Ufer und beobachtet, wie die Wellen kommen und gehen. Ihr steht nahe am Saum des Wassers und beobachtet, wie die Wellen heranglucksen und zurückweichen. Einige fließen weiter landein, und es dauert länger, bis sie zurückweichen. Andere schaffen es nicht ganz, eure Füße zu benetzen, und sie weichen schnell zurück. Ihr beobachtet nur – ihr seht, wie die Wellen kommen und gehen.

Mit dem Atem verhält es sich genauso; einige Atemwellen sind kurz, andere lang, einige sind tief, andere flach, sie kommen und gehen. Versucht, sie nur zu beobachten, so wie sie sind. Versucht, den gesamten Vorgang des Einatmens – das Heben – achtsam zu betrachten – von Anfang bis Ende. Genauso den gesamten Vorgang des Ausatmens – das Senken – von Anfang bis Ende.

Einige Meditierende haben vielleicht mehr Achtsamkeit beim Einatmen/Heben und neigen dazu, sich beim Ausatmen/Senken die Achtsamkeit entgleiten zu lassen, den Geist spazierengehen zu lassen. Das liegt oft daran, daß bei ihnen die Einatmung dominant ist, die Ausatmung dagegen feiner und subtiler. Diese Meditierenden erzeugen oft innere Spannung, indem sie starke Achtsamkeit auf die Einatmung entwickeln, verbunden mit einem subtilen Anhalten des Atems, und dann wenig oder gar keine Achtsamkeit auf die Ausatmung lenken. Solltet ihr dazu neigen, dann versucht, euch verstärkt um die Achtsamkeit beim Ausatmen zu kümmern. Versucht, die innere Spannung mit dem Atem herausfließen zu lassen.

Wenn es den Anschein hat, als gäbe es eine Pause zwischen Aus- und Einatmung oder umgekehrt, dann wartet einfach ab. Keine Sorge, der Atem kommt von selbst wieder, wenn es soweit ist. Während dieser Lücken könnt ihr versuchen, die Achtsamkeit auf das Sitzen zu richten, bis der Atem wieder da ist. Wenn ihr euch auf das Heben und Senken der Bauchdecke ausrichtet, könnt ihr während dieser Pause die Druckempfindung im Gesäß hinzunehmen. Wenn ihr euch auf das Ein und Aus konzentriert, könnt ihr die Achtsamkeit auf der Oberlippe ruhen lassen oder das Sitzen im ganzen Körper fühlen.

Es folgen nun ein paar Bemerkungen zur Achtsamkeit und Geistesgegenwart bezüglich anderer Objekte, die in Körper und Geist aufsteigen.

Wie erwähnt, verwenden wir das geistige Etikettieren, wie zum Beispiel Abschweifen, Denken, Hören, Riechen, Fühlen, wann immer diese Kontakte auftreten. Das heißt, entweder wenn ihr von der Atemachtsamkeit abgelenkt werdet oder wenn genannte Objekte den Atem überlagern. Vielleicht habt ihr das Etikettieren ausgebaut, um die Achtsamkeit auf eure Aktivitäten zu fördern; Aktivitäten, wie zum Beispiel Gehen, Öffnen und Schließen von Türen, Essen und so weiter.

Gestern abend habe ich ausführlich über die fünf Hindernisse gesprochen. Wenn ihr jetzt also merkt, daß der abschweifende Gedanke ein Gedanke der Aversion ist, dann könnt ihr versuchen, ihn mit »Aversion, Aversion« zu etikettieren und danach behutsam zum Atem zurückzukehren. Welcher Art die Geisteszustände, Gedanken oder Emotionen auch immer sind – wenn ihr sie näher identifizieren könnt, könnt ihr gerne präzisere Worte verwenden. Zuweilen mag euch das zu schwierig erscheinen, und dann ist es in Ordnung, das Etikettieren schlicht bei »Abschweifen« oder »Denken« zu belassen. Später werdet ihr mit zunehmender Geistesgegenwart feststellen, daß es immer leichter wird, die Hindernisse zu erkennen.

Die Technik bleibt im wesentlichen die gleiche, auch wenn ihr das geistige Etikettieren nicht verwendet. Versucht so gut wie möglich, euch jeden Gedanken, jede Handlung, alles, was in Körper und Geist auftaucht, zu vergegenwärtigen. Versucht, wachsam zu bleiben. Achtsamkeit zu entfalten und ein »Kennen« zu entwickeln, auch wenn ihr dieses innerlich nicht in Worte faßt.

Allerdings ist dieses Kennen und Erkennen gelegentlich vielleicht nicht stark genug, und ihr wollt möglicherweise das Etikettieren dann benutzen, wenn Gefühle und Gedanken in mächtigen Wellen hochkommen. So etwas geht oft mit starkem Anhaften einher, und die Anwendung des Etikettierens kann euch helfen, Abstand zu nehmen, nachzuforschen und die inneren Verwicklungen loszulassen.

Jetzt ein paar weitere Anleitungen zur Gehmeditation, die euch behilflich sein können.

Zunächst geht es um die Körperhaltung beim Gehen. Versucht, den Kopf nicht zu weit nach vorn zu neigen. Das kann zu Verspannungen im Nacken führen. Wenn ihr merkt, daß Schultern und Nacken immer mehr verkrampfen, so kann das der Grund dafür sein. Vermutlich versucht ihr, die Füße zu beobachten, anstatt die Achtsamkeit durch den Körper nach unten zu lenken und Beine und Füße zu *spüren*. Versucht, den Kopf nur ein klein wenig zu neigen und den Blick in circa zwei Meter Entfernung vor euch auf den Boden zu richten.

Bei manchen Menschen liegt der Grund für Verspannung in den Schultern darin, daß sie die Hände auf dem Rücken verschränken. Das führt manchmal dazu, daß die Schultern nach vorne hängen und der Rücken nach vorn gekrümmt wird. Wenn ihr eure Hände wie beschrieben haltet und merkt, daß der Oberkörper zusammensackt, dann nehmt die Hände nach vorn, richtet den Oberkörper auf und stützt ihn mit den Muskeln im Lendenwirbelbereich. Ihr werdet feststellen, daß das die Verspannungen, die von der Körperhaltung herrühren, reduziert.

Im folgenden ein paar spezielle Tips, wie man mit einigen der Hindernisse bei der Gehmeditation umgeht.

Angenommen, ihr konzentriert euch auf die Bewegung der Beine und Füße im Dreiphasenmodus – Heben, vor, Setzen –, und ihr bemerkt, daß ihr müde und schläfrig werdet oder euch beengt fühlt: Registriert als erstes das Vorhandensein von Schläfrigkeit mit »schläfrig, schläfrig« oder »müde, müde«. Dann beschleunigt euren Schritt und geht zur Zweiphasenmethode zurück oder zur bloßen Bodenberührung der Füße – »Schritt, Schritt«.

Falls erforderlich könnt ihr eure Achtsamkeit sogar noch weiter auffächern. Ihr habt die Aufmerksamkeit gebündelt auf die Bewegung und das Empfinden in den Füßen und Beinen gerichtet. Das ähnelt einer fotografischen Nahaufnahme und baut Konzentration auf. Wenn sich der Geist müde oder eingeengt fühlt, so muß er mehr Energie erzeugen. Statt mit der »Nahaufnahme« weiterzumachen, fächert ihr die Achtsamkeit für gewisse Zeit auf, um den Geist wieder mit Energie aufzuladen.

Das ähnelt einer fotografischen Weitwinkelaufnahme. Versucht, die Achtsamkeit auf den ganzen Körper zu richten, wie er sich durch die Luft bewegt. Fühlt den Widerstand der Luft, die Bewegung des ganzen Körpers, spürt, wie die »Kinoleinwand« auf euch zukommt, fühlt den »Fluß«.

Wenn ihr wollt, bleibt an den Umkehrpunkten länger als sonst stehen. Ihr könnt die Aufmerksamkeit zum ganzen Körper bringen, wie er so dasteht, oder vielleicht lediglich auf das Empfinden der Bodenberührung in den Füßen. Vermutlich kräftigt das eure Achtsamkeit und Konzentration und hilft euch, wenn ihr wieder losgeht.

Wenn ihr anfangt, unruhig zu werden, oder wenn der Geist denkt und denkt, dann könnt ihr versuchen, die Achtsamkeit mehr zu fokussieren. Geht langsamer, versucht, subtilere Veränderungen der Empfindungen in den Beinen und Füßen wahrzunehmen. Versucht, den Vorgang genauer und kontinuierlicher zu etikettieren. Das bringt Konzentration hervor. Das geistige Etikettieren macht es auch leichter, die Gedanken zu ersetzen und loszulassen.

Wenn ihr beginnt, euch frustriert oder zornig zu fühlen, versucht, dies zur Kenntnis zu nehmen, sobald es hochkommt. Dann versucht zu beobachten, *wie* ihr geht. Habt ihr jemals beobachtet, wie ein zorniger Mensch geht? Die Schritte sind oft schwer, sie stampfen Zorn, Frustration und Besorgnis in die Erde.

Wieviel Zorn, Frustration und Besorgnis ist wohl schon in die Erde hineingestampft worden?

Wenn ihr solchermaßen schwer dahinschreitet, versucht bewußt leichter aufzutreten. Versucht in diesem Augenblick, so zart, leicht und fließend wie möglich zu sein, zumindest für eine Bahnlänge. Kümmert euch um jeden einzelnen Schritt, versucht, in jedem Schritt »anzukommen«. Wenn ihr so verfahrt, ist es sehr schwierig, am Zorn und der Frustration festzuhalten.

Die Hauptobjekte unserer Konzentration sind der Atem, der Körper, die Schritte. Sie können uns helfen, Konzentration und Geistesgegenwart zu stärken. Weil wir versuchen, bei einem Objekt

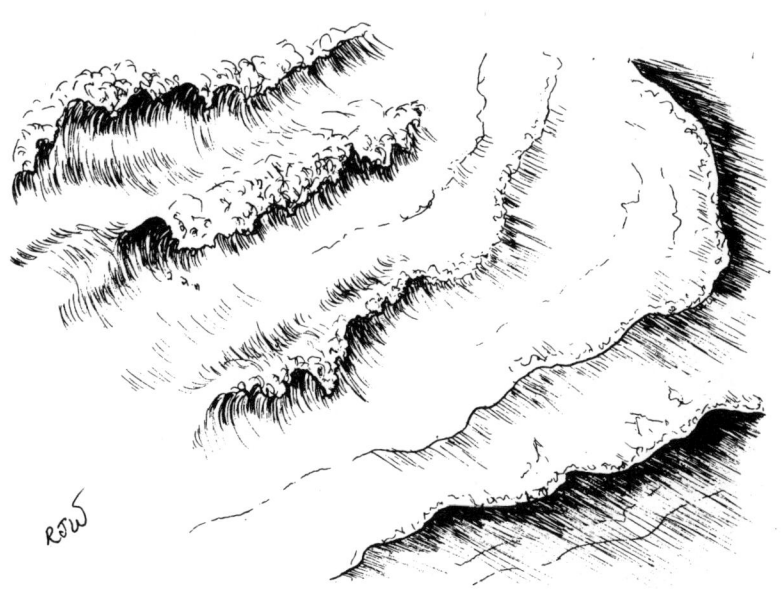

zu bleiben, können wir außerdem allmählich klarer erkennen, was den Geist ablenkt und wie der Geist auf diese Kontakte reagiert.

Auf diese Weise können wir allmählich unsere Gedankenmuster, unser gewohnheitsmäßiges Anklammern, unsere Aversionen und Konditionierungen immer leichter erkennen. Wenn wir es schaffen, eine objektivere Achtsamkeit zu entwickeln, können wir allmählich ein klareres Verständnis erlangen, in Hinsicht auf die Energien, die Hindernisse, die uns dazu bringen, in Streß und Leid zu stürzen. Und wir können lernen, wie man diese Energien losläßt.

Wir können objektive, pure Achtsamkeit anwenden und zum primären Objekt zurückkehren. Bei Bedarf können wir erforschen, wie sich die Hindernisse im Körper manifestieren und auf ihn einwirken. Daraufhin erkennen wir ihre charakteristischen Eigenschaften, und voller Mitgefühl für die Streßsituation lassen wir los.

Bei der Gehmeditation erkennen wir, was erforderlich ist, um den Geist ins Lot zu bringen, um loszulassen: die Achtsamkeit auffächern oder bündeln, fokussieren, die Achtsamkeit behutsam und mitfühlend machen, indem wir leicht und voll Anmut auftreten. Wir arbeiten mit dem Körper, wir arbeiten mit dem Geist und erkennen die Zusammenhänge.

Wir versuchen, eine gegenwartsorientierte Achtsamkeit zu entwickeln, uns in den wirklichen Augenblick zu bringen... wir versuchen, die Vergangenheit und die Zukunft loszulassen und zu erleben, was tatsächlich gerade in den Gedanken und Handlungen vorgeht... wir versuchen, uns nicht vom Inhalt der Gedanken einfangen zu lassen, sondern beobachten statt dessen deren Energie... wir versuchen, herauszufinden und zu begreifen, wer und was wir sind.

Auf diese Weise entwickeln wir Mitgefühl und Verständnis für uns selbst und andere.

Wir wollen jetzt eine Sitzmeditation durchführen. Bitte richtet es euch in der Sitzposition ein, wie gelernt, falls dies nicht bereits geschehen ist. Geht mit Aufmerksamkeit den Körper durch, entspannt euch in die Körperhaltung hinein. Vielleicht ein paar tiefe Atemzüge, dann gestattet dem Atem, ganz natürlich zu werden. Einatmen, Ausatmen, Heben, Senken.*

Lehnt euch zurück und beobachtet einfach... es ist wie die Wellen an der Meeresküste.

Nach der Sitzung:

Gestern stellten wir euch die Aufgabe, auf das Türenöffnen, das Hindurchtreten und das Türenschließen zu achten. Bitte fahrt mit dieser Übung fort.

Heute geben wir euch eine zusätzliche Aufgabe.

Bitte bemüht euch um besondere Geistesgegenwart beim Geschirrspülen. Laßt uns versuchen, »Geschirr zu spülen« beim Geschirrspülen, nicht einfach bloß Geschirr sauberzumachen.

Wenn wir also unseren schmutzigen Teller, Tasse, Löffel zu den Waschschüsseln tragen, versuchen wir besondere Achtsamkeit auf den gesamten Vorgang zu richten, von Anfang bis Ende. Während ihr in der Schlange steht, versucht auf das Stehen zu achten, dann auf das Nachrücken, Stehen, Nachrücken, bis ihr bei den Schüsseln angelangt seid.

Versucht, darauf zu achten, wie ihr das Geschirr in das kalte Wasser taucht, fühlt die Wassertemperatur und das, was die Hände verrichten. Dann die Bewegung, wenn ihr das Geschirr in die Schüssel mit

---

\* Das englische »rising, falling« beschreibt neben dem körperlichen Vorgang (Bewegung der Bauchdecke) auch das Entstehen und Vergehen.

dem Seifenwasser legt, wie ihr die Teller mit dem Schwamm abwischt. Fühlt den Seifengehalt des Wassers, die Bewegung der Hände.

Beachtet, wie ihr das Geschirr in die nächste Schüssel mit dem Wasser zum Klarspülen legt – Legen, Spülen. Dann die nächste Schüssel, dann, wie ihr zu den Gestellen geht, das Geschirr wegräumt. Wenn ihr wollt, könnt ihr das geistige Etikettieren zur Unterstützung der Achtsamkeit anwenden, zum Beispiel »Waschen«, »hinein«, »kalt« und so weiter.

Versucht, ganz bei der Sache zu sein. Spült Geschirr, so gut ihr könnt.

*Dritter Tag, abends*

# Mitgefühl und Liebende Güte
# Vortrag und geführte Meditation

Heute gibt es einen Vortrag, eine geführte Meditation und danach noch ein paar abschließende Worte. In den Vorträgen und in der geführten Meditation geht es darum, die Bedeutung und Wichtigkeit von Mitgefühl und Liebender Güte zu erfassen und einige Methoden zu lernen, die das Wachstum von Mitgefühl und Liebender Güte in uns fördern.

Am ersten Tag des Kurses habe ich über folgende Zusammenhänge gesprochen:

Zunächst erkennen wir ein Problem oder eine Schwierigkeit, etwas Unbefriedigendes. Dann wollen wir die Auswirkungen des Problems lindern oder seine Ursache beseitigen. Das ist gleichbedeutend mit der Entstehung von Mitgefühl. Dann wünschen wir, daß Glücklichsein das Unglücklichsein ersetzen möge. So beschreiben wir das Entstehen von Liebender Güte.

Erfüllt mit Gedanken des Mitgefühls und Liebender Güte, versuchen wir Geistesgegenwart einzusetzen, um das Problem oder die Schwierigkeit verstehen zu können. Wenn wir die Situation ausreichend verstehen, können wir eben dieses Verständnis anwenden, um die Schwierigkeiten zu lindern oder ihre Ursache zu beseitigen.

Ich möchte jetzt etwas näher auf diese Zusammenhänge eingehen.

Im Laufe des Vortrags zum Auftakt des Kurses erwähnte ich, daß uns allen Lebensumstände begegnen, die nicht gänzlich zufriedenstellend sind. Diese Ereignisse können geistiger oder körperlicher Natur sein. Das Spektrum reicht von geringfügiger Verunsicherung bis hin zu schwerwiegendem Leiden. Von Zeit zu Zeit wird jeder von uns mit Erfahrungen konfrontiert, die nicht völlig zufriedenstellend sind.

Höchstwahrscheinlich ist jedem von uns bewußt geworden, daß manche Dinge oder viele Dinge im Leben unbefriedigend sind, und wir haben den Wunsch, diese unbefriedigenden Umstände zu überwinden. Vielleicht haben wir versucht, sie einfach zu ignorieren, und dabei festgestellt, daß diese Methode nicht wirksam genug ist. Vielleicht haben wir versucht, diesen Umständen zu entkommen, und wiederum festgestellt, daß auch diese Methode nicht ausreicht.

Jetzt befinden wir uns also in einem Meditations-Retreat und versuchen erfolgreichere Methoden zu lernen. Methoden, mit deren Hilfe wir lernen, wie man mit den ständigen Veränderungen der Lebensumstände und unseren Reaktionen darauf umgeht. Diese Weiterentwicklung des Geistes kann uns die Grundlage für mehr inneren Frieden und Glück verschaffen; Frieden und Glück, die nicht von äußeren Umständen abhängen.

Dabei ist es unerheblich, ob uns das Leben viel oder wenig Befriedigung zu bieten hat.

Jeder von uns wünscht auf seine Art, mit den unbefriedigenden Aspekten des Lebens fertig zu werden und mehr Frieden und Zufriedenheit zu finden. Man erkennt die Schwierigkeiten, Probleme und so weiter und will sie lösen oder deren Ursache beseitigen, wie gesagt, dies ist ein Fall von aufkommendem Mitgefühl.

So wie das Wort Mitgefühl hier verwendet wird, bedeutet es das Empfinden von Sympathie für uns und andere, die in der einen oder anderen Art von Schwierigkeiten stecken. Mitgefühl ist ein Herz ohne Verkrustung, das Freude empfindet und sich dem Leben in seiner Gesamtheit öffnet. Aber gleichzeitig besitzt es eine Stärke, die sich von Schwierigkeiten und Sorgen nicht unterkriegen läßt. Ein weiches Herz, das das Vorhandensein von Schwierigkeiten erkennt und auf irgendeine Art helfen will.

In vielen Wörterbüchern ist Mitgefühl definiert als ein Gefühl tiefer Zuneigung und Sorge um den Nächsten – um jemanden, der von Leid oder Unglück geschlagen ist –, begleitet von dem starken Verlangen, den Schmerz zu lindern oder seine Ursachen zu beseitigen.

Für unsere Zwecke hier wollen wir diese Definition in zweierlei Hinsicht geringfügig abändern.

Erstens, es mag gelegentlich heilsam sein, die Sorgen nachzufühlen, die bestimmte Lebensumstände mit sich bringen, nicht jedoch, sich davon unterkriegen zu lassen. Das heißt, sich zwar mit den Schwierigkeiten zu identifizieren, aber zugleich ein gewisses Maß an Gleichmut und Stärke beizubehalten, um mit der Situation fertig zu werden. Denn nur dadurch, daß man mit der Situation ruhig und bedacht umgeht, erreicht man die besten Resultate. Wenn man lediglich die Sorgen nachfühlt und sich davon unterkriegen läßt, dürfte es wohl schwierig sein, die beste Lösung zu finden.

Zweitens, wenn Mitgefühl nur einzelnen Personen gilt, dann ist es nicht umfassend. Wenn man das Leben mit einem gewissen Überblick betrachtet, so wird es ziemlich offensichtlich, daß Trennung, Veränderung und Tod universal sind. Jeder einzelne von uns hat Unglücksfälle, Schwierigkeiten und Hindernisse. Wir alle begegnen der Vergänglichkeit des Lebens und Dingen, die nicht zufriedenstellend sind.

Unser Körper macht gelegentlich Krankheiten oder Verletzungen durch. Wenn wir lange genug leben, wird der Körper schwach und möglicherweise gebrechlich. Oft sind wir getrennt von dem, was wir mögen. Oft sind wir gekettet an das, was wir nicht mögen. Und oft kriegen wir einfach nicht, was wir wollen. Diese Dinge sind ganz einfach die Tatsachen des Lebens.

In dieser Hinsicht sind wir nicht getrennt von anderen, sondern wir sitzen im selben Boot. Jeder von uns ist der Nächste, der des Mitgefühls bedarf. Es ist daher wichtig, daß unser Mitgefühl uns selbst, wie alle anderen gleichermaßen einbezieht.

Es ist ebenfalls wichtig, einen Unterschied zwischen Mitgefühl, so wie es hier verwendet wird, und dem Begriff »Mitleid« zu machen. Obwohl diese Worte oft austauschbar benutzt werden, zeigt »Mitleid« in seiner eigentlichen Bedeutung eine Distanz an, zwischen uns und den anderen, die ein Problem haben. Mit Mitleid allein schafft man es nicht, sich zu öffnen, die Beziehung zwischen allen Menschen und den universalen Aspekt der Vergänglichkeit zu erkennen. Es ist, als befände man sich im Inneren einer Seifenblase, vom Leben nicht berührt. Mitleid* ist oft ein »Betrachten aus sicherer Entfernung«.

Mitgefühl nimmt Anteil. Mitgefühl kann die Seifenblase zum Zerplatzen bringen und so ein Gefühl der Verbundenheit statt des Getrenntseins erzeugen.

---

* Das Wort »bedauern« wäre zur Beschreibung dieser distanzierten Haltung vielleicht besser, allerdings wird in der deutschsprachigen Dhamma-Literatur oft das Wort »Mitleid« zur Benennung des »nahen Feindes des Mitgefühls« verwendet, mit Recht, da der Begriff des Mit-*Leid(en)s* das bereits behandelte Fehlen innerer Stärke und Ausgeglichenheit beschreibt.

Wenn Mitgefühl aufsteigt – in Verbindung mit dem Wunsch, Schwierigkeiten zu lindern und deren Ursachen zu beseitigen – folgt oft der Wunsch nach Glücklichsein. Das ist ein sehr wichtiger Punkt für uns. *Was* ist das *Beste*, das wir uns wünschen können, um glücklich zu sein?

Geld? Autos? Häuser? Kleidung? Essen? Diese Dinge sind sehr nützlich, aber sie sind nur begrenzt in der Lage, uns glücklich zu machen.

Wenn man die Grenzen der materiellen Dinge überschreitet, dringt man zum *Allerwichtigsten* vor. Das ist *Innerer Friede*. Die Stärken, die Eigenschaften und Fähigkeiten des Geistes, die mit allen Schwierigkeiten fertig werden können und nicht von Widrigkeiten berührt werden. Das ist das Wichtigste, was wir uns wünschen können.

Es gibt sehr, sehr viele reiche Menschen, die sehr, sehr viel materiellen Komfort genießen und doch nicht glücklich sind. Und es gibt sehr, sehr viele ärmere Menschen mit sehr viel weniger materiellem Komfort, die glücklich und voll Frieden sind. Wenn materieller Reichtum immer zum Glücklichsein führen würde, gäbe es den Fall eines unglücklichen reichen Menschen und den eines glücklichen armen Menschen nicht. Aber materieller Reichtum führt eben nicht immer zum Glück. In der Tat kann materieller Reichtum sehr nützlich sein, aber er ist nur begrenzt in der Lage, den Menschen Frieden und Glück zu bescheren.

Wenn wir uns innerlich weiterentwickeln, mit Hilfe der Methoden, Techniken und Werkzeuge der geistigen Entwicklung, die uns befähigen, mit allen Erfahrungen erfolgreich umzugehen und sie zu verstehen – dann erlangen wir die Fähigkeit zu Friede und Glück, egal ob wir arm sind oder reich, berühmt oder nicht, gesund oder krank, jung oder alt und so weiter.

Wenn wir den Geist auf heilsame Weise weiterentwickelt haben, hören die Probleme und Schwierigkeiten auf, Probleme und Schwierigkeiten zu sein. Statt dessen können wir sie als Gelegenheiten betrachten, um in bezug auf Verständnis zu wachsen.

Eine kleine Geschichte, die diesen Punkt verdeutlichen mag, handelt vom Manager eines großen und berühmten Hotels. Das Hotel und seine Belegschaft waren für ihren überragend guten Service bekannt.

Der Manager wurde einst interviewt und vom Reporter gefragt:
»Was machen Sie, wenn Probleme auftauchen?«
Der Manager erwiderte:»In diesem Hotel gibt es keine Probleme.
In diesem Hotel gibt es nur Herausforderungen.«
Indem wir den Geist entwickeln, können wir alle unsere Probleme
in Herausforderungen verwandeln. Das ist die beste Methode, um
mit den unbefriedigenden Seiten des Lebens fertig zu werden – die
Entwicklung der heilsamen Eigenschaften des Geistes.

Wie gesagt, so wie der Begriff der Liebenden Güte hier verwendet
wird, bezeichnet er den Wunsch nach Glücklichsein für uns selbst
und andere; Liebende Güte ist oft verbunden mit dem mitfühlenden
Wunsch nach Lösung von Problemen oder folgt diesem auf dem
Fuße. Folgendes Beispiel soll zum Verständnis des tiefen Zusammen-
hangs zwischen Mitgefühl und Liebender Güte beitragen:

Angenommen, Eltern mit einer gewissen Reife und Weisheit
betreten das Kinderzimmer, während das Kind schläft. Sie betrachten das friedvolle Gesicht ihres schlafenden Kindes. Dann kann es
sein, daß sie ganz von mitfühlenden Gedanken erfüllt werden, indem
sie sich zum Beispiel vergegenwärtigen, daß ihrem Kind ähnliche
Schwierigkeiten, Hindernisse und Herausforderungen bevorstehen,
wie sie sie selbst erlebt haben.

Und dann kann es sein, daß Eltern mit einer gewissen Reife und
Weisheit ganz von liebenden Gedanken erfüllt werden, indem sie
zum Beispiel wünschen, ihr Kind möge die Fähigkeit haben, die
heilsamen Qualitäten des Geistes zu entwickeln, so daß es erfolgreich
mit allen Schwierigkeiten, Hindernissen und Herausforderungen im
Leben umgehen und sie verstehen kann.

Die Entwicklung von Mitgefühl und Liebender Güte bringt viele
Früchte. Ein wichtiger Aspekt ist dabei, daß diese Entwicklung hilft,
Zorn und Abneigung, Gereiztheit und Ärger zu überwinden.

Zorn, Abneigung, Gereiztheit, Ärger und so weiter sind allesamt
Geisteszustände, die uns und anderen oft Schwierigkeiten bereiten.
Regelmäßig sind sie die Hauptursache für Krieg, Mord, Verfolgung,
Mißhandlung, Diebstahl, Beschlagnahme, Unterdrückung, Ausrot-
tung und so weiter. Haß und Vorurteile aller Arten bringen uns allen
ausschließlich Schwierigkeiten ein.

Die Schwierigkeiten, die man anderen zufügt, sind leicht zu
erkennen. Aber es ist nicht immer so leicht, die Schwierigkeiten zu

sehen, die man sich selbst zufügt, indem man zornig ist. Wenn jemand seinem Zorn gestattet, sich zu irgendeiner Art von Gewaltanwendung auszuwachsen, so ist es meist ziemlich offensichtlich, daß das den Zornigen für gewöhnlich in Schwierigkeiten bringt. Oder betrachten wir die direkte Wirkung von Zorn und Ärger: Dadurch, daß man zornig oder ärgerlich wird, erzeugt man einen Geisteszustand, der dem klaren Denkvermögen im Weg steht. Und nur mittels klarem Denken läßt sich die beste Lösung für das Problem finden.

Was ist, wenn jemand Zorn oder Gereiztheit in sich trägt, es aber nicht nach außen hin zeigt? Manche Leute halten tagelang, wochenlang, ja sogar jahrelang an Groll und Verdruß fest. Die meisten von uns haben das schon zu einem gewissen Grad getan. Oftmals läuft das nach dem gleichen Muster ab:

Jemand hat etwas getan, das wir nicht gut finden. Wir wurden zornig, hielten aber jegliche Erwiderung in Wort und Tat zurück. Später wird der Vorfall im Geiste immer und immer wieder zum Leben erweckt; wir erinnern uns daran, wie blöde der andere war, und wünschen ihm dabei oft alles erdenklich Schlechte. Wir rauchen innerlich vor Zorn und vergeuden damit Minuten, Stunden, ganze Tage. Einige Leute verschwenden Monate und Jahre mit Grübeln und bauen innere Abneigung gegen eine bestimmte Person auf, für irgend etwas, das lang zurückliegt. Einige Leute klammern sich an diesen Aversionen für den Rest ihres Lebens fest.

Was kommt dabei heraus, wenn wir solcherart an einem Vorfall festhalten? Schmerz... innere Schmerzen... Schmerzen, die wir uns selber bereiten. Unser Gegenüber lebt sein Leben wie gehabt weiter. Und wir machen damit weiter, diesen vergangenen Vorfall immer wieder mit unserer »supergerechten« Einstellung zum Leben zu erwecken. Und jedesmal brüten wir nur noch mehr Zorn aus. Schmerz. Geistige Qual.

Es steht geschrieben, daß jemand, der auf einen anderen zornig ist, einem Menschen gleicht, der glühende Kohle aufhebt, um damit nach dem anderen zu werfen. Die glühende Kohle jedoch verbrennt die Hand, die danach greift. Da gibt es keinen Frieden im Geist, nur ein Brennen, das uns selbst die Probleme bereitet.

Wir müssen aber nicht so vorgehen. Die Entwicklung von Mitgefühl und Liebender Güte kann dazu beitragen, Zorn, Aversion, Gereiztheit, Ärger und so weiter zu überwinden. Im großen wie im kleinen werden all unsere Abneigungen in dem Maße schrumpfen, in dem Mitgefühl und Liebende Güte wachsen.

Im Grunde sind Zorn, Aversion, Gereiztheit und so weiter geistige Zustände, die dem Mitgefühl und der Liebenden Güte genau entgegengesetzt sind. Es ist nicht allzu schwierig zu erkennen, daß die Fähigkeit, Zorn, Abneigung und Ärger abzubauen, ein gewaltiger Schritt vorwärts ist. Ein Schritt bei der Entwicklung des Geistes, der es ermöglicht, alle Situationen des Lebens zu meistern.

Also, wir erkennen die Probleme und Schwierigkeiten. Mitgefühl angesichts der Probleme und Schwierigkeiten steigt auf. Liebende Güte steigt wohl auch auf, der Wunsch, die Probleme und Schwierigkeiten durch Frieden und Glück zu ersetzen. Und jetzt, erfüllt von mitfühlenden und liebenden Gedanken, versuchen wir die Achtsamkeit als Werkzeug einzusetzen.

Achtsamkeit beziehungsweise Geistesgegenwart – wir sind achtsam, wir sind im Augenblick. Wir wissen, was wir tun, was wir sagen, was wir denken. Wir machen weniger Fehler und bereiten uns und anderen weniger Probleme.

Mitgefühl und Liebende Güte sowie Geistesgegenwart sind eng verwandt. Man könnte sagen sie »nähren« einander. Wenn Geistesgegenwart benutzt wird, um Schwierigkeiten abzubauen, dann ist dies sicherlich eine Methode, um Mitgefühl und Liebende Güte in Gang zu bringen. Wenn man genau hinschaut, kann man erkennen, wo, wann und wodurch Schwierigkeiten auftauchen. Und so lassen sich Möglichkeiten entdecken, wie man ähnliche Schwierigkeiten künftig vermeidet.

Wie bereits gesagt, beim Wachstum der Geistesgegenwart lassen sich folgende Stadien erkennen:

Ihr habt irgend etwas gemacht und merkt hinterher, daß es falsch war; das ist der erste Schritt, Achtsamkeit betreffend: *hinterher* erkennen, was passiert ist. Der gleiche Vorgang wiederholt sich oft immer wieder.

Je öfter dieses nachträgliche Erkennen stattfindet, desto stärker wächst die Geistesgegenwart. Dann kommt der Zeitpunkt, wo die Achtsamkeit bei gleichem Anlaß bereits *während* des Vorgangs auftritt. Und vielleicht könnt ihr euer bereits erworbenes Wissen benutzen, um den Ausgang der Situation besser als bisher zum Guten zu wenden.

Zu einem späteren Zeitpunkt werdet ihr feststellen, daß die Achtsamkeit schon *zu Beginn* der Situation auftritt. Dann habt ihr schon viel bessere Karten, um euch euer Verständnis dienstbar zu machen und möglicherweise einen Großteil der Schwierigkeiten zu vermeiden.

Später, wenn eure Achtsamkeit stark genug ist, werdet ihr tatsächlich schon die *Möglichkeit* zu so einem Vorfall erkennen und ihn so vollständig vermeiden.

Weil wir immer stärkere Geistesgegenwart entwickeln, wächst unser Verständnis in Hinblick auf unsere Schwierigkeiten, Probleme, Gereiztheit, Ärger und alle Erfahrungen, die wir normalerweise als nicht zufriedenstellend betrachten.

Dann werden wir in der Lage sein zu verstehen, wann ein Problem *existiert* oder wann ein Problem *nicht existiert*. Wir werden die Umstände verstehen, unter denen ein Problem *entsteht*, und die Umstände, unter denen es *vergeht*. Und – am wichtigsten – wir werden verstehen, wie wir das Problem künftig *vermeiden*. Dann können wir dieses Verständnis auf alle unsere Schwierigkeiten und Probleme anwenden und uns bemühen, sie zu lindern oder ihre Ursachen zu beseitigen.

So wie diese Art mitfühlenden Verständnisses wächst, nimmt auch der Wunsch und die Fähigkeit zu, Schwierigkeiten für uns selbst und für andere zu reduzieren. Durch solches Praktizieren erlangen wir immer mehr Frieden und Zufriedenheit und werden in der Lage sein, auch anderen dabei zu helfen, immer mehr Frieden und Zufriedenheit zu erlangen.

Ich hoffe, euch allen ist jetzt klar geworden, wie wichtig Mitgefühl und Liebende Güte sind, um mit den unbefriedigenden Erfahrungen fertig zu werden, mit denen wir unser Leben lang konfrontiert werden. Wenn jegliches Mitgefühl und jegliche Liebe angesichts von Problemen und Schwierigkeiten fehlen, dann gibt es wohl auch keinen Wunsch, die Probleme und Schwierigkeiten zu lösen. Es gibt dann wohl nur wenig Verlangen, wenn überhaupt, Achtsamkeit zu üben. Und es würde schwierig sein, Verständnis zu entwickeln.

In Kürze folgt eine geführte Meditation, die das Wachstum unseres Mitgefühls und unserer Liebenden Güte fördern kann. Diese geführte Meditation gehört zur Gattung der reflektiven, kontemplativen Meditation, in der bestimmte Gedankengänge zur Anwendung kommen. Diese drehen sich in erster Linie um die Entwicklung von Mitgefühl und Liebender Güte. Die unterstützende Wirkung von Geistesgegenwart und Verständnis ist jedoch leicht zu erkennen.

Die Atemachtsamkeit wird nur in der Anfangsphase der Meditation benutzt. Sobald ich anfange zu sprechen, laßt ihr den Atem los und hört auf das Gesagte. Es wird über etliche Dinge gesprochen werden, etliche Anleitungen werden gegeben. Und es gibt Perioden der Stille. Während dieser stillen Perioden versucht ihr über das, was zuvor gesagt wurde, nachzudenken; reflektiert, besinnt euch und/oder visualisiert die Situationen und mögliche Reaktionen der Personen, die darin verwickelt sind.

Diese Meditation enthält Teile, die bei einigen Menschen gelegentlich seltsame Reaktionen hervorrufen. Sollte dies bei euch der Fall sein, dann versucht bitte, es euch zu vergegenwärtigen, das heißt, achtet auf die Reaktionen des Geistes und des Körpers. Diese Achtsamkeit auf Gedanken und den Körper kann eine wertvolle Hilfe bei der Entwicklung von Mitgefühl und liebender Güte sein.

Behaltet im Auge, daß sich der Körper und der Atem im angeregten Zustand anders verhalten als im friedvollen Zustand. Die Kenntnis dieser körperlichen Reaktionen ist sehr wertvoll. Wenn euch also Teile dieser Meditation unangenehm sind, dann versucht bitte achtsam zu werden hinsichtlich dieses unbequemen Gefühls in Geist und Körper. Sobald ihr diesen inneren Widerhall zur Kenntnis genommen habt, fahrt bitte mit der Meditation fort.


Spezielle Anmerkung: Eine geführte Meditation wie diese zu hören, ist wahrscheinlich besser, als sie zu lesen. Aber das Folgende mag dazu beitragen, daß auch der Leser möglichst großen Nutzen von der Meditation hat.

Wenn du zur Ruhe gekommen bist, nimm dir 20 bis 30 Minuten Zeit, vielleicht mehr, und sorge dafür, daß du ungestört bist.

Wenn du das Folgende durchliest und bei »✻ ✻ ✻« anlangst, dann schließe bitte die Augen und reflektiere, kontempliere, denke nach über das, was du gerade gelesen hast. Es kann auch hilfreich sein, wenn du versuchst, die Situation und die Reaktionen der beteiligten Personen zu visualisieren.

Obwohl es im Vortrag einen festgelegten Zeitablauf gab, ist es nicht praktisch, sich beim Lesen einem festen Zeitplan zu unterwerfen. Die Verweildauer bei den »✻ ✻ ✻« mag nach Belieben variieren. Manchmal mögen 10 bis 15 Sekunden genügen, manchmal mag es eine Minute oder länger dauern. Nimm dir Zeit, es hat keine Eile.

Nimm zwei Blätter unbeschriebenes Papier oder Pappe, die mindestens so groß sind wie eine Seite dieses Buchs. Decke damit die Seiten ab. Das Blatt auf der Seite, auf der du gerade bist, schiebst du zeilenweise nach unten. Bei jedem »✱ ✱ ✱« hältst du an. Diese Vorgehensweise hat zwei Vorteile. Erstens verhindert sie Ablenkung, weil du nicht siehst, was weiter unten steht; und zweitens dient es als Lesezeichen, wenn du die Augen schließt.

## Eine reflektive, kontemplative Meditation zur Entwicklung von Mitgefühl und Liebender Güte*

Bitte entspannt euch, achtet für eine Weile auf den Atem, wie er kommt und geht, steigt und fällt.

✱ ✱ ✱

Versucht jetzt, euch in folgende Situation hineinzuversetzen: Eine Familie, ein Elternpaar mit drei Kindern, lebt gut situiert in einem Vorort einer großen Stadt. Der arbeitende Elternteil hat eine gut bezahlte Stelle, so daß sie keine finanziellen Sorgen haben. Die Familie ist sehr glücklich.

Eines Tages wird der Ernährer der Familie kurz vor der Mittagspause befördert. Zur gleichen Zeit wütet ein Großbrand zu Hause, der das Heim zerstört und den Ehepartner und alle drei Kinder tötet.

Ohne davon zu wissen, fährt der frisch Beförderte mittags heim, um der Familie die gute Nachricht von der Beförderung zu bringen.

✱ ✱ ✱

Jetzt versetzt euch einmal in seine beziehungsweise ihre Lage. Versucht nachzuvollziehen, wie er oder sie mit der guten Nachricht zum Haus gelangt, dann die Verwüstung sieht und erfährt, daß die gesamte Familie umgekommen ist.

✱ ✱ ✱

Versucht, den Schmerz nachzuempfinden.

✱ ✱ ✱

---

* Wichtige Anmerkung: Es ist nicht ratsam, das Folgende zu lesen, ohne alle vorhergehenden Seiten dieses Buches gelesen zu haben. Das Befolgen dieses Ratschlags dient deinem eigenen Verständnis.

Gute Nachrichten von der Beförderung? Das ist jetzt völlig belanglos.

✳ ✳ ✳

Bedrückung. Trauer. Vielleicht ein verkrampfter Magen. Vielleicht ein Kloß im Hals. Vielleicht ein zugeschnürter Brustkorb. Wäßrige Augen. Vielleicht ein Zucken in den Lippen.

✳ ✳ ✳

Versucht, innerlich ein Gefühl für diese Person und diesen traurigen Anlaß aufkommen zu lassen.

✳ ✳ ✳

Viele Menschen auf der Welt empfinden jede Menge Mitleid für Leute mit Problemen, besonders in solchen Fällen extremen Leidens. Aber Mitleid kann kalt sein. Es kann sein, daß Mitleid nur von außen kommt, »aus sicherer Entfernung«. Versucht, mitten hinein zu gehen. Versucht, zum Mitgefühl vorzudringen. Versucht, eure entsprechenden Konditionierungen loszulassen und zum Gefühl für diese Person vorzudringen.

✳ ✳ ✳

Der Wunsch aus tiefstem Herzen, helfen zu können. Der Wunsch, die Lage ändern zu können. Das ist eine Reaktion auf die unerfreuliche Situation. Das kann schon ein Aspekt von Mitgefühl sein.

✳ ✳ ✳

Aus diesem Mitgefühl kann ein Wunsch entstehen, geprägt von Liebender Güte. Der Wunsch, diese Person möge, nach all diesen schrecklichen Schwierigkeiten, eines Tages inneren Frieden finden. Es geht nicht darum, daß diese Person wieder heiratet, noch mal drei Kinder und ein neues Haus hat. Sondern daß diese Person inneren Frieden finden wird. Daß er oder sie mit Hilfe einer gewissen geistigen Entwicklung in der Lage sein wird, das, was passiert ist, zu verstehen, zu akzeptieren, damit fertig zu werden.

✳ ✳ ✳

Möge diese Person eines Tages in der Lage sein, Methoden, Techniken und das Handwerkszeug der geistigen Entwicklung kennenzulernen, zu praktizieren und zu entfalten; so daß er oder sie die Schwierigkeiten des Lebens verstehen, akzeptieren und meistern kann. Möge diese Person inneren Frieden finden.

✷✷✷

Versucht, euch jetzt in eine andere Situation hineinzuversetzen: Zwei junge Leute, nennen wir sie einmal Jim und Tom, dicke Freunde, gehen abends aus. Sie unternehmen nichts Besonderes, amüsieren sich in einer Stranddisco.

Sie gehen zum Pier, sind »richtig gut drauf« und albern herum. Sie gehen, im wörtlichen Sinne, harmlosem Vergnügen nach. Dann tut Jim spaßeshalber so, als wolle er Tom ins Wasser schubsen. Dieser reagiert, rutscht dabei aus und fällt tatsächlich ins Wasser. Obwohl er ein guter Schwimmer ist, bewegt er sich nicht. Jim springt ihm nach und hilft ihm ans Ufer. Jim entdeckt, daß Tom querschnittsgelähmt ist.

✷✷✷

Versucht, den Schmerz in dieser Situation nachzuempfinden.

✷✷✷

Die dicksten Freunde. Ein glücklicher Abend. Der eine macht den anderen zum Querschnittsgelähmten.

✷✷✷

Versucht, zu dieser Bedrückung vorzudringen.

✷✷✷

Tom und Jim sind beide in eine sehr schwierige Lage geraten. Dieser schlimme Unfall ist eine äußerst traurige Angelegenheit für Tom. Aber in dieser Meditation richtet bitte eure Aufmerksamkeit auf Jim. Jim hat seinen besten Freund zum Krüppel gemacht. Sein Schuldgefühl und sein Selbsthaß sind grenzenlos ... unvorstellbar ... überwältigend. Versetzt euch in Jim hinein.

✷✷✷

Versucht, diesen Schmerz zu empfinden.

✷✷✷

Versucht, Mitgefühl für Jim zu empfinden.

*** *** ***

Und jetzt laßt den Wunsch und die Hoffnung aufsteigen, Jim möge eines Tages das Handwerkszeug der geistigen Entwicklung kennenlernen, so daß er in der Lage sein wird, das, was passiert ist, zu verstehen, zu akzeptieren und damit fertig zu werden. Und in Jims Fall bedeutet das, daß die geistige Entwicklung es ihm ermöglichen wird, sich selbst zu vergeben, sich von seinen erdrückenden Schuldgefühlen und seinem Selbsthaß zu befreien. Laßt diesen Wunsch, diese Liebende Güte, dieses warme Gefühl für Jim in euch aufsteigen.

*** *** ***

Dieses Gefühl Liebender Güte unterscheidet sich von Mitgefühl. Dieses Gefühl kann Tränen trocknen. Es ist die Gewißheit, daß es dieses Handwerkszeug der geistigen Entwicklung *gibt*, daß es *tauglich* ist zu helfen und daß Jim eines Tages diese Methoden kennenlernen und erlernen wird.

*** *** ***

Möge Jim eines Tages in der Lage sein, Methoden, Techniken und das Handwerkszeug der geistigen Entwicklung kennenzulernen, zu praktizieren und zu entfalten; so daß er die Schwierigkeiten des Lebens verstehen, akzeptieren und meistern kann. Möge Jim inneren Frieden finden.

*** *** ***

Versetzt euch jetzt bitte in eine weitere Situation:

Hier geht es um dich und eine weitere Person. Nennen wir diese Person einmal Ulli, weil das sowohl ein männlicher als auch ein weiblicher Vorname ist. (Wir bitten um Entschuldigung, solltest du zufällig Ulli* heißen.)

---

* Im Retreat in Wat Khao Tham wurde der Name Gale verwendet. Wenn ein(e) Gale anwesend war, wurde ein anderer zweigeschlechtlicher Vorname verwendet. Es ist im Sinne dieser Meditation, wenn auch ein(e) Leser(in) namens Ulli so vorgeht und einen anderen zweigeschlechtlichen Namen, zum Beispiel Sascha, Kai, Toni o. ä. verwendet.

Ulli ist jemand, den ihr wahrscheinlich kennt. Ulli ist gehässig, eine Nervensäge, eine Klatschtante, ein Aufschneider, ein Tyrann, ein Betrüger, Lügner und hat alle Eigenschaften, die ihr nicht ausstehen könnt. Wir kennen wohl alle jemanden, den wir nicht mögen. Jemanden wie Ulli, jemand, der uns irgendwie schlecht behandelt hat. Versucht jetzt, euch an eine(n) Ulli in eurem Leben zu erinnern. Versucht, euch an eine konkrete Situation zu erinnern, wo euch diese Person schlecht behandelt hat. Versucht jetzt, zu dem Gefühl zurückzugehen, das ihr damals hattet.

✳ ✳ ✳

Abneigung, Ärger, Zorn, Haß; vielleicht habt ihr dieser Person alles Schlechte gewünscht.

✳ ✳ ✳

Versucht, zu diesem Gefühl vorzudringen. Versucht, den Haß zu fassen.

✳ ✳ ✳

Für einige von euch mag das schwierig sein. Für andere leicht. Versucht, zu diesem Gefühl des Nichtmögens gegenüber dieser Person vorzudringen. Diese Person, die euch schlecht behandelt hat.

✳ ✳ ✳

Als Kind hattet ihr dieses Gefühl vermutlich. Versucht, euch zu erinnern. Dieses Gefühl der Abneigung ist, genauso wie das Mitgefühl, von körperlichen Reaktionen begleitet. Das mag Anspannung sein, vielleicht eine Veränderung im Herzrhythmus, im Atemrhythmus oder im Gesicht, dem Mund, den Zähnen.
Versucht, diesen Haß, diese Abneigung umfassend zu erfahren.

✳ ✳ ✳

Ich kannte einige Ullis in der Vergangenheit. Erwägt einmal diesen Fall:
Ich habe Ulli seit der Realschule nicht mehr gesehen, aber vor ein paar Jahren fand ich ein paar Dinge heraus, die Ulli in ein anderes Licht stellen. Man sagte mir, daß Ulli zwei Selbstmordversuche hinter sich habe.

Man erzählte mir von Ullis Kindheit, von Ullis zerrütteten Familienverhältnissen. Von den Problemen der Eltern, von den Geschwistern, die ebenfalls zu traurigen, unglücklichen Menschen heranwuchsen. Die Einzelheiten sind nicht von Belang.

Vielleicht kennt ihr auch solche Leute.

✳✳✳

Wie kann ich Ulli noch hassen, wenn ich all dies weiß?

Wie kann ich meine anderen Ullis noch hassen, wenn ich über all dies nachdenke?

Bringt euren Haß dazu, für Mitgefühl und Verständnis Platz zu machen. Für das Verständnis, daß eure Ullis meinen Ulli wahrscheinlich gleichen, daß sie vielleicht ein verpfuschtes Leben führen, daß sie vielleicht verwirrt sind. Sie haben nur sehr wenig Ahnung davon, wie man Frieden und Glück in das eigene Leben und in das Leben anderer bringt. Sie sind nicht in der Lage, ihre Reaktionen auf das Leben zu kontrollieren. Sie sind oft isoliert, allein.

✳✳✳

Dieses Mitfühlen kann unter Umständen schwierig sein. Wenn dem so ist, sorgt euch nicht. Versucht, ein wenig von dem Gefühl zu erzeugen, das ihr vor wenigen Minuten für den Arbeiter und für Jim hattet.

✳✳✳

Erzwingt nichts. Vielleicht ist es *noch* nicht so weit. Die Abneigung kann sehr stark sein. Wenn ihr fortfahrt, den Geist mit Weisheit zu entwickeln, wird die Abneigung schwächer werden, und das Mitgefühl wird wachsen.

Versucht, ein wenig Mitgefühl für eure Ullis hervorzubringen.

✳✳✳

Nachdem ihr jetzt Ullis Schmerzen und Schwierigkeiten etwas besser versteht, versucht jetzt, aus Liebender Güte heraus euren Ullis etwas Gutes zu wünschen. Und was sonst sollte man einem verwirrten Menschen wünschen, als daß er oder sie eines Tages in der Lage sein möge, inneren Frieden zu finden und so in immer geringerem Umfang für andere ein Problem darzustellen.

Es ist der Wunsch, daß Ulli es schaffen möge, sich innerlich zu entwickeln, um die Schwierigkeiten des Lebens verstehen, akzeptieren und meistern zu können.

\*\*\*

Möge Ulli eines Tages in der Lage sein, Methoden, Techniken und das Handwerkszeug der geistigen Entwicklung kennenzulernen, zu praktizieren und zu entfalten; so daß er oder sie die Schwierigkeiten des Lebens verstehen, akzeptieren und meistern kann. Möge Ulli inneren Frieden finden.

\*\*\*

Es ist möglich, daß ihr jemanden kennt, der das Gegenteil von Ulli ist. Ein netter, angenehmer Zeitgenosse. Es gehört nicht viel dazu zu begreifen, daß diese Person – außer sie ist ein vollkommener Mensch – ebenfalls gewisse Schwierigkeiten, Schmerzen oder Hindernisse hat. Vielleicht ist es etwas, das den meisten als Kleinigkeit erscheint, für diese Person aber ein gravierendes Problem darstellt. Versucht, Mitgefühl für diese Person zu empfinden. Ein netter, freundlicher Mensch, den ihr kennt. Jemand, den ihr manchmal insgeheim beneidet. Aber bedenkt folgendes:

Diese Menschen haben, ebenso wie ihr, immer noch gewisse Schwierigkeiten.

Diese Menschen sind, ebenso wie ihr, immer noch auf dem Weg – dem Weg geistiger Entwicklung.

Diese Menschen können jederzeit, ebenso wie ihr, stolpern und stürzen.

Diese Menschen haben, ebenso wie ihr, mit Problemen und Hindernissen zu kämpfen, auf der Suche nach ihrem inneren Frieden.

Auch sie brauchen Mitgefühl und Liebende Güte. Versucht jetzt also, Mitgefühl für sie aufzubringen und zu wünschen, sie mögen die Schwierigkeiten des Lebens verstehen, akzeptieren und meistern.

\*\*\*

Möge dieser Mensch eines Tages in der Lage sein, Methoden, Techniken und das Handwerkszeug der geistigen Entwicklung vollkommen kennenzulernen, zu praktizieren und zu entfalten; so daß er die Schwierigkeiten des Lebens verstehen, akzeptieren und meistern kann. Möge dieser Mensch inneren Frieden finden.

✳ ✳ ✳

Jetzt versucht, Mitgefühl für eure Eltern beziehungsweise Pflegeeltern hervorzubringen. Versucht, euch mit ihren Schwierigkeiten zu identifizieren.

Versucht zu verstehen, was sie möglicherweise für harte Zeiten gehabt haben. Höchstwahrscheinlich hatten sie keinen Doktortitel der Elternschaft. Wahrscheinlich waren sie nicht allwissend, und wahrscheinlich haben sie viele Fehler gemacht.

Versucht, zu diesem Mitgefühl aus tiefstem Herzen vorzudringen.

✳ ✳ ✳

Es gab sicher mehr als einen Fall, wo ihr bestraft wurdet und nicht einmal wußtet wofür. Möglicherweise gab es nicht mal einen Grund.

Bemüht euch um mitfühlendes Verständnis, so daß ihr erkennt, daß eure Eltern oder Pflegeeltern in ihrer eigenen inneren Entwicklung eingeschränkt waren.

Und so geht es den meisten von uns – mit begrenzter innerer Entwicklung macht man eben Fehler.

✳ ✳ ✳

Mit diesem Verständnis versucht jetzt, Liebende Güte für eure Eltern oder Pflegeeltern hervorzubringen. Widmet ihnen diesen erhabenen Wunsch, daß sie die Methoden, Techniken und das Handwerkszeug der geistigen Entwicklung kennenlernen, praktizieren und entfalten mögen, so daß sie die Schwierigkeiten des Lebens verstehen, akzeptieren und meistern können.

Und daß sie inneren Frieden finden mögen.

Versucht, ihnen diesen liebenden Wunsch zu widmen.

✳ ✳ ✳

Mögen meine Eltern eines Tages in der Lage sein, Methoden, Techniken und das Handwerkszeug der geistigen Entwicklung kennenzulernen, zu praktizieren und zu entfalten; so daß sie die Schwierigkeiten des Lebens verstehen, akzeptieren und meistern können. Mögen meine Eltern inneren Frieden finden.

✳✳✳

Nehmt euch jetzt ein wenig Zeit, um an einen oder mehrere Freunde zu denken. Versucht, ein gewisses Maß an Mitgefühl mit ihnen zu erzeugen. Dann den Wunsch, der aus Liebender Güte entsteht.

✳✳✳

Mögen meine Freunde eines Tages in der Lage sein, Methoden, Techniken und das Handwerkszeug der geistigen Entwicklung kennenzulernen, zu praktizieren und zu entfalten; so daß sie die Schwierigkeiten des Lebens verstehen, akzeptieren und meistern können. Mögen meine Freunde inneren Frieden finden.

✳✳✳

Aufgrund von Praxis und Erfahrung werdet ihr wahrscheinlich feststellen, daß es eine Person gibt, der gegenüber es äußerst schwierig ist, Mitgefühl und liebende Güte zu entwickeln. Die meisten von euch, wenn nicht alle, werden entdecken, daß sie selbst diese Person sind.

Ihr wißt von allem, was ihr getan habt.

Ihr kennt all eure guten, heilsamen Taten.

Ihr kennt all eure schlechten, unheilsamen Taten. Bei den meisten von uns spielen die schlechten Handlungen in der Erinnerung eine größere Rolle. Irgendwie schrecken wir davor zurück, an Handlungen zurückzudenken, die von Freundlichkeit geprägt waren. Diese Denkweise kann gravierende Hindernisse hervorbringen, wie zum Beispiel Schuldgefühle, Selbsthaß, Minderwertigkeitskomplexe, Zweifel, Selbstmitleid und viele, viele weitere.

Schaut euch jetzt eure Vergangenheit an, vergegenwärtigt euch einige eurer negativen Handlungen, Dinge, die man nicht so gern näher betrachtet.

✳✳✳

Wir haben wohl alle schon einmal etwas gemacht, worüber wir nicht gerade glücklich sind. Etwas gestohlen. Jemanden betrogen. Gelogen. Ja, auch schwarze Gedanken, die wir gegenüber irgend jemandem gehegt haben. Versucht, über diese Dinge nachzudenken.

✳✳✳

Wir haben uns genauso verhalten wie jemand, den wir nicht leiden können. Wir haben andere Menschen schlecht behandelt.

✻✻✻

Unangenehme Gefühle können dabei auftreten. Wenn dem so ist, beobachtet sie. Nehmt eure physischen Reaktionen zur Kenntnis, den Körper, das Gesicht, den Atem.

✻✻✻

Könnt ihr euch als Sechsjährige vor dem inneren Auge erscheinen lassen? Als jemand, der von der heutigen Person verschieden ist? Das ist nicht allzu schwierig. Ein sechsjähriges Kind, das nicht viel versteht, das viele Dinge nicht kennt und viele Fehler macht.

Versucht, Mitgefühl zu haben mit dem kleinen Sechsjährigen, der ihr einst wart.

✻✻✻

Wie war es mit zehn Jahren? Könnt ihr ein wenig Mitgefühl haben mit der Person, die ihr damals wart? Die nicht viel verstand, viele Dinge nicht kannte und viele Fehler machte.

Versucht, Mitgefühl mit dem kleinen Zehnjährigen zu haben.

✻✻✻

Wie war es mit 15 Jahren? Gewiß war das nicht die gleiche Person, die ihr heute seid. Vermutlich habt ihr nicht besonders viel verstanden, viele Dinge nicht gekannt und viele Fehler gemacht.

Versucht, Mitgefühl mit diesem Fünfzehnjährigen zu haben.

✻✻✻

Was ist mit der Person, die ihr letztes Jahr wart? Könnt ihr diese Person als verschieden von eurer heutigen Persönlichkeit betrachten? Diese Person, die nicht wirklich alles versteht, einige Dinge nicht kennt und immer noch Fehler macht?

Auch diese Person braucht Mitgefühl.

✻✻✻

Was ist mit der Person, die ihr gestern wart? Auch diese Person unterscheidet sich geringfügig von der Person, die ihr heute seid.

Gestern habt ihr vermutlich nicht alles verstanden, einige Dinge nicht gewußt und immer noch Fehler gemacht.

Versucht, Mitgefühl mit der Person zu haben, die ihr gestern wart, die sich unterscheidet von der Person, die ihr jetzt seid.

❋ ❋ ❋

Wie steht es jetzt? In genau diesem Augenblick versteht ihr vermutlich nicht alles, wißt einige Dinge nicht, und möglicherweise macht ihr noch immer Fehler. Ihr braucht Mitgefühl, genauso wie jeder andere. Ihr habt Schmerzen wie jeder andere. Ihr habt eure eigenen Schwierigkeiten.

Versucht, Mitgefühl mit euch selbst zu haben.

❋ ❋ ❋

Was ist das Wichtigste, das ihr haben wollt?

Was ist das Wertvollste, das ihr euch wünschen könnt?

Ist das nicht innerer Friede? Daß ihr die Chance habt, die geistige Entwicklung kennenzulernen, zu praktizieren und zu vervollkommnen; so daß ihr all eure Schwierigkeiten meistern könnt, kleine wie große.

Gönnt euch selbst diesen Wunsch. Versucht, diese Liebende Güte euch selbst zuzuwenden.

Ihr verdient diese Liebende Güte, genauso wie jeder andere.

Möge ich eines Tages in der Lage sein, Methoden, Techniken und das Handwerkszeug der geistigen Entwicklung kennenzulernen, zu praktizieren und zu entfalten; so daß ich die Schwierigkeiten des Lebens verstehen, akzeptieren und meistern kann. Möge ich inneren Frieden finden.

❋ ❋ ❋
❋ ❋ ❋

(Ende der Meditation)

Es gibt viele verschiedene Möglichkeiten, eine Mitgefühl/Liebende-Güte-Meditation durchzuführen; dies war eine davon.

Ihr habt wohl bemerkt, daß bestimmte Phrasen immer wieder auftauchen. Wenn ihr diese Art der Meditation praktizieren wollt oder eine andere, ähnlich strukturierte Meditation, in der es um

Mitgefühl/Liebende Güte geht, dann ist es oft ratsam und unter Umständen sehr nützlich, bestimmte wiederkehrende Phrasen zu verwenden.

Wenn ihr euch an das Beispiel mit den Eltern und dem schlafenden Kind erinnert – um Mitgefühl und Liebende Güte hervorzurufen, mögen den Eltern Worte durch den Sinn gehen oder auch nicht. Aber für viele von uns, die wir mehr Mitgefühl und Liebende Güte entfalten wollen, kann der Gebrauch von Worten, Reflexionen, Visualisierungen und so weiter eine wertvolle Hilfe sein. Es ist jedoch wichtig, *nicht* einfach bloß wiederkehrende Gedanken herunterzuleiern. Wendet diese Techniken an, um jenes tiefere mitfühlende, liebende Verständnis dafür zu entwickeln, daß jeder von uns Schwierigkeiten, Hindernisse und Herausforderungen im Leben hat. Wir alle sind Krankheiten und Verletzungen unterworfen. Wenn wir lange genug leben, werden wir alt und schwach. Und wir werden alle sterben. Genauso wie ihr Schwierigkeiten vermeiden und Glück erlangen wollt, wollen dies die anderen Lebewesen auch.

Wenn ihr künftig die Mitgefühl/Liebende-Güte-Meditation praktiziert, werdet ihr vermutlich auch an andere Verwandte denken wollen, an Freunde, Lehrer, Leute, die ihr mögt, und Leute, die ihr nicht mögt, Leute, die ihr kennt, und Leute, die ihr nicht kennt. Vielleicht an Tiere und andere Wesen. Vielleicht gerade an diejenigen, über die ihr euch ärgert und die das Hindernis des Zornes und der Abneigung in euch auslösen. Vielleicht bellende Hunde, beißende Ameisen, Moskitos.

Hier sind ein paar weitere Möglichkeiten, diese Art von Meditation etwas systematischer durchzuführen:

Ihr könntet bei euch selbst anfangen; dann eure Eltern oder Pflegeeltern; dann weitere nahe Verwandte, Ehepartner, Kinder, Geschwister. Dann die entferntere Verwandtschaft, dann die Freunde, Lehrer; und je nachdem, wieviel Zeit ihr habt, könntet ihr die Meditation auf andere Wesen ausdehnen. Es ist hilfreich, wenn ihr am Schluß wieder zu euch selbst zurückkehrt.

Eine zweite Möglichkeit: Ihr fangt bei euch selbst an, dann bezieht ihr die Person ein, die euch hier in der Halle am nächsten sitzt, dann alle anderen in der Halle, dann alle anderen in diesem Kloster. Dann bezieht ihr alle auf dieser Insel ein, dann alle in Thailand und so weiter. Wiederum gilt, es ist gut, wenn ihr am Schluß wieder zu euch selbst zurückkehrt. Es gibt noch viele weitere Möglichkeiten.

Viele Meditierende verwenden die Mitgefühl/Liebende-Güte-Meditation regelmäßig. Einige praktizieren sie ein paar Minuten lang zu Beginn jeder Sitzmeditation. Andere machen dies am Ende jeder Sitzung. Es gibt sogar Leute, die die Mitgefühl/Liebende-Güte-Meditation zu Beginn und am Ende jeder regulären Sitzmeditation praktizieren. Dann gibt es Meditierende, die der Mitgefühl/Liebende-Güte-Meditation eine ganze Sitzung pro Tag reservieren.

Diese Technik kann auch helfen, wenn ihr versucht, den Atem zu beobachten, und ein starkes Hindernis, ein abschweifender Gedanke kommt hartnäckig immer wieder, auch wenn ihr versucht, zu etikettieren und zum Atem zurückzukehren. Wenn ihr so etwas bemerkt, dann könnt ihr das Meditationsobjekt wechseln; laßt den Atem los und wechselt zu einer Mitgefühl/Liebende-Güte-Meditation, die den Gedanken gilt, die so stark auf euch einstürmen.

Vielleicht praktiziert ihr Mitgefühl/Liebende Güte in bezug auf die Personen, die in den Gedanken vorkommen. Oder in bezug auf euch selbst, weil ihr gerade dies besondere Problem habt. Ihr könntet das dann ausdehnen und die anderen Meditierenden, die ähnliche Probleme haben, einbeziehen. Ihr könnt das noch weiter ausdehnen und andere Leute einbeziehen, Menschen, die nicht einmal eine Methode kennen, um sich selbst bei Problemen dieser Art zu helfen.

Eine gewisse Zeit, nachdem ihr das Objekt der Meditation in Mitgefühl/Liebende Güte ausgetauscht habt, werdet ihr feststellen, daß die Gedanken und Emotionen, die euch anfangs soviel Schwierigkeiten bereitet haben, irgendwie verblaßt sind. Und daß ihr ihnen lockerer gegenübersteht. Wenn ihr das feststellt, könnt ihr zum Atem zurückkehren oder, wenn ihr wollt, mit Mitgefühl/Liebender Güte weitermachen.

Wir möchten euch auch ermutigen, diese Art der Meditation zu verwenden, wenn ihr euch zum Schlafen niederlegt. Es steht in vielen Meditationsbüchern und ist der Erfahrungsschatz vieler Meditierender: Wenn jemand Mitgefühl und Liebende Güte stark genug in sich verwirklicht, dann erfährt diese Person bestimmte wohltuende Wirkungen. Darunter ist die Fähigkeit, problemlos einzuschlafen, problemlos aufzuwachen und kaum Alpträume, wenn überhaupt, zu haben.

Bitte beachtet... ich behaupte nicht, daß ihr heute zu Bett geht, diese Meditation ausübt und dann keine unangenehmen Träume habt... ich habe lediglich gesagt, »wenn jemand Mitgefühl und Liebende Güte *stark genug* in sich verwirklicht, dann erfährt diese Person bestimmte wohltuende Wirkungen«. Wenn jemand seinen Lebenswandel ändert, wird er oder sie oft feststellen, je friedvoller der Tag verläuft, desto friedvoller sind der Schlaf und die Träume.

Diese Art der Meditation ist auch eine Technik, deren Anwendung sich nicht auf die Umgebung »formaler« Meditation beschränkt. Einfacher gesagt, es handelt sich um eine Denkweise. Ihr könnt sie in jedem Augenblick des Tages anwenden. Jedesmal, wenn ihr euch über jemanden ärgert, könnt ihr auf ähnliche Weise reflektieren, wie in dem Abschnitt über Ulli. Jedesmal, wenn ihr euch über euch selber ärgert, könnt ihr über den Abschnitt reflektieren, der von euch selber handelt. Es ist auch möglich, daß ihr ähnliche Gedanken einfügt.

Wenn ihr beginnt, achtsamer zu werden hinsichtlich der Aversionen in eurem Leben, wenn ihr versucht, Reflexionen dieser Art zu benutzen, dann können genau diese Reflexionen dazu beitragen, die Aversionen zu beseitigen. Von geringfügiger Gereiztheit bis hin zu heftigem Zorn. Bei Anwendung von Mitgefühl und Liebender Güte verblassen sie alle.

Zorn und Abneigung stören unseren Frieden, unser Glück und den Frieden, das Glück anderer. Mitgefühl und Liebende Güte helfen der Entfaltung unseres Friedens, unseres Glücks und der Entfaltung des Friedens, des Glücks anderer.

Die Energie von Zorn und Abneigung mag sehr stark sein, aber wir können diese Energie der Torheit umlenken in die Energie der Weisheit von Mitgefühl und Liebender Güte.

Mögen wir alle in Mitgefühl und Liebender Güte wachsen.

## Vierter Tag, vormittags

# Vipassana-Romanze und Vipassana-Wahnidee

Heute morgen möchte ich euch an die fünf Hindernisse erinnern. Ich habe vorgestern abend in aller Ausführlichkeit darüber geredet. Ihr hattet jetzt etwas mehr Gelegenheit zur Praxis, Gelegenheit, die Hindernisse kennenzulernen und sie vielleicht ein wenig besser zu verstehen. Erinnert euch – es gibt Sinnesbegierde, Abneigung, Müdigkeit und Trägheit, Unruhe und Sorge und Zweifel.

Ich möchte bei dieser Gelegenheit kurz zwei ganz spezielle Hürden erwähnen, mit denen viele Meditierende unter Retreat-Bedingungen zu tun haben.

Die eine davon hängt mit dem Hindernis der Sinnesbegierde zusammen. Diese Sinnesbegierde verursacht die V.-R. – die Vipassana-Romanze. Vor Beginn des Kurses hatten viele von euch die Gelegenheit, mit den anderen Kursteilnehmern zu sprechen. Einige von euch hatten diese Gelegenheit möglicherweise nicht; aber egal, jetzt sind wir im Schweigen. Wir versuchen, uns auf unsere Bewegungen, auf den Atem und so weiter zu konzentrieren.

Und doch laßt ihr den Blick vielleicht gelegentlich zu den anderen Meditierenden hinüberwandern. Vielleicht fühlt ihr euch zu einer bestimmten Person besonders hingezogen – zu einem »potentiellen Partner«! Vielleicht schafft ihr es sogar, Blickkontakt herzustellen. Und so beflügelt euch die Hoffnung, die Sache beruhe auf Gegenseitigkeit: »Er oder sie fühlt sich auch zu mir hingezogen!« Auch wenn kein Blickkontakt zustande kommt, hält es euch möglicherweise nicht davon ab, an der V.-R. zu basteln.

Vielleicht richtet ihr es so ein, daß ihr in die Nähe der betreffenden Person gelangt, während ihr zur Halle geht oder während ihr zum Essenholen oder Geschirrspülen Schlange steht. Dann fangt ihr an, sie oder ihn dabei zu beobachten, wie sie oder er sitzt, geht, sich bewegt, die Yoga-Übungen macht.

Ihr verliert euch vielleicht in Gedanken darüber, wie »perfekt« ihr zusammenpassen würdet. »Wir sind beide Meditierende, beide

Traveller, wir haben soviel gemeinsam. Ich frage mich, wofür sie/er sich sonst noch interessiert.« Vielleicht fangt ihr an, euch eine wunderbare gemeinsame Zukunft auszumalen. Oder ihr entwickelt einfach nur ein Wunschdenken bezüglich einer gemeinsamen Zukunft. Ihr verliert euch in den Tagträumen der Gattung »wenn doch nur« oder stellt euch weitere romantische Situationen und angenehme Empfindungen vor.

Einige Meditierende erleben die V.-R., die Vipassana-Romanze, während eines Retreats derart intensiv, daß sie sogar Pläne für die Hochzeit schmieden! Bis in alle Einzelheiten – wen sie einladen werden, welche Jahreszeit am günstigsten wäre und so weiter, bis sie endlich in der Lage sind zu erkennen, was der Geist da erschaffen hat.

Es ist eine machtvolle Energie. Wenn ihr also davon eingefangen werdet, so versucht, über den Geist zu schmunzeln. Erkennt, daß ihr euch in Begierde verstrickt habt, und versucht, zum Atem, zu den Aktivitäten, zu den Bewegungen zurückzukehren. Versucht, dem Drang zum Herumschauen zu widerstehen. Wenn Verlangen aufsteigt, beobachtet es, erkennt es. Versucht, es loszulassen, jedesmal, wenn es euch aus dem Gleichgewicht bringt.

Die zweite Hürde hat mit dem Hindernis der Abneigung zu tun. Wie bei der V.-R., der Vipassana-Romanze, kann es einem leicht passieren, daß man sich in die V.-W., die Vipassana-Wahnidee, verstrickt. Das fängt vielleicht so an, daß ihr euch über die Unruhe eines anderen ärgert, weil er oder sie zu spät zur Halle kommt, jede Menge Lärm macht, die Halle vorzeitig verläßt, die Stufen hinunterpoltert, die Schuhe anzieht und davonstapft – tripp, trapp, tripp, trapp, tripp, trapp.

Vielleicht habt ihr bei der Gehmeditation eine Lieblingsstrecke, die ihr die ganze Zeit benutzt habt. Ihr verlaßt die Halle am Ende einer Sitzung, schreitet achtsam mit gesenktem Blick in Richtung Gehstrecke. Ihr seid fast dort angelangt, blickt auf und – diese Person benutzt »eure« Bahn!

Vielleicht habt ihr einen bevorzugten Platz in der Halle. Heute morgen kamt ihr herein, mit der Sitzmatte unter dem Arm, wolltet auf diesen Platz, und »diese Person« saß bereits da! Erregung und Ärger mag hochkommen und immer mehr Abneigung.

Irgend jemand braucht jedesmal besonders lange beim Essenholen oder nimmt sich besonders viel. Möglicherweise werdet ihr ungeduldig: »Achtsamkeit hat nichts mit Langsamkeit zu tun. Vor allem, wenn jeder aufs Essen wartet!« oder »So etwas von gierig!«

Nach einer Weile schießt ihr euch auf diesen bestimmten Kursteilnehmer ein, oder vielleicht auch auf mehrere, die euch fortwährend aus der Fassung bringen. Dann fangt ihr an, an allem, was sie tun, herumzumäkeln. Ihr beurteilt und kommentiert ihre Kleidung, ihre Frisur, wie sie gehen, essen und so weiter.

Wie ich neulich erwähnte, kann sich die Vipassana-Wahnidee auch gegen euch selbst richten: »Ich kann nicht meditieren, ich erlebe nichts als Frust und Schmerz. Alle anderen können meditieren, bloß ich nicht. Allen sieht man an, daß sie ›voll drauf sind‹. Was ist bloß mit mir los?«

Versucht, Abstand zu nehmen, die Hindernisse zu erkennen, sobald sie aufgetaucht sind, und versucht, sie loszulassen. Wenn ihr nicht loslassen könnt, versucht nachzuforschen, seid offen für diese Energien. Seht euch an, wie sie Geist und Körper beeinflussen. Wenn ihr den Streß und das Unbefriedigende darin deutlich erkennt, kann Mitgefühl aufkommen. Mitgefühl mit euch selbst, mit den offenkundigen Schwierigkeiten, die ihr durchmacht, weil ihr euch an diesen Geisteszustand klammert. Mitgefühl und Verständnis gegenüber euren Konditionierungen und eurem Streß werden euch helfen, sachte loszulassen.

Versucht, dem Drang zum Herumschauen zu widerstehen. Werdet euch klar darüber, daß V.-R. und V.-W. ganz normale Erfahrungen sind. Wenn ihr mit diesen Tendenzen zu tun habt, so versucht darüber zu schmunzeln. Besinnt euch darauf, daß der Geist ein Produkt von Konditionierungen ist; indem wir dies erkennen, indem wir Abstand nehmen und loslassen, bewirken wir eine Umkonditionierung, Schritt für Schritt, Stück für Stück. Versucht, dabei sanft vorzugehen, voller Mitgefühl.

Heute morgen möchte ich gerne mit einer geführten Mitgefühl/Liebende-Güte-Meditation beginnen. Bitte richtet euch in der Sitzposition ein, sofern dies noch nicht geschehen ist. Versucht, es euch so bequem wie möglich zu machen. Fangt an, indem ihr für ein Weilchen auf den Atem achtet.

✻✻✻

Richtet die Gedanken auf euch selbst. Bringt euch einige eurer Schwierigkeiten zu Bewußtsein, Fälle, in denen ihr versagt habt. Reflektiert darüber.

✳✳✳

Erkennt, daß ihr in der Vergangenheit wohl auf verschiedene Weise versagt habt – entweder in euren Augen oder in den Augen anderer. Und versucht jetzt, über die Macht der Konditionierungskräfte zu reflektieren. Wie schwierig es manchmal ist, negative und zerstörerischen Energien zu verstehen und loszulassen, sie hinter sich zu lassen.

✳✳✳

Möge ich erkennen, daß ich mich an Schmerz und Versagen festhalte und es erschwere, sie hinter mir zu lassen, wenn ich mich an Selbsthaß und Verurteilung klammere.

✳✳✳

Indem ich die Grenzen meines Verständnisses erkenne, indem ich den Schmerz von Selbsthaß und Verurteilung erkenne, möge ich lernen, mir selbst zu vergeben.

✳✳✳

Erlaubt der heilenden Energie des Mitgefühls, für euch selbst aufzusteigen. Gestattet der Energie mitfühlender Sanftheit, die schmerzlichen Gefühle der Unvollständigkeit und die Härte der Selbstverurteilung sachte einzuhüllen und aufzulösen.
Heilt den Schmerz.

✳✳✳

Möge ich lernen, mich selbst in der Wärme von Mitgefühl und Liebender Güte zu akzeptieren und meine Grenzen zu überschreiten.

✳✳✳

Möge ich in der Lage sein, Zorn, Angst, Sorge und Unwissenheit loszulassen. Möge ich in der Lage sein, mein Wohlergehen zu erhalten. Möge ich die Geduld, den Mut, die Weisheit und die

Entschlossenheit haben, um den Schwierigkeiten, Problemen und Herausforderungen des Lebens gegenüberzutreten und sie zu überwinden.

Möge ich inneren Frieden finden.

✻ ✻ ✻

Richtet eure Gedanken auf eure Eltern oder nahe Verwandte. Vielleicht visualisiert ihr sie vor euch sitzend. Denkt an einige ihrer Schwierigkeiten, Probleme und Herausforderungen und an Fälle ihres Versagens.

✻ ✻ ✻

Besinnt ̇euch darauf, wie schwierig es für sie sein mag, negative Energien zu verstehen und loszulassen, sie hinter sich zu lassen.

✻ ✻ ✻

Gestattet der alldurchdringenden Energie des Mitgefühls, für eure Eltern aufzusteigen. Mögen sie in der Lage sein, Selbstakzeptanz und Vergeben zu erlernen. Mögen sie in der Wärme von Mitgefühl und Liebender Güte ihre Grenzen überschreiten.

✻ ✻ ✻

Mögen meine Eltern in der Lage sein, Zorn, Angst, Sorge und Unwissenheit loszulassen. Mögen sie in der Lage sein, ihr Wohlergehen zu erhalten. Mögen sie die Geduld, den Mut, die Weisheit und die Entschlossenheit haben, um den Schwierigkeiten, Problemen und Herausforderungen des Lebens gegenüberzutreten und sie zu überwinden.

Mögen meine Eltern inneren Frieden frieden.

✻ ✻ ✻

Richtet eure Gedanken jetzt auf einen oder mehrere eurer Freunde. Besinnt euch auf einige ihrer Schwierigkeiten, Probleme, Herausforderungen.

✻ ✻ ✻

Gestattet der alldurchdringenden Energie des Mitgefühls, für sie aufzusteigen. Mögen sie Selbstakzeptanz und Vergeben erlernen.

✻ ✻ ✻

Mögen sie in der Wärme des Mitgefühls in der Lage sein, ihre Grenzen zu überschreiten.

✻✻✻

Mögen meine Freunde in der Lage sein, Zorn, Angst, Sorge und Unwissenheit loszulassen. Mögen sie in der Lage sein, ihr Wohlergehen zu erhalten. Mögen sie die Geduld, den Mut, die Weisheit und die Entschlossenheit haben, um den Schwierigkeiten, Problemen und Herausforderungen des Lebens gegenüberzutreten und sie zu überwinden.
Mögen meine Freunde inneren Frieden finden.

✻✻✻

Richtet eure Gedanken auf eure Lehrer oder auf Leute, die euch geholfen haben oder euch etwas beigebracht haben, das wertvoll für euer Leben ist.

✻✻✻

Bedenkt, daß sie vielleicht immer noch ihre Mühe damit haben, ihre Anhaftung an negative Energie zu verstehen und loszulassen, sich ihren Herausforderungen zu stellen und sich selbst für ihre Unzulänglichkeiten zu vergeben.

✻✻✻

Erlaubt der alldurchdringenden Energie des Mitgefühls, für sie aufzusteigen. Mögen sie in der Wärme von Mitgefühl und Liebender Güte ihre Grenzen überschreiten.

✻✻✻

Mögen jene, die mir geholfen haben, in der Lage sein, Zorn, Angst, Sorge und Unwissenheit loszulassen. Mögen sie in der Lage sein, ihr Wohlergehen zu erhalten. Mögen sie die Geduld, den Mut, die Weisheit und die Entschlossenheit haben, um den Schwierigkeiten, Problemen und Herausforderungen des Lebens gegenüberzutreten und sie zu überwinden.
Mögen jene, die mir geholfen haben, inneren Frieden finden.

✻✻✻

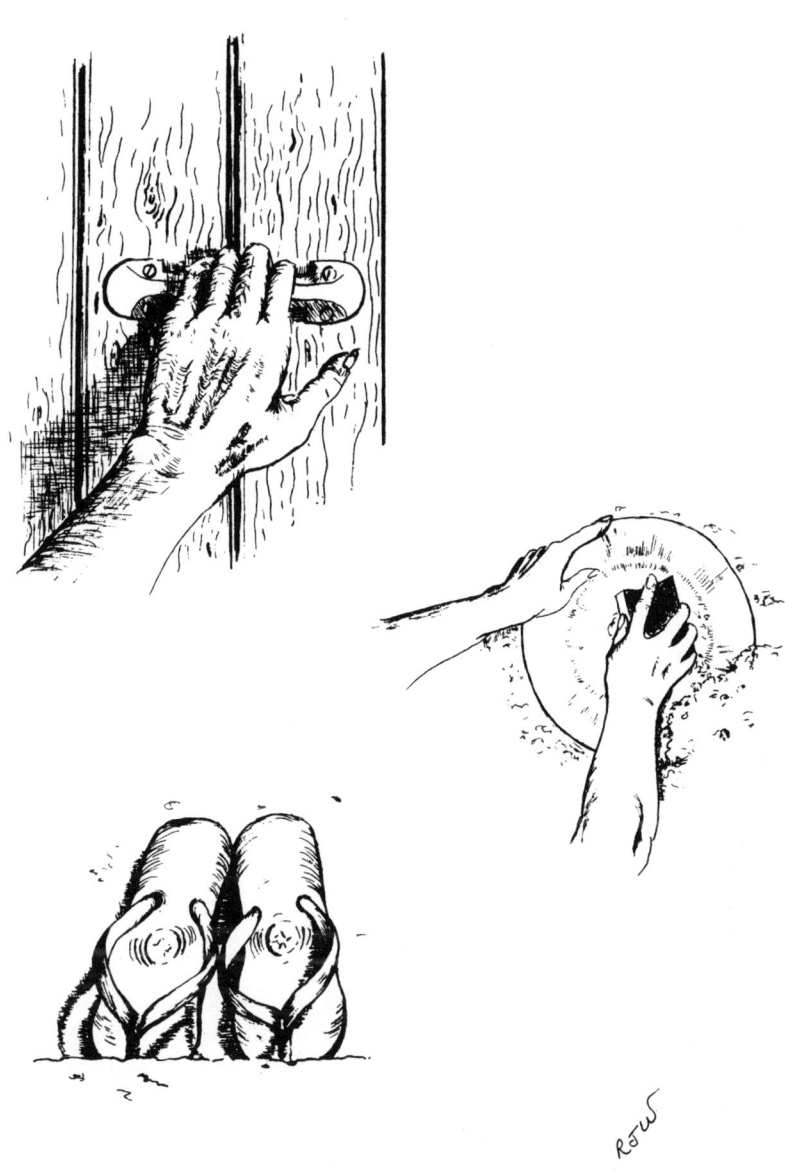

111

Wenn ihr jetzt mit der Aufmerksamkeit zum Atem wechseln wollt, dann bringt die Gedanken noch mal zu euch selbst zurück, bevor ihr wechselt. Richtet die guten Gefühle von Mitgefühl und Liebender Güte auf euch selbst und achtet anschließend auf den Atem. Oder aber, wenn ihr wollt, so könnt ihr die Mitgefühl/Liebende-Güte-Meditation auf andere Menschen und andere Lebewesen ausdehnen.

***

***

(Ende der Meditation)

Heute morgen nehmen wir noch eine weitere spezielle Achtsamkeitsübung dazu. Der Grund, warum wir soviel Wert auf diese Übungen legen, liegt darin, daß ihr auf diese Weise übt, Achtsamkeit und Geistesgegenwart in den Alltag zu übertragen. Wenn ihr später den Kurs verlaßt, sollt ihr nicht den Eindruck haben, Meditation bestehe darin, auf einem Kissen oder einer Matte zu sitzen, auf und ab zu gehen oder stillzustehen. Statt dessen könnt ihr feststellen, daß ihr Geistesgegenwart in den Aktivitäten des Alltags anwenden könnt und daß ihr so von morgens bis abends an der Stärkung eurer Achtsamkeit arbeitet.

Am ersten Morgen baten wir euch zu versuchen, auf das Öffnen von Türen, das Hindurchgehen und das Schließen von Türen zu achten. Gestern baten wir euch zu versuchen, auf das Geschirrspülen zu achten.

Heute bitten wir euch zu versuchen, besondere Aufmerksamkeit auf das An- und Ausziehen der Schuhe zu richten, vorausgesetzt, daß ihr Schuhe tragt. Wir ziehen sie hier ja häufig an und aus. Außerdem bitten wir euch, besondere Aufmerksamkeit aufzubringen, wenn ihr die Stufen zur Meditationshalle herauf- oder hinuntersteigt.

Also, wir haben das Ausziehen der Schuhe und das Heraufsteigen der Stufen zur Meditationshalle. Dann, wenn ihr die Halle verlaßt, das Hinuntergehen und das Anziehen der Schuhe. Wenn ihr wollt, könnt ihr das geistige Etikettieren benutzen, um den Versuch zu unterstützen, an jede einzelne Bewegung heranzukommen.

Wenn ihr achtsam gegenüber dem Körper werdet, so helft ihr euch selbst dabei, das, was im Geist vorgeht, besser zu erkennen.

*Vierter Tag, abends*

# Unangenehme körperliche Empfindungen

Der Vortrag heute abend handelt von unangenehmen körperlichen Empfindungen, wie wir damit arbeiten können, indem wir sie als Hilfsmittel verwenden, um das Wachstum unseres mitfühlenden Verständnisses und unser Weisheit zu fördern.

Ihr habt wahrscheinlich schon viele, viele Arten von körperlichem Schmerz erfahren. Das umfaßt Schnittverletzungen, Schürfwunden, Muskelkater, Husten, Erkältungen, Kopfschmerzen, Gelenkzerrungen, Knochenbrüche und weitere Krankheiten und Unpäßlichkeiten. Jeder einzelne Körperteil kann physischen Schmerz erfahren.

Es ist oft so, wenn wir mit einem Meditations-Retreat anfangen, erfahren wir eine gehörige Portion physischen Unbehagens und Schmerz. Häufig taucht so etwas in den Knien auf, in der Hüfte, im Rücken, im Nacken, in den Schultern. Manchmal erscheint es, als bestünde der ganze Körper aus Schmerz.

Warum ist das so?

Ein Grund ist der, daß die meisten von euch nicht an diese Art der Sitzstellung gewöhnt sind. Nicht daran gewöhnt, auf diese Art zu sitzen, dann zu stehen, wieder zu sitzen, zu stehen, zu gehen und wieder zu sitzen. Unter diesem Aspekt ähnelt die Fähigkeit zu lockerem und entspanntem Sitzen dem Erlernen einer neuen Sportart. Es dauert seine Zeit, bis man sich die richtige Sitzweise angeeignet hat, bis man die Ausdauer erworben hat, um über einen zunehmend längeren Zeitraum stillzusitzen.

Möglicherweise kommen gelegentlich Gedanken hoch, wie zum Beispiel:»Ach, ein großer weicher Sessel wäre jetzt schön, ja dann könnte ich 45 Minuten lang stillsitzen.« Oder der Gedanke »Warum darf ich eigentlich nicht im Liegen meditieren? Dann könnte ich mich 45 Minuten lang still verhalten«. Oder vielleicht der Gedanke: »Ich wünschte, ich hätte ein dickeres Kissen, dann könnte ich 45 Minuten stillsitzen.«

Tatsächlich ist es aber so, daß es keine Rolle spielt, wie weich und bequem die Kissen, Sessel oder Betten sind. Wenn ihr versucht, eine

gewisse Zeitlang regungslos zu verharren, so stellen sich die unangenehmen Empfindungen in diversen Körperteilen automatisch ein. So
ist es uns fortwährend unser ganzes Leben lang ergangen. Aber die
meisten von uns haben sich nie die Zeit genommen und die Mühe
gemacht, dies näher zu untersuchen.

In einem Meditationskurs haben wir jede Menge Zeit, um etwas
über unangenehme körperliche Empfindungen zu lernen. In der Tat
macht es einen Hauptbestandteil der geistigen Entwicklung aus, mit
Schmerz umzugehen und ihn zu verstehen. Schmerz in der einen
oder anderen Erscheinungsform ist ein Schlüsselaspekt des Lebens,
auf den wir fortwährend reagieren, oftmals auf unheilsame Weise.
Wenn wir in der Lage sind, Schmerz und unsere Reaktionen darauf
zu verstehen, dann sind wir in einer viel besseren Ausgangsposition,
um Frieden und Zufriedenheit zu erlangen.

Während der Meditationspraxis können wir zweierlei Arten von
physischem Schmerz begegnen. Die eine Art ist tatsächlicher, echter
Schmerz, der von einer Verletzung oder Krankheit herrührt. Die
andere Art bezeichnen wir als »Meditationsschmerz«. Erstgenannter
Schmerz bleibt, wenn wir uns nach der Sitzmeditation erheben, und
der andere vergeht.

Wenn ihr echten, tatsächlichen Schmerz habt, so bringt das
Verändern der Stellung bei der Sitzmeditation eine vorübergehende
Linderung. Es bringt die unangenehme Empfindung jedoch nicht
völlig zum Verschwinden. Wenn ihr allerdings Meditationsschmer-
zen habt, so verschwinden diese normalerweise beim Verändern der
Sitzstellung.

Es ist sehr wichtig, den Unterschied zwischen diesen beiden Arten
von Schmerz zu erkennen. Wenn wir eine Muskelzerrung haben,
wird uns der tatsächliche Schmerz oft veranlassen, das Bein während
der Meditation regelmäßig zu bewegen. Das kann über viele Tage so
weitergehen, bis die Zerrung ausgeheilt ist.

Meditationsschmerz kann unter Umständen mit den gleichen
unangenehmen Empfindungen verbunden sein wie ein gezerrter
Muskel, aber wenn wir das Bein bewegen, verschwindet die schmerzhafte Empfindung.

Wenn wir lernen, mit diesen Meditationsschmerzen zu arbeiten, so
kann das für uns sehr wertvoll sein und uns eine Menge über uns
selbst beibringen.

Wenn wir fortfahren, die Position bei jedem Auftauchen von Meditationsschmerz zu verändern, so verschwindet dieser einfach, und wir verpassen die Gelegenheit, davon zu lernen.

Manche meinen, daß irgend etwas nicht stimme, wenn Schmerzen während der Meditation auftauchen; daß sie irgend etwas falsch gemacht haben. Aber es handelt sich nicht um einen Fehler, sondern um einen natürlichen Vorgang im Körper. Unser Körper hat stets schmerzhafte Empfindungen produziert, auf die wir reagiert haben.

Mit Hilfe von Vipassana-Meditationspraktiken können wir Achtsamkeit auf diese Empfindungen entwickeln, um so Einsicht und Verständnis zu fördern. Zum gleichen Zweck können wir auch Achtsamkeit auf unsere Reaktionen gegenüber diesen Empfindungen entwickeln.

Wenn ihr erst einmal erkennt, bei welchen Arten von Schmerz es sich um Meditationsschmerz handelt, dann könnt ihr auch nach und nach lernen, wie man stillsitzt, während man einen Meditationsschmerz erfährt. Und so werdet ihr in der Lage sein, dieses wertvolle Verständnis zu erlangen.

Ich möchte euch jetzt einige Techniken erklären, deren Anwendung euch helfen kann, diese Meditationsschmerzen besser zu verstehen. Wir empfehlen euch, diese Techniken nicht bei der Mitgefühl/Liebende-Güte-Meditation anzuwenden. In diesem Fall empfehlen wir, die Stellung zu verändern, den Schmerz vorübergehen zu lassen und mit der Mitgefühl/Liebende-Güte-Meditation fortzufahren. Wenn ihr jedoch den Atem beobachtet, und eine unangenehme physische Empfindung bahnt sich an, dann können euch die folgenden Techniken eine Hilfe sein.

Wenn ein Meditationsschmerz auftaucht und die Aufmerksamkeit vom Atem ablenkt, dann versucht zunächst ihn einfach wie einen abschweifenden Gedanken zu behandeln. Versucht, einfach nur zur Kenntnis zu nehmen, daß es diese oder jene unangenehme Empfindung gibt, und kehrt dann sachte zum Atem zurück. Versucht, auf das Unangenehme dieser Empfindung nicht zu reagieren und die Stellung nicht zu verändern. Falls ihr das geistige Etikettieren benutzt, so könnt ihr einfach »Empfindung, Empfindung« oder so etwas Ähnliches feststellen.

Das kann schon ausreichen, oft vergeht die Empfindung von allein. Falls nicht, so kann es innerhalb kurzer Zeit erneut geschehen, daß die Aufmerksamkeit abgelenkt wird. Versucht wiederum, einfach nur zur Kenntnis zu nehmen, daß diese Empfindung existiert, und kehrt dann sachte zum Atem zurück. Versucht, gegenüber der unangenehmen Qualität keine Aversion zu erzeugen. Gestattet der Empfindung, einfach so zu sein, wie sie ist, aber kehrt dann wieder zum Hauptobjekt der Konzentration, der Atembetrachtung zurück. Versucht das jedesmal, wenn die Empfindung eure Aufmerksamkeit ablenkt.

Für die meisten von uns gibt es eine Grenze, wie oft wir es schaffen, einfach nur die Anwesenheit unangenehmer Empfindungen festzustellen und ohne zu reagieren zum Atem zurückzukehren. Wir schaffen es gerade soundsooft, die Empfindung zu erkennen und ruhig zum Atem zurückzukehren – abhängig vom Stand unserer Erfahrung –, und schließlich kommt die innere Abneigung gegen diese Empfindung doch hoch.

Dann haben wir den Gedankensalat. Wir mögen diese Empfindung nicht. Wir wollen, daß sie vergeht. »Jetzt sitze ich da und versuche, mich auf den Atem zu konzentrieren, und diese unangenehme Empfindung geht mir auf die Nerven! Warum verschwindet sie nicht?« Oder der Gedanke, »Warum gerade ich? Alle anderen sitzen da wie kleine Buddhas, und ich muß mich mit all diesen Schmerzen herumschlagen. Warum ausgerechnet ich?«

So geht das dann weiter, irgendwann drehen die Gedanken durch, häufen immer mehr Aversionen gegen die Empfindung an, bis wir schließlich der Meinung sind, daß es reicht. Und wir verändern die Stellung. Und die Empfindung verschwindet.

Ganz gewiß ermutigen wir euch nicht zur Selbstquälerei, allerdings ermutigen wir euch dazu, die unangenehmen Empfindungen ganz ruhig zur Kenntnis zu nehmen und zum Atem zurückzukehren, sooft ihr eben könnt. Des weiteren bestärken wir euch nicht darin, immer mehr Abneigung gegen die unangenehmen Empfindungen anzuhäufen.

Viele Leute verändern die Stellung jedesmal, wenn sie eine unangenehme Empfindung spüren. Wir haben aber noch ein paar weitere Techniken auf Lager, die ihr probieren könnt. Diese Techniken können euch helfen, die genannten Empfindungen zu verstehen und diese Erfahrung für das so wertvolle Wachstum einzusetzen. Bei der ersten neuen Technik verlaßt ihr das primäre Objekt eurer Aufmerksamkeit, den Atem, und vertieft euch direkt in die unangenehme Empfindung. Umhüllt die Empfindung sacht mit eurer Achtsamkeit und versucht eine aufgeschlossene, nachforschende Geisteshaltung beizubehalten, mit dem Wunsch, die Empfindung kennenzulernen. Was ist das für eine Erscheinung, die wir normalerweise Schmerz nennen? Was ist ihre Natur? Nicht, was wir darüber »denken«, sondern ihre nackte Realität gilt es zu erforschen.

Versucht, die Empfindung auf jegliche Art und Weise, die im Rahmen eurer Möglichkeiten liegt, zu untersuchen. Wie fühlt sich die eigentliche Empfindung an? Ist sie hart oder weich, schwer oder leicht, ein brennendes oder kaltes Gefühl, zwickend, bohrend, wie auch immer. Versucht, die physischen Erscheinungsmerkmale aus nächster Nähe zu betrachten.

Vielleicht fühlt es sich so an, als ob uns irgend etwas drückt oder quetscht, oder es fühlt sich an wie irgendeine andere Empfindung, die ebenfalls den tatsächlichen echten Schmerzen des Alltags ähnelt. Wie diese sogenannte schmerzhafte, unangenehme Empfindung auch beschaffen sein mag, versucht, all ihre Erscheinungsmerkmale zu erkennen.

Versucht, den genauen Ort festzustellen, an dem die Empfindung sitzt. Wir sagen oft, daß wir Schmerzen im Knie haben. Meinen wir damit das ganze Knie oder nur einen Teil davon? Die Kniescheibe oder die Kniekehle? Manchmal meinen wir, Schulterschmerzen zu haben, aber wenn wir nachforschen, stellen wir vielleicht fest, daß der Schmerz in Wirklichkeit im Nacken sitzt und nicht in der Schulter. Versucht, die Empfindung genau zu lokalisieren.

Versucht, ihre Form und Größe festzustellen. Ist sie rund oder eher länglich? Ist sie groß oder klein? Versucht herauszufinden, ob die Empfindung aus verschiedenen Teilen besteht. Wenn es ein Epizentrum intensiverer Empfindung gibt, umgeben von Zonen etwas schwächerer Empfindung, dann versucht, die Aufmerksamkeit auf dieses Zentrum zu fokussieren. Es kann auch sein, daß es einige Stellen mit intensiver Empfindung gibt; wenn es also mehrere sind, dann pickt euch eine heraus und fokussiert euch auf diese.

Manchmal fängt die Stelle mit intensiver Empfindung, die ihr gerade beobachtet, zu wandern an. Sollte das der Fall sein, dann versucht der Bewegung der Empfindung zu folgen.

Gelegentlich kommt es vor, daß sich die Empfindung in einem begrenzten Gebiet herumbewegt. Ein andermal mag die Empfindung den Anschein erwecken, als ob sie verschwinde, um an anderer Stelle wieder aufzutauchen.

Ein weiteres Merkmal, das beobachtet werden kann, ist eine Veränderung der Intensität, die innerhalb der Empfindung vorgeht. Die sogenannte schmerzhafte und unerfreuliche Qualität mag mal stärker, mal schwächer sein. Es ist unter Umständen möglich, eine regelrechte Vibration der Empfindungs-Intensität zu erkennen.

Wenn ich die Glocke läute, könnt ihr die wellenartige Vibration des Klangs hören? Auf ähnliche Weise könnt ihr vielleicht die wellenförmige Vibration der unangenehmen Empfindung beobachten.

Ein Betrachten – Augenblick für Augenblick –, ein Beobachten in dem Versuch, zu lernen und zu verstehen: »Was für eine Erscheinung ist dies?« Betrachtet die Empfindung, wie sie Größe, Form, Ort und Intensität verändert. Betrachtet die vergängliche Natur der Empfindung, wie sie entsteht, eine Zeitlang existiert und auf verschiedenste Art und Weise verschwindet.

Versucht, so gut ihr könnt mit dem Beobachten fortzufahren. Versucht, der Empfindung mit Interesse statt mit Abneigung zu begegnen, mit dem Wunsch, sie kennenzulernen, statt sie wegzuwünschen. Gelegentlich verschwindet die Empfindung dann von selbst. Sollte das der Fall sein, dann kehrt zur Konzentration auf den Atem zurück.

Was wir also mit dieser Empfindung vorhaben, ist nicht nur, die Empfindung selbst zu verstehen, sondern auch unsere Reaktionen darauf. Wir versuchen Reaktionen der Abneigung und des Hasses in Reaktionen zu verwandeln, die von Interesse, Forschergeist, Akzeptanz und Geduld geprägt sind. Wir benutzen die Geistesgegenwart, so gut es uns möglich ist, um die Empfindung mittels Verständnis aus nächster Nähe betrachten zu können.

Wir beobachten die Empfindung beim Entstehen, beim Verweilen und bei der Veränderung und/oder dem Vergehen. Wir verinnerlichen das Wissen, daß die Empfindung einfach nur eine weitere vergängliche Erfahrung des Lebens ist. Und wir lernen, wie wir trotz einer unangenehmen Erfahrung inneren Frieden haben können.

Zunächst schieben wir diese Empfindung in die Schublade mit der Aufschrift »Schmerz«. Aber wenn wir unsere Fähigkeit erweitern, uns direkt auf die Empfindung zu konzentrieren, können wir feststellen, daß das Wort »Schmerz« möglicherweise nicht mehr zutrifft. Es *ist* möglich, die Empfindung einfach nur als Empfindung zu sehen, ohne daß sie in Gedanken über Schmerz eingebettet ist.

Wie oft im Leben halten wir Schubladen bereit für diesen oder jenen Schmerz, diese oder jene unangenehme Erfahrung, dieses oder jenes Übel. Wie oft haben wir in Schubladen gedacht und irgendwann später diese Einschätzung verwerfen müssen. Sehr oft im Leben haben wir Dinge, denen wir zum ersten Mal begegnet sind, in gewisse Kategorien eingeordnet, und später haben wir festgestellt, daß unser erster Eindruck falsch war.

Im Rahmen dieser Meditationspraxis versuchen wir die Dinge so zu sehen, wie sie wirklich sind – die Realität des betreffenden Objekts, nicht unsere Ansichten und Meinungen über das Objekt.

Mit Geduld und Beharrlichkeit werden wir diese Empfindungen bei der Meditation immer besser verstehen. Wie immer bedarf es dabei der Übung, und mit der Zeit wird unser Verständnis wachsen.

Da wir alle unseren persönlichen Energie- und Konzentrationslevel haben, werden wir beim geschilderten Beobachten der Empfindungen früher oder später ermüden, und die Konzentration wird nachlassen. Für die meisten von uns ist das die ganz normale Erfahrung. Zu diesem Zeitpunkt mag die Empfindung *zu* unangenehm werden, und Abneigung gegen die Empfindung kommt hoch. Außerdem können noch weitere Gedanken auftauchen, wie zum Beispiel Angst und Sorge in bezug auf die Empfindung. Jetzt ist der Zeitpunkt da, an dem viele Meditierende die Stellung verändern. Aber wir haben noch ein paar weitere Techniken zum Ausprobieren parat.

Ebenso, wie wir mit der Konzentration vom Atem zu dieser Empfindung gewechselt haben, so können wir jetzt wieder wechseln und diese Gedanken der Aversion, der Angst, der Sorge dabei beobachten, wie sie sich im Körper manifestieren. Wir haben bereits einiges darüber erzählt, wie man mit den Aversionen umgeht.

Die physischen Reaktionen können beobachtet werden; Verspannungen in den verschiedenen Körperteilen, wie zum Beispiel Hände, Bauch, Brustkorb, Nacken, Gesicht, Lippen, Zähne. Auch der Atemrhythmus mag sich verändern, und gelegentlich ändert sich auch der Herzschlag spürbar. Viele Arten der Spannung tauchen im Körper auf, wenn der Geist mit Gedanken der Abneigung, der Angst und der Sorge beschäftigt ist.

Während ihr die Anspannung im Körper beobachtet, könnt ihr dazu beitragen, diese zu lockern. Wenn ihr merkt, daß die Hand zur Faust geballt ist, nehmt dies zur Kenntnis, öffnet die Faust, lockert eventuell die Finger und bringt sie wieder in die formale Stellung. Wenn ihr merkt, daß ihr die Zähne aufeinanderpreßt, nehmt dies zur Kenntnis, öffnet den Mund, bringt die Zähne auseinander und entspannt die Mundpartie. Wenn ihr merkt, daß die Augen zusammengekniffen sind oder die Stirn gerunzelt ist, nehmt es zur Kenntnis, öffnet die Augen und schließt sie sachte wieder.

Wenn wir unsere Aufmerksamkeit den Körperteilen zuwenden und uns wiederum bemühen, sie mit Interesse und Forschergeist zu untersuchen, verschaffen wir dem Geist die Gelegenheit, die Gedanken der Abneigung und so weiter loszulassen. Gleichzeitig lernen wir etwas über den Zusammenhang zwischen Gedanken und körperlichen Reaktionen.

Dieses Verstehen der Beziehung zwischen Gedanken und physischen Reaktionen, zwischen Geist und Körper ist *äußerst* wichtig.

In den Perioden formaler Meditation können wir diesen Zusammenhang besser erkennen, weil wir weniger von außen abgelenkt werden. Indem wir den Geist zur Ruhe bringen, wird uns ersichtlich, welchen Effekt Abneigung, Haß, Sorge, Unruhe, Zweifel und so weiter auf Geist und Körper haben.

Im Alltag ist es nicht so leicht, die Hindernisse im Geist zu erkennen, aber wir können die Achtsamkeit auf die körperlichen Reaktionen einsetzen, um unsere Gedanken und Gefühle klarer wahrzunehmen.

Die Hindernisse vernebeln den Geist häufig bei ihrem Auftauchen, und wir geraten aufgrund unserer Konditionierungen sehr leicht unter ihren Einfluß. Wenn wir bereits eine starke Geistesgegenwart bezüglich des Körpers und der körperlichen Reaktionen entwickelt haben, dann ist uns das von großer Hilfe, um die Hindernisse loszulassen.

Ein Beispiel: Angenommen, wir sitzen mit ein paar Freunden in einem Restaurant beim Essen. Jemand, den wir nicht mögen, kommt herein. Abneigung gegenüber dieser Person steigt auf, aber wir erkennen sie nicht, weil wir vollauf damit beschäftigt sind, zu essen und uns mit unseren Freunden zu unterhalten. Außerdem hat die Aversion den Geist ein wenig »vernebelt«.

Aber wenn der Geist voller Abneigung ist, so kann es sein, daß der Körper anfängt, mit Enge und Spannung zu reagieren, und sich nicht mehr wohl fühlt. Auch unsere Sprache kann davon beeinflußt werden, und möglicherweise zeigen wir unser Unbehagen nach außen, indem wir zu unseren Freunden Dinge sagen, die sie ärgern.

Wenn wir genügend Körperachtsamkeit praktiziert haben, dann werden wir uns innerhalb einer gewissen Zeitspanne der unangenehmen Gefühle im Körper bewußt. Während wir das körperliche Unbehagen bemerken, denken wir uns möglicherweise: »Warum fühle ich mich so unbehaglich? Was ist hier los?« In diesem Augenblick ist Wissensklarheit vorhanden, ein Moment klarer Achtsamkeit und Geistesgegenwart, und der »Nebel« im Geist ist nicht so dick. Je nachdem, auf welcher Ebene unser Verständnis liegt, kann es sein, daß wir erkennen, daß das physische Unbehagen von der Aversion im Geiste herrührt.

Nachdem wir die Aversion im Geist erkannt haben und die damit verbundene Gehetztheit und das unangenehme Gefühl, können wir uns jetzt daran machen, diese Aversion loszulassen.

Dies ist ein Beispiel dafür, wie wichtig es ist, die physischen Reaktionen auf geistige Vorgänge zu erforschen und zu verstehen. Wenn wir also die physischen Reaktionen untersuchen, die von Abneigung, Sorge und Angst im Zusammenhang mit den Meditationsschmerzen herrühren, so erlangen wir ein wertvolles Verständnis, das uns helfen wird, tieferen Frieden und tiefere Ausgeglichenheit im Leben zu finden.

Abneigung, Angst, Sorge und so weiter rühren im wesentlichen von den Gedanken über die unangenehme physische Empfindung her. Wenn wir diese Gedanken über die Empfindung auf solche Art weiterspinnen, fahren wir fort, die Aversion zu »füttern«. Indem wir die Aufmerksamkeit von den unangenehmen Empfindungen abwenden und den physischen Reaktionen zuwenden, die von den Aversionen herrühren, können wir diesen unheilsamen Gedanken die Nahrung entziehen. Wenn wir das tun, kann es sein, daß die Aversionen von allein verschwinden. Möglicherweise verschwindet auch die körperliche Empfindung, und wir können zum Atem zurückkehren.

Das waren einige Möglichkeiten, wie man versuchen kann, mit den sogenannten Meditationsschmerzen zu arbeiten. Man kann versuchen, sie zu verstehen, man kann sich darum bemühen, sie lediglich als eine Empfindung anzusehen, die nach ihrer eigenen Gesetzmäßigkeit kommt und geht. Und man kann versuchen, das zusätzliche Konzept von »Schmerz« und somit Aversion und Besorgnis zu vermeiden.

Die Fähigkeit, mit diesen Meditationsempfindungen umzugehen, befindet sich bei jedem einzelnen auf einer unterschiedlichen Stufe. Was tun wir also, wenn wir an unsere Grenzen stoßen und Abneigung, Sorge, Angst in bezug auf die unangenehme Empfindung einfach zuviel werden?

Zu diesem Zeitpunkt werden wohl viele Meditierende ihre Stellung verändern. Aber wir haben da noch eine Kleinigkeit zum Ausprobieren.

Versucht, nur noch eine einzige Minute stillzusitzen, bevor ihr die Stellung verändert. Bloß eine oder vielleicht nur 30 Sekunden. Versucht, nur noch ein klein wenig länger stillzusitzen... zumindest noch zehn weitere Atemzüge lang. Einatmen, Ausatmen, Heben, Senken, versucht es wenigstens noch zehnmal.

Wenn ihr dann mit diesen zehn Atemzügen fertig seid, prüft nach, ob die Empfindung noch da ist und ob ihr die Stellung immer noch verändern wollt oder nicht. Falls ihr die Stellung noch immer ändern wollt, dann vergegenwärtigt euch sachte – und das ist ganz wichtig –, daß ihr so hart wie im Moment möglich gearbeitet habt; und statt immer mehr Aversionen anzuhäufen, werdet ihr jetzt lieber die Stellung verändern und erneut beim Atem beginnen.

Das kann ein *äußerst* wichtiges Hilfsmittel sein. Gesteht euch behutsam ein, daß ihr, so gut es euch zu diesem Zeitpunkt möglich erschien, mit dieser Empfindung umgegangen seid. Und statt immer mehr Abneigung und Frust aufzubauen, werdet ihr jetzt die Stellung wechseln und wieder beim Atem anfangen.

Auf diese Weise erkennt ihr eure gegenwärtigen Grenzen an, die auf Konditionierungen der Vergangenheit beruhen. Und doch werdet ihr in diesem Vorgang der Beobachtung, den ihr nach Kräften ausdehnt, neue Konditionierungen entwickeln; Konditionierungen, die euch künftig helfen werden, diese Meditationsempfindungen und eure Reaktionen darauf besser zu verstehen. Behutsam, sachte; wir fordern euch nicht auf, Supermänner oder Superfrauen zu sein. Wenn ihr mit dem Atem arbeitet und von einer unangenehmen

Empfindung abgelenkt werdet, so versucht diese einfach zur Kenntnis zu nehmen und kehrt zum Atem zurück. Wenn ihr nach einer Weile meint, daß die Empfindung zu sehr ablenke, dann geht mit der Achtsamkeit direkt auf die eigentliche Empfindung.

Versucht, ihre Merkmale zu erkennen – ihre Größe, ihre Form, ihren Ort, Veränderungen in der Intensität. Versucht, alles nur Mögliche an dieser Empfindung zu untersuchen, mit einem geschmeidigen, interessierten Geist, aufgeschlossen, fragend; versucht, etwas darüber zu lernen. Versucht, sie nicht abzulehnen und wegzuwünschen. Wenn die Aversionen und die Störungen zu stark werden, so versucht, mit diesen zu arbeiten, so wie sie sich im Körper manifestieren.

Wenn euer Energie- und Konzentrationslevel zu schwach wird, und wenn ihr meint, ihr habt genug, versucht, nur noch ein Weilchen stillzusitzen – eine Minute, 30 Sekunden, vielleicht wenigstens zehn Atemzüge lang: Einatmen, Ausatmen, Heben, Senken. Wenn ihr dann immer noch wünscht, die Position zu verändern, dann macht euch behutsam klar, daß ihr, so gut wie zur Zeit möglich, mit der Empfindung gearbeitet habt. Und statt noch mehr Aversion und Frustration zu erzeugen, werdet ihr jetzt die Stellung verändern und wieder damit beginnen, den Atem zu beobachten.

Wenn ihr die Sitzhaltung verändert, versucht, dabei langsam und geräuschlos vorzugehen. Versucht, bei jeder Bewegung achtsam zu sein. Widmet der Körperzone, in der die Empfindung steckt, zusätzliche Aufmerksamkeit und beobachtet sorgfältig, wie die Empfindungsintensität langsam nachläßt, wie sie schließlich verschwindet. Wenn die Empfindung völlig verschwunden ist, dann fangt wieder bei der Atembeobachtung an.

So wie wir mit diesen unangenehmen Empfindungen bei der Meditation umgehen, stärken wir unsere Fähigkeit, mit jeglicher unangenehmen Situation im Leben fertig zu werden – mit weniger Zorn und Abneigung, Gereiztheit und Verdruß, mit mehr Geduld, Akzeptanz, Gleichmut und Verständnis. Wir entwickeln die Fähigkeit, die Wirklichkeit der Dinge deutlicher zu erkennen und nicht nur das, was sie in unseren Gedanken sind.

Um es noch einmal zu sagen: Es gibt schmerzhafte Empfindungen im Körper, die von wirklichem Schmerz oder einer Verletzung herrühren. Und es gibt unangenehme Empfindungen, die kein wirklicher Schmerz und keine Verletzung sind und die wir Meditationsschmerz nennen. Die eben beschriebenen Techniken sind dazu da, mit dem zweiten Typ, dem Meditationsschmerz, zu arbeiten. Bevor ihr anfangt, diese Techniken anzuwenden, vergewissert euch bitte, daß ihr mit dem Meditationsschmerz arbeitet. Wenn ihr während der Sitzmeditation versucht, diese Techniken auf tatsächliche Schmerzen anzuwenden, dann kann es durchaus sein, daß ihr euch ein paar zusätzliche körperliche Probleme einhandelt. Wenn ihr im Zweifel seid, um welche Art von Schmerz es sich handelt, so verändert ihr die Stellung am besten und seht zu, ob der Schmerz verschwindet. Lernt den Unterschied kennen. Wenn ihr den Unterschied begriffen habt, dann könnt ihr euer Bestes geben, um mit diesen Techniken zu arbeiten.

Es gibt körperliche Empfindungen, die bei der Sitzmeditation auftreten können, die einige Meditierende als angenehm, andere als unangenehm betrachten. Und zwar handelt es sich darum, daß einzelne Körperteile taub werden oder – wie man so sagt – »einschlafen«. Das passiert einigen Meditierenden von Zeit zu Zeit. Oftmals sind die Beine davon betroffen.

Dies tritt bei den Betroffenen möglicherweise sporadisch auf; es kommt und vergeht nach fünf bis zehn Minuten wieder. Es gibt allerdings auch einige wenige Meditierende, die diese Gefühllosigkeit über einen längeren Zeitraum erleben, manchmal sogar mit Schmerz verbunden. Und gelegentlich ist auch Besorgnis wegen dieser Taubheit vorhanden.

Solltet ihr zu den wenigen Meditierenden gehören, die längere Perioden der Gefühllosigkeit erleben, und solltet ihr euch Sorgen deswegen machen, dann gebt uns bitte bei den Interviews Bescheid. Normalerweise handelt es sich dabei nicht um ein ernstes Problem, und möglicherweise bedarf es lediglich einer Veränderung der Sitzhaltung.

Oft taucht während der Meditation ein Juckreiz in irgendwelchen Körperpartien auf, und unsere erste Reaktion darauf ist, die juckende Stelle zu kratzen. Es ist möglich, die genannten Techniken auf den Juckreiz anzuwenden. Wenn es sich nicht um einen Ausschlag oder eine Pilzinfektion handelt, dann ist dieses Jucken nur eine geringfügige Reizung, die kommt und geht. Das Jucken hält nicht sehr lange an, und wir brauchen nicht zu kratzen, damit es vergeht.

Indem ihr nicht reagiert und den Juckreiz lediglich beobachtet, werdet ihr Verständnis, Geduld, Akzeptanz und andere heilsame Qualitäten fördern. Beobachtet einfach geduldig die Vergänglichkeit der Empfindung, wie sie kommt, für kurze Zeit da ist und dann wieder vergeht. Ganz offensichtlich ist ein Juckreiz kein wirklicher körperlicher Schmerz. Es ist lediglich eine physische Empfindung, die kommt und geht. Wir können den Juckreiz verwenden, um unsere Meditationspraxis voranzubringen.

Insektenstiche sind eine weitere Art von körperlicher Empfindung, der wir in der Sitzmeditation begegnen. Sie produzieren häufig sehr starke Reaktionen der Abneigung und des Hasses. In Wirklichkeit sind die meisten Insektenstiche nicht besonders schmerzhaft, im Vergleich zu vielen anderen Verletzungen und Krankheiten, die wir im Leben durchmachen.

Wenn es uns gelingt, geistesgegenwärtig zu sein und nur zu beobachten, mit Geduld und Mitgefühl, dann brauchen wir keine Abneigung und keinen Haß zu entwickeln. Mitgefühl ist an dieser Stelle äußerst wichtig.

Können wir einfach nur dasitzen und eine Empfindung beobachten, ohne uns in Zorn und Aufregung zu stürzen? . . . Es ist sehr wohl möglich.

Vielleicht wollt ihr das Herumexperimentieren mit Moskitos vertagen, bis ihr wieder zu Hause seid. Aber wenn ihr tatsächlich achtsam gegenüber den Moskitos werdet, so stellt ihr vielleicht fest, daß es euch vermehrt aufregt, wenn die Moskitos um euch »herumsummen«. Häufig regt euch das viel mehr auf als der eigentliche Stich.

Wir raten euch nicht dazu, Selbstquälerei zu betreiben. Wir raten auch nicht zu dem Versuch, ein Superheld zu sein. Wenn euch die Insekten nerven, dann benutzt ein Insektenschutzmittel. Es kann allerdings sein, daß die Wirkung des Mittels während der Meditation nachläßt oder daß die Insekten eine Stelle finden, die ihr nicht eingeschmiert habt.

Wenn ihr wollt, könnt ihr bei solchen Gelegenheiten versuchen, die beschriebenen Techniken anzuwenden und die Insektenstiche einfach als Empfindungen betrachten, ohne die üblichen Reaktionen der Abneigung. Beobachtet das Entstehen, das Verweilen und das Vergehen, und versucht sachte und behutsam euer Bestes. Das kann ein sehr wichtiger, praktischer Bestandteil der geistigen Entwicklung sein, der uns hilft, Geduld, Akzeptanz, Mitgefühl, Verständnis und andere heilsame Eigenschaften zu fördern.

Wenn es euch während der Meditation zu heiß werden sollte, könnt ihr dieselben Techniken auf die damit verbundenen Empfindungen anwenden. Statt Abneigung gegen die Hitze zu hegen, können wir ein Interesse an leichten Temperaturschwankungen entwickeln, zum Beispiel, wenn eine sanfte Brise durch die Halle streicht. Oder wir können versuchen, die Schweißtropfen in aller Ruhe zu beobachten, wie sie am Körper entlangrinnen. Wir versuchen, voller Frieden zu bleiben, obwohl wir einer Situation begegnen, die normalerweise als »unangenehm« gilt.

Das waren einige Möglichkeiten, wie ihr mit unterschiedlichen unangenehmen Empfindungen arbeiten könnt, Empfindungen, die ihr möglicherweise während der formalen Meditationspraxis erlebt. Mit wachsender Erfahrung werdet ihr auch feststellen, daß dieselben Methoden im Alltag angewendet werden können, um Frieden und Verständnis zu fördern.

Viele von uns haben Unfälle oder Krankheiten erlebt, die sehr unangenehme physische Empfindungen ausgelöst haben, wie etwa Knochenbrüche, Verbrennungen, Schnittwunden, Verstauchungen. Das Spektrum der Krankheiten reicht vom Durchfall bis zum Krebs – sie alle rufen unangenehme physische Empfindungen hervor.

Auch wenn es Arzneien zur Linderung der körperlichen Beschwerden gibt, kann es nach einem Unfall oder dem Auftreten einer Krankheit viele Minuten oder auch Stunden dauern, bis sie zur Verfügung stehen, in Einzelfällen sogar Tage. Wir sind diesen Empfindungen ausgeliefert und müssen damit fertig werden.

Und bei jedem Medikament läßt die Wirkung langsam nach oder verschwindet nach einer gewissen Zeit sogar ganz.

In solchen Situationen ist es sehr nützlich, wenn man in der Lage ist, mit einem ruhigen, geduldigen Geist mit diesen unerfreulichen Empfindungen fertig zu werden. Unsere formale Meditationspraxis, in der wir die Meditationsschmerzen beobachten (das heißt diese schmerzähnlichen Empfindungen, bei denen es sich nicht um eigentliche körperliche Schmerzen handelt), ist dabei eine Hilfe, eine Hilfe, mit der wir die Fähigkeit entwickeln, mit den wirklichen Schmerzen, mit denen wir von Zeit zu Zeit konfrontiert werden, fertig zu werden.

Die Arbeit mit den Meditationsschmerzen verhilft uns zu einem ruhigeren, klareren, friedvolleren Geisteszustand, wann immer wir echte, wirkliche Schmerzen haben. Wir sind dadurch in der Lage, diese Empfindungen neutral zu betrachten, ohne die Erregung, Angst und Sorge, die gewöhnlich oft mit einer unangenehmen physischen Empfindung einhergehen.

Wir entdecken, daß wir nicht vor jeder unangenehmen Empfindung, die unseren Weg kreuzt, »weglaufen« müssen. Wir müssen uns nicht aufregen, nicht zornig oder traurig werden. Vielleicht wird uns bewußt, daß wir gar nicht so viele Schmerzmittel benötigen, wie wir immer glaubten. Wie oft benutzen die Menschen wohl solche Medikamente, auch wenn sie gar nicht nötig sind? Es ist besser, wenn man sich gelegentlich mit Hilfe der eigenen inneren Fähigkeiten Linderung verschaffen kann.

Diese Art der Praxis, bei der man Empfindungen lediglich als Empfindungen ansieht, hilft uns, die Realität des Lebens zu erkennen, die Realität der Empfindungen. Vielleicht entdecken wir, daß die Methode, mit der wir mehr inneren Frieden bei unangenehmen körperlichen Erfahrungen finden können, auf ähnliche Weise auch bei unangenehmen geistigen Erfahrungen anwendbar ist.

Wir müssen nicht voller Zorn, Angst, Sorge oder stark erregt sein, wenn wir unangenehmen inneren Erlebnissen begegnen. Können wir eine unangenehme innere Erfahrung schlicht als eine Erfahrung betrachten? Als eine weitere Gelegenheit zum Lernen und zum Wachstum?

Wir müssen auch nicht vor inneren Schwierigkeiten »davonlaufen«. Können wir uns ihnen öffnen? Können wir versuchen, sie zu verstehen? Können wir sie als Herausforderung und nicht als Problem betrachten?

Wenn wir irgendeine unangenehme geistige Erfahrung unterdrükken, uns von ihr abwenden oder uns über ihre Gegenwart aufregen und uns von ihr stören lassen, dann verpassen wir vielleicht eine wertvolle Gelegenheit zum Wachstum in Weisheit, Mitgefühl und Verständnis.

Falls ihr zu irgendeiner Tageszeit sehr unruhig werdet, merkt ihr dann, daß ihr anfangt, Abneigung gegen diese Tageszeit zu hegen? Stellt ihr vielleicht fest, daß ihr »fliehen« wollt, zur Toilette gehen, etwas zum Trinken holen, aufs Zimmer gehen wollt?

Könnt ihr versuchen, euch der Unruhe zu öffnen, der Abneigung, den Zweifeln oder den anderen Hindernissen, auf die Art und Weise, wie wir sie erklärt haben: indem ihr die Hindernisse erforscht, während sie sich im Körper manifestieren. Indem ihr ihre Energien kennenlernt und versteht, und indem ihr in der Lage seid, Frieden und Gleichgewicht *in euch* zu tragen, sogar wenn der Geist aufgewühlt und aus der Ruhe gebracht ist.

Wir versuchen, die Gelegenheit zu ergreifen, mit der Unruhe zu arbeiten, mit der Abneigung, dem Zweifel, um mitfühlendes Verständnis und Weisheit zu fördern. Wir finden tieferen Frieden und Zufriedenheit in uns, und wir verringern unsere Probleme und Schwierigkeiten.

Während wir mit der Meditationspraxis beschäftigt sind, beobachten wir die Empfindungen ebenso wie die Gedanken – wie sie auftauchen, eine Zeitlang existieren und dann vergehen. Sie sind offenbar alle vergänglich, sie haben ihr eigenes Kommen, Dasein und Gehen. Genauso verhält es sich mit unserer Existenz als Ganzes: Wir wurden geboren, wir sind jetzt am Leben, und eines Tages werden wir sterben.

Während wir diese Vergänglichkeit in unserem Leben verfolgen, in unseren Erfahrungen, unseren Empfindungen und Gedanken, werden wir das Verständnis erlangen, das nötig ist, um mehr Gleichmut, Frieden und Zufriedenheit in unserem Leben zu verwirklichen.

Wenn wir mit dem, was wir gemeinhin als »Schmerz« bezeichnen, wie aufgezeigt umgehen und ihn verstehen, dann sind wir in der Lage, »Schmerz« schlicht als Empfindung zu sehen, als eine Erfahrung, die aufsteigt, verweilt, vergeht. Bald kann unser Geist die Fähigkeit zur Ruhe und Geduld entwickeln, ohne die Erregtheit, die Gereiztheit, die Ängstlichkeit, Sorge, Trauer, Frustration, Bekümmerung und Verzweiflung, die oft mit Krankheit, Verletzung und anderen unangenehmen Empfindungen und Erfahrungen einhergehen.

Im Laufe der Zeit arbeiten wir sachte, mit Geduld und Praxis, Stück für Stück zunächst an den kleinen Dingen und errichten so unser mitfühlendes Verständnis für das Leben.

Mit diesem mitfühlenden Verständnis können wir lernen, wie man in allen erdenklichen Lebenssituationen innerlich voll Frieden, Ruhe und Klarheit bleibt.

# Gleichmut

Heute vormittag möchte ich euch noch einige detaillierte Anleitungen zur Sitz- und Stehmeditation geben, damit ihr noch besser
versteht, wie ihr untersuchende Geistesgegenwart in eure Meditation
integrieren könnt. Auch werde ich die Bedeutung von Gleichmut
etwas näher erklären.

Gemäß den bereits erteilten Instruktionen beginnt ihr die Meditation damit, daß ihr fühlt, wie der Körper dasitzt oder -steht. Geht mit
voller Aufmerksamkeit den ganzen Körper durch, während ihr euch
in die jeweilige Stellung hinein entspannt; geht beim Sitzen von den
Füßen bis zum Kopf vor, beim Stehen vom Kopf zu den Füßen.
Nehmt behutsam ein paar tiefe Atemzüge und laßt den Atem dann
zum normalen Rhythmus zurückkehren, ganz sachte.

Konzentriert die Achtsamkeit auf den Atem – er strömt herein,
strömt hinaus, er steigt und fällt, so wie die Wellen an der Küste
hereinströmen und sich wieder zurückziehen, manche sind lang,
manche kurz. Versucht einfach, nur zuzusehen, ohne euch einzumi-
schen, einfach nur beobachten.

Wenn Gedanken auftauchen, nehmt sie behutsam zur Kenntnis
und versucht sie loszulassen, oder laßt sie einfach vorbeiströmen.
Laßt los und kehrt zum Atem zurück. Gedanken und Bilder tauchen
auf und vergehen wie »Luftblasen im Wasser«, ohne Substanz
strömen sie vorbei.

Wenn ihr nicht loslassen könnt oder wenn die Gedanken nicht
einfach vorbeiströmen, dann seid ihr gerade dabei, euch »kopfüber«
in sie zu verwickeln. Versucht, den gerade vorherrschenden Geisteszustand festzustellen. Stellt fest, ob der Geist durch Zorn oder Gier
verdunkelt ist. Versucht, diesen Geisteszustand achtsam zu betrachten. Versucht, ihn loszulassen. Schaut ihm zu, wie er vergeht.

Wenn die Verwicklungen anhalten, dann forscht nach, geht der
Sache auf den Grund. Versucht, die Objekte des Geistes zu ergrün-
den. Zornige Gedanken, Gedanken der Sorge, des Bedauerns, des
Zweifels sind Wolken im Geist. Identifiziert sie zuerst und erforscht

dann ihre Energie. Es geht nicht darum, die Einzelheiten der Gedanken zu erforschen oder auf wen oder was sie sich beziehen oder warum wir solche Gedanken haben.

Folgendes ist ganz wichtig: Wenn ihr anfangt, euch für die Einzelheiten zu interessieren, das Objekt der Gedanken und das »Warum«, so führt ihr oft lediglich den Gedanken und/oder die Reaktionen darauf weiter fort. Möglicherweise bleibt ihr so in den Verwicklungen stecken, das heißt im Machtanspruch der Gedanken oder in der Abneigung gegen die Gedanken.

Um die Eigenschaften dieser Energien zu erforschen, stellt ihre Wirkung auf den Körper fest. Ist der Körper beengt oder verspannt? Stellt die Veränderungen des Atems fest. Ist er kürzer oder heftiger geworden? Beobachtet auch die Bewegung im Geist – von leichten Störungen bis hin zu heftigen Turbulenzen.

Versucht, von den Anhaftungen an die Gedanken, von den Verwicklungen Abstand zu nehmen. Versucht, aufgeschlossen zu sein für den Streß, das Unbefriedigende, das diese Gedanken erzeugen. Wenn ihr das schafft, dann kann Mitgefühl gegenüber der streßhaften und unbefriedigenden Natur dieser Gedanken aufkommen. Und das Loslassen wird leichter sein.

Wenn ihr loslaßt, versucht, die offene Weite zu fühlen; fühlt, wie der Streß in diesem Augenblick verblaßt. Erfahrt, wie der Streß aufhört. Die Gedanken tauchen auf, und genauso verschwinden sie wieder.

Gefühle tauchen auf und verschwinden wieder. Versucht, euch das anzusehen. Versucht zu beobachten. Versucht, damit aufzuhören, Gedanken und Gefühle ständig zu füttern. Gesteht den alten Konditionierungen immer weniger Einfluß auf den Geist zu – indem ihr neue Konditionierungen des »Nicht-Widerstands« und des »Nicht-Festhaltens« hervorbringt, indem ihr die Natur dieser Gedanken immer deutlicher erkennt, als vergänglich und unbefriedigend.

Wenn Geräusche auftauchen und euch ablenken, versucht, sie zu etikettieren – »Hören, Hören« –, und kehrt zum Atem zurück. Das gleiche gilt für Gerüche – »Riechen, Riechen«. Auch sie kommen und gehen. Wenn ihr merkt, daß ihr euch auf Reaktionen und Gedanken darüber eingelassen habt, konzentriert euch auf diese Reaktionen. Versucht, die Reaktionen und Gedanken zu identifizieren und dann loszulassen. Kehrt behutsam zum Atem zurück.

Körpergefühle können ebenfalls auftauchen. Wenn sie euch ablenken, nehmt sie zur Kenntnis, vergegenwärtigt sie euch und kehrt sachte zum Atem zurück. Wenn sie euch weiterhin ablenken, dann rückt sie in den Brennpunkt eurer Aufmerksamkeit. Weicht sie auf und dringt in sie ein, schaut sie euch an, beobachtet sie, erforscht sie. Versucht, euch nicht zu Reaktionen verleiten zu lassen, sondern sie zu beobachten, von Augenblick zu Augenblick.

Versucht, die inneren Eigenschaften der Empfindung festzustellen. Dehnt sie sich aus, zieht sie sich zusammen? Ist sie brennend oder kalt? Versiegt sie, fließt sie, vibriert sie? Versucht, die ständige Veränderung in der Empfindung zu erkennen. Die Kulminationspunkte der Empfindung, die »Gipfel«; dann das Verblassen, die »Täler«. Erneutes Ansteigen – Gipfel – und wieder Verblassen – Tal.

Versucht, in den Tälern zu *ruhen*. Versucht, nicht die Erinnerung an die Gipfel aneinanderzuknüpfen.

Falls die Empfindungen an Intensität nachlassen oder der Geist nicht länger auf sie reagiert, dann kehrt zum Atem zurück: Einatmen, Ausatmen, Heben, Senken. Versucht, euch nicht in den Empfindungen zu verlieren. Sobald ihr erkennt, daß das innere Gleichgewicht zurückkehrt, beginnt ihr wieder beim primären Brennpunkt der Achtsamkeit, dem Atem. Empfindungen steigen auf und vergehen. Versucht zu erkennen, daß es die Anhaftung ist, die inneren Streß und Leid verursacht, und daß der Geist und die Empfindungen verschiedene Dinge sind – nicht ein und dasselbe.

Körper und Geist sind in ständigem Fluß, in ständiger Veränderung. Da ist nur Entstehen und Vergehen. Wir versuchen das zu beobachten, dabei zuzuschauen. So versuchen wir Achtsamkeit und Weisheit frei von Anhaftung zu entwickeln. Forschend durchdringen wir die Natur von Körper und Geist. Wir versuchen in Einklang mit dem ständigen Entstehen und Vergehen zu kommen.

Wir versuchen einen Ort innerer Ausgeglichenheit und Balance zu schaffen, und genau das ist Gleichmut. Wir arbeiten an der Fähigkeit, diese Balance, diesen Gleichmut zu spüren. Gleichmut ist ein friedvoller, zufriedener Geist. Es ist ein Geistesfaktor, der es uns erlaubt, allem, was entsteht, mit innerem Gleichgewicht zu begegnen. Er gestattet uns, voll innerer Ruhe nachzuforschen und dabei weder irgend etwas wegzuschieben, noch irgend etwas besitzen zu wollen, noch zu versuchen, die Erfahrungen zu manipulieren, damit sie unseren selbstsüchtigen Wünschen entgegenkommen. Statt dessen beobachtet Gleichmut die Dinge so, wie sie sind.

Die Ruhe und Gelassenheit des Gleichmuts entwickelt sich durch die Vertiefung des mitfühlenden Verständnisses. Sie unterscheidet sich von der Ruhe und Gelassenheit, die von angenehmen Situationen abhängig ist. Mitfühlendes Verständnis beruht auf der Bereitschaft, sich dem Augenblick zu öffnen – achtsam und nachforschend. Es wird durch diese Bereitschaft hervorgebracht.

Auf diese Weise beobachten, erforschen und erkennen wir die Erscheinungsmerkmale unserer Erfahrungen und die Ursache für ihre unbefriedigende Natur. Das mitfühlende Verständnis beginnt zu erkennen, daß das Ergreifen und Festhalten von vergänglichen Erfahrungen und unheilsamen Konditionen des Geistes nur dazu führten, innere Erregung, Streß und Leiden zu vergrößern. Mitfühlendes Verständnis ist eine Ursache dafür, daß Gleichmut entsteht.

Aus den unterschiedlichsten Blickwinkeln läßt sich Gleichmut als das »In-Einklang-Bringen« des Geistes mit den Naturgesetzen, dem Gesetz der Vergänglichkeit, betrachten. Es ist ein Annehmen und Akzeptieren. Man akzeptiert, daß man das Vergängliche nicht zu etwas Dauerhaftem machen, daß man die Welt nicht in Übereinstimmung mit den eigenen Wunschvorstellungen bringen kann. Gleichmut hat nichts mit Gleichgültigkeit zu tun. Gleichgültigkeit beruht auf Unwissenheit und nicht auf Weisheit. Das ist *äußerst* wichtig. Viele Meditierende verwechseln ihre Gleichgültigkeit mit Gleichmut. Gleichgültigkeit entsteht häufig durch schlichtes Unterdrücken oder Vermeiden aus Selbstsucht, Selbsttäuschung oder in Abhängigkeit von intellektueller Schläue.

Gleichgültigkeit ist ein Mangel an Mitgefühl: fehlende Bereitschaft, die Wurzeln und Ursachen des Leidens zu untersuchen, nämlich unser Festhalten und Ablehnen. Es ist auch die fehlende Bereitschaft, die Folgen davon in uns und anderen zu untersuchen.

Gleichgültigkeit beruht auf fehlender Fürsorglichkeit. Sie kann sich auch auf dem Boden von Unachtsamkeit, Langeweile oder Abneigung manifestieren. Manchmal kann sie sich auch aus einer roboterhaften Achtsamkeitspraxis entwickeln, die nicht in Mitgefühl und Weisheit »geerdet« ist.

Gleichmut beruht auf dem Verständnis, welches unsere unwissenden, törichten Reaktionen und unser Festhalten an vergänglichen

Bedingungen und unheilsamen Geisteszuständen als die Quelle aller Unzulänglichkeit erkennt. Wir erkennen, daß wir das Loslassen lernen müssen, um unseren Streß, unsere Schwierigkeiten und Probleme zu lindern. Wir müssen die Selbstsucht loslassen und die Anhaftung an Gier, Abneigung und Unwissenheit.

Gleichmut ist ein geduldiges Beobachten, das auf geschärfter Achtsamkeit und vertieftem Verständnis aus Mitgefühl beruht.

Wir wollen die Sitzung heute morgen mit ein paar Minuten einer Mitgefühl/Liebende-Güte-Meditation eröffnen. Bitte richtet euch in der Sitzhaltung ein.

❋ ❋ ❋

Rückt euch selbst in den Brennpunkt der Aufmerksamkeit. Vielleicht seid ihr bereits dazu gekommen, einige der in Körper und Geist auftauchenden Schwierigkeiten zu erkennen, Bedingungen, die es erschweren, im Gleichgewicht zu bleiben.

❋ ❋ ❋

Gestattet der heilenden Energie des Mitgefühls, für euch selbst aufzusteigen, indem ihr das Universalgesetz erkennt: Wir alle haben Schwierigkeiten. Umhüllt die Spannungen mit der Energie des Mitgefühls, umhüllt das Gefühl des Mangels, den Schmerz der Selbstverurteilung und der Abneigung... öffnet euch... macht alles weich... heilt den Schmerz. Möge ich in der Wärme des Mitgefühls und der Liebenden Güte lernen, die Dinge so zu sehen, wie sie sind. Möge ich lernen, mich selbst zu akzeptieren und Stück für Stück meinen engen Grenzen zu entwachsen.

❋ ❋ ❋

Möge ich lernen, Zorn, Angst, Sorge und Unwissenheit loszulassen. Möge ich in der Lage sein, mein Wohlergehen zu erhalten. Möge ich auch Geduld, Zuversicht, Weisheit und Entschlußkraft haben, um mich den Schwierigkeiten, Problemen und Herausforderungen des Lebens zu stellen und sie zu meistern. Möge ich inneren Frieden finden.

Bringt als nächstes einige eurer Freunde in den Brennpunkt der Aufmerksamkeit. Vergegenwärtigt euch, daß deren Geist dem euren sehr ähnlich ist und daß sie ähnliche Schwierigkeiten durchmachen wie ihr. Gestattet der alldurchdringenden Energie des Mitgefühls, sich für eure Freunde zu erheben, indem ihr mit ihnen fühlt und indem ihr den Schmerz der Selbstablehnung und des Festhaltens am Streß versteht. Mögen sie in der Wärme des Mitgefühls und der Liebenden Güte lernen, die Dinge so zu sehen, wie sie sind. Mögen sie lernen, sich selbst zu akzeptieren und Stück für Stück ihren engen Grenzen zu entwachsen.

❊ ❊ ❊

Mögen meine Freunde lernen, Zorn, Angst, Sorge und Unwissenheit loszulassen. Mögen sie in der Lage sein, ihr Wohlergehen zu erhalten. Mögen sie auch Geduld, Zuversicht, Weisheit und Entschlußkraft haben, um sich den Schwierigkeiten, Problemen und Herausforderungen des Lebens zu stellen und sie zu meistern.
Mögen meine Freunde inneren Frieden finden.

❊ ❊ ❊

Richtet jetzt die Aufmerksamkeit auf Menschen, die ihr nicht näher kennt, die ihr vielleicht gelegentlich beim Einkaufen trefft, die ihr flüchtig kennt. Besinnt euch darauf, daß deren Geist dem euren wohl sehr ähnlich ist, daß auch sie mit schwierigen Geisteszuständen fertig werden müssen.

❊ ❊ ❊

Gestattet der alldurchdringenden Energie des Mitgefühls, sich für sie zu erheben; für Lebewesen, die genau wie ihr um ihr Glück hoffen und bangen. Mögen sie in der Wärme des Mitgefühls und der Liebenden Güte lernen, die Dinge so zu sehen, wie sie sind. Mögen sie lernen, sich selbst zu akzeptieren und Stück für Stück ihren engen Grenzen zu entwachsen.

❊ ❊ ❊

Mögen diese Menschen lernen, Zorn, Angst, Sorge und Unwissenheit loszulassen. Mögen sie in der Lage sein, ihr Wohlergehen zu erhalten. Mögen sie auch Geduld, Zuversicht, Weisheit und Ent-

schlußkraft haben, um sich den Schwierigkeiten, Problemen und Herausforderungen des Lebens zu stellen und sie zu meistern.
Mögen diese Menschen inneren Frieden finden.

✽✽✽

Rückt jetzt die Personen oder auch nur eine Person, die ihr nicht leiden könnt, ins Zentrum der Aufmerksamkeit. Versucht, euch zu vergegenwärtigen, daß es wohl auch für sie schwierig ist, mit den eigenen Geisteszuständen fertig zu werden.

✽✽✽

Mögt ihr versuchen, diejenigen, die ihr nicht leiden könnt, zu verstehen, nachdem ihr den Schmerz des Zorns, der Eifersucht, der Isolation und der Selbstablehnung in euch selbst erkannt habt, nachdem ihr erkannt habt, wie schwierig es ist, diese negativen Energien zu verstehen, sie loszulassen, sie hinter sich zu lassen. Versucht aus diesem Verständnis heraus, Mitgefühl, Vergebung und Liebende Güte für diese Menschen zuzulassen.

✽✽✽

Mögen sie ihre Grenzen unter dem heilenden Einfluß von Mitgefühl und Liebender Güte hinter sich lassen. Mögen sie lernen, zerstörerische Emotionen und negative Eigenschaften loszulassen. Mögen sie lernen, sich selbst zu vergeben, und in der Wärme mitfühlenden Verständnisses inneren Frieden entdecken, das Verblassen allen Leides und die Wärme der Liebe.

✽✽✽

Mögen auch diejenigen, die ich nicht mag, lernen, Zorn, Angst, Sorge und Unwissenheit loszulassen. Mögen sie in der Lage sein, ihr Wohlergehen zu erhalten. Mögen sie Geduld, Zuversicht, Weisheit und Entschlußkraft haben, um sich den Schwierigkeiten, Problemen und Herausforderungen des Lebens zu stellen und sie zu meistern.
Mögen diejenigen, die ich nicht mag, inneren Frieden finden.

✽✽✽

An dieser Stelle könnt ihr die Meditation weiter ausdehnen oder die Aufmerksamkeit zu euch selbst zurückbringen. Nachdem ihr Mitgefühl und Liebende Güte euch selbst gewidmet habt, könnt ihr mit der Atembetrachtung beginnen.

❊❊❊

❊❊❊

(Ende der Meditation)

Am ersten Morgen baten wir euch, besondere Aufmerksamkeit, besondere Achtsamkeit zu entwickeln, wenn ihr durch eine Tür geht. Am darauffolgenden Morgen baten wir euch, zusätzlich auf das Geschirrspülen zu achten. Gestern kam das An- und Ausziehen der Schuhe und das Hinauf- und Hinuntergehen von Stufen dazu. Heute möchten wir gerne das Erheben des Körpers, das Aufstehen zu diesen speziellen Achtsamkeitsübungen hinzufügen, den Vorgang des Aufstehens nach Beendigung einer Sitzmeditation, den Vorgang des Aufstehens, wenn ihr euch nach dem Essen vom Tisch erhebt, den Vorgang, wenn ihr euch aus dem Liegen erhebt, morgens nach dem Aufwachen oder nach einer Ruheperiode. Erst richtet ihr den Oberkörper auf, dann steht ihr auf. Und den Vorgang des Aufstehens aus der Hocke, wenn ihr auf der Toilette (auf der asiatischen »Steh«-Toilette) wart, jedes einzelne Aufstehen, den ganzen Tag hindurch.

Versucht euch zu vergegenwärtigen, wie sich der Körper bewegt, wo sich die Arme, die Hände hinbewegen, wie sich der Rücken krümmt, wie sich der Kopf neigt. Versucht zu beobachten. Versucht zu lernen. Versucht voll dazusein... voll im Augenblick des Aufstehens.

*Fünfter Tag, abends*

# Satipattana Sutta:
# Die Vier Grundlagen der Achtsamkeit

Heute abend möchte ich in größerer Ausführlichkeit über die Achtsamkeit sprechen.

Wir haben bereits über das Mitgefühl gesprochen, das uns motivieren kann, Leiden, Streß, Schwierigkeiten und Probleme zu lindern. Die Achtsamkeit ist das Werkzeug, mit dessen Hilfe wir unsere mitfühlende Motivation zum Einsatz bringen. Ich möchte jetzt einen Überblick darüber geben, was die Achtsamkeit in der Praxis alles betreffen kann.

Vipassana- oder Einsichtsmeditation beruht weitgehend auf einer schriftlich überlieferten Lehrrede des Buddha, die als Satipattana Sutta oder »Die Vier Grundlagen der Achtsamkeit« bekannt ist. In dieser Lehrrede behandelte der Buddha vier Aspekte der Persönlichkeit, die es mit Achtsamkeit zu erforschen gilt, um Einsicht in die Natur der Dinge – so wie sie sind – zu gewinnen und um Weisheit zu entwickeln.

Es gibt die Achtsamkeit auf den Körper, auf die Gefühle, auf die Geisteszustände und auf die Objekte des Geistes.

Es existieren Hunderte von Büchern über den Buddhismus. Selbst wenn man nur die Lehrreden und andere Schriften, die auf den Buddha selbst zurückgehen, berücksichtigt, sind es immer noch sehr viele. Wir selbst haben hier einen ganzen Bücherschrank voll davon. Manche Leute fühlen sich möglicherweise überwältigt bei dem Gedanken, sie müßten alles wissen, was in diesen Büchern steht, um des Buddhas Lehre praktizieren zu können. Macht euch darüber bitte keine Sorgen; wenn ihr diese eine besondere Lehrrede des Buddhas versteht, dann habt ihr eine feste Grundlage für die Praxis.

Der Buddha hat einmal die Gesamtheit allen Wissens in der Welt mit einem Wald verglichen. Und er sagte, daß man nur eine Handvoll Blätter vom Waldboden benötige, um den Geist zu befreien. In vielen Vipassana-Traditionen geht man davon aus, daß die »Vier Grundlagen der Achtsamkeit« in dieser Handvoll Blätter enthalten sind.

Sehen wir uns die erste Grundlage der Achtsamkeit an: Der Buddha riet uns, den Körper zu betrachten. Wie machen wir das? Wir haben euch Anleitungen zur Atemachtsamkeit gegeben. Das ist der erste Teil der Körperbetrachtung. Der Buddha ermuntert uns, beim Ein- und Ausatmen zu erkennen, wenn der Atem lang ist, beim Ein- und Ausatmen zu erkennen, wenn der Atem kurz ist, beim Ein- und Ausatmen den ganzen Atemkörper zu erkennen, und beim Ein- und Ausatmen die Aktivität des Atemkörpers zu beruhigen. Man soll den Atem so sehen, wie er ist: lang, kurz, seine Gesamtheit und seinen Einfluß auf den Körper.

Darüber hinaus soll man den Atem unter dem Aspekt des Kommens und Gehens betrachten, auf seine ständige Veränderung achten, auf die Vergänglichkeit im Atem. Das nennt man Wissensklarheit oder Weisheit-in-Aktion.

Wir haben euch nicht nur darum gebeten, auf den Atem zu achten, sondern auch auf die Körperstellungen, auf all eure Aktivitäten, auf alles, was ihr tut. Das sind die nächsten Bestandteile der Körperbetrachtung.

Wenn man sitzt, steht, liegt, auf und ab geht oder eine beliebige Stellung einnimmt, so gilt es, sich dessen bewußt zu sein. Man sollte sich bewußt sein, wenn man etwas sieht, sich krümmt, sich streckt, sich bewegt, sich anzieht, ißt, trinkt und schmeckt, zur Toilette geht, einschläft, aufwacht, spricht und schweigt.

Um nicht wie ein Roboter durch das Leben zu gehen, versuchen wir Achtsamkeit und Wissensklarheit zu entwickeln. Wenn wir wissen wollen, wer oder was wir sind, dann müssen wir genau hinsehen. Wir müssen versuchen, Achtsamkeit in all unsere Handlungen hineinzutragen. Wir müssen mit der Achtsamkeit in den Augenblick eindringen, in die tatsächliche Wirklichkeit der Dinge. Mit Wissensklarheit erkennen wir, wie diese Aktivitäten auftauchen und vergehen. Wir sehen das Fließende in den Handlungen.

Zwei weitere Bestandteile der Körperbetrachtung haben wir noch nicht erwähnt, bei denen ein eher reflektives Untersuchen der Natur des Körpers notwendig ist. Wenn wir bestimmte Erfahrungen machen, denen wir durch Nachdenken auf angemessene und heilsame Weise begegnen können, dann ist diese Art der reflektiven Untersuchung besonders hilfreich, um unser Verständnis zu vertiefen und um unsere Anhaftung an unheilsame Geisteszustände zu lockern.

Der Zweck dieser Betrachtungen liegt darin, dem allgemein üblichen Bild, das wir von unserem Körper oder dem Körper anderer haben, entgegenzuwirken und unsere unheilsame Anhaftung an den Körper auszugleichen. Dies geschieht, indem man die wahre Natur des Körpers erforscht und darüber nachdenkt.

In der ersten Reflexion wird der Körper in 32 Teile zerlegt: Knochen, Haare, Nägel, Zähne, Fleisch, Blut, Haut und so weiter. Exzessive Anhaftung an den Körper beruht auf dem Konzept, der Körper sei schön. Das gehört zur Sorte des »positiven« Anhaftens. Exzessive Abscheu vor dem Körper beruht auf dem Konzept, der Körper sei häßlich. Das gehört zur Sorte des »negativen« Anhaftens.

Die Reflexion bewirkt, daß wir den Körper als Anhäufung vieler einzelner Teile sehen und nicht als kompaktes, eigenständiges Ganzes. Das kann uns helfen, positive und negative Anhaftung an den Körper zu reduzieren, so daß wir ihn schließlich weder exzessiv lieben noch exzessiv ablehnen. Statt dessen können wir mehr Gleichmut und Ausgeglichenheit dem Körper gegenüber entwickeln.

Die zweite reflektive Meditation über den Körper ist die Leichenfeldbetrachtung. Sieht man einen Leichnam in einem bestimmten Verwesungszustand, kann man sich darauf besinnen und darüber nachdenken, daß der eigene Körper von gleicher Natur ist: »Auch ich werde sterben, und mein Körper wird einmal so aussehen.«

Zur Zeit des Buddhas gab es die sogenannten Leichenfelder, wo man die Toten hinwarf und verwesen ließ; demzufolge war es nicht ungewöhnlich, Leichen zu sehen. In Thailand ist es allgemein üblich, daß man Freunde einlädt, sich Leichen vor der Verbrennung anzuschauen und darüber zu reflektieren. Man scheint dem Tod gegenüber hier viel aufgeschlossener zu sein als im Westen.

Diese Reflexion wird oft als morbide, deprimierende Betrachtungsweise mißverstanden. Aber sie ist eher dazu da, uns an die Wirklichkeit des Lebens zu erinnern. Unser Körper wird sterben, und wir können dieser existentiellen Tatsache nicht entkommen.

Im Westen sind wir sehr stark darauf konditioniert, den Körper zu glorifizieren. Das führt dazu, den Körper bis zum Exzeß zu verhätscheln und herauszuputzen oder sich Sorgen um ihn zu machen, während der Geist ziemlich vernachlässigt wird.

Dieses exzessive Anhaften verursacht bei vielen Menschen enormen Streß. Es bringt oft Angst vor dem Altern mit sich: das Grauen, wenn die Haare ergrauen, Falten auftauchen oder der Haaransatz nach hinten wandert. Dabei ist das nur ein normaler körperlicher Prozeß, der zum Leben dazugehört.

Identifiziert man sich so stark mit dem Körper, kann man gewaltige Komplexe entwickeln, wenn dieser nicht so ist, wie man ihn gerne hätte. Manche Leute verbringen täglich Stunden damit, den Körper »herzurichten« oder sich Sorgen über ihn zu machen. Traurig, aber wahr – dies geschieht, um sich im Einklang mit sich selbst fühlen zu können.

Selbstverständlich dürfen wir den Körper nicht vernachlässigen und müssen wir versuchen, ihn gesund zu erhalten. Er ist unser »Fahrzeug«. Und doch kann uns der Körper allein kein dauerhaftes Glück verschaffen: Er ist zerbrechlich, unzuverlässig und steckt voller Veränderung.

Manchmal scheint alles ideal zu sein: Wir sind voller Spannkraft, haben unser Idealgewicht und sind gesund. Wir sind mit uns einverstanden. Eine Woche später haben wir vielleicht ein paar Pfund zuviel, oder wir sind zu mager; wir fühlen uns nicht so gut, und vielleicht tauchen ein paar Pickel auf. Und schon fangen wir an, uns zu »hassen«.

Wenn unser Glück oder Selbstwertgefühl von einem perfekten Körper abhängt, dann ist dieses Glück etwas Zerbrechliches und Unzuverlässiges. Machen wir uns das bewußt und reflektieren wir dies, ermöglichen wir es uns, den Mittelpunkt des Lebens allmählich vom Körperlichen zum Geistigen zu verlagern. Es hilft uns, unsere Komplexe in bezug auf den Körper loszulassen, Komplexe, die den Geist mit zusätzlichem Streß belasten und uns viele Schwierigkeiten bereiten können.

Der Buddha lehrt uns, den Anblick einer Leiche auf den eigenen Körper zu projizieren: »Wahrlich, mein eigener Körper ist von gleicher Natur. Auch er wird so werden und kann dem nicht entgehen.«

Auch wenn man für gewöhnlich keinen menschlichen Leichnam zu sehen bekommt, gibt es doch gewiß viele Gelegenheiten, bei denen wir die Kadaver anderer Kreaturen herumliegen sehen – Insekten oder andere Kleintiere, die einmal gelebt und geatmet haben, so wie wir das jetzt tun. Sie folgten dem Gesetz der Natur und vergingen. Ebenso verhält es sich mit den Blättern der Bäume. Sie knospen, sie spenden uns Schatten, sie fallen ab. Wir können diese Beispiele heranziehen, wenn wir über unsere eigene vergängliche Natur reflektieren.

Wenn wir solche Betrachtungen anstellen, fangen wir vielleicht an, unsere Konditionierungen in bezug auf den Körper ins Lot zu bringen – in Übereinstimmung mit der Realität von Leben und Tod. Wir sind ein Teil der Natur und somit ihren Gesetzen unterworfen; wir wurden geboren, und wir werden sterben.

Ich möchte euch eine kleine Geschichte über einen meditierenden Freund von mir erzählen. Er berichtete mir, auf welche Weise ihm diese Reflexion geholfen hat.

Eines Tages, kurz nachdem mein Freund diese Art der meditativen Betrachtung kennengelernt hatte, ging er am Strand spazieren und stieß dabei auf ein totes Tier. Instinktiv und unmittelbar wandte er sich voll Abscheu ab; er wollte es nicht sehen. Aber die Anweisungen des Buddhas waren meinem Freund noch frisch im Gedächtnis und bewegten ihn umzukehren und sich den Kadaver anzusehen, darüber zu kontemplieren.

Während er nachsann, wich der Ekel. Und in diesem Moment begann ein Prozeß des Loslassens, gepaart mit dem Erscheinen von Gleichmut, Mitgefühl und Akzeptanz. Mein Freund akzeptierte den Tod dieses Tieres und akzeptierte, daß der Tod ein normales, natürliches Ereignis im Leben darstellt.

Die nächste Körperbetrachtung ist die Betrachtung der *Vier Großen Elemente*, aus denen der Körper zusammengesetzt ist: Erde, Wasser, Wind und Feuer.* Diese Art der Betrachtung findet eher auf der Ebene der Körperempfindungen statt.

Jedes Element manifestiert sich als bestimmtes Erscheinungsmerkmal der Empfindungen im Körper. Das Erdelement manifestiert sich als Schwere und Härte, das Wasserelement als Gefühl von Feuchtigkeit und Kohäsion, das Windelement als Vibration und

---

* Es gibt auch eine Liste mit fünf Mahabhutas (große Elemente). Das fünfte Element, der Raum, wird als Teil der Körperbetrachtung in der Satipattana Sutta nicht behandelt, wohl aber in anderen Lehrreden. Da das Raumelement selbst keine materiellen Eigenschaften hat, sondern die anderen vier Elemente in gegenseitiger Abhängigkeit »durchdringt«, gilt die Betrachtung des Raumelements nach zeitgenössischen Kommentaren als Übung für Fortgeschrittene.

Bewegung, Expansion und Kontraktion, das Feuerelement als Temperatur, Hitze und Wärme.

Wir haben erklärt, wie man mit unangenehmen körperlichen Empfindungen arbeitet, und baten euch zu versuchen, ihre Merkmale festzustellen – ob sie hart, schwer, brennend, vibrierend und so weiter sind.

Es können sich aber ebenso angenehme Empfindungen im Körper einstellen. Auch sie haben bestimmte Erscheinungsmerkmale. Es sind vielleicht leichte, kühle oder fließende Empfindungen. Wir begegnen beiden Arten der Empfindung, und deren Merkmale können als Manifestationen der Elemente betrachtet werden.

Das ist etwas Natürliches. Der Körper ist Teil der Natur. Wir versuchen, nicht exzessiv auf diese Empfindungen zu reagieren oder Besitzansprüche anzumelden. Statt dessen versuchen wir, ihr Entstehen und Vergehen zu erkennen und die Natur des Körpers im ständigen Dahinströmen der Elemente zu entdecken.

Das geschieht auf subtiler Ebene; der Körper manifestiert sich in den Empfindungen. Das mag es uns ermöglichen, die Vorstellung vom Körper als etwas Solidem, Unveränderlichem, für alle Zeiten Festgelegtem zu zerstören. Und es ermöglicht uns, den Körper tiefgründiger als ständiges Kommen und Gehen zu erleben.

Die Leichenfeldbetrachtung erwägt die vergängliche Natur des Körpers im größeren Maßstab einer ganzen Lebensspanne. Die Betrachtung der vier Elemente erwägt die vergängliche Natur des Körpers auf der Ebene des Augenblicks.

Die erste Grundlage der Achtsamkeit ist also die Körperbetrachtung. Wir sind allerdings mehr als nur der Körper, wir müssen weitere Untersuchungen anstellen.

Die nächste Grundlage der Achtsamkeit ist die Betrachtung der Gefühle oder Vedana. Vedana ist das alte Pali-Wort, das in den buddhistischen Schriften verwendet wird.

Das deutsche Wort »Gefühl« beschreibt die unterschiedlichsten Dinge:* Gedanken, Emotionen, körperliche Empfindungen. Dieses Wort wird auch im Sinne des Wortes »Vedana« benutzt.

---

* Das gleiche gilt für das englische Wort »feeling«.

Vedana ist das angenehme, unangenehme oder neutrale Gefühl, das im Geist auftaucht, unmittelbar nachdem die Sinne mit ihren jeweiligen Objekten in Kontakt gekommen sind: die Augen mit optischen Eindrücken, die Ohren mit Klängen oder Geräuschen, die Nase mit Gerüchen, die Zunge mit Geschmack, der Körper mit Berührung und der Geist mit den Geistobjekten.

Warum wollen wir Achtsamkeit auf diese Gefühle/Vedana entwickeln? Es handelt sich um einen ganz wichtigen Punkt, weil Gefühl/Vedana im Vorgang des Kontaktes mit der Welt diejenige Stufe ist, die direkt vor unserer Reaktion kommt, also vor dem Mögen, dem Nichtmögen oder dem Weder-Mögen-noch-nicht-Mögen.

Diese Reaktionen können uns aus dem Gleichgewicht bringen und uns in Gedankenketten und Emotionen verwickeln. Diese Reaktionen, Gedankenketten und/oder Emotionen können die Ursache für unsere Probleme, unseren Streß und unser Leiden sein. Indem wir achtsam hinsichtlich der Vedana/Gefühle werden, können wir mit Achtsamkeit und Wissensklarheit (Weisheit-in-Aktion) genau an diesem Punkt ansetzen. Und so können wir versuchen, die Reaktionen, die uns so viel Streß, Schwierigkeiten und Probleme bereiten, zu vermeiden.

Wir versuchen auf das Entstehen der Vedana/Gefühle zu achten und auf deren Vergehen. Wir versuchen, nicht unmittelbar oder triebartig darauf zu reagieren. Das versetzt uns in die Lage, Frieden und Gleichgewicht beizubehalten, wenn Gefühle entstehen. Wenn ein angenehmes Gefühl auftaucht, so versucht, euch nicht hinreißen und von exzessivem Verlangen überwältigen zu lassen – oder von Trauer, wenn es verschwindet. Wenn ein unangenehmes Gefühl erscheint, so versucht nicht in Aversion, Haß und Ungeduld angesichts seiner Anwesenheit abzuleiten. Wenn ein neutrales Gefühl auftaucht, so versucht nicht mit dumpfer Gleichgültigkeit zu reagieren.

Seid statt dessen achtsam gegenüber angenehmen, unangenehmen und neutralen Gefühlen/Vedana – wie sie kommen, eine Zeitlang verweilen und vergehen. Erkennt die Vergänglichkeit der

---

* Wegen der unklaren, nicht eindeutigen Bestimmung des deutschen Begriffs »Gefühl« sei noch einmal darauf hingewiesen, daß Vedana nichts mit Emotion oder innerer Stimmung zu tun hat.

Gefühle. Versucht, sie als das zu erkennen, was sie sind – mit objektiver Achtsamkeit, ohne Anhaftung. Versucht, nicht zusätzlich törichte Reaktionen, die den Geist überwältigen und beherrschen können, hinzuzufügen.

Wenn wir mit weiser Aufmerksamkeit und dem mitfühlenden Wunsch nach Beendigung der Probleme und Schwierigkeiten bei den Vedana/Gefühlen, die aus unseren Sinneskontakten entstehen, ansetzen können, dann verschaffen wir uns selbst die Gelegenheit zu heilsamer Reaktion.

Auf diese Weise stürzen wir uns nicht in Schwierigkeiten und säen nicht die Saat für künftige Schwierigkeiten. Das läßt uns eine Stufe inneren Friedens erreichen, die nicht von angenehmen Gefühlen abhängt.

Die mitfühlende Motivation kann unseren Wunsch nach Geistesgegenwart stärken. Sie kann auch unser Bemühen stärken, Abstand zu nehmen, zu beobachten, zu lernen, die Ursachen unserer Schwierigkeiten zu verstehen.

Sich öffnen und lernen – vielleicht können wir unsere Praxis als Entdeckungsreise betrachten. Vielleicht fangen wir an, unsere Besitzansprüche, die jeglicher Grundlage entbehren, loszulassen.

Wie können wir Dinge beanspruchen, die so schnell kommen und gehen? Das Verlangen danach rührt von unserer Unachtsamkeit her, vom Unverständnis bezüglich der Natur der Dinge. Und unser Besitzstreben ist die Quelle unserer Schwierigkeiten. Wir können das auf intellektueller Ebene verstehen. Der meditative Prozeß verschafft uns die Gelegenheit, das auch auf der Erfahrungsebene nachzuvollziehen.

Indem wir die Ursachen für Streß und Schwierigkeiten erkennen, indem wir den mitfühlenden Wunsch stärken, können wir damit beginnen, unheilsame Reaktionen Stück für Stück loszulassen. Gehen wir so vor, können wir das Aufhören von Streß, Schwierigkeiten und allem Nichtzufriedenstellenden erleben.

Es ist auch hilfreich, an dieser Stelle zu erwähnen, daß der Buddha in anderen überlieferten Lehrreden die Vedana ausführlicher erklärt hat. Um die Anhaftung an weltliche angenehme und unangenehme Gefühle zu überwinden, kultivieren wir »spirituelle« angenehme und unangenehme Gefühle. Um neutrale weltliche Gefühle zu überwinden, kultivieren wir »spirituellen« Gleichmut.

Wir können nicht alles auf einmal loslassen, denn das ist nicht möglich. Versucht, euch zu vergegenwärtigen, daß es sich um ein allmähliches Erwachen handelt. Wir können es nicht erzwingen. Es mag sich zunächst nur als flaches Erlebnis äußern, wie das Wasser in Strandnähe, aber je weiter wir uns vorwagen, desto tiefgründiger wird es.

Bei der Praxis der Körperbetrachtung versuchen wir achtsam auf unseren Atem, unsere Handlungen und Körperstellungen zu werden. Das schärft den Geist, und wir fangen möglicherweise an, die Vergänglichkeit des Körpers zu erkennen. Auch kann es uns zu verstärkter Achtsamkeit führen, mit dem Kontakt, den wir durch die Sinnestore mit der Welt haben.

Während wir achtsamer in bezug auf die Vedana werden, die durch den Kontakt der Sinne mit ihren Objekten entstehen, erkennen wir möglicherweise die vergängliche, instabile Natur der Vedana. Vielleicht beginnen wir zu verstehen, daß es nur zu zusätzlichem Streß führt, wenn wir an den Vedana anhaften, wenn wir wünschen, sie mögen unseren Vorstellungen entsprechen, wenn wir wünschen, sie mögen länger andauern oder »auf der Stelle« verschwinden. Voll Mitgefühl uns selbst gegenüber beginnen wir den Versuch, uns nicht in törichte Reaktionen verwickeln zu lassen. Und wohlgemerkt – »Wir *versuchen*, uns nicht verwickeln zu lassen« und nicht »Wir *sollten* uns nicht verwickeln lassen«.

Hiermit schließen wir die Körperbetrachtung und die Vedana/ Gefühlsbetrachtung ab.

Die dritte Grundlage der Achtsamkeit ist die Betrachtung der Geisteszustände. Was verstehen wir unter »Geisteszuständen«?

Stellt euch einen Behälter vor, gefüllt mit klarem Wasser. Das versinnbildlicht den Geist. Wenn wir Farbe ins Wasser tropfen lassen, so löst sie sich auf und verfärbt das klare Wasser. Die Farbtropfen stellen die Gedanken, Emotionen, den Geistesinhalt dar. Wenn diese in den Geist »tropfen«, so färben sie das klare Wasser des Geistes und schaffen die Geisteszustände, durch die wir das Leben erfahren. Zum Beispiel: Wenn Zorn oder Gier im Geist erscheinen, dann sind sie die Objekte des Geistes, zugleich die Farbe, die den Wasserbehälter – den Geist – einfärben und so innere Zustände schaffen, auf deren Grundlage wir alle Dinge erfahren.

Viele von uns haben wohl schon Tage erlebt, an denen wir mit »schlechter Laune« aufgewacht sind. Möglicherweise waren wir nicht achtsam genug, um zu erkennen, welche Gedanken diese Laune, diesen Geisteszustand erzeugt haben. Und alles, was wir an diesem Tag erlebten, war von dieser Laune angesteckt. Wir mußten uns durch den Tag hindurch»schleppen«.

Auf der anderen Seite haben viele von uns wohl schon Tage erlebt, an denen wir »gut gelaunt« aufgewacht sind. Die Erlebnisse an diesem Tag waren vielleicht ähnlich denen des vorher erwähnten Tages, aber wir haben sie voller Freude und Beschwingtheit wahrgenommen und sie mit der guten Laune eingefärbt.

Wenn wir an dieser Grundlage der Achtsamkeit arbeiten, wenden wir reine Geistesgegenwart an und versuchen, uns der Geisteszustände bewußt zu werden. In den Lehrreden hat der Buddha 16 Geisteszustände, auf die es zu achten gilt, aufgezählt. Ich will sie nicht alle auflisten, sondern nur einige erwähnen: der Geisteszustand mit Gier, der Zustand ohne Gier; mit Haß, ohne Haß; mit Unwissenheit, ohne Unwissenheit; der konzentrierte und der unkonzentrierte Zustand.

Wenn es darum geht, achtsam bezüglich der Geisteszustände zu werden, so muß man versuchen, sich die Zustände einfach so zu vergegenwärtigen, wie sie sind – ein objektives Erkennen. Und man muß versuchen, Selbsthaß und Trauer zu vermeiden. Letztere stehen dem klaren Erkennen und dem Verständnis nur im Weg. Somit stehen sie auch dem Loslassen von unheilsamen Geisteszuständen im Weg, weil sie weitere unheilsame Zustände erzeugen.

Das war die Betrachtung des Körpers, der Gefühle/Vedana und der Geisteszustände.

Die letzte Grundlage der Achtsamkeit ist die Betrachtung der Geistesobjekte.

Das erste von fünf Betrachtungsobjekten sind die fünf Hindernisse. Am zweiten Abend habe ich in aller Ausführlichkeit darüber gesprochen.

Es geht darum, daß wir zu erkennen versuchen, wann diese fünf Hindernisse *anwesend* sind; Sinnesbegierde, Abneigung, Trägheit und Müdigkeit, Unruhe und Sorge und Zweifel. Es geht auch darum, daß wir zu erkennen versuchen, wann sie *nicht anwesend* sind. Wir versuchen auch zu realisieren, wie das *Entstehen* der Hindernisse abläuft. Und – wenn sie bereits entstanden sind – wie man sie aufgibt. Wir betrachten sie auch, um herauszufinden, wie sie künftig *nicht mehr entstehen werden.*

Wie ihr seht, ist die Erforschung der Geistesobjekte umfangreicher als die reine Achtsamkeit auf die Geisteszustände.

Wenn es um das Aufgeben der Hindernisse geht, so mögen wir erkennen, daß wir die zusätzliche mitfühlende Motivation zur Beendigung von Schwierigkeiten, Streß und Problemen gut gebrauchen können. Wir können sie verwenden, um das, was bereits vorhanden ist, aufzugeben. Diese Motivation kann uns helfen, unser Anhaften an diese Dinge loszulassen, weil wir die anstrengende Natur ihrer Energie erkennen.

In meinem Vortrag über die fünf Hindernisse habe ich das ausführlich behandelt. Über den letzten Aspekt habe ich allerdings nicht viel erzählt: wie man herausfindet, wie sie künftig nicht mehr entstehen werden.

Dieses Verständnis rührt von unserer wachsenden Achtsamkeit her und vom mitfühlenden Nachforschen. Wir versuchen unsere Reaktion zu beobachten; wir bemühen uns, mit der Achtsamkeit ganz nah an den eigentlichen Augenblick des Reagierens heranzukommen. Während wir dies tun, kommen wir näher an die Vedana/Gefühle heran, die unserer Reaktion vorausgehen. Dies haben wir unter dem Punkt »Vedana/Gefühlsbetrachtung« behandelt.

Wir versuchen, näher an die Reaktion auf das Gefühl heranzukommen, welches wiederum von unseren Konditionierungen abhängt. Während unsere Achtsamkeit schärfer und unser Verständnis für den Geist tiefer wird, wird uns klar, welche Situationen, Vorfälle und Bedingungen uns dazu bringen, töricht zu reagieren und uns in Schwierigkeiten zu stürzen. Dann können wir mitfühlendes Verständnis auf diese Situationen und Vorfälle anwenden.

Wir versuchen zu lernen, wie man sich vom Drang zu instinktiver Reaktion entkonditioniert. Und wir versuchen heilsamere und weisere Reaktionen hervorzubringen.

Hierzu benötigen wir Aufrichtigkeit, Geduld und mitfühlende Sanftheit – eine behutsame, fürsorgliche Einstellung.

Wir versuchen, die Dinge nicht als Problem zu betrachten. Wir trachten lediglich danach zu lernen, wie man die Dinge auf andere, neue Weise sieht und wie man mit den Erfahrungen auf andere, neue Weise umgeht. Wir versuchen fortwährend, die ausgleichenden Energien von Achtsamkeit, Weisheit, Mitgefühl und Gleichmut zutage zu fördern. Wir alle haben den Keim dazu in uns.

Versucht, dafür zu sorgen, daß den alten, unheilsamen Konditionierungen der Brennstoff ausgeht – Unachtsamkeit und Anhaftung, der besitzergreifende Geist. Versucht zu erkennen, daß diese zarte »Pflanze« Fürsorge braucht; wenn wir uns um sie kümmern, wird sie wachsen und blühen.

Leben wir mit den aggressiven Eigenschaften weiter, werden wir unser Leiden durch Unterdrückung, Verdrängung, Selbstverurteilung und Selbstverdammung nur noch verschlimmern, statt zu versuchen, Abstand zu nehmen, zu verstehen und auf der Grundlage von mitfühlendem Verständnis loszulassen. Das ähnelt dem Versuch, eine Pflanze zum Blühen zu bringen, indem man ihre Knospen aufreißt, statt sich geduldig um sie zu kümmern. Solches Vorgehen führt lediglich zur Zerstörung der Blume.

Wenn wir nicht genügend Sorgfalt aufbringen, werden wir unseren Verstand vielleicht niemals auf die Ursachen unserer Schwierigkeiten lenken, diese verstehen und loslassen können. Das gleicht einer vernachlässigten Pflanze, die niemals die Chance zum Erblühen hat, weil sie bereits vorher vertrocknet und eingeht.

Im Rahmen der Geistobjektbetrachtungen gibt es die Betrachtung der *Fünf Aggregate*.* Was ist damit gemeint?

Diese Betrachtung kann sehr tief gehen und ist auch Gegenstand unterschiedlicher Betrachtungsweisen und Standpunkte innerhalb buddhistischer Kreise. Ich will dieses Thema nur am Rande berühren.

Wir nähern uns hierbei den Körper-und-Geist-Prozessen, betrachten und erforschen sie, während ihre verschiedenen Aspekte auftauchen oder dominant werden. Im Buddhismus geht man davon aus, daß die Körper-und-Geist-Prozesse aus fünf Komponenten bestehen.

Es gibt den Körper, die materielle Form, und es gibt den Geist. Innerhalb der geistigen Prozesse gibt es Bewußtsein, Vedana/Gefühl, Wahrnehmung und geistige Gestaltung(skraft).

---

* Eine andere, im Deutschen übliche Bezeichnung ist »*die Fünf Anhaftungsgruppen*«.

Bewußtsein ist die wissende Eigenschaft des Geistes, die erscheint, wenn die sechs Sinne mit ihren Objekten in Kontakt kommen. Zum Beispiel tritt Hörbewußtsein auf, wenn das Ohr mit einem Klang in Kontakt kommt. Sehbewußtsein tritt auf, wenn das Auge mit einem Anblick in Kontakt kommt, und es vergeht, wenn ein anderer Sinneskontakt vorherrschend wird.

Über Vedana/Gefühl haben wir bereits gesprochen. Es entsteht aus dem Kontakt und der wissenden Eigenschaft des Bewußtseins. Wahrnehmung ist die etikettierende Eigenschaft des Geistes, der Vorgang, der Dinge erkennt und als dieses oder jenes bezeichnet. So sieht das Auge zum Beispiel eine bestimmte Farbe und Form, und die Wahrnehmung erkennt: »Aha, ein Baum.«

Geistige Gestaltung – das sind die Gedanken, die wir über die Wahrnehmung, also das, was bereits eingeordnet wurde, erzeugen. Die Wahrnehmung sagt, es handle sich um einen Baum, und dann übernimmt die geistige Gestaltung: »...dieser Baum erinnert mich an einen Baum daheim... wirklich ein schöner Baum... in der Nähe von meinem Heimatort gibt es einen ganzen Wald davon... ich weiß noch, letzten Sommer bin ich mit Dave mal dort gewesen... die Sonne schien durch die Blätter... das war zauberhaft... damals war ich noch mit Dave zusammen... schade, daß das in die Brüche ging... wahrscheinlich ist er jetzt gerade in Indien, mit seiner Neuen...«

Obwohl Geistige Gestaltung als Hilfe für die innere Entwicklung eingesetzt werden kann – als reflektive Meditation –, haben die meisten von euch bereits bemerkt, daß Geistige Gestaltung der unachtsamen, herumstreunenden Art eine Quelle von Streß und Schwierigkeiten ist.

Bei dieser Art der Betrachtung sehen wir uns die einzelnen Bestandteile des Körper-und-Geist-Prozesses näher an. Wir versuchen, das Entstehen und Vergehen dieser Bestandteile zu erkennen. Das mag dazu beitragen, die Vorstellung von einer unveränderlichen, statischen Identität, die wir von uns haben, zu durchbrechen, und befähigt uns, diese als Prozeß zu erkennen.

Bei der dritten Betrachtung stehen die Sinne und ihre Objekte im Mittelpunkt. Es geht darum, die Probleme zu erkennen, die in Abhängigkeit vom Sinneskontakt entstehen. Wenn zum Beispiel das Ohr mit einem Geräusch in Kontakt kommt, fangen wir vielleicht an, mit Abneigung und Haß zu reagieren. Wir versuchen zu erkennen, wie dieses Problem der Abneigung und des Hasses ursprünglich vom Kontakt des Ohrs mit dem Geräusch herrührt, vom Sinn und seinem Objekt.

Darüber hinaus wird uns gesagt, daß wir diese Betrachtung anstellen, um zu erfahren, wie wir die entstandenen Probleme loslassen können, und um Verständnis dafür zu entwickeln, wie die aufgegebenen Probleme künftig nicht mehr entstehen werden.

Wenn wir das tun wollen, müssen wir mit geschärfter Achtsamkeit im Augenblick sein, um Weisheit zu entwickeln. Die ersten drei Betrachtungen sind miteinander verwandt. Es ist mehr eine Frage, wo wir die Aufmerksamkeit hinlenken, was wir durch unsere Beobachtungen entdecken wollen, und wie fein oder tief diese Beobachtung wird.

Der vierte Aspekt der Geistobjektbetrachtung beschäftigt sich mit den heilsamen Qualitäten der geistigen Entwicklung. Man nennt sie die *Sieben Erleuchtungsglieder:* Achtsamkeit, Wirklichkeitsergründung, Tatkraft, Freude, Ruhe, Konzentration und Gleichmut.

*Achtsamkeit oder Geistesgegenwart:* Um uns selbst und das Leben zu verstehen, müssen wir versuchen, achtsam zu werden. Wir versuchen, einen wachsamen, sorgfältigen, wachen Geist zu entwickeln.

*Wirklichkeitsergründung oder Untersuchung der Geistobjekte:* Darüber reden wir gerade, über die vierte Grundlage der Achtsamkeit. Mit einem wacheren Geist können wir uns daran machen, die Natur der Dinge zu ergründen, um Weisheit zu entwickeln.

*Tatkraft oder Energie:* Um kontemplieren und meditieren zu können, braucht man Tatkraft, die Energie für das Bemühen um Achtsamkeit und die Ergründung der Wirklichkeit, für die Anstrengung, immer wieder von vorn zu beginnen, für das Bemühen loszulassen.

*Freude oder Begeisterung:* Ohne Freude ist es schwierig, Energie zu erneuern oder zu vermehren. Freude kann durch Achtsamkeit entstehen und durch allmähliche Verringerung der Probleme, die von Unachtsamkeit herrühren.

Achtsam und wach fangen wir an, Dinge, die wir oft für selbstverständlich hielten, erfrischend neu und umfassend zu erleben. Diese erfrischende Sichtweise läßt uns Freude an einfachen Dingen finden – am Verweilen im Augenblick.

Freude kommt auch daher, daß wir mit dem Augenblick zufrieden sind, ihn akzeptieren, mit ihm fließen. Freude kann auch von der Fähigkeit zur Konzentration herrühren.

Dann gibt es noch die sogenannte Vipassana-Freude, die vom Anwachsen von Verständnis und Mitgefühl herrührt. Es ist die Erkenntnis, daß wir nicht mehr in dem Maße in Streß und Schwierigkeiten geraten wie früher und daß wir gelegentlich jenes innere Gleichgewicht und jenen inneren Frieden finden, die viel weniger von äußeren Dingen abhängen.

*Ruhe oder Gelassenheit:* Freude, die der Zufriedenheit entspringt, vertieft sich oft zu einem ruhigen, gelassenen, stillen Geist.

*Konzentration oder Sammlung:* Konzentration gibt der Achtsamkeit zusätzliche Kraft. Das Konzentrationsvermögen ist wie eine innere Kameralinse. Die Achtsamkeit kann diejenigen Merkmale erfassen, auf die sich die Konzentration fokussiert. Die Konzentration kann auf ein einziges Objekt fixiert sein, oder sie kann sich – mit Achtsamkeit in einem ausgewogenen Verhältnis gepaart – wechselnden Objekten zuwenden. Konzentration, die sich mit Achtsamkeit die Waage hält, ist genau das, was man bei der Vipassana-Meditation zu entwickeln sucht. Dieses Gleichgewicht fördert das Verständnis für den Geist beziehungsweise für die Erscheinungsmerkmale der jeweiligen Konzentrationsobjekte.

*Gleichmut:* Gleichmut erlaubt uns, alles was auftaucht, voll inneren Gleichgewichts anzunehmen – ohne Wegschieben, ohne Habenwollen – und alle Dinge so zu betrachten, wie sie sind. Gleichmut läßt einen Frieden zu, der nicht von Äußerlichkeiten abhängig ist, sondern der von unseren inneren Reaktionen auf unsere Erfahrungen herrührt.

Wir sollen bei allen sieben Erleuchtungsgliedern versuchen herauszufinden, wann sie *anwesend* sind, falls sie abwesend sind, wie sie *entstehen* können und, falls sie anwesend sind, wie wir sie *fördern* können.

Die heilsamen Geistobjekte der *Sieben Erleuchtungsglieder* entstehen hin und wieder im Laufe unserer Praxis. Viele von uns erfahren sie, und wenn sie vergangen sind, stehen wir da und wissen nicht recht, wie sie wieder entstehen können. Es scheint fast so, als wäre es nur ein glücklicher Zufall gewesen.

In diesem Fall ermutigt uns der Buddha aufzupassen, zu versuchen die ursächlichen Bedingungen und unterstützenden inneren Begleitfaktoren zu verstehen. Er ermuntert uns auch zu dem Versuch, herauszufinden, wie die Erleuchtungsglieder künftig entstehen können und – durch genau dieses Verständnis – fortentwickelt werden. Bei all diesen Objekten der Wirklichkeitsergründung geht es darum, Weisheit zu entwickeln.

Die letzte Geistobjektbetrachtung ist die Betrachtung der *Vier Edlen Wahrheiten*. Wir haben ausführlich über Schwierigkeiten, Streß und Probleme geredet; wie sie entstehen, die Möglichkeit der Beendigung dieser Schwierigkeiten und wie man dabei vorgeht. Das ist die Essenz dessen, was man im Buddhismus als die vier edlen Wahrheiten bezeichnet. Und zwar:

Die Wahrheit, daß Unbefriedigendes, Schwierigkeiten und Leid existieren.

Die Wahrheit von der Ursache für das Unbefriedigende, die Schwierigkeiten und das Leid – nämlich Unwissenheit, törichte Reaktionen und Verlangen.

Die Wahrheit vom Aufhören des Unbefriedigenden, der Schwierigkeiten und des Leids. Das bedeutet, daß es möglich ist, das Ende dieser Dinge zu erfahren, indem man Weisheit entwickelt und die törichten Reaktionen und das Verlangen aufgibt.

Die Wahrheit vom Pfad, der zur Beendigung des Unbefriedigenden, der Schwierigkeiten und des Leids führt. Das sind die Methoden, mit deren Hilfe man Weisheit entwickelt, törichte Reaktionen und das Verlangen aufgibt.

Bei dieser Betrachtung konzentrieren wir uns auf die Ergründung von Schwierigkeiten, Streß und Leid – in dem Augenblick, in dem sie entstehen. Das ist ganz wichtig. Bleibt im Augenblick, erzwingt nichts. Wir ergründen, wo das Problem herkommt und wie man es aufgeben kann. Indem wir die Methoden des Loslassens anwenden, erfahren wir möglicherweise das Ende von Schwierigkeiten, Streß und Problemen in diesem Augenblick.

Der Buddhismus beruht auf diesen Vier Edlen Wahrheiten. Wenn wir sie im Rahmen unserer Praxis erkennen, dann dürfen wir die Zuversicht haben, korrekt zu praktizieren. Das mag dazu beitragen, Zweifel über die Art der Praxis zu beenden.

Die mitfühlende Motivation versetzt uns in die Lage, unsere Praxis auf das Erkennen von Schwierigkeiten und Problemen auszurichten und auf die Beendigung von Schwierigkeiten und Problemen. Viele andere Beweggründe können in die Irre führen, die Motivation, etwas zu erreichen, zum Beispiel Macht, Ruhm oder übernatürliche Kräfte oder der Wunsch, ein »großer« Meditationsmeister zu werden. Sie haben eine andere Ausrichtung, denn es fehlt das Ergründen und Verstehen der Schwierigkeiten und Probleme, die mit dem »Aufblasen« des Egos verbunden sind.

Statt die Praxis auf das Ende von Leid und Problemen und auf die Läuterung des Geistes auszurichten, kann eine solche falsche Praxis in der Tat das isolierte Selbst, die Selbstsucht, das Ego stärken und somit Leiden, Schwierigkeiten und Probleme vermehren.

Die mitfühlende Motivation ist eine starke Energie, die den Geist darauf ausrichtet, zum Augenblick zu erwachen, zu allem, was entsteht. Gibt es Schwierigkeiten? Wie hören sie auf? Mit dem Wunsch, Streß, Leid und Schwierigkeiten aufzulösen, können wir versuchen, nicht anhaftende Achtsamkeit auszurichten, auf das Entstehen und Vergehen von Körper und Geist, das in jedem einzelnen Augenblick stattfindet. Dies geschieht, um das Verblassen von Streß und Leid zu erfahren und um zur Läuterung des Geistes beizutragen. Es trägt zur Läuterung des Geistes bei, weil man das Nachlassen der Anhaftung an Gier, Haß und Unwissenheit erkennt.

Die *Satipattana Sutta,* die vier Grundlagen der Achtsamkeit, ist eine tiefgründige und weitreichende Lehre des Buddhas. Macht euch bitte keine Sorgen, wenn ihr hier und heute nicht gleich alles verstehen könnt. In erster Linie soll sie euch einen ausführlichen Überblick über die Praxis der Vipassana-Meditation geben und euch ermutigen, weiterhin alle Aspekte von Körper und Geist zu betrachten, so daß ihr anfangen könnt, die Natur des Lebens und eure eigene zu verstehen.

Aufgrund dieser Lehrrede könnt ihr erkennen, daß es unmöglich ist, einzelne Abschnitte des Lebens herauszutrennen und zu sagen, nur »dies« sei Meditation und »jenes« nicht . . ., die Konzentration auf den Atem sei Meditation, aber der Gang zur Toilette könne keine Meditation sein . . ., die Konzentration auf den Gehvorgang sei Meditation, aber es sei keine Meditation, wenn man die Probleme erkennt, die im Geiste erscheinen, wenn man den Blick auf ein Sehobjekt richtet.

Man kann diese Betrachtungen auch im Alltagsleben praktizieren; man kann den Geist beobachten, erkennen, wie Schwierigkeiten entstehen und wie sie vergehen. Das geht genauso gut wie sitzen und den Atem beobachten. Der spezielle Nutzen dieser formalen Sitz- und Gehmeditationen liegt in der Förderung starker Achtsamkeit und Konzentrationsfähigkeit. Diese ermöglichen es uns, die Natur von Körper und Geist deutlicher zu erkennen und Verständnis zu entwickeln.

Und dann können wir diese gestärkte Konzentrationsfähigkeit und Achtsamkeit und das durch sie erlangte Verständnis anwenden, um uns selbst in allen Lebenslagen zu beobachten; um die Vergänglichkeit zu erkennen, den Streß, die Schwierigkeiten und die Tatsache, daß wir Vergängliches nicht als unser Eigentum beanspruchen können.

Wenn wir die Naturgesetze nicht erkennen und nicht verstehen, so bringt uns das dazu, töricht zu reagieren; wir versuchen, uns an Dinge zu klammern, die keinen Halt bieten. Aufgrund dieser Unwissenheit, dieser törichten Reaktionen, dieses Anklammerns erfahren wir Streß, Schwierigkeiten und Probleme.

Die Meditation hilft uns, Achtsamkeit und mitfühlendes Verständnis aufzubauen. Diese befähigen uns, den Frieden des Loslassens zu erfahren und den Frieden eines Lebens in nichtanhaftender Harmonie mit den Dingen – so wie sie sind.

# Sechster Tag, vormittags

# Mitgefühl

Ich möchte euch allen ein Kompliment machen, ein Kompliment zu eurer ausgezeichneten Arbeit, zu euren ausgezeichneten Bemühungen hier in diesem Retreat: euer Bemühen, das Schweigen einzuhalten, euer Bemühen, zu allen Sitzungen zu erscheinen und an allen Gehmeditationen teilzunehmen. Versucht, diese Tatkraft weiterhin einzusetzen. Versucht, die Tatkraft, die ihr erzeugt habt, zu erhalten. Versucht, sie nach Möglichkeit auszubauen. Bleibt in diesem Sinne dabei. Behaltet euer Schweigen bei; es ist dermaßen heilsam. Kommt zu allen Sitzungen, kommt zu allen Gehmeditationen, versucht es einfach immer wieder. Jeglicher Einsatz, den ihr in diese Richtung lenkt, wird heilsame Ergebnisse bringen, jeglicher Einsatz, egal, für wie gering ihr ihn erachtet.

Diese Praxis, dieser Versuch herauszufinden, wer und was wir sind, diese geistige Entwicklung ist sehr anstrengend und extrem schwierig. Es ist nicht leicht und erfordert harte Arbeit. Aber die Früchte dieser Arbeit sind den Einsatz wert, denn sie sind äußerst wertvoll.

Ein Großteil der Praxis besteht im wesentlichen nur aus Probieren – immer wieder probieren, behutsam, Stück für Stück. Es gibt Menschen, die die Worte »probieren, versuchen« für etwas Negatives halten. Und tatsächlich verwenden viele dieses Wort im negativen Sinne, weil sie eben nur ein- oder zweimal probieren, und dann geben sie auf. Wir sagen euch aber nicht: »Probiert ein- oder zweimal und gebt dann auf.« Wir sagen euch: »Versucht, probiert immer wieder.« Wenn wir immer wieder probieren, werden wir ständig dazulernen, immer weiter wachsen.

Im Thailändischen gibt es den Ausdruck »thîî lá lék lá nóoy«, was »Stück für Stück«, »Schritt für Schritt« bedeutet*, immer und immer wieder versuchen.

---

* Man könnte also übersetzen: »Mit kleinen Schritten kommt man ans Ziel.«
  (Transskription nach »Thai für Globetrotter«, Rump-Verlag)

Wir versuchen zu beobachten – uns selbst, unseren Geist, voller Geduld, voller Mitgefühl, voll von Liebender Güte, voller Verständnis. Wir versuchen herauszufinden, wer und was wir sind. Wir versuchen herauszufinden, warum wir so oder so reagieren.

Wir versuchen nicht nur zu erkennen, was an uns unheilsam ist, was wir gerne korrigieren würden, sondern wir versuchen auch, unsere guten Seiten, unsere heilsamen Seiten anzuschauen. Oft genug lassen wir unsere heilsamen Qualitäten außer acht. Versuchen wir doch, uns ein bißchen darüber zu freuen, daß wir diese guten Eigenschaften haben und an ihrer Stärkung arbeiten.

Je besser wir uns selbst verstehen können, desto mehr werden wir bezüglich Mitgefühl, Liebender Güte, Erkenntnis, Geduld, Gleichmut und vieler anderer heilsamer Eigenschaften wachsen. Je mehr wir wachsen, desto besser können wir anderen bei ihrem Wachstum helfen.

Versucht allem, was ihr den Tag hindurch tut, eine mitfühlende Absicht zu geben. Wenn ihr in die Halle kommt und jemand sitzt bereits da und meditiert, so versucht aus Mitgefühl, so leise wie möglich zu sein. Versucht aus Mitgefühl für andere, pünktlich zu sein, so daß ihr die anderen nicht in ihrer Meditation stört.

Versucht, aus Mitgefühl für euch selbst und für andere, während der Vorträge die Sitzhaltung so gut wie möglich beizubehalten.

Das ist ausgesprochen hilfreich. Wenn ihr euch zu sehr entspannt, wenn ihr euch niederlegt, dann erschlafft auch der Geist, dann legt sich auch der Geist nieder, und er kann sich nicht so gut konzentrieren, wie es im Meditationssitz möglich ist.

Wenn euch das Sitzen allzuviel Unbehagen bereitet, dann sprecht das während der Interviews an. Wir werden euch dann ein paar alternative Sitzpositionen zeigen. Gebt euer Bestes, besonders beim Sitzen während der Vorträge. Versucht, einen klaren, wachen Geist zu behalten, so daß ihr mehr versteht, so daß ihr mehr davon habt.

Versucht aus Mitgefühl für euch selbst, äußerst wachsam in bezug auf einen weiteren Aspekt der Abneigung zu sein. Dieser Aspekt, der sich bei vielen Meditierenden manifestiert, wird manchmal »Yogi-Geist« genannt. Aber es ist kein wahrer Yogi-Geist, keine echte Einstellung zur Meditation. Es ist eher die Geisteshaltung eines vorgeblichen Yogi, eines unreifen Meditierenden, der die Essenz dieser Art geistiger Entwicklung noch nicht verstanden hat.

Vielleicht haben einige von euch diese Art von Geisteshaltung bereits erfahren. Einige Beispiele für den »unreifen Yogi-Geist«: »Der Stundenplan ist nicht in Ordnung... zuviel Gehmeditation... zuviel Sitzmeditation... die Gehstrecken sind nicht in Ordnung... die da sind zu kurz... die da sind zu lang... warum ist das Glockenzeichen so laut?... warum kann das Glockenzeichen nicht lauter sein?... warum können wir nicht den Sonnenuntergang anschauen?... warum können wir nicht mehr Yoga praktizieren?... die Lehrer sollten dies nicht tun... die Lehrer sollten jenes nicht tun...« und so weiter.

Diese Geisteshaltung sucht ständig nach Fehlern im Stundenplan, im Umfeld, bei den Lehrern, bei den anderen Meditierenden. Diese Art von unreifem Yogi-Geist ist nicht angenehm; sie wird von Aversionen genährt und deutet ständig nach außen, um so die eigenen Probleme zu rechtfertigen. Das kann eure Praxis behindern und lähmen. Es kann das Wachstum von Verständnis und Mitgefühl ganz zum Erliegen bringen, weil sich der Geist im Kreis dreht; er dreht sich im Kreis und brütet immer mehr Abneigung aus.

Besinnt euch bitte, warum ihr hierher gekommen seid: um an euch zu arbeiten, um Methoden und Techniken in euch zu entwickeln, Methoden und Techniken, die euch helfen werden, die Probleme und Schwierigkeiten, die ihr euch selbst bereitet, loszulassen.

Ihr seid nicht hierher gekommen, um Äußerlichkeiten zu ändern: den Stundenplan, das Umfeld, die Lehrer.

Versucht aus Mitgefühl mit euch selbst, die Aufmerksamkeit bei euren inneren Vorgängen zu lassen, beobachtet euch selbst, eure *Reaktionen* auf die Lebensumstände. Hier kann am konstruktivsten gearbeitet werden. Wenn ihr ständig von Aversionen gegen äußere Dinge und andere Menschen eingefangen werdet, verschwendet ihr eine wertvolle Gelegenheit.

Paßt bitte auf und versucht nicht in diese Gefilde des unreifen Yogi-Geistes abzugleiten. So etwas kann sich sehr störend auf eure eigene Praxis auswirken, ebenso wie auf das Verhältnis zu den anderen Meditierenden und auf das Verhältnis zu Rosemary und mir. Versucht aus Mitgefühl, auf diese Aversionen zu achten.

Oft ist Selbstmitleid die tieferliegende Ursache für den unreifen Yogi-Geist; man bedauert sich selbst. Das ist eine äußerst negative Eigenschaft, welche loszulassen vielen Leuten sehr schwer fällt, weil sie ein machtvolles Selbstwertgefühl erzeugen kann, selbst wenn dieses mit Schmerz und Trauer einhergeht.

Gestern abend erwähnte Rosemary die Vier Edlen Wahrheiten, die Grundlage für diese Art geistiger Entwicklung: daß es Schwierigkeiten, Probleme, Unzufriedenheiten im Leben gibt; daß die Ursache für viele unserer Probleme in uns selbst liegt; daß es die Möglichkeit zur Beendigung unserer Probleme durch die Entwicklung von Weisheit gibt, und schließlich den Pfad, der zu dieser Weisheit führt.

Einige Leute richten ihre Aufmerksamkeit nur auf die ersten beiden edlen Wahrheiten. Sie sehen Probleme, Schwierigkeiten, Unzufriedenheiten und daß häufig irgend etwas in ihnen selbst diese Probleme verursacht.

Dann machen sie sich selbst Vorwürfe und glauben, sie seien schrecklich. Und ohne genauer hinzusehen, verlieren sie sich einfach in Selbstmitleid. Vielleicht spukt ihnen im Kopf herum, sie verdienten dieses Leid, sie seien es nicht wert, wirklich frei von diesen Problemen zu sein.

Sogar wenn man ihnen etwas über Methoden und Techniken erzählt, mit deren Hilfe man aus diesen Schwierigkeiten herauskommen kann, werden sie sich weigern, zuzuhören und diese Methoden und Techniken auszuprobieren. Oft behaupten sie: »Ach, das mag wohl bei anderen funktionieren, aber bei mir ist es zwecklos« – selbst wenn sie es noch gar nicht probiert haben.

Mitgefühl hat mit Selbstmitleid überhaupt nichts zu tun. Selbstmitleid ist eine Form von Selbsthaß. Mitgefühl kann dazu beitragen, Selbstmitleid zu reduzieren und loszulassen, aber *nur*, wenn man loslassen *will*. Um zu begreifen, wie schmerzhaft Selbstmitleid ist, muß man versuchen, es als das, was es ist, zu erkennen, und nicht nachgeben und sich darin verlieren.

Der Pfad geistiger Entwicklung erinnert an jemanden, der sein Haus vernachlässigt hat. Aufgrund von Mangel an Weisheit wurde es versäumt, sauberzumachen und das Haus instandzuhalten. Jetzt entscheidet sich der Hausbewohner zum Saubermachen.

Wenn man mit geschlossenen Augen um das Haus läuft, kann man es dann saubermachen? Man muß die Augen öffnen, Achtsamkeit und Mitgefühl anwenden, das Haus ansehen, erkennen, was schmutzig ist, was saubergemacht werden muß, diese Dinge sind wichtig.

Manchmal ist das ziemlich unangenehm und mit harter Arbeit verbunden. Vielleicht öffnen wir eine Zimmertür, erkennen, wie schmutzig es drinnen ist, und machen sofort wieder zu.

Und manche Menschen sehen sich das Haus zwar an, werden aber durch den Anblick so überwältigt, daß sie sich hinsetzen und sich selbst bedauern und bemitleiden. Das bringt sie nicht weiter, sondern verzögert den Reinigungsprozeß, wenn es ihn nicht gar ganz zum Erliegen bringt.

Es *gibt* Mittel, um das Haus zu reinigen. Wenn wir die richtigen Mittel kennen und unsere Energie einsetzen und die Arbeit voranbringen, kann das Haus gereinigt werden.

Behaltet bei diesem Beispiel bitte im Auge, daß es in unserem Haus nicht nur Dreck gibt. Wir haben auch schöne Gemälde, hübsche Möbel, Andenken und so weiter, die nur ein bißchen abgestaubt und poliert werden müssen. Wir haben sowohl Heilsames wie auch Unheilsames in uns. Wie vermehren wir das Heilsame? Wie verringern wir das Unheilsame? Wenn wir einen Tisch aus Holz wachsen und polieren, so ist das eine angemessene Methode, und der Tisch wird sauber. Wenn wir die Baumwollvorhänge wachsen und polieren... nun ja! Wenn wir den Fußboden mit einem Staubsauger bearbeiten, so ist das eine Möglichkeit, den Boden sauber zu bekommen. Wenn wir aber mit dem Staubsauger an das Silberbesteck gehen...!

Wir lernen die richtigen Methoden, verstehen die Situation und wenden die richtige Methode für die jeweilige Situation an. Aus Mitgefühl für uns selbst entwickeln wir mehr inneren Frieden und mehr inneres Gleichgewicht.

Versucht aufzupassen, wenn Selbstmitleid hochkommt. Versucht zu lernen, wie diese Gedanken abgebaut werden können. Richtet die Aufmerksamkeit auf alle Vier Edlen Wahrheiten, nicht bloß auf die ersten zwei. Helft euch selbst, aus Mitgefühl, und so werdet ihr in der Lage sein, anderen zu helfen.

Indem ihr dem Stundenplan folgt, zeigt ihr Mitgefühl mit euch selbst und anderen. Indem ihr das Schweigen einhaltet und beim Sitzen euer Bestes gebt, zeigt ihr Mitgefühl mit euch selbst und anderen gegenüber. Indem ihr auf den unreifen Yogi-Geist und auf Selbstmitleid aufpaßt, zeigt ihr Mitgefühl mit euch selbst und anderen gegenüber.

Um für euch selbst den größtmöglichen Nutzen zu erzielen und um anderen zu helfen, versucht, den Stundenplan einzuhalten, und macht mit euren Bemühungen weiter. Macht mit dem Schweigen weiter und probiert einfach immer weiter.

Jegliche Anstrengung, die ihr unternehmt, um heilsame Eigenschaften zu stärken und unheilsame zu schwächen, jegliche Bemühung in dieser Richtung wird heilsame Früchte tragen.

Es gibt eine Geschichte über einen berühmten Meditationslehrer namens Kalu Rinpoche. Über die Einzelheiten bin ich mir nicht ganz sicher, aber sie geht ungefähr so:

Einmal weilte Kalu Rinpoche in einem Meditationszentrum in den Vereinigten Staaten. In der Nähe gab es eine Spiritistengruppe, die davon erfahren hatte, daß dieser berühmte Meditationslehrer in der Gegend war und in diesem Zentrum wohnte.

Die Leute in der Gruppe dachten sich: »O toll, besuchen wir doch mal diesen berühmten Meditationslehrer und schauen wir mal, was er uns zu sagen hat.« Sie waren es gewohnt, sich mit allem möglichen auf spiritistischem Gebiet zu beschäftigen, wie zum Beispiel an Seancen teilzunehmen, Bestrebungen, mit Geistern zu kommunizieren und derlei mehr.

So kam es dazu, daß sie Kalu Rinpoche besuchten. Nachdem die üblichen Höflichkeitsfloskeln ausgetauscht waren, kamen sie zur Sache und fragten: »Können Sie levitieren? Können Sie schweben oder fliegen?«

Er sah sie an und sagte: »Nein.«

Sie waren etwas enttäuscht. Sie hatten ihn für einen großen Meditationsmeister gehalten, und er konnte nicht einmal fliegen! Also fragten sie ihn: »Können Sie unsere Gedanken lesen? Wissen Sie, was wir denken?«

Er sagte: »Nein.«

Wieder eine Enttäuschung. Dann fragten sie ihn: »Können Sie mit unsichtbaren Wesen reden?«

Wieder antwortete er: »Nein.«

Die Enttäuschung wuchs immer mehr. Sie stellten noch einige weitere Fragen dieser Art. Und die Antwort war jedesmal »Nein«. Schließlich waren sie so erregt und frustriert, daß sie zu ihm sagten: »Nun gut, können Sie überhaupt irgend etwas?«

Und er sagte: »Ich praktiziere lediglich Mitgefühl mit allen Lebewesen, denen ich begegne.«

Je besser wir uns selbst verstehen, desto mehr werden wir uns weiterentwickeln, desto mehr wird das Mitgefühl in uns wachsen, desto mehr werden wir uns selbst nützen, desto mehr werden wir anderen nützen.

Ich möchte die Sitzmeditation heute morgen gern mit einer Mitgefühl/Liebende-Güte-Meditation eröffnen. Falls noch nicht geschehen, nehmt die Sitzhaltung ein und lenkt die Aufmerksamkeit für eine Weile auf den Atem, um das Einnehmen der Sitzhaltung zu unterstützen.

❀ ❀ ❀

Versucht bitte die Schwierigkeiten und Herausforderungen in eurem Leben zu erwägen. Versucht, euch selbst etwas Mitgefühl und Liebende Güte entgegenzubringen.

❀ ❀ ❀

Möge ich in der Lage sein, Methoden, Techniken und das Handwerkszeug der geistigen Entwicklung kennenzulernen, zu praktizieren und zu entfalten, so daß ich die Schwierigkeiten und Herausforderungen des Lebens verstehen, akzeptieren und meistern kann.
Möge ich inneren Frieden finden.

❀ ❀ ❀

Betrachtet jetzt bitte ein paar von euren Verwandten, erwägt die Schwierigkeiten und Herausforderungen, denen sie ausgesetzt sind. Versucht, euren Verwandten Mitgefühl und Liebende Güte entgegenzubringen.

❀ ❀ ❀

Mögen meine Verwandten in der Lage sein, Methoden, Techniken und das Handwerkszeug der geistigen Entwicklung kennenzulernen und zu entfalten, so daß sie die Schwierigkeiten und Herausforderungen des Lebens verstehen, akzeptieren und meistern können.
Mögen meine Verwandten inneren Frieden finden.

Versucht jetzt, einige eurer Freunde zu betrachten, erwägt die Schwierigkeiten und Herausforderungen, denen sie ausgesetzt sind. Versucht, euren Freunden etwas Mitgefühl und Liebende Güte entgegenzubringen.

✤✤✤

Mögen meine Freunde in der Lage sein, Methoden, Techniken und das Handwerkszeug der geistigen Entwicklung kennenzulernen, zu praktizieren und zu entfalten, so daß sie die Schwierigkeiten und Herausforderungen des Lebens verstehen, akzeptieren und meistern können.

Mögen meine Freunde inneren Frieden finden.

✤✤✤

Und jetzt versucht einige eurer Lehrer oder andere Menschen, die euch geholfen haben, zu betrachten. Denkt über die Schwierigkeiten und Herausforderungen nach, denen sie ausgesetzt sind. Versucht, den Leuten, die euch geholfen haben, etwas Mitgefühl und Liebende Güte entgegenzubringen.

✤✤✤

Mögen diese Menschen, die mir geholfen haben, in der Lage sein, Methoden, Techniken und das Handwerkszeug der geistigen Entwicklung kennenzulernen, zu praktizieren und zu entfalten, so daß sie die Schwierigkeiten und Herausforderungen des Lebens verstehen, akzeptieren und meistern können.

Mögen diese Menschen, die mir geholfen haben, inneren Frieden finden.

✤✤✤

An dieser Stelle könnt ihr die Mitgefühl/Liebende-Güte-Meditation weiter ausdehnen, oder, falls ihr zum Atem zurückkehren wollt, dann kommt vorher noch einmal zu euch selbst zurück, bringt euch selbst Mitgefühl und Liebende Güte entgegen.

✤✤✤

✤✤✤

(Ende der Meditation)

Bisher haben wir euch darum gebeten, besondere Aufmerksamkeit zu entwickeln, wenn ihr durch eine Tür tretet, das Geschirr spült, die Schuhe an- und auszieht, die Stufen hinauf- oder hinuntergeht. Gestern baten wir euch, besondere Aufmerksamkeit auf den Vorgang des Aufstehens zu richten.

Heute möchten wir gerne hinzufügen, daß ihr zusätzliche Aufmerksamkeit auf den Vorgang des Hinsetzens und Hinlegens richtet, also wenn ihr in die Halle kommt und euch auf die Matte setzt, auf den Vorgang des Niedersetzens, die Bewegung des Rückens, der Arme und Hände, wie ihr den Kopf neigt. Ebenso auf die Handlung des Niederhockens, wenn ihr auf die Toilette geht, auf das Hinsetzen nach dem Essenfassen, auf den eigentlichen Vorgang des Niederlegens, in den Pausen oder zur Nachtruhe.

Versucht, auf die Art und Weise zu achten, in der sich der Körper bewegt, sich beugt, streckt, zusammenzieht, ausdehnt. Versucht, den Vorgang des Hinsetzens/Hinlegens mit der gleichen Sorgfalt zu behandeln, die ihr bei der Sitz-, Geh- oder Stehmeditation aufbringt. Versucht, voll bei der Handlung zu sein.

Versucht, den Frieden zu entdecken, der im Vorgang des Hinsetzens/Hinlegens ruht.

*Sechster Tag, abends*

# Loslassen

Heute abend möchte ich über das Erlangen, Loslassen und den Unterschied zwischen Bekommen und Geben sprechen.

Wenn wir uns für etwas Neues interessieren, für die Entwicklung unseres Wissens und unserer Fähigkeiten auf irgendeinem neuen Gebiet, so ist es oft so, daß wir unsere ganze Energie einsetzen, um uns ans Werk zu machen, um etwas zu erlangen, das wir bislang noch nicht haben.

Wenn wir Wissen erwerben, so bedeutet das Anhäufung von Wissen. Wenn wir Ausbildung, Reichtum oder Status erwerben, so fügen wir diese Dinge zu unserem Besitz hinzu und arbeiten so an dem Bild, das wir von uns selbst haben. Vielleicht erwerben wir neue Fähigkeiten für unseren Lebensunterhalt. Vielleicht gewinnen wir Freunde, gründen eine Familie, erwerben materiellen Besitz. Und weite Teile der Gesellschaft beurteilen uns nach dem, was bei unseren Bemühungen herauskommt.

Das hat uns tiefgreifend zum Leistungsgedanken konditioniert – zur Mentalität des »Jägers und Sammlers«. Oft lenken wir unsere Energien auf das Ergebnis unserer Handlungen und arbeiten lediglich für dieses Ergebnis. Das Resultat unserer Arbeit wird für uns zur wichtigsten Sache, und nicht, wie wir an unser Tun herangehen.

Möglicherweise bringen viele von uns diese Konditionierungen in diesen Meditations-Retreat mit ein. Möglicherweise haben wir diese Sichtweise noch nicht einmal in Frage gestellt. Möglicherweise betrachten wir Frieden, Erleuchtung, Weisheit oder andere ähnliche Ziele als etwas, das es zu erringen gilt.

Einer der Gründe, warum wir möglicherweise Schwierigkeiten mit der Meditation haben, ist die Tatsache, daß es beim Vorgang der Meditation nicht so sehr um das Gewinnen von Frieden und Weisheit geht, sondern um das Loslassen. Es geht darum, das loszulassen, was dem potentiellen Frieden in uns allen im Wege steht.

Es ist ein Loslassen unserer gewohnheitsmäßigen Reaktionen, unserer Meinungen und Ansichten darüber, wie das Leben sein sollte, worum es im Leben überhaupt geht, und an die Stelle dieser Meinungen tritt das Ergründen dessen, was das Leben tatsächlich ist. Man läßt die geistigen Faktoren los, die Frieden und Weisheit am Entstehen hindern. Bei euren bisherigen Bemühungen um Konzentration und Achtsamkeit in diesem Retreat habt ihr vielleicht folgendes festgestellt: Wenn starkes Verlangen nach Konzentration und Achtsamkeit vorhanden ist, um so einen bestimmten Geisteszustand zu erlangen, so kann uns genau diese geistige Energie des Habenwollens an der Konzentration hindern. Das führt dann oft zu einer Menge Rastlosigkeit, Spannung, Frustration und Zweifel.

Möglicherweise genügt es uns nicht, bei jedem einzelnen Atemzug zu sein, bei jedem Schritt zu sein, im Augenblick jeder einzelnen Bewegung zu sein. Statt dessen haben wir die Vorstellung, Achtsamkeit und Konzentration seien eine Art Ziel, das es künftig zu erreichen gelte, und daß wir gegenwärtig mit einer Schinderei beschäftigt sind, die zum Erreichen dieses Ziels notwendig ist. Dieses Ziel ist dann der »Lohn« für unseren jetzigen Einsatz.

Mit dieser Einstellung verfehlen wir den Frieden, der im Akzeptieren des Augenblicks liegt, die – wenn auch noch so kurze – Erfahrung der Erleichterung, die mit dem Loslassen einhergeht, den friedvollen Zustand, wenn die Gier abwesend ist, die Genügsamkeit, mit allem auszukommen, was da geschieht. Wenn wir die Hindernisse loslassen, wird sich die Konzentration von selbst einstellen.

Es handelt sich nicht um ein Ziel oder eine Belohnung. Die Konzentration entsteht auf natürliche Weise aus beständigem Loslassen und aus beständiger Rückkehr zum Augenblick. Das ist eine andere Art von Energie und Anstrengung. Es ist die Bemühung um beständiges Loslassen und um beständige Rückkehr zum *Augenblick*. Es ist nicht die Bemühung um einen Erfolg in der *Zukunft*.

Führt ihr die Gehmeditation durch, um irgendwelche wunderbaren Erlebnisse in der Zukunft zu bewerkstelligen? Steht ihr diese 45 Minuten durch, in der Annahme, daß ihr dann irgendeine Belohnung verdient? Oder geht euer Bemühen bei der Gehmeditation dahin, bei jedem Schritt und jeder Bewegung zu sein, um die wenigen Momente zu erleben, in denen ihr wirklich da seid, frei von Zukunftssorgen, frei von törichten Reaktionen, frei von Verlangen?

Folgendes Gleichnis mag euch eine Vorstellung von der eigentlichen inneren Energie des Habenwollens geben, von der gewinnorientierten Art der Praxis und im Gegensatz dazu die Energie und das Bemühen, das für eure Praxis eher von Nutzen sein mag.

Es handelt von zwei Personengruppen, die einen Berg besteigen wollen. Beide Gruppen wollen den Gipfel erreichen. Dieser Wunsch gibt ihnen den Schwung zum Anfangen. Allerdings gehen die beiden Gruppen auf unterschiedliche Art und Weise an die Besteigung des Berges heran.

Die einen sind voller Verlangen; der ursprüngliche Wunsch wächst in ihnen immer mehr an. Ihr größter Wunsch ist es, auf dem Gipfel zu stehen. Sie klettern los, blicken ständig voller Sehnsucht nach oben. Egal, an welcher Stelle des Berges sie sich befinden, es genügt ihnen nicht. Fortwährend stolpern sie über die Hindernisse, die unmittelbar vor ihnen liegen, und lassen sich von der Schinderei des Kletterns verdrießen; ständig haben sie den Gipfel vor ihrem geistigen Auge.

Die Sehnsucht brennt in ihnen und verbraucht eine Menge Energie. Sie haben keine Zeit, innezuhalten und die Aussicht und die frische Luft zu genießen. Die Klettertour wird zur Mühsal, die man auf sich nehmen muß, um zum Gipfel zu gelangen. Möglicherweise nimmt sie die Vorstellung vom Gipfel, vom Gipfelruhm, derart ein, daß sie oft stolpern und stürzen. Andauernd treffen sie törichte Entscheidungen und machen womöglich sogar einen Fehler.

Die anderen Bergsteiger finden Interesse an der eigentlichen Kletterei. Gelegentlich schauen sie wohl hinauf zum Gipfel, um sich inspirieren zu lassen, doch ebenso interessiert sie das eigentliche Klettern: die Grenzen der Ausdauer, das körperliche Gefühl. »Wie können wir diesen Steilaufschwung da vor uns bewältigen? Kann man diese Spalten umgehen? Wie können wir es vermeiden, unsere Energie zu vergeuden?«

Wenn sie zu einem Absatz gelangen, genießen sie die Umgebung, die frische Luft, die Aussicht, die immer besser wird, die Tatsache, einfach dort zu sein. Es liegt noch einiges vor ihnen, aber sie versuchen, sich davon nicht überwältigen oder in Angst versetzen zu lassen. So erhalten sie sich die nötige Energie. Das Klettern wird zur Kunst des Entdeckens, es ist nicht nur das notwendige Übel, um den Gipfel zu erreichen.

Wenn sie eine Steilstufe erklettern und zum nächsten Absatz gelangen, so freuen sie sich einfach darüber und versuchen, sich nicht den Kopf darüber zu zerbrechen, wie viele schwierige Wandstufen oder Klüfte noch vor ihnen liegen. Ihr Können wächst, ihr Wissen wächst.

Wenn sie zu einer schwierigen Stelle gelangen, erwägen sie verschiedene Umgehungsmöglichkeiten und konzentrieren sich ausschließlich auf dieses Hindernis. Nach Überprüfung aller Möglichkeiten, wobei sie ihr bereits erworbenes Verhältnis einsetzen, entscheiden sie sich unter Vergegenwärtigung ihrer Grenzen für einen gangbaren Weg.

Die meisten von uns werden den Leistungs- und Erwartungsdruck in sich selbst identifizieren können. In der westlichen Welt wird der Leistung viel Wert beigemessen. Oft wurden wir von Kindesbeinen an konditioniert zu glauben, daß wir dann wertvolle, nützliche Menschen seien, wenn wir dies oder jenes erreichten, Erfolg hätten und dies im Erwerb materieller Dinge zeigten, oder uns Rang und Namen verschafften – je nach den Wertvorstellungen unserer Gesellschaft.

Als Kind geht es einem oft so: Wenn wir unsere Sachen gut machen, es zu etwas bringen, dann sind wir es wert, geliebt und gelobt zu werden. Also wird die erfolgsorientierte Einstellung oft mit dem Gedanken verbunden: »Wenn ich erfolgreich bin, dann bin ich etwas wert und werde geliebt.«

Wenn wir es also nicht zu etwas bringen, so können wir leicht das Gefühl bekommen, nichts wert zu sein, nutzlos, nicht liebenswert. Vermutlich mögen wir dieses Gefühl nicht, also wird der Wunsch nach Leistung und Erfolg und der Wunsch, diesen Erfolg auch zu zeigen, zur Hauptantriebsfeder in so vielen von uns... damit wir eben etwas wert sind und geliebt werden.

Das kann bereits früh im Leben einsetzen, wenn wir versuchen, die vielen wesentlichen Dinge im Leben zu lernen, und wo die Anerkennung der Eltern so wichtig für uns ist.

Wenn zum Beispiel unsere Eltern versuchen, uns an die Toilette zu gewöhnen, kann ihr Wunsch nach »Ergebnissen« oft schnell zu einem Problem werden. Wir wissen vielleicht schon, daß wir irgend etwas tun müssen und daß wir unseren Eltern Bescheid sagen müssen. Während wir zu ihnen eilen, verlieren wir die Windel. Wir können es nicht mehr aufhalten und verrichten unser »Geschäft« auf dem Fußboden. Unsere Eltern schimpfen vielleicht, »du ungezogener Junge, du ungezogenes Mädchen«, packen uns und schleppen uns

169

zur Toilette. Wir stehen dann mit dem Gefühl da, versagt zu haben, und doch haben wir nur etwas ganz Natürliches getan. Vielleicht waren wir in der Schule ganz normale Schüler, wir »kamen so durch«. Einige Lehrer sind nur an den Musterschülern interessiert. Sie erhalten die ganze Aufmerksamkeit des Lehrers, besondere Privilegien, Auszeichnungen und werden stets aufgerufen. Und wir sitzen unbeachtet da, zusammen mit all den anderen durchschnittlichen Schülern und den Erfolglosen. Wir erkennen also, daß wir durch Leistung Lob, Aufmerksamkeit und Liebe bekommen könnten.

Falls wir zu den Musterschülern gehörten, fiel uns vielleicht auf, daß wir aufgrund unserer Leistung viel Aufmerksamkeit erhielten, während die Leistungsschwachen nicht beachtet wurden. Also wollten wir ständig etwas erreichen, aus Angst, diese Aufmerksamkeit und Beachtung zu verlieren.

Oder unsere Eltern wollten, daß wir es zu etwas bringen, damit sie in den Augen anderer gut dastehen. Möglicherweise wollten sie, daß wir zu Musterschülern, Supersportlern oder besonders gut aussehenden Menschen würden oder in einem bestimmten Beruf Karriere machten. Möglicherweise haben sie große Anforderungen an uns gestellt, so daß wir uns als Versager oder Taugenichtse gefühlt haben, wenn wir diesen Anforderungen nicht entsprachen.

Das waren nur einige wenige Beispiele. Wenn ihr auf eure eigenen Erfahrungen zurückblickt, so könnt ihr euch vielleicht an Situationen erinnern, die auf das Gefühl hinausliefen, Erfolg und Geliebtwerden hingen zusammen. Möglicherweise habt ihr ein Ideal geschaffen und das, was ihr wirklich wart, ständig beiseite geschoben.

»Ach, wenn ich doch bloß dies oder jenes bewerkstelligen könnte, dies oder jenes erreichen könnte, dann würde ich geliebt werden, dann wäre ich glücklich.« »Ich sollte so oder so sein.« In dieser Art wurde womöglich ständig ein Ideal hochgehalten und schuf eine Kluft zwischen der Wunschvorstellung, die ihr von euch hattet, und der Wirklichkeit. Und jetzt vergleicht ihr vielleicht das Trugbild vom Endziel eurer Praxis mit der Person, die ihr gegenwärtig seid.

Wenn ihr euch solch ein Ideal schafft und die Wirklichkeit fortwährend daran meßt, so werdet ihr naturgemäß ein Gefühl der Unvollständigkeit erzeugen und somit dem Minderwertigkeitsgefühl und dem Selbsthaß neue Nahrung zuführen.

Vielleicht findet ihr es schwierig, diesen Ballast des Idealismus loszulassen und euch auf ein tiefes, mitfühlendes Ergründen einzulassen. In diesem Fall würdet ihr kleine Fortschritte und die kurzen Augenblicke des Verstehens übersehen. Sie wären euch niemals gut genug. Unzufriedenheit mag in euch aufsteigen, darüber, daß ihr Achtsamkeit immer nur zeitweise aufbringen könnt – beim Gehen, Sitzen, Essen, Fegen.

An dieser Stelle ist es angebracht, einmal zu verdeutlichen, was der Idealismus hervorbringen kann – nämlich einen pessimistischen Standpunkt gegenüber allem. Die Unzufriedenheit kann alle Erfahrungen einfärben. Wie bei der Person, die beim Mittagessen das Trinkglas ansieht und sich denkt: »O je, es ist schon halb leer.«

Eine andere Person mag Inspiration finden in den kleinen Fortschritten, in den kurzen Momenten des Verstehens, in den kurzen Momenten des Da-Seins. Diese Einstellung läßt Freude in und an der Praxis zu.

Wie ihr euch vielleicht erinnert, ist Freude ein Erleuchtungsglied, ein notwendiger Bestandteil geistiger Entwicklung. Freude gibt einem zusätzliche Energie und Inspiration zum Weitermachen. Sie färbt unsere Erfahrungen mit Beschwingtheit und Optimismus. Wie bei der Person, die beim Mittagessen das Trinkglas ansieht und sich denkt: »Ah, es ist noch halb voll.«

Mit dem Ballast des Idealismus gehen wir vorurteilsbeladen an jeden einzelnen Augenblick heran; der Atem sollte so oder so sein, der Geist sollte nicht so oder so reagieren. »Wenn ich ein guter Meditierender wäre, dann wäre ich in der Lage, all diese umherschweifenden Gedanken zu vernichten.« Wenn wir also häufig abschweifen, fühlen wir uns als Versager.

Und in der Tat, die Minderwertigkeitskomplexe verhärten das Selbstbildnis, die Ich-Identität immer mehr. Und so werden diese Bilder erzeugt: »Ich kann das nicht . . . ich bin dies und das . . . ich bin ein mieser Meditierender . . . ich schaffe diese Gehmeditation nicht, völlig unmöglich!«

Vielleicht picken wir uns verschiedene Momente aus unserer Geisteshaltung und unseren Konzepten heraus, und schon wieder basteln wir uns ein Ich-Bild; diesmal dreht es sich um »den Meditierenden«. Wir versuchen, dieses Bild einzufrieren, um ein festes Image von uns selbst zu erzeugen – eine Ansicht oder ein Konzept, das beinahe unerschütterlich und unveränderlich ist. Gleichzeitig stellen wir das Ideal daneben.

Das Problem dabei ist, daß feste, statische Ich-Konzepte das genaue Gegenteil der Wahrheit, der Naturgesetze sind. Alles zeigt sich im Wandel, es entsteht und vergeht. Wenn wir anfangen, Geist und Körper zu ergründen, können wir nach kurzer Zeit erkennen, daß da nur stetiger Wandel ist. Gedanken kommen und gehen, Körpergefühle entstehen und vergehen. Der Geist ist in einem ständigen Fluß. Die Achtsamkeit entsteht und vergeht. Die Hindernisse kommen und gehen ... einige von euch mögen anmerken: »Hauptsächlich kommen sie, und mit dem Gehen lassen sie sich Zeit!«

Vielleicht haben wir ein Bild geschaffen, das nicht der Wirklichkeit der Dinge entspricht. Manchmal ist Klarheit vorhanden, Mitgefühl und Liebende Güte; und manchmal strömt das Gegenteil davon durch den Geist.

Womöglich tauchen wir in den Strom der Gedanken ein, picken uns dieses und jenes heraus und basteln uns daraus ein statisches Ich-Bild. Wir versuchen, den Strom »einzufrieren«. Diese negative Haltung neigt dazu, nur die sogenannten »schlechten« Dinge zu erkennen, und läßt die positiven, hellen Stellen außer acht. Möglicherweise wollen wir uns an diesem Bild festhalten, weil es uns ein Gefühl der Sicherheit gibt, auch wenn es so schmerzhaft ist. Vielleicht haben wir uns an das Schmerzliche gewöhnt, und es ist sehr schwer, dieses aufzugeben.

Die Vipassana-Meditation ist allerdings gerade das Aufgeben von Ich-Vorstellungen und Konzepten. Sie ist das Ergründen der Wirklichkeit der Dinge, *so wie sie sind*, mit soviel Gleichmut und Mitgefühl wie möglich.

Die auf Gewinn ausgerichtete Geisteshaltung kann in uns auch die Tendenz schaffen, Konzepte und Meinungen bezüglich anderer Dinge hervorzubringen. Vielleicht versuchen wir, mit dem Intellekt zu erfassen, was die letztendliche Wirklichkeit ist. Und wir schaffen uns Konzepte über die Leerheit, Erleuchtung, die absolute Wahrheit und so weiter.

Vielleicht neigen wir dazu, die Gegenwart beiseite zu schieben: »Das ist mir einfach *zu* weltlich!«

Vielleicht sind wir jemand, der sich lieber mit glänzenden Ideen über die Früchte der Konzentration beschäftigt, oder wie es so ist als Erleuchteter! Vielleicht erzeugen wir eine Sehnsucht danach, »spirituelle Wesen« zu werden, die die Wahrheit suchen oder die Wirklichkeit, Erleuchtung, Vereinigung mit Gott, was auch immer.

So etwas verneint die Gegenwart und verdrängt den Reinigungsprozeß, der *in* der Gegenwart stattfinden muß. Dieser Prozeß besteht darin, Meinungen, Anschauungen und Ich-Verhaftung loszulassen. Vielleicht nehmen wir fälschlicherweise an, daß wir es dann schon irgendwie verdienen, wenn wir Frieden, Konzentration und Erleuchtung nur stark genug wollen und in der Gegenwart nur hinreichend leiden.

Das einzige, was wir damit bewirken, ist eine gewaltige Last, die wir uns auferlegen, eine Last, die von unserem Verlangen nach Zugewinn herrührt. So führt das Erzeugen von Konzepten und Sehnsüchten lediglich dazu, unsere Unzufriedenheit und unser Leiden zu vergrößern. Vielleicht übersehen wir dabei, daß wir uns von Konzepten und Sehnsüchten »befreien« müssen; daß wir versuchen müssen, uns jeden einzelnen Augenblick zu öffnen, ohne vorgefaßte Meinung darüber, wie dieser Augenblick auszusehen habe.

Es gibt einen Spruch vom dritten Zen-Patriarchen: »Sucht nicht nach der Wahrheit. Hört einfach nur auf, an Meinungen festzuhalten.«

Wir können versuchen, das Loslassen zu lernen, das Loslassen unserer Meinungen und Ansichten, und wir können versuchen, uns dem »Nicht-Wissen« zu öffnen. Versucht, den Wunsch loszulassen, Sicherheit in der Ausgestaltung irgendwelcher Ideen über die Realität zu finden, und kommt zur eigentlichen Arbeit zurück, indem ihr jeden Augenblick so nehmt, wie er ist. Forscht nach, erkennt, was im gegenwärtigen Augenblick wahr ist – Loslassen statt Einverleiben.

Die leistungsorientierte Geisteshaltung ist eine sehr tiefsitzende Konditionierung, die die meisten von uns hierher mitbringen. Eine Geisteshaltung, die wahrscheinlich alles, was wir hochkommen sehen, ständig beurteilt und kommentiert und sich dessen oft gar nicht bewußt ist.

Obwohl uns die leistungsorientierte Geisteshaltung daran hindern kann, in die Gegenwart zu kommen, ist sie nicht durch und durch nutzlos. Sie hat eine gewisse Energie, einen gewissen Schwung – eine energetische »Packen wir's an«-Einstellung, die uns zu neuen Ufern aufbrechen läßt.

Wir können uns daran machen, diese Energie umzulenken. Zuerst können wir sie auf kleinere Errungenschaften hinwenden. Wir können Konzentration und Achtsamkeit während der nächsten fünf Atemzüge oder Schritte bewerkstelligen. Wir können darin erfolgreich sein, die Hindernisse deutlich zu erkennen. Wir können darin erfolgreich sein, trotz Unruhe mit nachforschender Einstellung bis zum Glockenzeichen zu sitzen.

Wir können darin erfolgreich sein, nur die nächste Sitzung zu betrachten und uns nicht vom Restprogramm des Nachmittags oder des Retreats überwältigen zu lassen. Versucht, die Zukunft auf kleinere Zeitabschnitte zu reduzieren. Und dann können wir uns daran machen, diese Energie zu transformieren.

Wenn es in der Vergangenheit darum ging, etwas Neues anzufangen, machten sich viele von uns mit der anfänglichen »Packen wir's an«-Energie ans Werk, fanden aber später heraus, daß sie das Interesse verloren hatten. Wenn wir diese Energie nicht in etwas Tiefergehendes umwandeln können, dann wird diese Energie schwinden, sich aufbrauchen. Wir verlieren vielleicht das Interesse oder bilden uns ein, es sei zu schwierig für uns, und lassen die ganze Sache fallen.

Können wir die Spannung, ja fast schon Paranoia in unserem Leistungsstreben umwandeln? »Ich werde achtsam sein, und wenn es mich umbringt!« Können wir diese Einstellung umwandeln in die Energie der Achtsamkeit, die Abstand nimmt, die sanft und fürsorglich ist? Sogar beim Anfangen wird fürsorgliche Achtsamkeit durch den paranoiden Druck zur Achtsamkeit aufgewogen.

Wir wären liebend gerne in der Lage, die Energie des Leistungsstrebens in die Bemühung um das Loslassen umzuwandeln.

Doch selbst bei diesen schönen Worten muß man sich vergegenwärtigen, daß es nicht darum geht, alles loszulassen. Loslassen muß auf richtigem Verständnis, richtiger Absicht und richtigem Bemühen beruhen, das bedeutet, auf einem »ausbalancierten« Bemühen.

In den schriftlichen Überlieferungen findet sich ein Gleichnis, das der Buddha benutzte. Er verglich das Bemühen, das für den Weg der Meditation nötig ist, mit dem Stimmen eines Saiteninstruments.

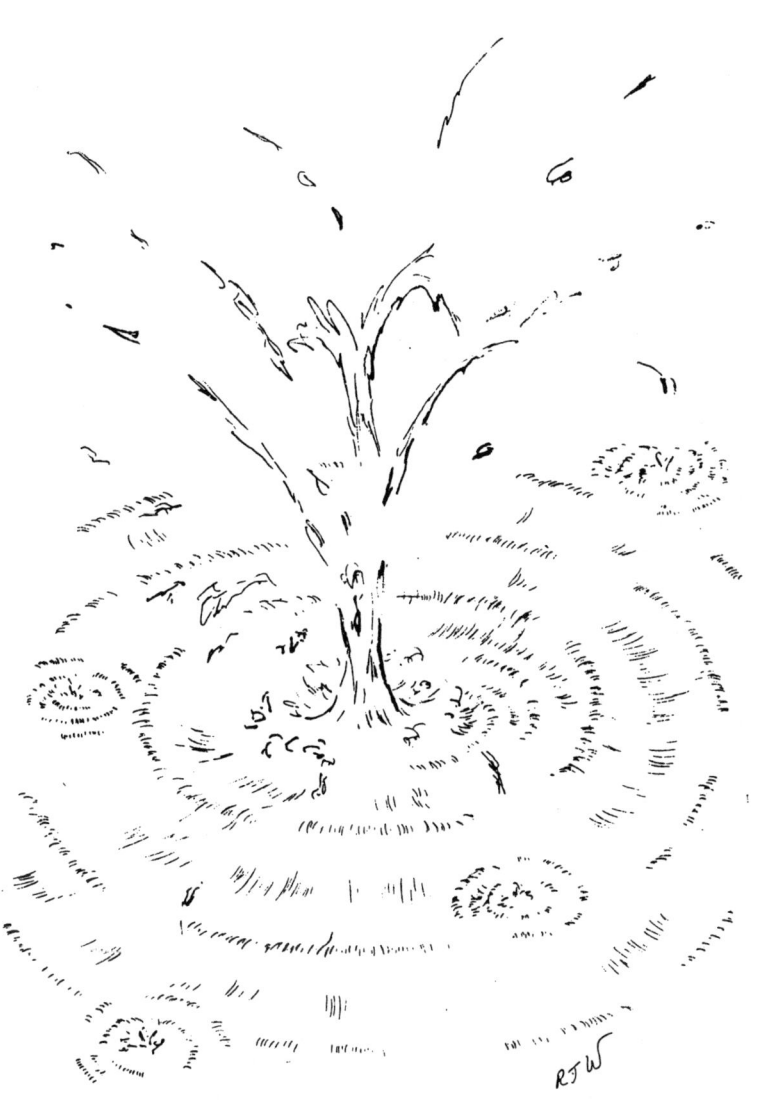

RJW

Wenn man die Saiten zu straff spannt, bringt das Instrument keinen Wohlklang hervor. Wenn man die Saiten zu locker spannt, bringt das Instrument ebenfalls keinen Wohlklang hervor. Wenn man die Saiten weder zu straff noch zu locker spannt, dann kann das Instrument Wohlklänge hervorbringen.

Die zu straff gespannte Saite rührt von der Energie her, etwas erreichen zu wollen, das Greifen nach den Früchten unserer Praxis, voller Verlangen, welches die Spannungen und das unbalancierte Bemühen hervorbringt. Die zu locker gespannte Saite rührt von mangelndem Einsatz her, wenn man den Geist abschweifen und in Faulheit und Dumpfheit abgleiten läßt.

Loslassen hat nichts mit Abgleiten in Dumpfheit zu tun, sondern ist eine vitale, energetische Geisteshaltung. Es handelt sich um die Energie, die nötig ist, um beständig zum Atem oder zu den Schritten zurückzukehren, die Energie, um sich wieder aufzurütteln, wenn der Geist anfängt abzuschweifen, wenn er anfängt, nach Ergebnissen zu suchen, und die Energie, Gedanken auch dann loszulassen, wenn sie angenehm und genußvoll sind. Es ist die Energie zum Loslassen der Unruhe, der Angst und der Sorge beziehungsweise die Energie, ihnen beobachtend entgegenzutreten, so lange, bis man loslassen kann – der Versuch, im Hier und Jetzt loszulassen.

Im Zusammenhang mit dem Begriff »Loslassen« gilt es, noch einen weiteren wichtigen Punkt zu erkennen. Er besagt nicht, daß man die Verantwortung für seine Taten, Äußerungen und Gedanken loslassen kann; daß man den Widerhall und die Ergebnisse unangenehmer Emotionen und ungeschickter Taten vermeiden kann, indem man einfach die damit verbundenen Schamgefühle losläßt.

Das ist so, als werfe man einen Stein ins Wasser und glaube, er würde keine Wellen schlagen, wenn man den Stein nach dem Wurf vergißt. Das ist unmöglich.

Loslassen und Mitgefühl mit unserem Zorn, Schuldgefühl, Neigung zur Verurteilung anderer und so weiter beinhaltet nicht, daß wir nicht unser Bestes versuchen sollten, um den Schaden zu beheben, den diese Neigungen verursacht haben – falls das möglich ist.

Mitgefühl ergründet die Wellen, die der Zorn, die Gier, ungeschickte Taten, Äußerungen und Gedanken geschlagen haben, und versucht, von ihnen zu lernen. Mitgefühl nimmt Einsicht in den Streß, das Leid und erkennt die Ursachen, so daß wir das Verständnis dafür entwickeln können, wie Streß und Leid für uns und andere künftig *vermieden* werden können.

Das beschützt das »Loslassen« davor, in die sehr gefährliche Haltung der Gleichgültigkeit und egozentrischen Praxis abzugleiten. Das wäre die Idee:»Gut, ich habe mir vergeben. Ich habe erkannt, daß alles bloß an meiner Konditionierung liegt, und die lasse ich jetzt los... Na, und du?... Kannst du nicht auch loslassen?!«

Mitgefühl und Weisheit beschützen einen vor dieser egozentrischen Praxis. Mitgefühl und Weisheit trachten nicht danach, Zorn zu rechtfertigen, etwa:»Na ja, es ist ja bloß wegen meiner Konditionierung. Ich hab's ja nicht besser gewußt.« Mitgefühl und Weisheit erkennen, daß wir nicht »Sklaven« unserer Konditionierungen sein müssen. Es liegt in unserer Macht, nachzuforschen und diese Energien im Hier und Jetzt zu verändern und umzuwandeln.

Mitgefühl und Weisheit machen uns dafür aufgeschlossen, wie ungeschickt bestimmte Taten, Äußerungen und Geisteszustände sind. Mitgefühl und Weisheit wollen sie nicht rechtfertigen, wollen uns keine Gleichgültigkeit zugestehen und wollen nicht versuchen, den Resultaten zu entgehen. Die Resultate, die sich im Hier und Jetzt zeigen, nämlich eigenes Leiden und Leiden, das man anderen bereitet hat.

Man erkennt ungeschickte und unheilsame Dinge als das an, was sie sind, nämlich ungeschickt und unheilsam. Und man trachtet danach, jegliches Leiden und jegliche Schwierigkeit, die man verursacht hat, zu lindern.

Das kann mit unangenehmen Gefühlen verbunden sein. Diese unangenehmen Gefühle sind Bestandteil des Heilungsprozesses und Bestandteil des Wachstums von mitfühlendem Verständnis.

Wenn wir unsere unheilsamen, ungeschickten Taten, Äußerungen und Gedanken sowie deren Ergebnisse anerkennen, wenn wir aufgeschlossen werden für unseren Anteil an der Erzeugung von Leid für uns und andere, so bedeutet das, daß wir uns einer Sorte von unangenehmen »spirituellen« Gefühlen öffnen müssen, die viele Menschen gar nicht gern haben. Diese Gefühle werden oft als Scham oder Reue* bezeichnet.

---

\* Die deutschen Begriffe »Scham« und »Reue« sind mit dem Beigeschmack von Schuld befrachtet. Das Wort »Schuld« beinhaltet nach deutschem Sprachge-

Wenn wir uns dem öffnen, werden wir wohl eine ganze Menge unangenehmer Gefühle erleben, und doch treiben uns Mitgefühl und Weisheit dazu an. Es ist ein Schritt, bei dem unheilsame Dinge in heilsame verwandelt werden. Diesem Schritt folgt vielleicht der Wunsch und das nötige Verständnis, um diese unheilsamen Dinge künftig zu vermeiden.

Eine Energie, die auf mitfühlendem Verständnis beruht, taucht auf. Und dann beginnt der Prozeß des wahren Loslassens.

Wir haben uns dem Schmerz geöffnet, den die Wellen unserer Taten möglicherweise verursacht haben. Auch wollen wir den Schmerz heilen, indem wir bescheidener werden und unsere Selbstsucht, unsere Rechtfertigungen und unser verächtliches Beurteilen anderer loslassen.

Das ist das echte Loslassen, das auf mitfühlendem Verständnis, und nicht das »falsche« Loslassen, das auf Gleichgültigkeit und Selbstsucht beruht.

In der Meditationspraxis ist es sehr gefährlich, wenn man dem Läuterungsprozeß auf der Stufe, auf der die meisten arbeiten, die vielen intellektuellen Auffassungen der absoluten Realität, die kursieren, aufbürdet – Leerheit, Nichtselbst und so weiter.

Man denkt, man habe es nicht mehr nötig, seine Taten, Äußerungen und Gedanken zu läutern, oder man könne ihren Folgen entrinnen, durch Bemerkungen wie »Ach, weißt du... ich existiere nicht, du existierst nicht, alles bloß Illusion« oder »Wenn du die ›Absolute Realität‹ erreichst, dann bist du jenseits von Gut und Böse«.

Es besteht die Wahrscheinlichkeit, daß das Anhaften an derlei Konzepten einige Menschen dazu bringt, ziemlich amoralisch zu werden, weil sie glauben, »das Training auf dem Gebiet der Sittlichkeit ist nur für Leute da, die einfach nicht so genial, intelligent und

brauch eine Selbstverurteilung, die nicht im Sinne der hier gelehrten Praxis geistiger Entwicklung ist (auch nicht im Sinne der Pali-Begriffe »hiri« und »ottappa«). Leider stehen keine treffenderen Ausdrücke zur Verfügung. Scham ist hier die Erkenntnis, den Frieden und die Harmonie anderer gestört zu haben, und die Furcht vor deren Mißbilligung. Reue ist hier die Erkenntnis, der eigenen geistigen Entwicklung durch ungeschickte Verhaltensweisen geschadet zu haben beziehungsweise unheilsame Konditionierungen gestärkt zu haben, in Verbindung mit dem Wunsch, besagte Verhaltensweisen und Reaktionen künftig zu vermeiden.

erleuchtet wie ich sind«. Das ist, als wollte man einen Dachstuhl errichten, bevor der Grundstein gelegt ist!

Gut und böse, heilsam und unheilsam erscheinen diesen Leuten als bloße Meinungen, Konzepte und begrenzte Standpunkte. Sie verschließen ihr Herz... sie verschließen sich der Verwobenheit des Lebens und dem Leiden, das durch unheilsame Taten, Äußerungen und durch intellektuelle Kälte erzeugt wird.

Wenn wir diese intellektuellen Glanzleistungen, diese Gescheitheit und die damit verbundene Selbsttäuschung loslassen, können wir den Streß unheilsamer Geistobjekte ergründen, nämlich unsere Gedankenspielchen, die Schmerzlichkeit selbstsüchtigen Verlangens und Egoismus. Wir können uns deren innerer Wirklichkeit öffnen und damit anfangen, sie zu lindern.

Wendet also bitte Sorgfalt an, um zu verstehen, was ich mit »Loslassen« meine. Loslassen muß auf richtigem Verständnis, richtiger Absicht – der mitfühlenden Motivation – und richtigem Bemühen gegründet sein. Genanntes Mißverständnis wäre ansonsten von großem Schaden für euch und andere. Es könnte immer mehr Unwissenheit, Egoismus und Gleichgültigkeit in euch hervorrufen, immer mehr Leiden und Schwierigkeiten in euch und anderen und immer mehr Leiden und Schwierigkeiten in der Welt erzeugen... in einer Welt, die des Mitgefühls so sehr bedarf.

Mit falschem Verständnis könnte aus dem Mitgefühl gegenüber uns selbst und anderen bloßes Selbstmitleid oder Bedauern werden oder ein Nachgeben gegenüber unseren Konditionierungen oder den Konditionierungen anderer oder der Wunsch, nur angenehme Gefühle zu haben. Auf diese Weise gäbe es keinen Wunsch, sich den unangenehmen spirituellen Gefühlen zu öffnen, die für unsere Läuterung unumgänglich sind. Das würde auf den Wunsch hinauslaufen, der Verantwortlichkeit für unsere Taten, Äußerungen und Gedanken zu entkommen, auf den Wunsch, den Stein, der in den See geworfen wurde, zu vergessen und zu verleugnen.

Mitgefühl mit uns selbst ist die Bereitschaft, die unangenehmen weltlichen Gefühle in die gelegentlich unangenehmen spirituellen Gefühle, die von Mitgefühl und Weisheit herrühren, umzuwandeln. Dies kann unseren Egoismus, unsere Nachgiebigkeit und unsere Selbstsucht durchtrennen. Dann findet der Heilungsprozeß statt, der von wirklichem, echtem Loslassen hervorgebracht wird.

Wie können wir die anfängliche Energie des leistungsorientierten Geistes in das Bemühen des Loslassens umwandeln? Als erstes gilt es, sich dessen bewußt zu werden. Versucht, darauf zu achten, wie der Geist nach etwas strebt, etwas tut, um etwas zu bekommen, oder wie er vielleicht wünscht, etwas zu leisten, um sich nicht nutzlos zu fühlen.

Wenn wir uns dessen nicht bewußt werden, kann diese Geisteshaltung uns zwar zu all unseren Taten und Bemühungen anspornen, uns aber zugleich dabei ständig im Wege stehen. Traurig, aber wahr: Sie kann uns sogar so weit bringen, daß wir »ausbrennen«, uns völlig verausgaben.

Versucht, die Energie, die hinter euren Anstrengungen während des ganzen Tages steht, aufmerksam zu beobachten, sowohl bei der formalen Meditationspraxis als auch bei den nötigen Hausarbeiten, wie Fegen, Geschirrspülen, Zimmer reinigen. Prüft nach, ob ihr nach dem Ergebnis eurer Handlungen strebt – nach der Belohnung. So sind wir in der Regel an jegliche Arbeit in unserem Leben herangegangen; nie waren wir an dem Vorgang selbst interessiert.

Wenn wir die Geisteshaltung des Strebens, der Leistungsbezogenheit, des Einverleibens erkennen können, dann sind wir schon dabei, ihre Energie, ihre besondere Unbehaglichkeit zu erforschen, das Verdrängen des Hier und Jetzt, die tiefen Spannungen und das Unbefriedigende darin. Versucht, auf die innere Enge und die innere Aggression zu achten.

Wenn wir uns trauen, dies zu ergründen und den damit verbundenen Streß und das Leid zu fühlen, dann kann der ursprüngliche Wunsch aufsteigen, frei von Problemen, Streß und Leid zu sein.

Dieser Wunsch vertieft sich zu einem Mitgefühl, das sehr viel Stärke und Energie besitzt. Die Stärke, Energie und Weisheit, loslassen zu können.

Und wenn wir dann loslassen können, erkennt, wie die Spannungen verblassen, erkennt, wie die Bedeutung des Augenblicks und das »Voll-da-Sein« den Streß lindern können. Wir können realisieren, daß wir diesen Augenblick leben können ohne die Bürde eines Resultats und ohne die Ego-Befriedigung, die wir uns davon versprechen. Wir können den Frieden erfahren, vorbehaltlos im Augenblick zu sein, und geben dadurch jeglicher Handlung Bedeutung und auch Gewicht.

Bei der Arbeitsmeditation zum Beispiel können wir uns am Ergebnis erfreuen, wenn die Arbeit getan ist, aber es ist möglich, auch mit dem Arbeitsvorgang Frieden zu schließen. Wir haben das Potential dazu.

Wir können fegen, um zu fegen, und Geschirr spülen, um Geschirr zu spülen. Das heißt, wir fegen einfach nur, um beim Vorgang des Fegens zu sein, nicht nur, um hinterher einen sauberen Hof zu haben. Wir spülen Geschirr, um achtsam beim Geschirrspülen zu sein, nicht nur, um hinterher sauberes Geschirr zu haben.

Das ist besonders wichtig bei sich wiederholenden Aufgaben, die keine weltbewegenden Ergebnisse mit sich bringen und denen wir täglich immer wieder nachgehen müssen. Anstatt Langeweile zu erzeugen, kann man sie als eine Gelegenheit betrachten, bei der das ständige Wiederholen die Geistesgegenwart stärkt und Achtsamkeit und Konzentration fördert.

So wird unser Leben reicher und weniger abhängig davon, etwas zu erhalten. Wir können versuchen, die Bürde der Sorge und der Abhängigkeit von Resultaten abzuwerfen.

Das kann auch dazu beitragen, ein im Westen weitverbreitetes Phänomen zu verhindern, nämlich das Gefühl der Vergeblichkeit. Man arbeitet und fragt sich, wozu es gut sein soll. Wir können unsere Arbeit und alle unsere Handlungen als Mittel zur Läuterung des Geistes anwenden. Die Alternative dazu wäre, lediglich für den Lebensunterhalt zu arbeiten und sich damit abzufinden, daß ein Großteil unseres Lebens unbefriedigend ist.

Wenn wir uns aber dafür interessieren, *wie* wir etwas tun, dann ist nichts umsonst, und wir teilen unser Leben nicht in Abschnitte ein, in denen wir nur für die »süßen Früchte« der Belohnung leben. Wir können unser Leben in seiner Gesamtheit leben, so daß es erfüllt und voll Friede ist.

Das kann auch bedeuten, daß wir unseren Geist vor Trauer und Frustration schützen können, vor dem Gefühl, versagt zu haben, wenn die Ergebnisse unserer Handlungen einmal nicht so berauschend sind.

Dies gelingt, weil uns das *Wie* unserer Handlungen wichtig war. Wenn wir versucht haben, mit Achtsamkeit, Wohlwollen und guter Absicht zu arbeiten, dann kann uns Tadel oder ausbleibender Erfolg nicht mehr so sehr aus dem Gleichgewicht bringen.

In diesem Leben wird es immer Lob und Tadel geben, egal wie sehr wir uns auch bemühen.

Das Mitgefühl, das aus dem Erkennen von Streß und Schwierigkeiten in Zusammenhang mit der leistungsorientierten Geisteshaltung erwächst, hilft uns loszulassen und kann auch unsere Absichten, die Triebfeder hinter unseren Handlungen, umwandeln. Wenn der Gedanke des Habenwollens auftritt, kann Mitgefühl diese starke Energie umwandeln – in den Wunsch, unsere Schwierigkeiten und die Schwierigkeiten anderer zu lindern.

Diese Mitfühlende Absicht stärkt unsere Bemühungen. Nicht, um etwas für uns selbst zu *erreichen,* sondern um uns und anderen die Last zu *erleichtern.*

Wenn wir Frieden im Vorgang der Arbeit und der Meditation finden, wenn wir in Frieden leben können, dann verbreiten wir auch Frieden – und nicht Langeweile, Frustration und Paranoia.

Dieses Mitgefühl stärkt unsere Fähigkeit, ehrlich gegenüber uns selbst zu sein, auf großartige Weise. Es stärkt die Bereitschaft zur Veränderung und gibt uns die Kraft zum Loslassen – es ist eine heilende Energie.

Das ist der Unterschied zwischen dem *Habenwollen,* also der selbstsüchtigen Motivation, und der *gebenden* Energie, also dem mitfühlenden Wunsch.

Mittels Mitgefühl mit uns selbst weichen wir unsere Konditionierungen auf, ergründen sie, erkennen die Spannungen, und mittels Mitgefühl lassen wir behutsam los. In dem Maße, in dem unsere Achtsamkeit stärker wird, werden wir in der Lage sein, den Unterschied zwischen der inneren Energie des Habenwollens, des Strebens nach Erfolg und dem Gefühl des Loslassens zu erkennen, und zwar im Moment ihres Erscheinens. Stück für Stück können wir die Last des Minderwertigkeitsgefühls und des Erfolgszwanges abwerfen... und wir können lernen, in jedem einzelnen Augenblick zu leben.

Die Energie des Habenwollens und des Erfolgsstrebens ist unbehaglich, beengend und voller Spannung. Die Energie des Mitgefühls ist offen und weit, alldurchdringend, heilend. Je mehr Mitgefühl wir empfinden, desto mehr wird es in uns erneuert, desto mehr erneuert es unseren Schwung und gibt uns Beständigkeit – eine Einstellung, die uns niemals aufgeben läßt.

Mitgefühl kann uns die Fähigkeit verleihen, uns durch Schwierigkeiten und Hindernisse hindurchzuarbeiten, ohne aufzugeben, bis wir in der Lage sind, tiefer vorzudringen und die Ursachen zu erkennen.

Die Energie des Habenwollens hat diese Kraft nicht, weil sie mehr auf einem zukunftsorientierten Ideal beruht, auf einem geistgeborenen, traumähnlichen Wunsch. Wenn sie auf Hindernisse trifft, dann hat sie nicht den Mut, das Durchhaltevermögen, die Geduld und die Fähigkeit zum Abstandnehmen, Beobachten, Ergründen und zur Aufrichtigkeit. Wir wollen dann irgendwie Frieden in unser Ich-Bild bringen anstatt loszulassen, unsere gewohnheitsmäßigen Erwiderungen, unsere liebgewonnenen Ansichten und Meinungen über uns und die Welt loszulassen. Die leistungsorientierte Motivation ist für gewöhnlich aggressiv.

Loslassen, das auf mitfühlender Motivation beruht, ist sanft, aber auch sehr machtvoll. Es fügt unseren Bemühungen eine gewisse Behutsamkeit und Güte hinzu, und doch wird es uns nicht erlauben, uns selbst nachzugeben, uns selbst zu täuschen. Und zwar, weil es auf dem Wunsch beruht, unsere Leiden und Schwierigkeiten und die Leiden und Schwierigkeiten anderer zu lindern, der Wunsch, der aus der Weisheit klaren Erkennens herrührt.

Wir erkennen, daß die Ursache für das Leiden in unseren selbstsüchtigen Reaktionen auf unsere Erfahrungen liegt. Mitgefühl treibt uns dazu an, das Leiden aufgeschlossen und ohne Rechtfertigungen zu ergründen. Wir beginnen, den Schmerz zu heilen, indem wir unsere Anhaftungen loslassen – mittels Mitgefühl mit uns selbst und anderen.

Die mitfühlende Energie kann immer wieder erneuert werden, weil Mitgefühl aus dem Erkennen von Streß, Unbefriedigendem und Leid entsteht und aus dem Wunsch, diese zu lindern. Wenn wir uns selbst ergründen, so gibt es keinen Mangel an geistigen Gefilden, die dieses Mitgefühl aktivieren können.

Wenn wir in uns selbst die verschiedenen Ebenen des subtil Unbefriedigenden, der Frustration und des Stresses erkennen, dann fangen wir auch an, den Geist anderer besser zu verstehen, und unser Mitgefühl beginnt, sich anderen Lebewesen zu öffnen. Kyabje Yongzin Ling Dorje Chang Rinpoche, der Senior-Tutor des Dalai Lama, drückte es so aus:

»Wie können wir uns auf das Leiden anderer beziehen, wenn wir nicht einmal die subtilen Ebenen des Leids in unserem eigenen Wesen kennen. Man muß die wahre Natur des Leidens kennen, um Mitgefühl aus ganzem Herzen für andere haben zu können. Daher müssen wir Mitgefühl für uns selbst haben, bevor wir Mitgefühl für andere haben können.«

Mitgefühl gestattet es dem isolierten Selbst, sich langsam aufzulösen, weil Mitgefühl die Selbstsucht reduziert.

Allmählich können wir uns in Wechselbeziehung zu anderen sehen, den Effekt, den unsere Taten und Äußerungen auf andere haben können, und wir beginnen, unsere Absichten zu läutern.

Wir können versuchen, auf unsere Taten, Äußerungen und Gedanken zu achten, indem wir das Unbefriedigende, das Leiden, den Streß verstehen... indem wir wünschen, diese in uns und anderen zu lindern... durch Mitgefühl... durch *Geben* statt Habenwollen.

*Siebter Tag, vormittags*

# Emotionen

Es ist ganz normal, wenn man in einem Retreat wie diesem erlebt, wie sehr viele verschiedene Emotionen hochkommen, Gedanken über die Vergangenheit, Gedanken über die Zukunft. Sie alle tragen auf ihre Weise dazu bei, verschiedene Reaktionen, verschiedene innere Zustände zu erzeugen, die einen überwältigen können. Sie wirken wie riesige Meereswellen im Vergleich zu einer leichten Kräuselung an der Oberfläche eines Sees.

Versucht, dabei im Auge zu behalten, daß dieser Vorgang ganz natürlich ist, daß diese Emotionen weder gut noch schlecht sind, sondern ein normaler Vorgang, der von unserer Konditionierung herrührt.

Wenn wir diese Emotionen in eine Schublade stecken und negativ werten, haben wir reagiert und uns lediglich weiteren Streß, weitere Probleme eingehandelt. Versucht, euch zu vergegenwärtigen, daß alle zum Vorschein kommenden Emotionen, besonders Gedanken über Vergangenes und Zukünftiges, lediglich von unserer frühen Konditionierung abhängen. Dies ist ganz normal.

Durch unsere Vergangenheit sind wir, was wir sind. Es liegt an uns und an unserem Lernprozeß, mit diesen Reaktionen weiser umzugehen. Mit einer neuen Konditionierung können wir mehr Frieden und tieferes Glück in der Zukunft schaffen.

Es gibt viele verschiedene Möglichkeiten, wie ein Meditierender in einem Retreat reagieren wird. Rosemary sprach kürzlich über die sogenannten V.-W.s und V.-R.s, also über Zorn und Begehren gegenüber anderen. Gestern sprach ich über den »unreifen Yogi-Geist«.

Er kann sich auf andere Meditierende richten. Vielleicht kommentieren wir in Gedanken: »Oh, diese(r) da macht dieses, diese(r) dort tut jenes.« Vielleicht kommentieren wir auf solche Weise auch die Lehrer, oder den Stundenplan oder die Mönche und Nonnen.

Viele Male gehen wir nach außen, deuten nach außen, zeigen nach außen.

Es ist wichtig, sich darüber klar zu werden, daß dies ein normaler geistiger Vorgang ist, der Versuch, die Ursache aller Schwierigkeiten, aller Probleme draußen ausfindig zu machen.

Versucht, diesen Vorgang als das zu erkennen, was er ist: als Konditionierung, als etwas, das wir fast unser ganzes Leben lang getan haben, und als etwas, das die meisten Menschen immer wieder tun. Habt eine entspanntc Einstellung dazu. Versucht, Mitgefühl gegenüber diese Art von Konditionierung zu haben, gegenüber dieser Art von Schwierigkeit, die uns alle betrifft. Versucht zu verstehen, worum es sich handelt.

Versucht, euch nicht mit noch mehr Abneigung darauf zu stürzen, indem ihr denkt, es sei furchtbar. Und versucht auch nicht nachzugeben, indem ihr euch davon mitreißen laßt.

*Nicht* die Gedanken und Emotionen sind das große Problem.

Das ist ein wichtiger Punkt, den es zu verstehen und an den es sich zu erinnern gilt. *Nicht* die Gedanken und Emotionen stellen das große Problem dar. Es sind unsere *Reaktionen* darauf. Genau hier können wir arbeiten. Die Emotionen steigen auf eine ganz natürliche Weise hoch. Sie sind so unterschiedlich wie die Menschen.

Unsere Konditionierung aus der Vergangenheit läßt vieles auftauchen: Zorn, Abneigung, Unruhe und vieles andere. Wir versuchen, mit unseren Reaktionen auf diese Emotionen zu arbeiten. Wir versuchen uns selbst zum Aufpassen und Lernen zu befähigen. Je mehr wir Abstand nehmen, aufpassen und lernen können, desto mehr werden wir in Mitgefühl, in Verständnis, in Geduld und Beharrlichkeit wachsen.

Uns selbst kennenlernen, fühlen lernen, daß es in Ordnung ist, wer wir sind; in dem Sinne, daß wir eben sind, wer wir aufgrund zurückliegender Konditionierung sind, und daß wir jetzt versuchen, damit zu arbeiten. Wir versuchen *mit* dem, was wir sind, zu arbeiten und nicht *dagegen*.

Je mehr man sich in geduldiger, mitfühlender, verständnisvoller Beobachtung übt, desto mehr werden die verschiedenen unheilsamen Emotionen und Denkmuster allmählich nachlassen und verblassen, wenn wir sie nicht mit Zorn oder Nachgiebigkeit »füttern«. Wenn wir einfach nur beobachten, haben diese Dinge die Möglichkeit, gemäß ihrer eigenen Natur zu vergehen. Und wir schaffen eine neue Konditionierung für die Zukunft, um mehr Frieden und Zufriedenheit zu finden. Gleichzeitig können wir auch in der Lage sein, anderen dabei zu helfen, mehr Frieden und Zufriedenheit zu finden.

Einige von euch übersehen vielleicht den einen oder anderen Fall, in dem ihr eure unheilsamen Gedanken nährt. Insbesondere betrifft das Unruhe und Sorge. Wenn ihr euch darin verliert und zulaßt, daß sie euch überwältigen, merkt ihr wahrscheinlich, daß ihr Schwierigkeiten mit dem Stillsitzen habt, und bei der Gehmeditation habt ihr vielleicht sogar noch mehr Probleme.

Heute ist der siebte Tag des Retreats, und viele von euch kommen mit der Gehmeditation gut zurecht, aber einige von euch noch nicht. Und diejenigen von euch, die einigermaßen zurechtkommen, erleben vielleicht Phasen, in denen die Unruhe ziemlich stark wird. Zu diesen Zeiten merkt ihr vielleicht, daß euch danach ist, auf die Toilette zu gehen, obwohl ihr gar nicht müßt, daß euch danach ist, ein Glas Wasser zu holen, obwohl ihr gar nicht durstig seid, daß ihr in eurem Zimmer etwas erledigen müßt, daß ihr wissen wollt, ob die Wäsche schon trocken ist...

Möglicherweise entdeckt ihr, daß ihr hinauf zu den Aussichtspunkten* gehen wollt... oder ihr interessiert euch plötzlich für die Ameisen und Tausendfüßler – manchmal ist es viel interessanter, diesen Tierchen beim Gehen zuzuschauen als euch selbst!

Man fühlt sich nicht immer wohl bei dieser formalen Geherei, immerzu hin und zurück, hin und zurück... eine ausgedehnte Strandwanderung wäre viel angenehmer.

Der wesentliche Grund für diese körperliche Rastlosigkeit und Erregtheit ist oft die innere Unruhe und Besorgnis und mangelnder Einsatz bei der Vergegenwärtigung der Hindernisse. Wenn ihr merkt, daß es euch so ergeht, dann empfehlen wir euch, mehr Gebrauch vom geistigen Etikettieren des umherschweifenden Geistes zu machen. Versucht, euch noch mehr zu bemühen, damit ihr von den Riesenwellen der Gedanken und Emotionen nicht überrollt werdet.

Es wird euch auch eine Hilfe sein, wenn ihr mit euch selbst übereinkommt, während der gesamten Gehperiode auf demselben Pfad zu bleiben und nur am Anfang oder am Ende der Periode auf die

---

* Wat Khao Tham hat drei natürliche Aussichtspunkte, die eine atemberaubende Sicht auf das Meer und die Nachbarinseln und den Dschungel bieten.

Toilette zu gehen oder etwas zum Trinken zu holen. Wenn ihr beim Gehen ermüdet, so ist es in Ordnung, am Wendepunkt beliebig lange stehenzubleiben. Wenn ihr meint, es müßte wirklich sein, dann ist es auch in Ordnung, wenn ihr euch für ein paar Minuten hinsetzt und danach wieder aufsteht und erneut probiert.

Wenn ihr allerdings meint, ihr müßtet und wolltet euch hinsetzen, dann erinnert euch bitte an das Gleichnis vom Oldtimermotor; erwägt es, bevor ihr zur Tat schreitet. Wenn ihr euch wiederholt hinsetzt, auf euer Zimmer geht, zehn Minuten Trinkpause einlegt, der eigenen Trägheit nachgebt, dann trägt das nicht dazu bei, den Motor anzuwerfen – kurbeln, kurbeln und Pause, kurbeln, Pause, kurbeln, Pause.

Wenn ihr wollt, daß das Auto fährt, dann ist es wichtig, eure Bemühungen aufrechtzuerhalten und Trägheit, Müdigkeit oder Unruhe nicht nachzugeben. Bemüht euch um richtigen Einsatz. Rosemary erwähnte, daß der erforderliche Einsatz dem Stimmen eines Saiteninstruments gleiche. Versucht, achtsam zu sein, wenn eure Saiten zu locker sind.

Bei denjenigen von euch, die sich bei der Gehmeditation besonders angestrengt haben, kann es passieren, daß die Saiten ein bißchen zu straff werden, besonders bei denjenigen, die die Einfahrt vor der Halle benutzen.

Oft laufen Hunde durch »eure« Gehstrecke..., oft laufen Thais durch »eure« Gehstrecke..., und oft laufen rastlose Meditierende durch »eure« Gehstrecke. Versucht, gewahr zu werden, wie sich eure Einstellung verändert, wenn Hunde oder Thais vorbeikommen und wenn ein rastloser Meditierender herumläuft und an euch vorbeikommt.

Versucht, euch gegen die Vipassana-Wahnidee zu wappnen, gegen jegliche Abneigung gegen die Meditierenden und ihre Rastlosigkeit. Versucht, das geistige Etikettieren vermehrt anzuwenden, und bringt auf diese Weise alle erdenklichen Erfahrungen in das Wachstum von Geduld und mitfühlendem Verständnis ein.

Könnt ihr auf eurem Pfad gehen, ohne zornig oder erregt zu werden, wenn ein anderer Meditierender vorbeikommt? Es ist möglich.

Egal, ob eure Saiten straff oder zu locker sind: Versucht, euch von den Riesenwellen der Gedanken und Emotionen nicht mitreißen zu lassen. Versucht, nicht immer der Außenwelt die Schuld für eure eigene Unruhe und Abneigung zu geben. Versucht, das geistige Etikettieren vermehrt anzuwenden, um deutlicher zu erkennen, daß es sich lediglich um einen weiteren Papiertiger handelt, der daherkommt und versucht, euch aus dem Gleichgewicht zu bringen. Bleibt konzentriert dabei, probiert unbeirrt weiter.

Ich möchte die Sitzmeditation heute morgen mit ein wenig Mitgefühl/Liebende-Güte-Meditation beginnen. Falls noch nicht geschehen, nehmt bitte die Sitzhaltung ein. Richtet die Aufmerksamkeit für ein Weilchen auf den Atem, entspannt euch in die Sitzhaltung hinein.

❋ ❋ ❋

Richtet die Aufmerksamkeit auf euch selbst. Versucht, einige Schwierigkeiten und Herausforderungen in eurem Leben zu erwägen. Und versucht, euch selbst etwas Mitgefühl und Liebende Güte entgegenzubringen.

❋ ❋ ❋

Möge ich in der Lage sein, Methoden, Techniken und das Handwerkszeug der geistigen Entwicklung kennenzulernen, zu praktizieren und zu entfalten, so daß ich die Schwierigkeiten und Herausforderungen des Lebens verstehen, akzeptieren und meistern kann.
    Möge ich inneren Frieden finden.

❋ ❋ ❋

Versucht jetzt die Aufmerksamkeit auf jemanden, den ihr mögt, zu lenken. Versucht, einige der Schwierigkeiten und Herausforderungen zu erwägen, die diese Person möglicherweise hat. Versucht, jemandem, den ihr mögt, etwas Mitgefühl und Liebende Güte entgegenzubringen.

❋ ❋ ❋

Möge diese Person, die ich mag, in der Lage sein, Methoden, Techniken und das Handwerkszeug der geistigen Entwicklung kennenzulernen, zu praktizieren und zu entfalten, so daß sie die Schwierigkeiten und Herausforderungen des Lebens verstehen, akzeptieren und meistern kann.

Möge diese Person, die ich mag, inneren Frieden finden.

***

Versucht jetzt, jemanden zu betrachten, dem ihr neutral gegenübersteht. Jemand, den ihr weder mögt noch haßt, vielleicht einfach jemand aus einem Laden, der euch irgend etwas verkauft hat. Versucht, einige der möglichen Schwierigkeiten und Herausforderungen dieser Person zu erwägen. Und versucht, dieser Person, der ihr neutral gegenübersteht, etwas Mitgefühl und Liebende Güte entgegenzubringen.

***

Möge diese Person, der ich neutral gegenüberstehe, in der Lage sein, Methoden, Techniken und das Handwerkszeug der geistigen Entwicklung kennenzulernen, zu praktizieren und zu entfalten, so daß sie die Schwierigkeiten und Herausforderungen des Lebens verstehen, akzeptieren und meistern kann.

Möge diese Person, der ich neutral gegenüberstehe, inneren Frieden finden.

***

Versucht jetzt an jemanden zu denken, den ihr nicht mögt. Versucht, die möglichen Schwierigkeiten, Probleme und Herausforderungen dieser Person zu erwägen. Die tiefwurzelnden Probleme, die er oder sie vielleicht haben, die ihn oder sie dazu bringen, andere Menschen unfreundlich zu behandeln. Versucht dieser Person, die ihr nicht mögt, etwas Mitgefühl und Liebende Güte entgegenzubringen.

***

Möge diese Person, die ich nicht mag, in der Lage sein, Methoden, Techniken und das Handwerkszeug der geistigen Entwicklung kennenzulernen, zu praktizieren und zu entfalten, so daß sie die Schwierigkeiten und Herausforderungen des Lebens verstehen, akzeptieren und meistern kann.

Möge diese Person, die ich nicht mag, inneren Frieden finden.

***

Wenn ihr die Mitgefühl/Liebende-Güte-Meditation gern weiter ausdehnen wollt, dann tut das bitte. Wenn ihr lieber zum Atem wechseln wollt, dann kehrt vorher mit Mitgefühl und Liebender Güte noch einmal zu euch selbst zurück.

✻ ✻ ✻

✻ ✻ ✻

(Ende der Meditation)

In Sachen Achtsamkeitsübung haben wir euch bisher darum gebeten, zusätzliche Aufmerksamkeit zu entwickeln, wenn ihr durch Türen geht, Geschirr spült, eure Schuhe an- und auszieht, die Stufen hinauf- und hinuntergeht. In den letzten beiden Tagen kam der Vorgang des Erhebens und Niedersetzens beziehungsweise -legens dazu. Fahrt bitte damit fort.

Die Handlung, auf die es heute besonders zu achten gilt, ist das Schöpfen und Ausgießen von Wasser. Wenn ihr auf der Toilette wart, achtet darauf, wie ihr Wasser schöpft und es in die Toilettenschüssel gießt, wie die Hand nach dem Schöpfeimerchen greift, diesen in das Wasserbecken taucht, das Wasser herausschöpft, das Eimerchen kippt und das Wasser ausgießt.

Wenn ihr Wäsche wascht, achtet darauf, wie ihr Wasser schöpft und es in die Plastikwannen gießt. Wenn ihr duscht, achtet darauf, wie ihr Wasser schöpft und es über den Körper gießt.

Versucht, ganz bei der Sache zu sein, beim Kontakt der Hand mit dem Schöpfeimerchen, beim gesamten Vorgang. Wenn ihr wollt, könnt ihr das geistige Etikettieren anwenden. Versucht, euch selbst ins Hier und Jetzt zu bringen, indem ihr die Vergangenheit und Zukunft loslaßt und indem ihr den Frieden entdeckt, der im Augenblick des Wasserschöpfens und des Ausgießens steckt.

## Siebter Tag, abends

# Fünf Betrachtungen

Vor ein paar Tagen brachten wir euch eine Mitgefühl/Liebende-Güte-Meditation bei. Wir erläutern, daß es sich dabei um eine reflektive oder kontemplative Meditation handelt.

Heute abend möchten wir euch fünf weitere Themen vorstellen, die für die reflektive Meditation verwendet werden können. Die Betrachtung dieser fünf Themen hat sich als äußerst heilsam für viele Meditierende erwiesen.

Bei der ersten dieser Betrachtungen geht es darum, ein Verständnis dafür zu entwickeln, in welch glücklicher Lage wir sind, daß unser Leben eine äußerst kostbare Gelegenheit darstellt.

Inwiefern sind wir in einer glücklichen Lage?

Als erstes werden wir mühelos erkennen, daß es uns in finanzieller Hinsicht gutgeht,wenn wir uns mit den Thais vergleichen, aber auch im Vergleich zu den meisten anderen Menschen in Asien, Afrika, dem Nahen Osten, Lateinamerika und sogar in den westlichen, sogenannten Überflußgesellschaften.

Schon die Tatsache, daß ihr euch ein Flugticket von Europa, Amerika, Australien, von wo auch immer, nach Thailand leisten könnt, zeigt, daß ihr reicher als viele andere Menschen seid. Auch, daß ihr es euch leisten könnt, nicht zu arbeiten und Ferien in Übersee zu machen, zeigt, daß ihr reicher als andere Menschen seid.

Die Freiheit, Reisen zu unternehmen, ist ein weiterer Gesichtspunkt, der zeigt, daß es uns gutgeht. Wie ihr vermutlich alle wißt, gibt es Länder, in denen den Bürgern viele Freiheiten verwehrt sind, Freiheiten, die ihr offensichtlich genießen könnt. Vielen Menschen in vielen Ländern ist es beinahe unmöglich, das Land zu verlassen.

Die meisten von uns kommen aus dem sogenannten reichen Westen. Die Gesellschaft daheim bietet manche Annehmlichkeit, es in vielen anderen Ländern nicht gibt. Im großen und ganzen haben wir bessere Bildungschancen, bessere sanitäre Verhältnisse und ein besseres Gesundheitswesen Die medizinische Versorgung ist auf einem sehr hohen Stand.

Obwohl es im Westen vereinzelt Fälle von Lebensmittelvergiftung gibt, braucht sich kaum jemand daheim Sorgen wegen verunreinigter Nahrung oder bedenklicher Wasserqualität zu machen. Trinkwasser kommt fast immer aus dem Wasserhahn und bereitet keinerlei Kopfzerbrechen. Hier in Südostasien und in vielen anderen Teilen der Welt sieht die Sache ganz anders aus. Wir Ausländer in Thailand müssen uns in beträchtlichem Ausmaß mit den Vorsichtsmaßnahmen bezüglich Trinkwasser und Essen auseinandersetzen.

Bei dem hohen Standard unserer Bildungsmöglichkeiten haben die meisten von uns ein ziemlich hohes Bildungsniveau. Wir haben viele Freiheiten. Zur Zeit müssen wir nicht arbeiten, und wir sind frei von so mancher unserer üblichen Verpflichtungen.

Hier in diesem hübschen kleinen Wat befinden wir uns in einer Umgebung, die viele Menschen als »tropisches Inselparadies« bezeichnen würden. Das Umfeld ist äußerst angenehm. Es gibt weder Krieg noch Hungersnot. Die Mönche und Nonnen sind äußerst gütig und freundlich, sie halfen bei der Vorbereitung des Retreats, und sie sorgen für uns. Das Essen ist sehr gut. Es gibt viele Möglichkeiten, wie wir unser Leben betrachten und dabei erkennen können, wie gut es uns geht, wieviel mehr Dinge als die meisten Menschen wir haben.

Aber noch besser als all die genannten Gesichtspunkte ist die Tatsache, daß wir einigen Methoden und Techniken der geistigen Entwicklung begegnet sind und sie erlernt haben. In welch glücklicher Lage wir alle doch sind! Wenn wir diese Methoden und Techniken praktizieren und entfalten, werden wir in der Lage sein, Weisheit und Verständnis zu entwickeln, welche uns wiederum helfen, tiefen Frieden und Glück zu erlangen.

Egal ob reich oder arm, gesund oder krank, Überfluß oder Hunger, Krieg oder Frieden – wenn wir genügend heilsame geistige Qualitäten entwickelt haben, können wir inneren Frieden in allen Lebenslagen haben.

Allein schon die Gelegenheit, einige dieser Methoden und Techniken erlernen zu können, scheint sehr selten zu sein. Wie viele unserer Verwandten haben irgend etwas über geistige Entwicklung erfahren? Wie viele unserer Freunde? Wie viele Menschen in unserem Heimatort? Wie viele aus unserem Heimatland?

Hier haben wir also diese wunderbare Gelegenheit, an einem Meditationskurs teilzunehmen, und lernen wertvolle Methoden und

Techniken, die uns unser ganzes Leben lang helfen können. Wie viele unserer Verwandten, Freunde, Leute daheim hatten bereits eine solche Gelegenheit? Es gibt viele Menschen, die sich genau so eine Chance wünschen, sie aber bislang nicht erhalten haben. Es gibt aber auch Menschen, die eine solche Chance nicht haben wollten, selbst wenn sie sie bekommen könnten.

In welch glücklicher Lage wir uns doch befinden mit dieser äußerst kostbaren, wunderbaren Gelegenheit in unserem Leben!

Ein Teil unserer Betrachtungen beim Essen hier deckt den Aspekt ab, daß wir gutes Essen haben und auch genug davon, während andere Menschen Hunger leiden müssen. Viele von uns hörten das bereits von ihren Eltern, wenn sie als Kinder nicht essen wollten. Als Kinder hatten wir nicht dieses Verständnis, das wir jetzt als Erwachsene besitzen. Jetzt, im Erwachsenenalter, können wir diese Gedankengänge, diese Reflexionen, anwenden, um unsere geistige Entwicklung voranzubringen; sie helfen uns, Frieden zu schließen und zufrieden zu sein mit allem, was uns widerfährt, indem wir wissen, daß es viele Menschen gibt, die viel weniger als wir haben.

Diese Reflexionen können uns darin bestärken, das Beste aus jeder Chance und aus jeder Erfahrung in unserem Leben zu machen.

Das menschliche Leben ist sehr zerbrechlich. Unfälle und Krankheiten können uns jederzeit treffen. Wir können uns niemals gewiß sein, was morgen, nächste Woche oder im nächsten Monat passieren wird.

Uns geht es *jetzt* gut ... versucht, *jetzt* das Beste daraus zu machen.

Während der letzten sieben Tage haben viele von euch vermutlich einige Momente erlebt, die deprimierend waren, in denen ihr ein wenig niedergeschlagen wart, vielleicht eine Mischung aus Trägheit und Müdigkeit, Zweifel, Unruhe und Sorge, Abneigung, in unterschiedlicher Zusammensetzung.

Wenn ihr oft genug darüber reflektiert, wie gut ihr es im Leben habt, dann könnt ihr entdecken, daß diese negativen Geisteszustände langsam nachlassen und verblassen.

Ein solches Reflektieren kann dazu beitragen, Freude und Zufriedenheit zu erzeugen. Es kann auch dazu beitragen, daß ihr Energie in die Praxis einbringt. Mit der Entfaltung von innerer Freude, Zufriedenheit und Energie erlangt ihr auch zunehmend die Fähigkeit, Frieden in jeglicher Situation zu erlangen.

Diese Art der Reflexion kann besonders wertvoll sein, wenn ihr morgens aufwacht. An einem der letzten Abende machten wir euch den Vorschlag, beim Schlafengehen Mitgefühl/Liebende-Güte-Meditation zu praktizieren. Und jetzt schlagen wir vor, daß ihr die eben beschriebene Art der Meditation beim Aufwachen anwendet. Reflektiert darüber, in welch glücklicher Lage ihr seid, was für eine wertvolle und kostbare Gelegenheit ihr hier habt.

Das kann dazu beitragen, daß ihr mehr Freude, Zufriedenheit und mehr Schwung beim Aufstehen habt. So verschafft ihr euch eine viel bessere Ausgangsposition, um den Tag auf heilsame Weise zu beginnen.

Die erste Reflexion, um die es im Vortrag heute abend geht, ist die Besinnung darauf, in welch glücklicher Lage wir sind und welch wertvolle, kostbare Gelegenheit jeder einzelne von uns hat.

In der zweiten Reflexion geht es um Tod und Vergänglichkeit.*

Am fünften Tag des Retreats erwähnte Rosemary, daß in der Satipattana Sutta – den Grundlagen der Achtsamkeit – geschrieben steht, der Buddha lehre, angesichts einer Leiche folgendermaßen zu reflektieren: »Wahrlich, auch mein Körper ist von solcher Natur. So wird er einmal werden und kann dem nicht entgehen.«

Eine weitere Art, den Tod zu betrachten, besteht aus drei Fragen, die man sich stellt. Erstens: Ist der Tod gewiß? Zweitens: Wann kommt der Tod? Und drittens: Was ist im Augenblick des Todes von Bedeutung?

Zunächst: Ist der Tod gewiß?

Im Leben gibt es nur eine einzige Gewißheit. Jeder von uns, alle unsere Verwandten, Freunde, all unsere Landsleute, alle Erdenbürger, alle Tiere, jedes Lebewesen wird einmal sterben. Wir alle wurden geboren, wir alle leben derzeit, wir alle werden sterben.

Der Tod ist ein natürliches Ereignis. Unser Körper ist vergänglich. Alle Lebewesen sind der Veränderung unterworfen. Auch Gebäude sind nicht beständig, Autos, Maschinen, alles um uns herum ist vergänglich.

---

\* In Verbindung mit »Tod« ist das Wort »Vergänglichkeit« sicher sehr treffend. Ansonsten ist »Unbeständigkeit« oder »Veränderlichkeit« vielleicht besser.

Es ist sehr förderlich für unsere geistige Entwicklung, wenn wir diese Tatsache des Lebens betrachten. Alles um uns herum ist vergänglich. Jedes Ding hat seine eigene Geburt. Jetzt hat es sein eigenes Leben. Und irgendwann hat jedes Ding seinen eigenen Tod. Die Antwort auf die Frage »Ist der Tod gewiß?« lautet also mit Sicherheit: »Ja, der Tod ist gewiß.«

Obwohl der Tod gewiß ist, gibt es nicht viele Menschen, die gern darüber nachdenken oder den Tod in ihre Lebensplanung miteinbeziehen. Wir schmieden Pläne für alle erdenklichen künftigen Ereignisse; Pläne für morgen, Pläne für nächste Woche, nächsten Monat, nächstes Jahr. Gelegentlich planen wir viele Jahre voraus. Wir planen Ereignisse, die vielleicht niemals eintreten werden. Aber das einzige Ereignis, das mit Sicherheit eintreten wird, das verdrängen die meisten Menschen aus ihren Gedanken.

Die zweite Frage: Wann kommt der Tod?

Heute nacht? Morgen? Nächsten Monat? Nächstes Jahr? In 20 Jahren? In 40 Jahren?

Wir wissen nicht, wann der Tod kommt. Für die meisten von uns gibt es da keinerlei Gewißheit. Wir möchten gerne daran glauben, daß wir 70, 80, 90 Jahre alt werden, aber wenn wir uns mit offenen Augen umsehen, wissen wir, daß das unter Umständen nicht der Fall sein wird. Wenn wir die Zeitung lesen oder über einen Friedhof laufen, so stellen wir fest, daß in jedem Alter gestorben wird. Leute, die jünger sind als wir, sterben. Ebenso sterben Leute, die älter sind als wir, sowie Gleichaltrige.

Selbst wenn jemand Krebs im Endstadium hat, stirbt er vielleicht nicht an Krebs, sondern auf andere Weise. Sogar jemand, der versucht, Selbstmord zu begehen, kann auf andere Weise sterben.

Für die meisten von uns gilt: Wir wissen den Zeitpunkt des Todes nicht.

Die dritte Frage lautet: Was ist im Augenblick des Todes von Bedeutung?

Hat unser Heim irgendeine Bedeutung? Haben unsere Kleider irgendeine Bedeutung? Hat unser Beruf irgendeine Bedeutung? Heim, Kleider, Beruf, Freunde, Verwandte, Ruhm oder Vermögen – nichts davon scheint im Augenblick des Todes wichtig zu sein.

In vielerlei Hinsicht können sie tatsächlich sogar zu einem Problem werden, wenn der Tod da ist. Sie können Erregung, Sorge und Angst

verursachen – je nachdem, wieviel Anhaftung die sterbende Person an diese Dinge hat, so daß keinerlei innerer Friede vorhanden ist.

Wenn überhaupt irgend etwas irgendeinen Wert angesichts des Todes hat, so ist es wohl die Art und Weise, *wie* wir eigentlich unser Leben *gelebt* haben, wie weit wir uns in heilsamen geistigen Qualitäten entwickelt haben, wie weit wir uns in Mitgefühl, in Großzügigkeit, in Liebender Güte, Geduld, Verständnis und anderen Eigenschaften entwickelt haben.

Wie bereits wiederholt gesagt wurde: Was ihr jetzt seid, ist das Ergebnis eurer Konditionierung aus der Vergangenheit. Eure Gedanken und Geisteszustände sind davon abhängig. Wenn ihr inneren Frieden, Mitgefühl und Güte haben wollt, wenn ihr Geduld, Großzügigkeit, Verständnis und andere heilsame innere Qualitäten haben wollt, müßt ihr bestimmte Bedingungen dafür schaffen, daß diese Qualitäten entstehen und/oder stärker werden können.

Wie wir tatsächlich gelebt haben, ist von fundamentaler Wichtigkeit in Hinsicht auf unsere geistige Entwicklung. Fast alle religiösen Lehren der Welt beinhalten, daß die Art, wie wir unser Leben gelebt haben, Wohl und Wehe einer zukünftigen Existenz bedingt.

Wie wir gelebt und uns innerlich entwickelt haben, ist auch ausschlaggebend dafür, ob wir friedlich und gefaßt sterben oder voll Angst, Sorge und Verwirrung. Es tut gut, sich folgendes vor Augen zu halten:

Wenn ein reicher Mensch ohne inneren Frieden und ein armer Mensch mit innerem Frieden sterben, war der Arme in Wirklichkeit weitaus »reicher« als der Reiche.

Wie wir unser Leben gelebt haben, wie wir uns in heilsamen inneren Qualitäten wie Mitgefühl, Liebende Güte, Geduld, Großzügigkeit und Verständnis entwickelt haben, wieviel Frieden und Zufriedenheit wir in unser Leben eingebracht haben – diese Dinge sind wohl im Augenblick des Todes von größter Bedeutung, aber genauso in jedem Augenblick des Lebens.

Gestern abend sprach Rosemary über das Loslassen. Die Betrachtung von Tod und Vergänglichkeit kann uns beim Prozeß des Loslassens behilflich sein, beim Loslassen von Dingen, an die wir uns nicht klammern müssen.

Manche Leute entwickeln sehr starke Anhaftungen, etwa an ein Hemd, so daß sie wütend, erregt oder traurig werden, wenn das

Hemd verschleißt, fadenscheinig wird, Löcher oder Flecken bekommt.

Warum?

In Wirklichkeit wurde das Hemd irgendwann einmal hergestellt, es hat eine gewisse Lebensdauer, und irgendwann sind eben alle Hemden verschlissen, löchrig oder fleckig. Das ist die schlichte Wahrheit. Es ist nicht notwendig, sich darüber aufzuregen, zornig oder traurig zu werden.

Wenn eine Person auf diese Weise reflektiert, kann sie innerlich friedlich und ruhig bleiben, ohne Aufregung und Trauer, wann immer irgend etwas aus ihrem Besitz verschleißt oder kaputtgeht, da sie weiß, daß all ihre Besitztümer von dieser Natur sind. Das ist eine elementare Tatsache des Daseins.

Wenn wir erkennen, daß all unsere Besitztümer von dieser Natur sind, so stellen wir oft fest, daß sich die Art, wie wir uns um unsere Besitztümer kümmern, irgendwie ändert. Eine nichtanhaftende Einstellung kann sich entfalten. Wenn ich das Wort »Nicht-Anhaftung« verwende, so meine ich damit nicht Vernachlässigung.

Mitfühlende Fürsorge kann in der Tat sogar stärker werden, wenn das Nichtanhaften wächst, eine Art von Fürsorglichkeit, die nicht auf Selbstsucht beruht.

Wir können es nicht verhindern, daß sich das Hemd abnutzt, aber wir können uns um das Hemd *kümmern*. Wir können es waschen und reinigen. Wir können eine gewisse Vorsorge treffen, damit uns das Hemd soviel Nutzen bringt wie möglich. Und wenn es dann abgetragen ist, so ist das in Ordnung.

In dieser Weise können wir unseren Besitz mit einem klareren Verständnis für die Realität des Lebens betrachten. Ähnliche Gedanken lassen sich auch auf den eigenen Körper anwenden und auf den Körper anderer Menschen sowie auch auf Tiere. Das ist zwar schwieriger, aber wir erlangen immer mehr Verständnis, das uns immer mehr inneren Frieden verschafft.

Erinnert euch daran, daß ich erwähnte, daß die Entwicklung von Nichtanhaftung nichts mit Vernachlässigung zu tun hat. Mitfühlende Fürsorge kann äußerst wertvoll sein, wenn Verwandte oder Freunde von uns sterben, ebenso wenn wir selbst sterben.

Alle Techniken, die wir euch während des Kurses vermitteln, können dazu benutzt werden, mehr Mitgefühl, Liebende Güte,

Verständnis, Gleichmut und inneren Frieden zu entfalten. Unsere mitfühlende Fürsorge wächst, wenn wir einen klaren Geist haben, der geeignet und bereit ist, in schwierigen Situationen des Lebens hilfreich zur Stelle zu sein. Es geht nicht um die selbstsüchtige Form der Fürsorge, die von Sorge, Angst und Abneigung aufgewühlt wird, sondern um einen gefestigten Geist, der sich bemüht, eine schwierige Situation umfassend zu verstehen, so daß eine passende Lösung gefunden werden kann.

Die Betrachtung von Tod und Vergänglichkeit kann dazu beitragen, unsere mitfühlende Fürsorge und unser Verständnis zu stärken. Dadurch vermag sie unser Leben im Hier und Jetzt zu bereichern. Unsere Beziehung zu Verwandten und Freunden, Feinden und sogar zu uns völlig unbekannten Menschen kann in der Fülle von Mitgefühl und Liebender Güte wachsen, wenn wir diese Betrachtung anwenden. Wie ist das möglich?

Angenommen, ihr streitet euch mit eurem Partner oder einem Freund. Ihr regt euch beide ziemlich auf, werdet wütend und frustriert. Normalerweise werdet ihr beide nach einer Weile den Ärger und den Frust loslassen und eure enge Beziehung fortsetzen. In extremen Fällen kann dies Jahre dauern, manchmal hält der Streit gar bis zum Lebensende an. Bei vielen Menschen hält der Ärger ein paar Tage an, bei anderen vielleicht nur einen Tag oder nur ein paar Stunden.

Bei denjenigen, die die Betrachtung von Tod und Vergänglichkeit pflegen, kommt der Ärger entweder gar nicht erst zum Vorschein oder, falls doch, so verschwindet er vermutlich viel schneller als gewöhnlich. Warum ist das so?

Diejenigen, die sich darauf besinnen, daß der Tod jederzeit eintreten kann, erkennen, daß der Partner oder Freund oder sie selbst bald sterben könnten. Die Vorstellung, der Partner oder Freund könnte sterben, bevor der Streit beigelegt ist, ist nicht sehr angenehm, wenn er oder sie uns wirklich am Herzen liegen, ebenso wie die Vorstellung, wir könnten voller Groll gegen den Partner oder Freund sterben.

Wenn wir uns von jemandem verabschieden, dann wird die Art und Weise, *wie* wir Abschied nehmen, immens bedeutsam; vielleicht haben wir nie mehr die Möglichkeit, mit der betreffenden Person zu reden.

Mit dieser inneren Einstellung wird der Versuch, ein gutes Verhältnis zu anderen zu haben, zum Ausdruck mitfühlender Fürsorge, die von dieser Betrachtung von Tod und Vergänglichkeit herrühren kann.

Eine typische deutsche Abschiedsformel ist »Auf Wiedersehen!«, aber dessen können wir uns nie sicher sein. Es kann sein, daß wir jemanden in diesem Augenblick zum letzten Mal sehen.

Mit Hilfe dieser Betrachtung von Tod und Vergänglichkeit kann jeder von uns einen reicheren, erfüllteren Lebenswandel entwickeln, mit mehr mitfühlender Fürsorge, eine tiefere liebende Einstellung, die uns zu mehr Verständnis und innerem Frieden verhelfen kann.

Das war die Betrachtung, in welch glücklicher Lage wir uns befinden, und die Betrachtung von Tod und Vergänglichkeit.

Die dritte Reflexion behandelt Taten und deren Resultate. Hierfür werden oft die Pali- oder Sanskritbegriffe »Kamma« oder »Karma« verwendet und gelegentlich der Hinweis auf das Gesetz des abhängigen Entstehens oder das Gesetz von Ursache und Wirkung.

Das kann sehr in die Tiefe gehen, aber wir wollen dieses Thema hier nur anschneiden. Schlicht gesagt, bringt jede Handlung ein Ergebnis mit sich.

Folgende sprichwörtliche Aussage steht in den buddhistischen Schriften: »Tu Gutes, vermeide Schädliches, läutere den Geist – das ist die Lehre aller Buddhas.« Es ist zudem die Lehre aller Weisen.

Bei manchen unserer Handlungen ist das Ergebnis schwer zu erkennen, doch bei vielen können wir das Ergebnis erkennen. Gute Taten haben in der Regel heilsame Resultate, schlechte oder schädliche dagegen unheilsame.

Oftmals haben wir sofortige Ergebnisse, ohne daß wir auf irgendeinen künftigen Zeitpunkt warten müssen. Wenn wir eine sehr gütige und hilfreiche Handlung ausführen, so können wir oft erkennen, daß das Ergebnis sowohl anderen als auch uns selbst zugute kommt. Wenn wir eine feindselige und schädliche Handlung begehen, so können wir oft erkennen, daß das Ergebnis andere wie auch uns selbst verletzt.

Indem wir Achtsamkeit anwenden, können wir etwas über unsere Taten und deren Früchte lernen. Sobald wir sie verstehen, können wir uns daran machen, heilsame Handlungen auszubauen und unheilsame Handlungen abzubauen. Auf diese Art werden wir heilsame Resultate vermehren und unheilsame Resultate verringern.

Die meisten von uns wünschen Frieden und Glück und möchten Schwierigkeiten und Unglücklichsein vermeiden. Aber es reicht nicht aus, sich diese Dinge nur zu wünschen. Wir müssen versuchen, unsere Gedanken, Äußerungen und Taten auf heilsame Weise zu entwickeln. Dann werden auch die Resultate heilsam sein, und wir werden besser in der Lage sein, mit Problemen, Schwierigkeiten und Unglück jeglicher Art fertig zu werden.

Wir wissen, daß wir durch alles, was wir in der Vergangenheit durchgemacht haben, konditioniert sind. Indem wir in der Gegenwart arbeiten, tragen wir zu den künftigen Bedingungen bei.

Ebenso ist es wichtig zu erkennen, daß wir alle die Fähigkeit haben, unsere Gedanken, Äußerungen und Taten zu lenken und zu verändern. Jeder von uns ist für seine Gedanken, Äußerungen und Taten verantwortlich.

Es liegt meist nicht in unserer Macht, die Gedanken, Äußerungen und Taten anderer zu lenken und zu verändern. Und wir sind meist nicht dafür verantwortlich, wie andere denken, reden und handeln.

Die Verantwortung für die eigenen Gedanken, Äußerungen und Taten zu übernehmen, ist ein ganz wichtiger Bestandteil der Entwicklung von Mitgefühl und der Ausübung einer Praxis geistiger Entwicklung, die auf richtigem Verständnis beruht.

Es geht darum, den Unterschied zwischen heilsam und unheilsam zu kennen, den Unterschied zwischen geeignet und ungeeignet, den Unterschied zwischen geschickt und ungeschickt. Das ist äußerst wichtig. Wie könnten wir heilsame Qualitäten ohne dieses Wissen entwickeln? Wie könnten wir unheilsame Eigenschaften abbauen, wie könnten wir Gutes tun, Schädliches vermeiden, den Geist läutern?

Es ist nicht besonders weise, wenn man angesichts dieser Worte glaubt, es handle sich nur um Ansichten und Meinungen, die daher belanglos seien.

Alle Menschen, die ihre Taten, Äußerungen und Gedanken nicht ergründen wollen, sind noch nicht bereit für diese Art geistiger Entwicklung, die wir zu erklären versuchen. Sie werden sich und anderen weiterhin Schwierigkeiten bereiten, aber sie werden die Zusammenhänge nicht verstehen.

Statt dessen werden sie versuchen, auf die Frage nach der Ursache ihrer eigenen Schwierigkeiten immer nach außen zu zeigen; sie weigern sich zu akzeptieren, daß ihre Handlungen Resultate mit sich bringen, daß es ganz normal ist, wenn unheilsamen Taten unheilsame Ergebnisse folgen.

Rosemary sprach gestern über das Akzeptieren der Tatsache, daß unsere Handlungen Resultate haben, wie der Stein, der in den See geworfen wird. Mit Sicherheit wird ein Wellenschlag auftreten. Wenn wir den Stein werfen, dann ist es wichtig, daß wir auch die Verantwortung für die Wellen übernehmen.

Wenn wir durch unsere Taten, Äußerungen oder Gedanken Schwierigkeiten verursacht haben, versuchen wir, diese Taten, Äußerungen und Gedanken sowie deren Resultate zu verstehen, indem wir Achtsamkeit anwenden. Aufgrund von Scham, die im mitfühlenden Wunsch nach Verringerung von Schwierigkeiten wurzelt, versuchen wir, den Schaden und die Schwierigkeiten, die wir verursacht haben, wiedergutzumachen.

Als ich über die Anwendung der Achtsamkeit zum Zwecke der Entwicklung von Verständnis sprach, erwähnte ich folgendes: Im Anfangsstadium geht es darum, einen Vorfall nach seinem Eintreten zu erkennen und, falls es eine ungeschickte oder unheilsame Handlung war, sich um die Erkenntnis zu bemühen, wie so etwas zu vermeiden sei. Wir *müssen* uns des Unterschieds zwischen geschickt und ungeschickt, heilsam und unheilsam bewußt sein, um diese Lehre anwenden zu können.

Während des Vortrags über die Satipattana Sutta, die Grundlagen der Achtsamkeit, sprach Rosemary über die Betrachtung der Geistesobjekte im Hinblick auf die Hindernisse und Schwierigkeiten, die in Abhängigkeit von den Sinnestoren auftreten. Sie sagte, diese Unterweisung lehre, achtsam gegenüber diesen Dingen zu werden, um zu verstehen, unter welchen Bedingungen sie künftig nicht mehr entstehen werden.

Über die sieben Erleuchtungsglieder sagte sie, die Unterweisung lehre uns, achtsam gegenüber diesen Dingen zu werden, um zu verstehen, unter welchen Bedingungen sie künftig wieder erscheinen und erstarken werden.

Es ist überaus wichtig zu verstehen, was ein Hindernis, was ein Problem ist, was unheilsam, ungeschickt und ungeeignet ist, und es ist überaus wichtig zu verstehen, was ein Erleuchtungsglied ist, was heilsam, geschickt und geeignet ist.

Es gilt nicht als richtiges Verständnis, wenn wir annehmen, wir könnten eine Handlung ausführen, ohne für die damit verbundenen Folgen verantwortlich zu sein. Ist es möglich, einen Stein in den See zu werfen, ohne Wellen zu erzeugen?

Es ist ganz wichtig, daß wir die Verantwortung für unsere Taten, Äußerungen und Gedanken akzeptieren. Das ist ein ganz bedeutender Faktor bei der Entwicklung von Mitgefühl und bei der Übung in geistiger Entwicklung mit richtigem Verständnis.

Wir haben bereits erwähnt, wie uns Mitgefühl/Liebende-Güte-Meditation helfen kann, wenn wir mit schwierigen Menschen zusammentreffen, vielleicht mit solchen, die die Verantwortung für ihre Taten ablehnen, die ständig Schwierigkeiten verursachen, für sich selbst und anderen gegenüber.

Wir können auch über diesen Aspekt von Kamma reflektieren, nämlich, daß jeder von uns für sich selbst verantwortlich ist, für seine Taten, Äußerungen und Gedanken.

Wir können anderen helfen, aber nur, wenn sie unsere Hilfe auch wollen. Wenn wir eine schwierige Person treffen, die unsere Hilfe nicht will und uns und anderen Probleme bereitet, dann ist es das Beste, was wir versuchen können, unsere Reaktionen auf diese Person zu »beschützen«, das heißt, achtsam zu sein bezüglich unserer eigenen geistigen, verbalen und körperlichen Reaktionen.

Wenn eine Person unheilsame Taten mit unheilsamen Folgen begeht, dann wollen wir nicht noch zusätzliche unheilsame Reaktionen mit weiteren unheilsamen Folgen hinzufügen. Wir wollen vielmehr versuchen, an unserer Konditionierung zu arbeiten, um mehr Verständnis aus Mitgefühl sowie Frieden zu entfalten.

Ein typisches Beispiel dafür: Angenommen, wir fahren mit dem Pickup-Bus in die Stadt. Der normale Preis dafür beträgt zehn Baht, aber, am Ziel angelangt, verlangt der Fahrer 15 Baht. Wir erkennen also, daß der Fahrer geldgierig ist. Darüber brauchen wir uns jedoch nicht zu ärgern. Wenn der Taxifahrer geldgierig ist, so ist das sein Problem. Werden wir wütend, ist es unser Problem.

Ein weiterer Aspekt, den es im Auge zu behalten gilt, wenn wir auf schwierige Menschen treffen, ist die Tatsache, daß dies eine wertvolle Gelegenheit zum Wachstum ist. Wie ist das zu verstehen?

Wir versuchen hier, Methoden zu erlernen, um freundlicher, mitfühlender, liebevoller, verständnisvoller, geduldiger, ruhiger, friedfertiger und so weiter zu werden. Wenn wir andere Menschen treffen, die das gleiche versuchen, dann gibt es normalerweise wenig Schwierigkeiten, und unser Verhältnis untereinander wird ziemlich friedvoll und glücklich sein.

Können wir aber immer noch freundlich, mitfühlend, liebevoll, geduldig, ruhig und friedfertig sein, wenn wir auf schwierige Personen treffen? Diese Gelegenheiten können sich sogar als äußerst wertvoll für uns erweisen.

Eine weitere Überlegung, die ich in der Mitgefühl/Liebende-Güte-Meditation kurz angeschnitten habe, spielt auch hier mit hinein. Sie dreht sich um die Betrachtung unseres Kamma, unsere zurückliegenden Handlungen.

Wenn wir unsere vergangenen Handlungen betrachten, denken wir allzuoft ausgiebig über unsere negativen Erlebnisse nach, über Dinge, die wir getan haben und mit denen wir nicht zufrieden sind. Wir wenden nicht genügend Zeit auf, um auch unsere positiven und heilsamen Taten zu bedenken.

Es gibt Meditierende, die stets nur ihre negativen Seiten sehen: »Ich tauge nichts... ich habe dies und jenes falsch gemacht... ich werde es nie zu etwas bringen... niemand ist so verpfuscht wie ich!«

Und doch versuchen sie zu meditieren, versuchen bessere Menschen zu werden. Was für wunderbare, gute Taten sie damit schon vollbringen!

Und ihr alle, die ihr bessere Menschen werden wollt, die ihr euch für geistige Entwicklung interessiert und zu diesem Meditationskurs gekommen seid, um einige Methoden und Techniken der geistigen Entwicklung zu lernen, um euch selbst ebenso wie anderen zu helfen: Was für wunderbare, gute, gütige, heilsame Taten vollbringt ihr, genau hier und jetzt!

Wann immer ihr euch selbst gegenüber negative Gefühle habt, versucht über das Gute, das ihr getan habt, nachzudenken. Wir haben nicht bloß schlechte Seiten; jeder hat in seinem Leben auch viel Heilsames getan, und wir werden darin fortfahren.

Die Reflexion über unsere guten Taten, unser gutes Kamma, kann dazu beitragen, etwas mehr Freude und Zufriedenheit in unsere Praxis einzubringen. Wir geben uns neue Energie. Die Freude kommt von der Zufriedenheit über die Erkenntnis, etwas Heilsames getan zu haben und weiterhin Heilsames zu tun. Diese Freude wiederum verschafft uns mehr Energie für die kommende Arbeit. Es handelt sich dabei nicht um eine Alltagsfreude; sie geht wesentlich tiefer. Es ist eine Art Mitfreude; wir freuen uns mit uns selbst über unsere eigenen Bemühungen. Es kann auch eine Form von Vipassana-Freude sein. Sie entsteht, sobald wir die Entfaltung unserer eigenen Weisheit und unseres mitfühlenden Verständnisses erkennen. Wir haben nicht nur negative Eigenschaften, wir haben auch gute Seiten. Das beweist bereits die Tatsache, daß wir hier sind. Es ist sehr heilsam, das so zu betrachten.

Die Konditionierung über Kamma, über Handlungen und deren Resultate kann uns helfen, wenn wir mit unangenehmen Personen zu tun haben. Diese Konditionierung kann uns auch helfen, den Nutzen zu erkennen, wenn man Gutes tut und Schädliches vermeidet. Wir betrachten, wie wichtig es ist, achtsam bezüglich unserer Taten, Äußerungen und Gedanken zu sein, um unsere heilsamen Eigenschaften zu stärken und mehr heilsame Ergebnisse für uns selbst und andere zu erzielen. Und wir erwägen, daß es wichtig ist, die Verantwortung für die eigenen Handlungen, Äußerungen und Gedanken zu übernehmen.

Des weiteren reflektieren wir über unser gutes Kamma, unsere guten Taten, um jegliche Neigung zum »Schwarzsehen« auszugleichen. Und um dazu beizutragen, mehr Freude, Zufriedenheit und Schwung in unsere Praxis einzubringen, damit deprimierte, erregte und unausgeglichene Geisteszustände ersetzt werden können.

Wir haben also gesehen, in welch glücklicher Lage wir sind, und haben die Themen Tod und Vergänglichkeit, Kamma, Handlungen und deren Resultate behandelt.

Die vierte Betrachtung dreht sich um Dukkha, was sich oft auf Streß, das Unbefriedigende*, die Unzulänglichkeit des Daseins bezieht. Dieses Pali-Wort wurde üblicherweise schlicht mit »Leiden« über-

---

* »Unsatisfactoriness« bedeutet eigentlich »die Eigenschaft dessen, was unbefriedigend ist«. Das Wort »Unbefriedigendheit« existiert im Deutschen nicht.

setzt. Aber das Wort »Leiden« beinhaltet nur einen Teil von dem, was mit Dukkha gemeint ist. »Die unbefriedigende Eigenschaft des Daseins« ist zwar eine ziemlich lange Umschreibung, kommt aber der Bedeutung von Dukkha im großen und ganzen recht nahe. In den buddhistischen Schriften gibt es für Dukkha eine sehr lange Definition, die folgendes beinhaltet: Krankheit, Verfall, Alter, Tod, Sorge, Klage, Schmerz, Trauer, Verzweiflung, von dem getrennt sein, was man mag, mit dem zusammen sein müssen, was man nicht mag, nicht bekommen, was man will.

Dieses Wort Dukkha umfaßt im wesentlichen alles, was wir normalerweise als unbefriedigend, als Problem, Schwierigkeit, Leid, Streß und so weiter bezeichnen, vom kleinsten mentalen und physischen Ärgernis bis hin zum schwersten mentalen und physischen Leid. All das ist in dem Wort Dukkha enthalten.

Ein ganz wichtiger Aspekt von Dukkha, über den es zu reflektieren gilt, ist die Tatsache, daß Dukkha etwas Natürliches ist, das immer wieder im Leben erscheint. Ständig begegnen wir Dukkha in der einen oder anderen Form. Im wesentlichen liegt das daran, daß alles um uns herum, unser Körper und unsere Gedanken vergänglich sind. All dies entsteht, besteht und vergeht.

Dies ist eine Tatsache des Daseins. Aufgrund der Vergänglichkeit erscheinen verschiedene Arten von Dukkha. Viele Leute regen sich auf, werden ärgerlich, zornig oder auf irgendeine Weise erregt, wenn sie den verschiedenen Arten von Dukkha begegnen. Aber derartige Reaktionen verursachen in der Regel immer mehr Dukkha.

Wenn wir es schaffen, das Leben so zu akzeptieren, wie es ist, nicht wie wir es gerne hätten, dann können wir es auch schaffen, Dukkha zu akzeptieren, in welcher Form wir es auch immer erleben mögen.

An früherer Stelle habe ich euch die Geschichte vom Hotelmanager erzählt, nach dessen Auffassung sein Hotel niemals Probleme habe, sondern nur Herausforderungen. Dukkha mag sich auf unangenehme Weise zeigen, aber wenn wir es als Herausforderung behandeln, als Chance zum Wachstum, dann erzeugen wir weniger künftiges Dukkha.

Eine bestimmte Lebenserfahrung mag unangenehm sein und als Dukkha bezeichnet werden, aber es liegt an unseren *Reaktionen,* ob wir Frieden und Ruhe in uns haben oder Unfrieden und Aufregung. Diesen Punkt haben wir in diesem Retreat schon viele Male betont.

Achtsam sein und die eigenen Reaktionen verstehen ist ein wichtiger Bestandteil der geistigen Entwicklung. Wir werden angenehme Erfahrungen machen, wir werden unangenehme Erfahrungen machen, und wir werden neutrale Erfahrungen machen. Wir können uns nicht immer aussuchen, welcher Art von Erfahrung wir begegnen. Aber wir können versuchen, an der Entfaltung von Verständnis und Weisheit zu arbeiten, um die Reaktionen auf unsere Erfahrungen zu kennen und zu bestimmen. Wenn wir die Tatsache akzeptieren können, daß wir Dukkha, der unbefriedigenden Eigenschaft in vielfältiger Form, unser Leben lang begegnen werden, dann wird dieses Akzeptieren dazu beitragen, friedvollere, gelassene, weise und mitfühlende Reaktionen zu entwickeln, egal, wie unangenehm die Erfahrung auch sein mag. An früherer Stelle sprach ich auch über das Beispiel von der Person mit dem gebrochenen Arm. Der gebrochene Arm ist die eine Art von Dukkha. Und jegliche Erregung, Sorge und Angst wegen des gebrochenen Arms ist eine weitere Form von Dukkha, die von der Reaktion der betroffenen Person verursacht wird.

Ich bin ziemlich sicher, daß die meisten von euch verstehen, daß das zweite Dukkha nicht zu entstehen braucht, wenn wir ausreichend starkes Verständnis aus Mitgefühl sowie Weisheit entwickeln können, und daß das zweite Dukkha immer mehr Schwierigkeiten und Streß verursacht.

Den gebrochenen Arm akzeptieren, angemessene Heilungsmethoden anwenden mit einem klaren Verstand, der nicht von Angst umwölkt ist – das ist gewiß das Beste, was wir tun können. Indem wir so über Dukkha, das Unbefriedigende, reflektieren, werden wir mehr Akzeptanz gegenüber den unangenehmen Dingen entwickeln, und wir werden in der Lage sein, immer mehr Frieden im Leben zu finden, egal, welcher Art unsere Erfahrungen sind.

Jetzt haben wir folgendes betrachtet: In welch glücklicher Lage wir sind..., Tod und Vergänglichkeit..., Kamma, Handlungen und Resultate..., Dukkha, das Unbefriedigende.

Die letzte Betrachtung im Vortrag heute abend hat mit dem Zusammenhang von Mitgefühl und Gleichmut zu tun. Wenn man Mitgefühl und Gleichmut versteht, erkennt man, daß Mitgefühl ein wichtiger

Aspekt beim Wachstum von Gleichmut ist und Gleichmut ein wichtiger Aspekt beim Wachstum von Mitgefühl.

Vor ein paar Jahren hörte ich den Aphorismus »sich kümmern, ohne sich zu kümmern«. Möglicherweise kann dieser Aphorismus den Zusammenhang von Mitgefühl und Gleichmut erhellen.

»Sich kümmern« beinhaltet mitfühlende Fürsorge, mitfühlendes Verständnis, einen wesentlichen Bestandteil unserer geistigen Entwicklung, das Erkennen unserer Schwierigkeiten und Probleme und den Wunsch, sie zu lindern, das Erkennen unserer guten Eigenschaften und den Wunsch, sie zu stärken, das Erkennen eigener Schwierigkeiten und Probleme und das Erkennen der Schwierigkeiten und Probleme anderer, in Verbindung mit dem Wunsch, irgendwie dazu beizutragen, das Dukkha, dem wir alle begegnen, zu verringern.

Als wir an früherer Stelle Mitgefühl definierten, drückten wir es so aus: Mitgefühl bedeutet ein Gefühl der Sympathie für uns selbst und andere, die Schwierigkeiten irgendwelcher Art haben, eine weiche Einstellung, ein gutes Herz, das Sympathie empfindet und sich dem Leben in seiner Gesamtheit öffnet, das gleichzeitig aber auch eine Stärke besitzt, die sich von den Schwierigkeiten und Sorgen nicht überwältigen läßt. Das bedeutet, sich zwar mit der Schwierigkeit zu identifizieren, sich aber gleichzeitig ein gewisses Maß an Gleichmut und Stärke zu bewahren, um mit der Situation ruhig und besonnen umzugehen, damit die beste Lösung gefunden werden kann.

Gleichmut ist der ausgleichende Wirkstoff zum Mitgefühl, die Stärke, die es ermöglicht, mitfühlende Gedanken so effektiv wie möglich umzusetzen. Mit diesem Maß an Gleichmut ist Mitgefühl stark. Ohne dieses Maß an Gleichmut kann das Mitgefühl schwach werden und sich in Zorn, Sorge, Trauer oder Verzweiflung verwandeln.

Die eben erwähnten Worte »sich kümmern« können also mitfühlende Fürsorge mit der Stärke des Gleichmuts bedeuten.

Was meine ich also mit den Worten »sich kümmern, ohne sich zu kümmern«? Zunächst möchte ich einige mögliche Situationen erläutern:

Angenommen, wir treffen auf eine Person, die eine schwierige Erfahrung durchmacht. Wir reagieren mitfühlend und wollen helfen. Wir bieten unsere Hilfe an und wissen womöglich eine Lösung. Die andere Person nimmt das Angebot an. Wir helfen in erforderlicher

Weise und lösen die schwierige Situation. Die andere Person ist erleichtert und dankt uns herzlich für den Beistand.

Sowohl wir wie auch die andere Person haben einen Nutzen aus dieser Erfahrung gezogen. Die andere Person ist ihr Problem los, und wir haben etwas Gutes getan, das uns in unserem eigenen Wachstum weiterbringt. Außerdem kann es uns Freude und Befriedigung verschaffen, wenn wir erkennen, daß jemand durch unser Verständnis von seinen Schwierigkeiten erlöst wurde.

Das ist eine Möglichkeit, wie wir verfahren, wenn wir jemanden mit einer schwierigen Erfahrung treffen. Es gibt aber auch andere Verhaltensweisen. Wieder treffen wir auf jemanden in einer schwierigen Situation.

Wieder reagieren wir mitfühlend und wollen helfen. Wir bieten unsere Hilfe an und wissen womöglich eine Lösung. Aber diesmal wird unser Angebot nicht angenommen. Die andere Person will unsere Hilfe nicht. Wir haben eine Haltung mitfühlender Fürsorge und wissen vielleicht sogar die perfekte Lösung, aber unser Gegenüber ist nicht daran interessiert.

Was machen wir dann? Wir könnten unsere Hilfe erneut anbieten, doch wird sie abermals zurückgewiesen. Wir machen unser Angebot noch einmal, wieder wird es zurückgewiesen, und die andere Person wird langsam wütend auf uns. Was tun wir?

Nun, eine Möglichkeit der Erwiderung ist, selbst wütend zu werden und der betreffenden Person zu sagen, sie sei dumm, töricht und so weiter. Aber für gewöhnlich hilft das in dieser Situation nicht weiter. Normalerweise ist es nutzlos, unsere Hilfe jemandem aufzuzwingen, der sie gar nicht will, und oft führt das im weiteren Verlauf zu noch mehr Mißverständnissen und Problemen.

Hier ist Gleichmut wichtig, zuzulassen, daß die Dinge sind, wie sie sind. Aus Mitgefühl versuchten wir zu helfen, aber unser Gegenüber will unsere Hilfe nicht.

Wenn wir erkennen, daß unsere fortwährende Hilfsbereitschaft nur noch mehr Schwierigkeiten schafft, dann versuchen wir – wiederum aus Mitgefühl mit dieser neuen Schwierigkeit – die Situation zu akzeptieren und Gleichmut zu wahren.

Wir erkennen, daß es zu diesem Zeitpunkt die beste Lösung ist, unseren Versuch, der anderen Person zu helfen, loszulassen. Wir haben immer noch mitfühlende Fürsorge, aber nachdem unser

Hilfsangebot zurückgewiesen wurde, ist es weitaus besser, Gleichmut zu haben, als Abneigung gegen diese Person zu entwickeln.

Auch brauchen wir uns nicht gekränkt oder niedergeschlagen zu fühlen, nur weil diese Person unsere Hilfe nicht will. Das ist ein Aspekt von »..., ohne sich zu kümmern«, das heißt, sich nicht aufzuregen, nur weil unser Angebot ausgeschlagen wurde.

Viele von uns werden immer wieder ähnlichen Situationen begegnen. Manchmal wird unsere Hilfe angenommen, und manchmal wird sie abgelehnt. In beiden Situationen ist unsere mitfühlende Fürsorge, unsere Hilfsbereitschaft der wichtigste Aspekt. Gleichmut ist von zusätzlicher Bedeutung, wenn unsere Hilfe abgelehnt wird.

Das passiert beispielsweise oft bei Kindern. Ein Elternteil oder ein anderer Erwachsener sieht ein Kind in Schwierigkeiten und bietet seine Hilfe an. Oft wird ein Kind schon deshalb diese Hilfe ablehnen, weil es lernen und alles allein machen will. Auch wenn es sich im Verlauf der Situation weh tun könnte, verfügt es noch nicht über das Wissen eines Erwachsenen und muß seine eigenen Erfahrungen machen.

Oft werden also Eltern, die ihr Kind in Schwierigkeiten sehen, Hilfe anbieten, abgewiesen werden und dann einfach mit Gleichmut und Mitgefühl abwarten und aufpassen. Sie wissen, daß sie ihrem Kind in diesem Augenblick gestatten müssen, seine Fähigkeiten auszuloten. Und doch sind sie gewillt und bereit, helfend zur Stelle zu sein, sobald ihr Kind es wünscht.

Wann immer unser Hilfsangebot abgelehnt wird, können wir uns darum bemühen, daß unser innerer Friede von dieser Ablehnung nicht beeinflußt wird. Sich kümmern und Mitgefühl mit der Situation haben, ohne sich zu kümmern, also Gleichmut zu haben, wenn Ablehnung erfolgt. Dieses Verständnis ist für Menschen, die mit Meditation zu tun haben, äußerst wichtig, besonders für Menschen des Westens. Wir haben den Nutzen der Meditation und der geistigen Entwicklung an uns selbst erfahren. Und vielleicht möchten wir anderen dazu verhelfen, dies ebenfalls zu entdecken.

Die meisten unserer Verwandten und Freunde verstehen normalerweise nicht allzuviel von Meditation und geistiger Entwicklung. Obwohl im Westen das Interesse an der Meditation wächst, wissen die meisten Leute immer noch nicht viel darüber, und oft sind die wenigen, die etwas darüber wissen, falsch informiert.

Es ist ganz wichtig, vorsichtig mit dem Wunsch zu sein, Freunden und Verwandten zur Meditation zu verhelfen. Oft ist es unmöglich, jemandem zu helfen, wenn dieser sich nicht helfen lassen will.

Einige Meditierende erzählen ihren Freunden und Verwandten von den Vorzügen der Meditation, kaum daß sie zurückgekehrt sind, und zwingen die Freunde und Verwandten beinahe dazu, in ein Meditationszentrum zu gehen: »Du solltest unbedingt meditieren... Schau mal, du solltest einen Kurs belegen, einen 10-Tages-Kurs, das wird dich weiterbringen!... Du hast Probleme, weißt du, dieses... äh... Dukkha, merkst du das nicht?... Also mach schon, melde dich schnell an.«

Wenn sie unsere Hilfe nicht wollen, nicht interessiert daran sind, dann kann ein solches Verhalten negative Folgen haben und Schaden verursachen, statt unseren Freunden und Verwandten zu helfen.

Andere Meditierende begnügen sich nach ihrer Heimkunft mit dem Versuch, das, was sie gelernt haben, zu praktizieren, achtsam zu sein, mitfühlend, liebend, geduldig und verständnisvoll. Wenn ihre Freunde und Verwandten diese vortrefflichen Eigenschaften erkennen und davon beeindruckt sind, dann *wollen* sie vielleicht wissen, was derart angenehme Resultate hervorbringt. Wenn sie es wissen wollen, kann der Meditierende es ihnen sagen. Auf diese Weise tritt ein möglicher Nutzen schon viel wahrscheinlicher auf.

Es geht darum, immer hilfsbereit zu sein, aber auch einzusehen, wann unsere Hilfe erwünscht ist und wann nicht.

Lob und Tadel sind ein Gegensatzpaar, dem wir unser Leben lang begegnen werden. Sich darum kümmern, heilsam zu handeln, zu sprechen und zu denken – mit dieser Einstellung werden wir in heilsamen Eigenschaften wachsen und uns selbst und anderen nützen. Wir können Lob annehmen, wenn wir wissen, daß es gerechtfertigt ist, und es zur Entfaltung von Freude in uns selbst und in anderen einsetzen.

Dem Tadel, von dem wir wissen, daß er ungerechtfertigt ist, können wir mit Gleichmut gegenübertreten, und wir können die Worte des Tadels bei der Person lassen, die sie spricht. Wir müssen keine Abneigung gegen diese Person entwickeln. Wir versuchen, mitfühlendes Verständnis einzusetzen, und erkennen, daß diese Person zu diesem Zeitpunkt einen Fehler macht; und wir bewahren ein gewisses Maß an Gleichmut und innerem Frieden.

Indem wir über den Zusammenhang von Mitgefühl und Gleichmut reflektieren, können wir Mitgefühl und Gleichmut tatsächlich stärken. Sie können zusammenwirken und einander unterstützen, um uns immer besser in die Lage zu versetzen, mit jeglicher Erfahrung des Lebens fertigzuwerden.

Diese fünf Betrachtungen können wir auf die gleiche Weise durchführen wie die Mitgefühl/Liebende-Güte-Meditation. Wir können eine ganze Sitzung mit einigen oder allen fünf Betrachtungen verbringen. Wir können damit einige Minuten zu Beginn oder am Ende einer Sitzung zubringen.

Einige Meditierende wenden diese Reflexionen am Anfang und am Ende jeder ihrer Meditationen an. Die Reflexionen können beliebig lang oder kurz sein.

Ähnlich wie bei der Mitgefühl/Liebende-Güte-Meditation können wir diese Betrachtungen im Verlauf einer Meditation einsetzen, wenn wir versuchen, den Atem zu beobachten, und unser Geist stark abschweift oder ein starkes Hindernis auftaucht.

Vielleicht kommt der »Pläneschmiedende Geist« verstärkt auf; dann können wir versuchen, Tod und Vergänglichkeit zu betrachten. Das gestattet uns vielleicht, diese machtvollen Gedanken loszulassen. Wenn viele negative Gefühle gegen uns selbst entstehen, dann können wir, wie erwähnt, versuchen, über unser gutes Kamma, unsere guten Taten zu reflektieren. Wir können versuchen, uns darauf zu besinnen, in welch glücklicher Lage wir sind, um uns aus den Momenten der Niedergeschlagenheit herauszuhelfen.

Wenn ihr also merkt, daß gewisse Gedanken vorhanden sind, die Störungen und Erregung verursachen, so könnt ihr versuchen, diese verschiedenen Betrachtungen anzuwenden. Laßt die Atembetrachtung los und wechselt das Konzentrationsobjekt – hin zu einer dieser Betrachtungen. Versucht die Energie dieser törichten Gedanken, die euch stören, in die Weisheitsenergie dieser fünf Betrachtungen »umzuleiten«.

Ich erwähnte auch, daß die Betrachtung, in welch glücklicher Lage wir sind, beim morgendlichen Aufwachen sehr hilfreich sein kann. Und vielleicht wollt ihr zu diesem Zeitpunkt auch die anderen Betrachtungen ins Bewußtsein holen. Sie können auch außerhalb formaler Meditationsperioden zu jeder beliebigen Tageszeit durchgeführt werden. Ihr könnt auch den heute abend aufgeführten Gedankengängen noch weitere hinzufügen.

Das waren also weitere Methoden der geistigen Entwicklung: die Betrachtung, in welch glücklicher Lage wir sind, Tod und Vergänglichkeit, Kamma, Handlungen und deren Resultate, Dukkha, das Unbefriedigende und der Zusammenhang von Mitgefühl und Gleichmut.

Diese Methoden können jedem einzelnen von uns zu mehr Frieden, mehr Zufriedenheit, tieferem Mitgefühl und Verständnis im Leben verhelfen.

*Achter Tag, vormittags*

# Seid gut zu euch selbst

Heute ist der achte Tag unseres Kurses. An diesem Tag tritt für gewöhnlich bei vielen Meditierenden ein bestimmtes Phänomen auf. Ihr fangt möglicherweise an lockerzulassen. Dabei handelt es sich nicht um das Loslassen, von dem wir in diesem Kurs die ganze Zeit geredet haben. Es ist vielmehr ein Nachlassen der Bemühungen und der Energie.

Vielleicht fangt ihr an, euch etwas zu sehr zu entspannen, und ihr stellt folgende Überlegung an: »Ich habe jetzt eine Menge geleistet, vielleicht mache ich jetzt einfach eine Liegemeditation und lasse die erste Sitzung aus« oder: »Ich lasse einfach diese Gehmeditation aus; das ist schon in Ordnung, es geschieht aus ›Mitgefühl‹ mit mir selbst.« Vielleicht denkt ihr euch: »Vor der Gehmeditation lege ich mich ein bißchen hin«, und das dauert dann 15 bis 20 Minuten.

Dann ist die Kontinuität unterbrochen. Und möglicherweise müßt ihr danach um so härter arbeiten, um die Geistesgegenwart wieder »anzukurbeln«, damit ihr weitermachen könnt.

Viele von euch werden feststellen, daß sie sich in Gedanken mit dem Ende des Kurses beschäftigen. Was ihr danach machen werdet, wo ihr hin wollt, wen ihr treffen werdet, was ihr essen werdet, wie lange ihr am Tag nach dem Retreat schlafen werdet! Der Film läuft und läuft, ihr vertieft euch darin und merkt nicht, daß ihr euch verliert. Und viele von euch machen sich vielleicht Sorgen darüber, wie sie es überhaupt schaffen sollen, »da draußen« mit der Meditation weiterzumachen.

Wenn euch so etwas passiert, versucht, euch nicht darüber aufzuregen. Aber versucht auch, euch nicht einfach nur zu entspannen – zu sehr zu entspannen – und mit den Gedanken treiben zu lassen.

Versucht, gut zu euch selbst zu sein. Ihr habt euch in diesem Retreat selbst eine Gelegenheit gegeben – die Gelegenheit zum Meditieren, zur inneren Einkehr, zum Lernen, zur Entwicklung von Verständnis in Hinsicht auf das Loslassen der Dinge, die euch

Schwierigkeiten bereiten, zum Loslassen der Zukunft und der Vergangenheit.

Dieser Prozeß ist nicht immer angenehm. Vielleicht machen wir einen Rückzug und glauben, irgend etwas stimme nicht. Wir denken: »Meditation ist doch dazu da, daß ich mich wohl fühle.« Wir halten ein. Möglicherweise tauchen Zweifel auf.

Wahres, tiefes Mitgefühl ist offen dafür – für die unbequemen Energien. Fangt an zu lernen, sie zu verstehen. Das Sichöffnen ist der erste Schritt im Heilungsprozeß. Wahrscheinlich haben wir diese Dinge unser Leben lang unterdrückt oder sind davor weggelaufen. Wenn wir anfangen, uns zu öffnen, dann beginnen wir, diese Energien kennenzulernen und zu verstehen. Und durch Mitgefühl und Verständnis lernen wir, wie man losläßt.

Versucht zu erkennen, wie wertvoll diese Gelegenheit hier ist. Versucht, Mut zu schöpfen, um mit dem Loslassen weiterzumachen. Versucht, die Gegenwart nicht wegzuwünschen, sie vergeht ohnehin schnell genug. Und versucht, euch keine Sorgen um die Zukunft zu machen. Konzentriert euch darauf, den Geist in der Gegenwart stark zu machen. Nicht viele Menschen erhalten die Gelegenheit, die Anforderungen der Zukunft einmal für zehn Tage beiseite lassen zu können, nicht viele Menschen werden darin bestärkt, nach innen zu gehen und zu lernen.

Seid gut zu euch selbst. Erlaubt euch selbst, diese letzten Tage voll auszuschöpfen, ohne sie wegzuwünschen, ohne diese Gelegenheit zu vergeuden. Es könnte die letzte Gelegenheit sein. Wer weiß schon, was die Zukunft bringt?

Der gegenwärtige Augenblick ist alles, was wir haben. Die Zukunft ist nur ein Gedankenprodukt, die Vergangenheit ist vorbei. Sollte dies eure letzte Gelegenheit sein, zumindest für einige Zeit, dann werdet ihr wünschen, sie voll ausgeschöpft zu haben.

Versucht die Gegenwart nicht wegzuschieben, indem ihr euch Sorgen über Situationen macht, die vielleicht niemals eintreffen werden. Wir alle müssen vorausplanen – tut das; aber schaut dabei auf die Absicht, die hinter euren Entscheidungen steht. Auch das bedeutet Verweilen im Augenblick, außerdem gehört es zu den praktischen Anforderungen des Lebens. Aber versucht euch keine Sorgen über eventuelle Ergebnisse, über den Ausgang zu machen. Die Möglichkeiten sind endlos.

Wie ich bereits erwähnt habe, kann die mitfühlende Motivation unsere Absichten läutern. Nachdem wir Pläne geschmiedet haben, rückt die Art und Weise, wie wir leben und an unser Tun herangehen, in den Mittelpunkt der Betrachtung. Wir versuchen mit Wohlwollen, Achtsamkeit und guten Absichten zu leben und zu arbeiten.

Wir bleiben für Wachstum und Richtungsänderungen aufgeschlossen; wir klammern uns auch nicht an unsere Pläne, indem wir etwa meinen, alles würde sich bestimmt so wie geplant ereignen. Die Zukunft könnte Überraschungen für uns bereithalten. Wir versuchen, flexibel zu sein, im Fluß zu sein. Wir bleiben aufgeschlossen – für das Wachstum unseres Verständnisses.

Wenn die Richtung einmal feststeht, so versuchen wir wieder in die Gegenwart zurückzukehren, nicht zu weit in die Zukunft vorzudringen, die Gegenwart nicht ständig beiseite zu schieben.

Bemüht euch weiterhin darum, zu allen Sitzungen und zu allen Gehperioden zu kommen, und tragt so dazu bei, den Geist zu festigen.

Versucht, euch dem Augenblick zu öffnen, was immer er bringen mag. Der Augenblick kann uns lehren, aber nur wenn wir offen für ihn sind, wenn wir ihn nicht verdrängen. Wenn ihr merkt, daß der Geist sich sträubt, daß er verdrängt, versucht, loszulassen und die Verhärtung aufzulösen.

Wenn ich merke, daß ich mich innerlich sträube und auflehne, dann verwende ich gerne das Bild eines sanft dahinströmenden Flusses. Versucht, den Geist dem Wasser gleichzumachen. Es fließt mühelos in alles hinein, über alles hinweg, um alles herum. Es bleibt niemals kleben, sondern fließt beständig dahin.

Es liegt an uns, im Hier und Jetzt zu sein. Wenn dann die Zukunft zur Gegenwart wird, so werden wir sie tiefer erleben können. Wenn ihr die Gegenwart jetzt verdrängt – meint ihr, ihr könnt diese ersehnten künftigen Momente voll ausschöpfen, wenn es soweit ist? Wenn ihr euren Geist hier festigt, werdet ihr auch mit schwierigen Situationen »da draußen« besser zurechtkommen. Versucht, Sorge und Angst loszulassen.

Wir versuchen, unseren Geist langsam und behutsam umzukonditionieren, um dem Ergreifen ein Ende zu machen, dem Greifen nach geisterzeugten Vorstellungen, dem Greifen nach den Selbstbildnissen, die wir in die Zukunft projizieren, nach den Selbstbildnissen, die wir aus der Vergangenheit hervorholen.

218

Wir mögen auch lernen, keine wertenden Vergleiche anzustellen, zwischen diesen Selbstbildnissen und dem Vorgang des Entstehens und Vergehens von Körper und Geist in jedem einzelnen Augenblick. Wenn wir uns an diese Selbstbildnisse klammern und diese nicht mit der Wirklichkeit des Augenblicks übereinstimmen, dann fallen sie vielleicht wie ein Kartenhaus zusammen, und wir stehen da, am Boden zerstört, voll von Gefühlen der Minderwertigkeit.

Wenn wir uns an negative Selbstbildnisse klammern, dann frieren wir wiederum den derzeitigen Zustand ein und bereiten lediglich den Boden für Trauer, Angst, Sorge und Selbsthaß. Dies überschattet unser Potential zu innerer Umwandlung und hält uns womöglich davon ab, mit den subtilen inneren Veränderungen zu fließen.

Statt dessen können wir versuchen, uns zu öffnen, aufzupassen, zu lernen und in den Augenblick zu fließen, ohne inneres Sträuben, ohne Festklammern. Wenn es soweit ist, in das Leben »da draußen« zurückzukehren, dann seid ihr vielleicht in der Lage, es voll auszuschöpfen. Möglicherweise könnt ihr dann weiterhin aufmachen, beobachten und lernen, mit dem Augenblick zu fließen, so daß die wichtigste Person immer diejenige ist, mit der ihr im jeweiligen Augenblick zusammen seid. Und die wichtigste Handlung ist immer diejenige, mit der ihr im jeweiligen Augenblick beschäftigt seid. Wir können versuchen, mit uns selbst, mit anderen, mit dem Leben in zunehmendem Maße Frieden zu schließen. Lernen, sich öffnen, loslassen. In Einklang mit den Dingen kommen – so wie sie sind.

Zum Auftakt unserer Sitzung heute morgen werde ich euch durch eine Kurzfassung der Reflexionen führen, über die Steve gestern abend gesprochen hat. Und zwar, damit ihr seht, wie man diese Betrachtungen am Anfang oder Ende einer Sitzmeditation anwenden kann. Nehmt bitte die Sitzhaltung ein. Versucht so gut wie möglich zuzuhören.

Bei reflektiven Meditationen versuchen wir unsere Gedanken auf dem jeweiligen Thema zu sammeln. Reflektive Meditation ist nicht einfach bloß Nachdenken und den Geist streunen lassen. Wir bemühen uns, beim Thema zu bleiben.

Manchmal geschieht es während der Besinnung, daß der Geist plötzlich abdriftet, weil die Reflexion vielleicht Erinnerungen, Ängste und Sorgen weckt. Wir versuchen das festzustellen, genau wie bei der Atembetrachtung. Wenn ihr das Abschweifen bemerkt, so könnt ihr dies mit »Abschweifen«, »Denken«, »Erinnern« etikettieren und dann zur Reflexion zurückkehren.

Wenn starke Hindernisse, wie Sorge, Angst, Zweifel oder Unruhe auftauchen, so könnt ihr versuchen, diese festzustellen und zu ergründen. Das ist eine äußerst wertvolle Gelegenheit, um die Ängste und Sorgen zu erforschen, die von der Reflexion geweckt wurden: Das hilft uns, unsere Anhaftungen und Verweigerungen, unsere versteckten Aversionen, Ängste und Sorgen deutlicher zu erkennen.

Wir können bei dieser Gelegenheit versuchen, die Methoden des Nachforschens einzusetzen; wir ergründen, wie sich diese Energien in Körper und Geist manifestieren. Und wir lernen, wie man sie losläßt. Nach dem Loslassen können wir die Gedanken wieder auf die Reflexion lenken oder zum nächsten Thema übergehen.

Wir dehnen unser Verständnis weiter aus, tragen dazu bei, Meinungen und Ansichten, die auf Unwissenheit beruhen, loszulassen, und festigen den Geistesfaktor der richtigen Anschauung. Nach dem geführten Teil könnt ihr diese Betrachtungen weiter ausbauen, zur Mitgefühl/Liebende-Güte-Meditation wechseln oder zur Beobachtung des Atems, der Empfindungen, der Geisteszustände oder Geistesobjekte übergehen.

✼✼✼

Möge ich versuchen, mich darauf zu besinnen, in welch glücklicher Lage ich bin. Ich habe einige Unterweisungen zur Hand, die mir helfen, aus Schwierigkeiten herauszukommen, während es so viele verwirrte Menschen gibt, die nicht wissen, wie sie sich selbst Frieden bringen können.

✼✼✼

In welch glücklicher Lage bin ich – ich bin gesund, während es so viele Menschen gibt, die krank sind und im Sterben liegen.

✼✼✼

In welch glücklicher Lage bin ich – ich bin relativ wohlhabend und frei, während es so viele Menschen gibt, denen das Nötigste zum Leben fehlt.

✼✼✼

220

In welch glücklicher Lage bin ich – ich habe gute Freunde, während es viele Menschen gibt, die einsam und allein sind.

\*\*\*

Möge ich mich darauf besinnen, wie wertvoll diese Gelegenheit ist und daß diese Bedingungen unbeständig sind, daß sie vergehen werden.

\*\*\*

Möge ich versuchen, mich darauf zu besinnen, daß der Tod mit Sicherheit kommen wird und ich nicht weiß, wann. Es könnte heute soweit sein, morgen oder in 40 Jahren. Ich weiß nicht, wann.

\*\*\*

Zum Zeitpunkt meines Todes werde ich von meiner inneren Stärke abhängig sein.

\*\*\*

Das einzige, was dann wirklich von Bedeutung sein wird, ist das Ausmaß meiner Entwicklung zu Mitgefühl, liebender Güte, Weisheit und Gleichmut. Möge ich durch diese Entwicklung einen ausgeglichenen, friedvollen Geist haben, jetzt im Leben und zum Zeitpunkt meines Todes.

\*\*\*

Möge ich versuchen, mich auf das Gesetz von Ursache und Wirkung, das Gesetz des Kamma zu besinnen; daß ich Frieden im Hier und Jetzt säen muß, wenn ich inneren Frieden haben will.

\*\*\*

Möge ich aus Mitgefühl für mich und andere versuchen, bei meinen Taten, Äußerungen und Gedanken achtsam zu sein; so daß sie Früchte bringen, die für mich und andere heilsam sind.

\*\*\*

Möge ich versuchen, mich darauf zu besinnen, daß es in diesem Leben immer Gegensätze geben wird, Angenehmes und Schmerz, daß Dukkha, das Unbefriedigende des Daseins, existiert, daß es Altern, Krankheit und Tod gibt.

**✻✻✻**

Möge ich versuchen, den Frieden des Loslassens und des Nichtergreifens zu entfalten. Möge ich versuchen, Weisheit und Gleichmut zu entwickeln, indem ich erkenne, daß es die Möglichkeit zur Beendigung des Dukkha der Anhaftung gibt – durch die Kultivierung des Geistes.

**✻✻✻**

Möge ich versuchen, mich auf das »Kümmern, ohne sich zu kümmern« zu besinnen, indem ich versuche, immer eine offene, fürsorgliche Einstellung zu haben, Mitgefühl mit allen Wesen. Und indem ich dennoch gleichzeitig begreife, daß die Welt so ist, wie sie eben ist. Daß alle Wesen den Pfad zum Frieden in sich selbst gehen müssen.

**✻✻✻**

Möge ich immer versuchen, helfend die Hand zu reichen. Möge ich aber auch erkennen, daß das gelegentlich auf Unverständnis oder gar Ablehnung stoßen wird.

**✻✻✻**

Und möge ich erkennen, daß ich am besten helfen kann, wenn ich mich um ein Gleichgewicht von Mitgefühl und Gleichmut bemühe, durch die Kultivierung der Weisheit in mir selbst.

**✻✻✻**

Mögen alle Wesen in der Lage sein, den Pfad zu innerem Frieden zu finden, ihn zu gehen – jeder nach seinen Fähigkeiten und seinem Verständnis – und den Geist auf das Ende von Dukkha und auf inneren Frieden zu richten.

**✻✻✻**

**✻✻✻**

(Ende der Meditation)

Bis jetzt waren die speziellen Achtsamkeitsübungen, bei denen wir euch um zusätzliche Aufmerksamkeit baten, ziemlich grundlegende physische Handlungen. Man könnte sie als »grobe« Tätigkeiten bezeichnen. Wir behandelten das Durchschreiten von Türen, Geschirrspülen, das An- und Ausziehen der Schuhe, Treppensteigen, Erheben und Niedersctzen beziehungsweise -legen. Und gestern schließlich konzentrierten wir uns auf den Vorgang des Wasserschöpfens und -ausgießens.

Die spezielle Achtsamkeitsübung heute ist »subtiler«. Wir möchten gern, daß ihr beim Essen zusätzliche Aufmerksamkeit auf das Schmecken richtet. Wenn es gut schmeckt, macht euch bewußt, daß es gut schmeckt. Wenn es nicht gut schmeckt, macht euch bewußt, daß es nicht gut schmeckt.

Wenn wir unser Essen probieren, so nehmen wir oft nur den ersten Bissen bewußt wahr, und schon ist unser Geist unterwegs und denkt darüber nach, wie gut oder wie schlecht es uns schmeckt. Der Geist wandert in die Vergangenheit, denkt über vergangene Mahlzeiten nach, vergleicht sie mit dem, was wir gerade essen. Oder er wandert in die Zukunft und malt sich aus, was wir später essen werden.

Mit unserer Reaktion auf das Geschmeckte können wir uns zusätzliche mentale Schwierigkeiten bereiten. Oft erschaffen wir ein exzessives Verlangen oder eine exzessive Abscheu. So bringen wir uns aus dem inneren Gleichgewicht und entfernen uns immer weiter vom Frieden weg.

Das ist der Nutzen der Essensbetrachtung: Wir versuchen beim Essen einen friedvollen, ruhigen Geist zu bewahren. Wenn es gut schmeckt, in Ordnung; versucht zu erkennen, daß es gut schmeckt. Wenn es nicht gut schmeckt, in Ordnung; versucht zu erkennen, daß es nicht gut schmeckt. Vergegenwärtigung bei der Essensbetrachtung bedeutet: Wir wissen, daß uns das Essen in erster Linie am Leben und bei Gesundheit erhalten soll, wir wissen, wie gut wir es haben, und wir wissen um die Schwierigkeiten, die damit verbunden sind, daß das Essen zu uns gelangt. Wir erkennen unsere enge Beziehung zu anderen Lebewesen, und wir lernen, dankbar und zufrieden zu sein, egal ob das Essen nun gut schmeckt oder nicht.

Es kann auch von Nutzen sein, wenn ihr versucht, euer Essen gut zu kauen. Wenn ihr achtsam beim Kauen seid, dann seid ihr ganz nahe am Schmecken. Darüber hinaus ist es hilfreich, wenn ihr beim

Kauen den Löffel oder die Gabel hinlegt. Man läßt sich oft leicht vom Wunsch nach dem nächsten Bissen hinreißen, und statt den gegenwärtigen Bissen zu schmecken, schaufelt man eifrig schon den nächsten Bissen hoch.

Versucht also zusätzliche Aufmerksamkeit beim Schmecken zu entwickeln. Versucht euch den eigentlichen Geschmack bewußt zu machen. Egal, ob es gut schmeckt oder nicht, versucht den Frieden zu finden, der genau dort beim Schmecken der Mahlzeit vorhanden sein kann.

*Achter Tag, abends*

# Anstrengung und Ausgewogenheit

Heute abend möchte ich über die Anstrengung und die Bedeutung der Ausgewogenheit in unserer Praxis sprechen.

Unter den vielen Eigenschaften, die zur Entwicklung des Geistes nötig sind, gibt es eine bestimmte Eigenschaft, über die der Buddha in den Lehrreden immer wieder ausführlich gesprochen hat – das Bemühen oder die Anstrengung.

Wenn man sich ein wenig besinnt, so erkennt man ganz leicht, daß Anstrengung oder Einsatz für jegliches Unterfangen nötig ist, sowohl in weltlichen Belangen als auch bei der geistigen Entwicklung. Um ein guter Sportler zu sein, muß man sich anstrengen und trainieren und immer wieder trainieren. Danach sehen die betreffenden Übungen mühelos aus.

Seht euch einen guten Eiskunstläufer, Tennisspieler, Turmspringer an – sie besitzen Anmut und einen Rhythmus, der natürlich und unbeschwert aussieht. Und doch kommt dieses Können, diese mühelose Anmut von ihrer Anstrengung zum ständigen Üben. Allmählich wurden sie mit den feinen Einzelheiten ihrer Sportart vertraut. Sie machten viele, viele Fehler und versuchten stets aus diesen Fehlern zu lernen.

Sie bemühten sich um die Vervollkommnung ihres Könnens, während ihre Fähigkeiten wuchsen, und sie erlaubten sich keinerlei Faulheit, so daß ihr Können nicht wieder verschwand. Es hing auch von ihrer Bemühung um Geistesgegenwart und Konzentration auf den Augenblick ab, von der Arbeit mit der Wirklichkeit der Dinge, so wie sie sind.

Für den Weg der Meditation und der geistigen Entwicklung gilt das gleiche. Wir üben, üben und üben. Darum sprechen wir auch von »Übung«. Wir bedürfen der Anstrengung, um praktizieren und fortwährend von den Schwierigkeiten und Problemen lernen zu können – damit unser Verständnis wachsen kann.

Zwar erkennen einige Leute, daß sie sich anstrengen müssen, um die Meditation voranzubringen; jedoch verstehen sie vielleicht nicht ganz, daß diese Anstrengung in die richtige Richtung gehen muß, daß sie eine ausgewogene Anstrengung sein muß, richtige Anstrengung.

Um herauszufinden, ob unser Einsatz korrekt ist, ist es nützlich, den Achtfachen Pfad vorzustellen. Als ich über die Grundlagen der Achtsamkeit, die Satipattana Sutta sprach, erwähnte ich die Vier Edlen Wahrheiten, daß Dukkha, das Unbefriedigende des Daseins, existiert; die Ursache für Dukkha, nämlich Unwissenheit, törichte Reaktionen und Verlangen, das Aufhören von Dukkha als Ergebnis der Aufgabe von Unwissenheit, törichten Reaktionen und Verlangen und der Pfad, der zum Ende von Dukkha führt – der achtfache Pfad.

In den Schriften ist der achtfache Pfad beschrieben als der Pfad, den der Buddha darlegte, um den Geist zu trainieren und ihn auf das Ende von Dukkha auszurichten. Er besteht aus folgenden acht Bestandteilen: 1. Richtige* Anschauung oder Richtiges Verständnis, 2. Richtige Absicht oder Denkweise. 3. Richtige Rede, 4. Richtige Handlung, 5. Richtiger Lebensunterhalt, 6. Richtige Anstrengung, 7. Richtige Achtsamkeit, 8. Richtige Konzentration oder Sammlung.

Wenn wir eine ausgewogene Anstrengung haben wollen, so ist es wichtig zu wissen, was mit richtiger Anstrengung gemeint ist, weil sich unser Einsatz sonst auf ein falsches Ziel ausrichten könnte, welches auf falscher Absicht oder Motivation oder auf falscher Anschauung und falschem Verständnis beruht. Folglich würde unser Einsatz in die falsche Richtung führen.

In der Richtigen Anstrengung sind die Vier Großen Anstrengungen enthalten. Es sind die Anstrengung des Vermeidens, des Überwindens, des Entfaltens und die des Erhaltens.

Was heißt das – die Anstrengung des Vermeidens? Es ist das Bemühen, unheilsame Qualitäten, also solche, die uns und anderen Schaden zufügen, am Entstehen oder Anwachsen zu hindern.

Wenn unsere Motivation auf der Linderung von Dukkha, dem Unbefriedigenden in uns und anderen, beruht – die mitfühlende Motivation –, dann stützt sich die Anstrengung des Vermeidens auf Richtige Absicht, den zweiten Faktor des achtfachen Pfades.

In diesem Fall ist man ständig auf der Suche nach Möglichkeiten, Dukkha zu lindern und zu heilen; wir versuchen dabei, Umsicht,

---

\* In alten Übersetzungen findet man oft *Rechte* Ansicht, *Rechte* Gesinnung. Das entsprechende Pali-Wort »samma« bedeutet außerdem »vollkommen«.

Wachsamkeit und Achtsamkeit in uns zu erzeugen, um das Entstehen oder Anwachsen unheilsamer Eigenschaften zu vermeiden.

Richtige Anstrengung, die Anstrengung des Vermeidens muß – in einem ausgewogenen Verhältnis – mit Richtiger Absicht beziehungsweise Richtigem Verständnis gepaart sein. Das bedeutet im wesentlichen, das Gesetz von Ursache und Wirkung, das Gesetz der Abhängigkeit zu verstehen.

Alles, was im Geiste entsteht, entsteht in Abhängigkeit von Ursachen.

All unsere Erfahrungen und Kontakte im Leben hinterlassen Eindrücke im Geist. Manche davon mögen flach sein, andere sehr tief. Diese Kontakte und Erfahrungen beeinflussen unsere Reaktionen. Unsere Reaktionen entwickeln und beeinflussen unsere Ansichten und Weltanschauungen, und diese wiederum beeinflussen unsere Reaktionen auf das Leben.

Die Einflüsse, denen wir unseren Geist aussetzen, mit denen wir den Geist »füttern«, erlangen große Bedeutung auf dem Pfad der geistigen Entwicklung. Ich meine damit unsere Entscheidungen, die Entscheidungen, so oder so zu leben und zu handeln.

Bei manchen Dingen haben wir keine Wahl. In diesen Fällen versuchen wir, Unheilsames am Entstehen zu hindern mittels Achtsamkeit, Mitgefühl, Weisheit und Gleichmut. Die Anstrengung des Vermeidens hilft uns, richtige Handlung zu entwickeln, einen weiteren Faktor des achtfachen Pfades.

Es gilt, Sorgfalt darüber walten zu lassen, welchen Einflüssen wir den Geist aussetzen. Ein Gleichnis mag euch helfen zu verstehen, was ich damit meine. Es handelt von der Baumpflege.

Es fängt mit einem Baumsamen an. Er keimt und fängt an zu wachsen. Während seines gesamten Daseins wird er von seiner Umwelt beeinflußt und ist von ihr abhängig – von den Kräften der Natur, wie Regen und Wind, und von den Nährstoffen im Boden. Wenn der Baum noch ein kleiner Setzling ist, müssen wir uns besonders sorgfältig um ihn kümmern; wir erkennen seine Empfindlichkeit. Starker Wind, sengende Sonne, Wolkenbrüche und Insektenplagen können ihn mit Leichtigkeit zerstören.

Wir werden den Setzling also in der Regel in einem Topf im Gewächshaus aufziehen, um für die richtigen Voraussetzungen für sein Wachstum zu sorgen. Wir sorgen für ein ausgewogenes Verhältnis von Windschutz, Schatten, Wasser und Schutz vor Insekten. Ihr ähnelt diesen Setzlingen. Ihr keimt in der geistigen Entwicklung. Ihr versucht, zu starken und gesunden Pflanzen heranzuwachsen. Der Geist bedarf richtiger Fürsorge.

Erkennt, daß unsere Konditionierung in Richtung heilsamer oder unheilsamer Qualitäten gehen kann. Heilsame Qualitäten dienen unserem Wohlergehen und dem Wohlergehen anderer. Sie tragen dazu bei, den Geist auf die Linderung von Dukkha in uns und anderen auszurichten. Unheilsame Konditionierung neigt dazu, in die entgegengesetzte Richtung zu gehen.

Aus Mitgefühl mit uns selbst verzichten wir darauf, den Geist exzessiven Situationen auszusetzen, sofern es in unserer Macht steht. Das dient dazu, das Gleichgewicht im Leben leichter zu finden. Ansonsten müßten wir gegen einen starken Strom der Konditionierung ankämpfen und dabei jede Menge Kraft und Willensstärke einsetzen, um Versuchungen zu widerstehen. So etwas kann den Weg viel schwieriger als nötig gestalten.

Ein schlichtes Beispiel dafür sind Menschen, die eine Diät einhalten wollen. Sie täten besser daran, mit einer Brotzeit im Gepäck im Park spazierenzugehen, statt beim Konditor vorbeizuschauen und all die wunderbaren Kuchen, Sahnetörtchen und anderen Leckereien, die sie nicht essen dürfen, zu betrachten.

Spazieren zu gehen gewöhnt Menschen an die Diät und befähigt sie, ihren Entschluß einzuhalten. Am Ende des Tages fühlen sie sich gut, weil sie in der Lage waren, ihren Diätplan einzuhalten. Das wiederum gibt ihnen die nötige Zuversicht zum Weitermachen.

Die Alternative beim Konditor würde sie inneren Kämpfen aussetzen. Und wenn sie nachgeben und die Torten essen würden, kämen eine Menge von Schuldgefühlen und Selbstkritik hinzu sowie ein Verlust an Zuversicht. Sie könnten also zu dem Schluß kommen, die Diät durchzuhalten sei zu schwierig für sie, und sie geben auf.

Nachdem die Menschen, die einer Diät folgen, ihre Konditionierung zu gesundem Essen und Sorgfalt gestärkt haben, können sie eine Konditorei betreten, ohne den Versuchungen zu erliegen.

Um zu wissen, in welchen Lebenslagen es schwierig ist, ausgeglichen und geschickt zu reagieren, müssen wir unsere Achtsamkeit ausbauen; die Achtsamkeit auf unsere Lebens- und Denkgewohnheiten und deren Wirkung auf unseren Geist und das Leben anderer.

In der westlichen Welt ist moralische Zurückhaltung nicht sehr »in Mode«. Viele Menschen haben das Gefühl, so etwas würde ihre Freiheit und Spontaneität beeinträchtigen; es mache das Leben lebenswert, wenn man sich gehen lasse und tue, was man wolle.

Betrachten wir die Natur der Freiheit – bedeutet es wirklich Freiheit, wenn man von allen Energien, die im Geist erscheinen, weggerissen wird? Ist das wahre Freiheit?

Wenn man allen Wallungen des Begehrens nachgibt, dann verstärkt man das Begehren und die Suche nach dem Frieden »da draußen«. Und was geschieht, wenn dieses Begehren nicht befriedigt wird? Abneigung und Trauer können auftauchen. Und das führt uns in der Tat immer weiter von der wahren Freiheit weg; weg von der Freiheit von Dukkha, weg von der inneren Freiheit und dem inneren Frieden. Wenn wir die Hindernisse und die Selbstsucht loslassen, beginnen wir, Tuchfühlung mit der wahren Freiheit aufzunehmen.

Unserer Selbstsucht nachzugeben heißt auch, die Wechselbeziehung mit anderen und dem Planeten abzustreiten. Es bestreitet die Tatsache, daß unsere Handlungen Ergebnisse mit sich bringen, als glaube man, es gäbe keine Wellen, wenn man einen Stein in einen See wirft.

Wahres Mitgefühl mit uns selbst und anderen bedeutet, erst einmal unseren Lebensstil, unsere Gewohnheiten und Verhaltensmuster zu ergründen. Es bedeutet, damit anzufangen, Verantwortung für unsere Taten zu übernehmen, für unseren Anteil an der Erschaffung von Leid oder Harmonie in uns selbst und in unseren Beziehungen zu anderen.

Bemüht euch um Sorgfalt, um den Unterschied zu erkennen zwischen einem Nachforschen, das nur dazu dient, unseren Selbsthaß und unser negatives Selbstbild zu verstärken, und der Bereitschaft, uns den unangenehmen Gefühlen zu öffnen, die mit der Ehrlichkeit uns selbst gegenüber einhergehen. Selbsthaß vergrößert unser Dukkha, läßt uns erstarren und erlaubt uns nicht, unser Verständnis zu vermehren.

Die unangenehmen Gefühle der Scham und Reue, die von der Ehrlichkeit herrühren, sind ein Schritt hin zum Loslassen der Selbstsucht, hin zur Vermehrung von mitfühlendem Verständnis. Das kann uns Stärke verleihen und ein Ansporn sein, uns selbst umzuwandeln und das Verständnis dafür zu entwickeln, wie unheilsame Dinge künftig vermieden werden können. Dieses Ergründen, diese Ehrlichkeit, Bereitschaft zur Veränderung und das Loslassen der Selbstsucht, all das macht die Anstrengung des Vermeidens aus. Richtige Lebensweise ist eine wesentliche Grundlage der Meditation und der geistigen Entwicklung. Es zeugt auch von Mitgefühl mit uns selbst und anderen, wenn wir nachforschen und uns um eine ausgeglichenere und geschicktere Lebensführung bemühen. Dann wird alles von unserer Achtsamkeit erfaßt. Es gibt nichts außerhalb unserer Praxis.

Unsere Anstrengung des Vermeidens erstreckt sich also auf unsere Handlungen, unsere Äußerungen, unseren Lebensunterhalt. Diese Anstrengung, aus Verständnis achtsam zu sein, trägt dazu bei, den Achtfachen Pfad zu entfalten. Seine Heiligkeit, der Dalai Lama, sagte einmal:

»Die Menschheit ist in der Lage, ihre eigene künftige Existenzweise dynamisch zu beeinflussen durch die Anwendung unterscheidender Weisheit auf alle Aktivitäten des Körpers, der Sprache und des Geistes. Diese unterscheidende Weisheit anzuwenden und zu kultivieren bedeutet, die Essenz des menschlichen Lebens schlechthin zu gebrauchen.«

Wir wollen uns alle zu einem Lebensstil ermutigen, der den Geist zur Ruhe, zur Nichtaggression, zum Nichtgreifen, zu klarer Achtsamkeit und zum Loslassen konditioniert, zu unserem eigenen Wohl und zum Wohle anderer.

Es gibt etwas, das uns bei unserer Anstrengung des Vermeidens behilflich sein kann, nämlich Ausschau halten nach guten Freunden. Als der Buddha über Hilfen bei der geistigen Entwicklung und das Vermeiden oder Loslassen der Hindernisse sprach, erwähnte er, daß edle Freundschaft und angemessene Unterhaltungen äußerst hilfreich seien, und zwar deswegen, weil wir von unseren Freunden sehr stark beeinflußt werden. Wenn wir einen oder mehrere Freunde haben, die Mitgefühl, Liebende Güte, Achtsamkeit und Weisheit besitzen und/oder sich dafür interessieren, Freunde, die auf eine Weise leben, die unserem Wachstum in diesen guten Eigenschaften hilft, dann können wir uns äußerst glücklich schätzen. Diese Menschen können uns inspirieren und ermutigen, es ihnen gleichzutun, und wir werden uns überhaupt nicht komisch oder seltsam dabei vorkommen.

Wenn wir nur mit Menschen zusammen sind, die keinerlei Interesse dafür haben und diesen Eigenschaften keinerlei Wert beimessen, dann sind wir allein von unserer eigenen Energie abhängig. Das kann unser Gefühl der Isolation verstärken und uns zu ungeschickten Handlungen hinreißen, nur weil wir »dazugehören« wollen. Gruppendruck hat auf die meisten von uns einen ziemlich starken Einfluß.

Viele von euch fangen mit der Meditationspraxis eben erst an. Ihr habt begonnen, Mitgefühl und Liebende Güte für immer mehr Menschen zu empfinden. Und ihr fühlt euch vielleicht inspiriert, besondes denen zu helfen, die offensichtlich Probleme haben. Es ist aber auch wichtig, daß ihr erkennt, daß ihr euren eigenen Geist hinlänglich verstehen müßt und eine solide Grundlage neuer Konditionierung zu mehr innerer Ausgeglichenheit, also Gleichmut haben müßt. Das ist notwendig, um das Mitgefühl und die Liebende Güte in euch ausgewogen zu gestalten, damit ihr auf bestmögliche Weise helfen könnt.

Erinnert euch bitte an die Menschen, die eine Diät durchführen wollen und die ihre Fähigkeiten zu ausgewogenem Essen gefestigt haben. Sie können später eine Konditorei betreten und mit genügend Entschlußkraft nur das kaufen, was nötig ist. Dadurch sind sie in der Lage, ihre Gesundheit und ihr Wohlergehen zu erhalten. Auf ähnliche Weise können wir später immer öfter mit schwierigen Personen zusammensein, ohne von ihren negativen Charakterzügen beeinflußt zu werden. Dann mögen wir wohl in der Lage sein, törichte Reaktionen, die die Abneigung und negativen Gefühle in uns nur vermehren würden, zu vermeiden.

Wenn Mitgefühl und Weisheit in uns stark genug und ausgewogen sind, dann werden wir wohl nicht mehr töricht auf derartige Persönlichkeiten reagieren. Statt dessen können wir Mitgefühl für das Dukkha empfinden, in dem diese Leute gefangen sind und das sich oft in ihren negativen Empfindungen zeigt beziehungsweise deren Ursache ist.

Wir werden dann eine innere Festigkeit und Ausgeglichenheit spüren, so daß wir von diesen negativen Empfindungen immer weniger beeinflußt werden. Wir werden bei unserem Entschluß, diesen Pfad zu gehen, auch ein gutes Gefühl haben, selbst wenn er kritisiert wird oder wenn wir dafür verspottet werden.

Viele, viele Menschen in sozialen Berufen haben erkannt, daß sie von Zeit zu Zeit der Abgeschiedenheit bedürfen, um sich von den Problemen anderer zurückzuziehen, um ihre innere Stärke zu erneuern, um die Balance zu finden zwischen innerer Einkehr und der Öffnung nach außen, um anderen helfen zu können.

Wenn sie es schaffen, dieses Gleichgewicht zu finden, dann können sie weiterhin helfen und andere darin bestärken, heilsame Eigenschaften zu entwickeln; andernfalls würden sie ihre Energie verschleißen und unter den Einfluß unheilsamer Eigenschaften anderer Menschen geraten.

Die Abgeschiedenheit kann uns neuen Schwung geben, ebenso wie die Gesellschaft guter Freunde, die die guten Eigenschaften des Mitgefühls, der Achtsamkeit und der Weisheit besitzen. Wir können mit ihnen inspirierende Gespräche führen, die das Herz prüfen und ihm wohltun.

Das war ein Überblick über die Anstrengung des Vermeidens, die auf richtiger Lebensweise beruht.

Jetzt betrachten wir das Ganze mehr auf der Ebene des Augenblicks: Wenn wir das Gesetz von Ursache und Wirkung, das Gesetz von Kamma verstehen, wenn wir verstehen, daß all unsere Aktionen und Reaktionen den Geist konditionieren und künftige Resultate hervorbringen werden, dann können wir folgendes praktizieren. Wann immer ein starker innerer Impuls zu einer bestimmten Handlung auftaucht, können wir uns ein paar Fragen stellen:

Was ist meine wahre Motivation? Warum will ich das tun?
Beruht dieser starke Handlungsimpuls auf Mitgefühl mit mir und anderen?
Will ich wirklich diesem Impuls folgen? Will ich wirklich in diese Richtung gehen?

Wenn wir verstehen, daß wir unsere Zukunft mit unseren gegenwärtigen Entscheidungen formen und den Geist auf diese oder jene Art konditionieren, dann können wir versuchen, diese starke Energien mit Bedacht, Achtsamkeit und Mitgefühl auszugleichen und unsere Absichten läutern. Dieses Vorgehen bringt die Anstrengung hervor, das Entstehen unheilsamer Dinge zu vermeiden.

Wir können allmählich die Fähigkeit entwickeln, impulsiven Handlungen sanft zu widerstehen. Wir können lernen nachzuforschen. Falls wir erkennen, daß die betreffende Handlung unser törichtes Verlangen, unsere Abneigung und Erregung, also unser Dukkha verstärken würde, so können wir lernen loszulassen.

Die Besinnung auf die Wahrheit, die Naturgesetze und die anderen Betrachtungen, über die Steve gestern abend sprach, tragen dazu bei, das Entstehen unheilsamer Qualitäten zu *vermeiden,* diejenigen, die bereits entstanden sind, zu *überwinden,* heilsame Qualitäten zu *entfalten* und sie zu *erhalten;* folglich fördern sie alle vier Anstrengungen.

Die Anstrengung, diese Betrachtungen durchzuführen, gleicht einem Freund. Sie füllt den Geist mit machtvollen Gedanken, die auf der Wirklichkeit beruhen. Sie trägt dazu bei, den alten Konditionierungen den Saft zu entziehen und törichte Geisteszustände durch den Faktor der richtigen Anschauung auszugleichen.

Noch eine wichtige Praxis, die zur Anstrengung des Vermeidens beiträgt und die hier im Retreat recht wirkungsvoll ausgeübt werden kann, ist das »Behüten der Sinnes-Tore«.

Aus all unseren Sinneskontakten entsteht ein Gefühl, Vedana, das der Anfang einer törichten Reaktion sein kann und eine lange Kette von Gedanken und Problemen hervorrufen kann, wenn es nicht klar erkannt wird.

Durch ein gewisses Maß an Kontrolle über unsere Sinneskontakte können wir die Vielfalt der Kontakte etwas einengen. Wenn wir darüber hinaus versuchen, die Achtsamkeit auf unsere Sinneskontakte zu erhöhen, dann verschaffen wir uns selbst die Gelegenheit, weniger von der Außenwelt beeinflußt zu werden. Damit haben wir mehr Handlungsspielraum und Achtsamkeit in bezug auf unsere Reaktionen.

Wir bestärken euch darin, in diesem Retreat Sinneskontrolle zu praktizieren. Versucht eure Aufmerksamkeit auf den Boden zu lenken, statt umherzuschauen, auf der Suche nach ablenkenden Anblicken, die entweder Abneigung oder Verlangen hervorrufen können.

Beim Essen ermutigen wir euch zu weiser Besinnung und Geistesgegenwart. Wir verstärken dies, indem wir festgelegte Essenszeiten haben. Wir versuchen die Ruhe an diesem Ort zu erhalten, und ihr versucht das Schweigen einzuhalten. Das begrenzt das Ausmaß äußerer Gespräche und den Kontakt zu anderen. Das waren einige

Kontakte, deren Begrenzung in unserer Macht liegt. Wir reduzieren die nach außen fließende Energie.

Bei allen anderen Sinneskontakten versucht achtsam zu sein und weise zu ergründen. Versucht den Kontakt zwischen Sinnesorgan und Sinnesobjekt festzustellen, den eigentlichen Kontakt, das Erscheinen des Gefühls und das Verblassen des Gefühls.

Wenn ihr wieder in der Außenwelt seid, werdet ihr wohl nicht in der Lage sein, dies derart intensiv zu praktizieren, weil ihr ohne die unterstützenden Retreat-Bedingungen auskommen müßt. Aber selbst wenn es nur ein klein wenig geschieht, kann es euch helfen, die Anspannung und Ermüdung zu vermeiden, die von ständiger Anstachelung der Sinne herrühren.

Wenn wir zum Beispiel in Bangkok sind, erleben wir oft so etwas wie eine »Bombardierung« der Sinne, das heißt, unsere Sinne sind einer ständigen Überreizung ausgesetzt. Optische Eindrücke, Anblicke, Gerüche, Lärm stürmen auf uns ein, und es mag schwierig sein, dabei ruhig und gefaßt zu bleiben. Diese Überreizung verursacht nicht selten Kopfschmerzen.

Wir haben die Möglichkeit, das Wirkungsfeld unserer Achtsamkeit einzuengen. Wenn wir den Weg kennen und auf dem Gehsteig bleiben, können wir unsere Aufmerksamkeit auf unsere Schritte und auf das Stück Gehsteig direkt vor uns richten, statt in der Gegend herumzuschauen – dies ist eine Gehmeditation. Das ist auf Bangkoks Gehsteigen in der Tat fast unerläßlich für die eigene Sicherheit, denn es scheint vielfältige gefährliche Hindernisse zu geben, die es zu umgehen gilt!

Ein meditierender Freund schickte mir einst einen Brief. Einen Auszug davon möchte ich euch nicht vorenthalten. Dieser Freund hatte bereits zwei Kurse hier absolviert:

»Wenn man im Lärm von Bangkoks Straßen unterwegs ist, wenn der Kopf, die Augen, die Ohren und die Füße weh tun, wenn der Geduldsfaden fast gerissen ist, dann ist es eine großartige Sache, einfach zur Gehmeditation überzugehen. Innerhalb weniger Minuten ist man wieder ruhig und gefaßt.«

Statt uns von der Enge der Abneigung gegen den Lärm und die Vielfältigkeit der Gerüche einfangen zu lassen, können wir versuchen, das An- und Abschwellen des Lärmpegels und der Tonhöhe festzustellen oder das Entstehen und Vergehen im Kontakt unseres

Geruchssinnes mit den Gerüchen. Wir versuchen in jedem einzelnen Augenblick loszulassen. Probiert das Behüten der Sinnesorgane aus, wenn ihr das Retreat verlassen habt, und findet heraus, was es euch bringen kann.

Nachdem die Anstrengung des Vermeidens so vieles in unserem Leben abdeckt, könnt ihr ermessen, wie bedeutsam diese Anstrengung ist.

Die nächste Anstrengung ist die Anstrengung des Überwindens. Wir haben dieses Thema schon ein wenig bei der Anstrengung des Vermeidens gestreift. Vermeiden beinhaltet zunächst weises Besinnen und die Achtsamkeit auf unsere Handlungen und unseren Lebensstil. Die Bereitschaft und das Bemühen um Veränderung brachte auch die Anstrengung des Überwindens oder Loslassens hervor.

Die Anstrengung des Überwindens bezieht sich in besonderem Maße auf Situationen, in denen man das Entstehen unheilsamer Dinge bemerkt und erkennt, daß sie unheilsam sind, und wenn man sich bemüht, sie loszulassen.

In der Meditationspraxis ist die Anstrengung des Loslassens von höchster Wichtigkeit, weil sie sich auf das Loslassen von Anhaftung und Verstrickung bezieht. Anhaftung und Verstrickung erhält die Energie dieser unheilsamen Dinge und somit unser Dukkha. Die Macht der Konditionierung ist sehr groß, und sie sorgt dafür, daß diese Dinge immer wieder entstehen.

Wir unternehmen die Anstrengung, achtsam zu sein in bezug auf den Zorn, die Eifersucht, Sorge, Unruhe, den Zweifel und so weiter, die im Geist entstanden sind. Wir unternehmen die Anstrengung, aufzupassen und nachzuforschen, um Verständnis für deren Energien und Eigenschaften zu entwickeln. Mit Hilfe von Mitgefühl unternehmen wir die Anstrengung, unsere Anhaftung loszulassen. Über diese Anstrengung haben wir das ganze Retreat hindurch ausführlich gesprochen.

Ohne diese Anstrengung des Loslassens verstricken wir uns in die unheilsamen Dinge, die im Geist erscheinen. Diese Verstrickung kann die unheilsamen Dinge, die bereits vorhanden sind, stärken und den Keim zu ihrem künftigen Wiedererscheinen legen.

Mit Hilfe des Mitgefühls uns selbst gegenüber unternehmen wir die Anstrengung, Abstand zu nehmen und die Energie dieser

Geistesobjekte ohne Verstrickung zu beobachten, während sie sich im Körper manifestieren.

Seht zu, daß sich die Anstrengung des Überwindens die Waage hält mit Richtigem Verständnis in bezug auf das Gesetz von Ursache und Wirkung, das Gesetz der Konditionierung.

Wir versuchen, beim Nachforschen jegliche innere Aggression und jeglichen Idealismus wegzulassen. So etwas könnte eine Menge Selbstverurteilung und Selbsthaß hervorbringen, und wir würden uns für schrecklich halten. Wir würden vielleicht versuchen, beim Loslassen gemäß unserer intellektuellen Auffassung von Gut und Böse vorzugehen, oder wir würden versuchen, diese Dinge loszuwerden, weil sie nicht mit der Wunschvorstellung, die wir von uns selbst haben, übereinstimmen oder weil wir uns vielleicht für unzulänglich halten.

Wenn wir verstehen, daß diese Geisteszustände im Keim durch zurückliegende Denk- und Handlungsgewohnheiten angelegt wurden, so werden wir lernen, geduldig zu sein und *mit* diesen Geisteszuständen zu arbeiten, sobald sie auftauchen, nicht *dagegen*. Wir können diese Energien nicht durch Zorn umwandeln. Wirklich umwandeln können wir sie nur mit Weisheit und Mitgefühl.

Wir lassen aus Einsicht in die Natur der Dinge los. Das hat eine viel tiefere Wirkung als der Versuch, mittels purer Willenskraft loszulassen, oder diese Dinge zu unterdrücken. Denn so nähren wir diese Energien nicht mit unserem Zorn – einem weiteren unheilsamen Geisteszustand, der weiteres Dukkha schafft.

Ein Augenblick der Achtsamkeit ist ein *objektiver* Augenblick. Er besteht aus dem schlichten Erkennen dessen, was vorhanden ist, ohne inneres Verurteilen. Es existiert nur klare Zurkenntnisnahme, Ehrlichkeit und der Wunsch, die Natur der Dinge zu erfassen.

Folgendes Gleichnis ist vielleicht hilfreich. Stellt euch vor, ihr wollt ein ziemlich schmutziges Hemd sauber bekommen. So wird euch vielleicht leichter klar, daß es nichts nützt, wenn man dabei emotional mit Zorn oder Enttäuschung reagiert.

Weises Vorgehen bei der Säuberungsaktion wäre, erst einmal die Flecken zu begutachten: Hier haben wir einen Blutfleck, da ist ein Schokoladenfleck und dort ein Fettfleck. Wie bringt man Blut am besten heraus? Und wir entfernen den Blutfleck. Schokolade? Fett? Und wir wenden das jeweils beste Mittel an.

Ihr werdet nicht wütend auf das Hemd, denn davon wird es schließlich nicht sauber. Ihr macht euch lediglich daran, es so gut wie möglich zu reinigen. Bei manchen Flecken dauert es etwas länger, man muß sie lange einweichen oder spezielle Fleckenlöser anwenden. Bei anderen Flecken geht es leichter.

Wir können nur mit Gegenwärtigem arbeiten, mit dem, was wir im jeweiligen Augenblick *sind,* aber nicht mit der Vorstellung, wie wir sein sollten. Ersteres ist die Wirklichkeit des jeweiligen Augenblicks, letzteres nur Wunschdenken, unwirklich, eine Illusion, ohne Substanz.

Wenn wir die Anstrengung unternehmen, mit Abstand, ohne Verstrickung, die Energie dieser Geisteszustände zu beobachten, üben wir bereits die Anstrengung des Entfaltens.

Die Anstrengung des Loslassens und die Anstrengung des Entfaltens sind eng miteinander verbunden und voneinander abhängig. Ohne die Anstrengung, heilsame Eigenschaften wie Achtsamkeit, Verständnis, Geduld und Gleichmut zu entfalten – so wie ihr es bereits praktiziert habt –, ist es schwierig loszulassen. Loslassen hängt vom Vorhandensein dieser Eigenschaften ab.

Und ohne die Anstrengung, unheilsame Eigenschaften loszulassen, ist es schwierig, die heilsamen Eigenschaften weiter zu entfalten und zu stärken. Wie ihr jetzt vermutlich seht, beruht die Entfaltung dieser Eigenschaften auf sehr viel Loslassen, auf dem Loslassen der vielen Dinge, die ihrem Entstehen im Weg sind.

Paßt bei der Anstrengung des Entfaltens auf, daß sich kein Idealismus in die Praxis einschleicht. Wir haben bereits über den Idealismus gesprochen; daß er wie eine Bürde ist, die man mit sich herumschleppt, und daß er zukunftsorientiert ist.

Wir versuchen, in unserer Praxis nicht mit einem Idealbild des Gleichmuts zu arbeiten und dieses unserem Geist aufzupfropfen, etwa der Vorstellung, wie wunderbar gleichmütig wir sein sollten. So etwas hat mit wirklicher Entfaltung von Gleichmut überhaupt nichts zu tun, sondern bewirkt nur Abneigung, Verdrängung, Selbsthaß und Zweifel.

Die Entfaltung von Gleichmut hängt maßgeblich von Richtiger Anschauung und dem Wachstum des mitfühlenden Verständnisses ab. Dies wiederum hängt davon ab, daß man sich dem Augenblick und allem, was da entsteht, öffnet. Das ist die Weisheit, die die

Unbeständigkeit klar und deutlich erkennt, und es ist das Verständnis, daß das Greifen und Anhaften an unbeständigen Bedingungen unser Dukkha, unseren Streß, unser Leiden, unser Unbefriedigtsein immer mehr vergrößert.

Diese Weisheit gleicht die Macht der Unwissenheit und inneren Verwirrung aus, und wir lernen, wie man nach und nach Gleichmut erlangt. Mit Hilfe von Gleichmut und der Entfaltung weiterer heilsamer Eigenschaften versuchen wir ein Gefühl für den Augenblick und Achtsamkeit im Augenblick zu entwickeln. Wir erkennen es, wenn diese heilsamen Eigenschaften anwesend sind, erkennen, welche Faktoren ihr Entstehen verursacht haben, und arbeiten auf ihr künftiges Wiedererblühen hin – aus unserer bereits erworbenen Erfahrung und unserem bereits erworbenen Verständnis heraus.

Es gibt noch einen weiteren Gesichtspunkt, warum es hilfreich ist, die Anstrengung des Entfaltens mit Richtiger Anschauung zu koppeln. Das Gesetz von Ursache und Wirkung zu verstehen, trägt dazu bei, unsere Anstrengung mit Geduld auszuwiegen. Alles, was entsteht, entsteht aufgrund von Ursachen und Bedingungen. Wir können nicht erwarten, augenblicklich Frieden zu finden. Wir müssen die »Saat« für das Entstehen inneren Friedens ausbringen.

Ein Landwirt, der vom Obstanbau leben will, muß erst einmal geduldig Bäume pflanzen, für sie sorgen und ihnen Zeit zum Wachsen und Früchtetragen lassen. Er kann keine Ernte erwarten, wenn er sich darauf beschränkt, die Ernte nur zu wollen.

Genauso ist es bei der Entfaltung des Geistes. Es ist ein allmähliches Erwachen.

Versucht, die Fähigkeit zur Geduld zu erlernen und nicht nach den Ergebnissen der Praxis zu greifen. Es ist eine subtile Umwandlung.

Wenn die Anstrengung auf Richtiger Anschauung und Richtiger Absicht beruht, dann ist keine Mühe umsonst. Dieses Verständnis kann denjenigen Mut machen, die bisweilen meinen, sie kämen nicht weiter. *Wenn* die Anstrengung auf Richtiger Anschauung und Richtiger Absicht beruht, dann *ist keine Mühe umsonst.*

Es gibt einen dritten Gesichtspunkt, warum es hilfreich ist, die Anstrengung der Entfaltung mit Richtiger Anschauung zu verbinden.

Sehr, sehr viele Menschen mißverstehen das Ziel und den Vorgang der Vipassana- oder Einsichtsmeditation. Sie glauben, das Ziel sei, Konzentration zu erlangen, ruhig zu werden und Glückseligkeit zu erfahren. Wenn es ihnen nicht gelingt, Ruhe und Glückseligkeit zu erlangen, sind sie frustriert und fühlen sich als Versager.

Obwohl sich Ruhe und Glückseligkeit gelegentlich als Frucht der Meditation einstellen, handelt es sich dabei nicht um das Ziel der Vipassana-Meditation. Die Vipassana-Meditation zielt darauf ab, die Fähigkeit zu Gleichmut, Verständnis und Ausgeglichenheit in jeder Lebenserfahrung zu entfalten.

Wir bitten euch, achtsam auf alles zu werden, was immer in Körper und Geist vorgeht. Versucht keinerlei Erfahrung zu verdrängen. Ergründet jegliche Erfahrung und versucht deren Entstehen und Vergehen zu erkennen.

Wenn also ein unkonzentrierter Geisteszustand vorherrscht, so wissen wir dieses. Er vergeht, wenn es uns gelingt, uns für ein Weilchen zu konzentrieren. Wenn Gedanken auftauchen, so wird das von der Achtsamkeit erfaßt, und wenn der Geist auf den Atem konzentriert ist, so wird auch das von der Achtsamkeit erfaßt.

Wann immer ein Sinneskontakt entsteht, versuchen wir sein Entstehen und Vergehen zu erkennen. Wir versuchen die Vergänglichkeit von allem, was da entsteht, zu betrachten.

Wenn dann wirklich Geistesruhe entsteht, wissen wir, daß Geistesruhe entsteht, und wir wissen es auch, wenn sie vergeht. Wir versuchen keine Trauer heraufzubeschwören, wenn sie vergeht. Wir versuchen nichtanhaftende Achtsamkeit zu entfalten sowie einen Frieden, der nicht von angenehmen Erfahrungen abhängt.

Der Geist versucht, aus einem ausgeglichenen Zustand heraus aufzupassen, tiefen Einblick zu nehmen und alles, was entsteht und vergeht, zu beobachten. Nur durch ständiges Beobachten kann es uns gelingen, die Natur von Körper, Geist und Dasein zu verstehen.

Das Ziel der Vipassana-Meditation ist die Entfaltung von Weisheit. Wenn es uns gelingt, die Gesetze der Natur, des Körpers und des Geistes zu verstehen, dann können wir in Einklang mit dem Leben in seiner Gesamtheit kommen, ohne nach irgend etwas zu greifen. Und dann versuchen wir, uns nicht innerlich gegen irgend etwas zu sträuben. Innerer Widerstand ändert nichts an der Wahrheit. Er wird höchstens unser Dukkha vermehren.

Kann der Wunsch, die Sonne möge nicht aufgehen, sie vom Aufgehen abhalten? Kann der Wunsch, die Sonne möge nicht untergehen, sie vom Untergehen abhalten?

Wenn wir nicht auf der Ebene tiefer Erfahrung verstehen, dann hat das Loslassen keine echte Chance, dann hat der tiefe Friede des Gleichmuts, der auf Weisheit beruht, keine wirkliche Chance. Es gilt also, ein ausgewogenes Verhältnis zwischen Anstrengung und Richtiger Anschauung beziehungsweise Richtigem Verständnis herzustellen, indem wir uns vergegenwärtigen, daß es um die Entfaltung von Weisheit geht. Und wir versuchen, unsere Energie und unsere Hoffnungen nicht nur auf das Erlangen von Geistesruhe und/oder Konzentration auszurichten.

Wenn wir lediglich um der Konzentration willen praktizieren, ähneln wir einem Menschen, der ein Stück Land ausholzen will, um einen Obstgarten anzulegen, und der erkennt, daß dazu eine scharfe Axt erforderlich ist. Er fängt an, die Axt zu schleifen, und läßt sich *dermaßen* vom Schleifen und vom Wunsch nach einer scharfen Axt einnehmen, daß er bloß dasitzt und schleift und schleift und schleift. Er bewundert das Metall, die Schärfe und vergißt darüber völlig das Stück Land, das es auszuholzen gilt. Die Axt kommt niemals zum Einsatz.

Also denkt daran, daß es um die Entfaltung von Weisheit geht, und versucht eure Energie und Hoffnung nicht nur auf das Erlangen von Ruhe und/oder Konzentration auszurichten. Versucht außerdem, eure Meditation nicht nur an der Fähigkeit zur Ruhe und/oder Konzentration zu messen. Wenn sich keine Ruhe einstellt, macht euch keine Sorgen, versucht kein Verlangen und keine Frustration zu erzeugen.

Versucht statt dessen, Achtsamkeit zu entfalten auf das, was im gegenwärtigen Augenblick vorhanden ist. Entfaltet Verständnis, das auf Mitgefühl beruht. Versucht ein ausgewogenes Verhältnis zwischen eurer Anstrengung und Richtigem Verständnis herzustellen.

Die nächste Anstrengung ist die Anstrengung des Erhaltens. Man kann es so sehen, daß diese Anstrengung in erster Linie auf unseren Lebensstil gerichtet ist. Vielleicht ist uns bewußt geworden, wie und warum wir etwas tun, und vielleicht haben wir unseren Lebenswandel schon ein wenig geändert, um das Entstehen unheilsamer Dinge zu vermeiden. Wir stellen fest, daß solches Tun die Kraft heilsamer Geistesfaktoren vergrößert und somit unser Wohlergehen festigt. Also unternehmen wir die Anstrengung, diesen neuen Lebensstil zu erhalten.

240

Weil wir uns möglicherweise noch nicht an die neue Art unseres Tuns gewöhnt haben, weil sie noch nicht zur festen Gewohnheit geworden ist, stellen die alten Verhaltensmuster immer noch einen starken inneren Antrieb dar. Also versuchen wir, die Anstrengung zum Weitermachen aufzubieten, um in unserem Bemühen durchzuhalten.

Wir haben zum Beispiel möglicherweise erkannt, daß die Meditation innere Stärke und heilsame innere Qualitäten hervorbringt. Um den Geist immer weiter zu entwickeln, unternehmen wir die Anstrengung, die Praxis aufrechtzuerhalten, indem wir täglich meditieren, indem wir über die Wahrheit nachdenken, indem wir versuchen, achtsam zu sein.

Auch diese Anstrengung ist wiederum mit anderen Anstrengungen gekoppelt, weil wir uns bemühen müssen, die vielen Dinge loszulassen, die den Geist zum Aufgeben bewegen – zur Rückfälligkeit in den leichteren Weg der alten Denk- und Handlungsgewohnheiten.

Die Anstrengung des Erhaltens ist von höchster Wichtigkeit, wenn ihr dieses Retreat verlaßt und versucht, die Praxis in den Alltag einzugliedern.

Viele Menschen gehen von hier weg und haben ein gewisses Maß an gestärkter Achtsamkeit, Verständnis und Konzentration erfahren. Sie haben erkannt, daß einiges von ihrem Dukkha durch den Prozeß des Loslassens und durch die Vermehrung heilsamer geistiger Qualitäten verblaßt ist. Einige dieser Menschen erwarten allerdings, daß sie dadurch in der Lage sind, all ihre Probleme zu »umschiffen«, dadurch daß die Arbeit jetzt getan ist, daß sie sich jetzt entspannen und die ganze Sache locker angehen können.

Auch wenn ihr nicht den ganzen Tag meditieren könnt, so ist doch ein gewisses Maß an Bemühung um Geistesgegenwart und formale Meditation äußerst wichtig, um die geistige Entwicklung und Gesundheit aufrechtzuerhalten. Wenn ihr erwartet, daß dieses Retreat all eure Probleme für alle Zeiten gelöst hat, und wenn ihr nicht versucht, die Praxis in den Alltag einzubringen, dann ähnelt ihr der Person in dem folgenden Gleichnis, die eine längere Strecke mit dem Auto zurücklegen will:

Diese Person tankt den Wagen voll, kontrolliert das Kühlerwasser und den Reifendruck und fährt dann los. Alles paßt, und eine Zeitlang kommt sie gut voran. Allerdings denkt sie nicht daran, die Tankuhr, das Kühlerwasser und den Reifendruck im Auge zu behalten. Das Auto läuft ja wunderbar, also entspannt sie sich und macht es sich bequem.

Schließlich ist das Benzin alle, der Kühler hat zu wenig Wasser, und die Reifen haben zu wenig Luft. Das Auto bleibt stehen, weil der Tank leer ist oder aus einem anderen Grund. Der Fahrer steigt aus und regt sich fürchterlich über das Auto auf: »Warum bleibt das Auto stehen? Ich bin doch noch lange nicht am Ziel!« Aber natürlich ist der Fahrer selbst daran schuld. Ein Auto läuft nun einmal nicht, wenn man sich nicht richtig darum kümmert.

Und unser Geist kann sich nicht entfalten, wenn man sich nicht richtig darum kümmert. Ohne Übung kann sich der Geist nicht konzentrieren oder achtsam sein. Wenn wir uns nicht ständig darum bemühen, Zorn und Abneigung im Alltag loszulassen, so ist es schwierig, Mitgefühl und Liebende Güte hervorzubringen.

Der Geist kann keinen Frieden und kein Glück finden, wenn wir die Anstrengung der Entfaltung nicht aufrechterhalten, die Entfaltung der heilsamen Qualitäten – Achtsamkeit, Gleichmut und Verständnis –, die dazu beitragen, den Geist zu heilen.

Die Anstrengung des Erhaltens ist wie die Wartung eines Autos – tanken, Wasser nachfüllen, Reifendruck prüfen –, und es ähnelt der Ernährung des Körpers. Genauso wie wir dem Körper gesunde, nahrhafte Kost zuführen, versuchen wir, den Geist mit gesunden, nahrhaften Gedanken zu füttern und die Meditation zu praktizieren, um ihn gesund und friedvoll zu erhalten.

Bei dieser Anstrengung ist es hilfreich, wenn wir mit einer liebenden, fürsorglichen Einstellung an uns selbst und an unsere Praxis herantreten. Nachdem wir hart gearbeitet haben, um zu erkennen, daß heilsame Qualitäten durch die Anstrengung des Loslassens entstehen, versuchen wir jetzt, uns selbst Mitgefühl und Güte entgegenzubringen und uns mittels der Anstrengung des Erhaltens um den Geist zu kümmern.

Um die ausgleichenden heilsamen Qualitäten, die unser Wohlergehen fördern, zu erhalten, versuchen wir, uns um unsere Praxis zu kümmern, indem wir liebende Fürsorge in unsere Handlungen, unsere Äußerungen, unsere Gedanken, unsere Schritte, unseren Atem einbringen. Wir versuchen alles zu etwas Wichtigem zu machen. Durch weises Besinnen versuchen wir, den Geist immer

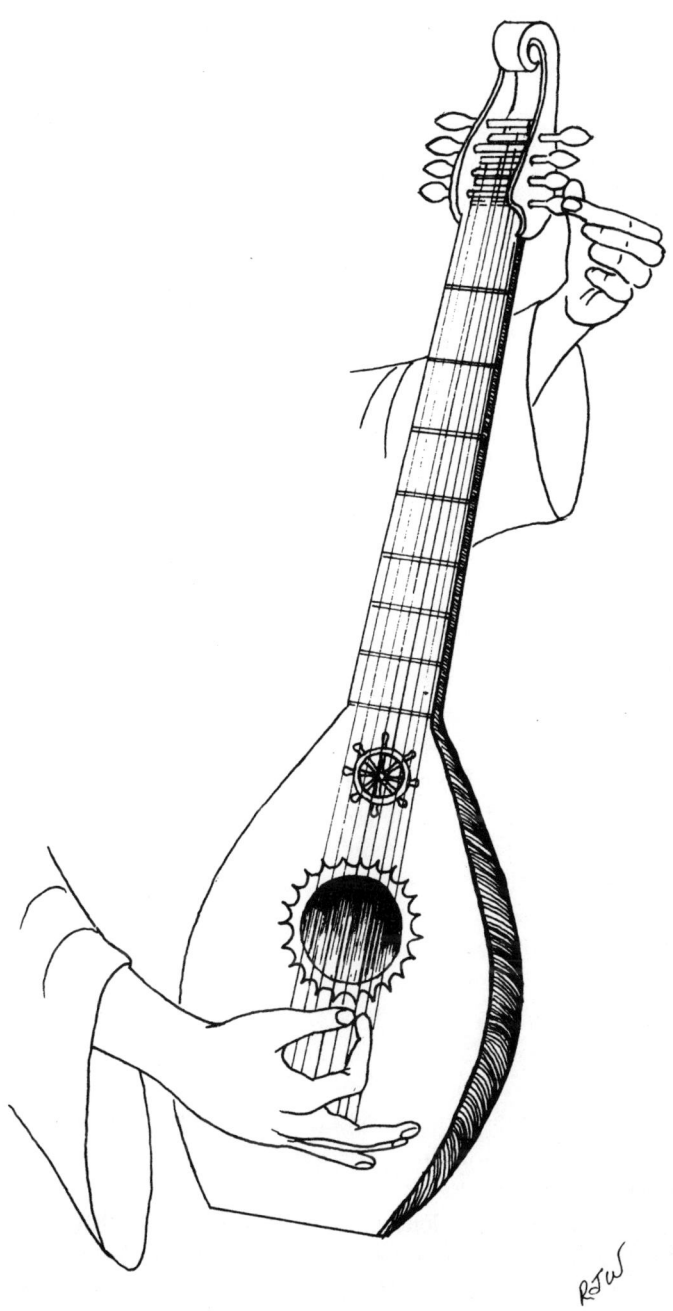

weiter zu nähren, und tragen so dazu bei, unheilsame Konditionierung und Unwissenheit durch heilsame Konditionierung auszugleichen.

Anstrengung ist ganz wichtig in unserer Praxis. Ohne Anstrengung können wir den Geist nicht hin zu innerem Frieden entwickeln. Um eure Schwierigkeiten nicht noch zu vermehren, versucht eure Anstrengung mit richtiger Anstrengung oder richtigem Verständnis auszubalancieren. Derart ausgewogene Anstrengung bringt den höchsten Nutzen.

Erinnert euch bitte an das Gleichnis vom Saiteninstrument. Wenn man die Saiten zu straff oder zu locker spannt, bringt das Instrument keinen Wohlklang hervor.

Das »zu straff« rührt oft von der Energie des Leistungsgedankens her, vom Habenwollen, voller Gier nach den Früchten unserer Praxis. Wir können lernen, wie man eine solche Tendenz durch weises Besinnen ausgleicht, durch Besinnen auf das Gesetz von Ursache und Wirkung und das Ergründen des Unbefriedigenden, des Dukkha, das aus der leistungsorientierten Geisteshaltung entsteht. Wir können nach und nach lernen, wie man losläßt und die Geduld entwickelt, die nötig ist, um fortwährend die Saat zum Frieden im Augenblick zu säen.

Das »zu locker« bedeutet mangelnde Anstrengung. Es bedeutet, den Geist umherschweifen und in Trägheit und Dumpfheit abgleiten zu lassen. Es bedeutet, nicht fürsorglich genug zu sein. Wir können versuchen, diese Tendenz auszugleichen, indem wir uns darauf besinnen, wie kostbar unsere Gelegenheit ist und daß wir nicht wissen, wie lange wir sie haben. Wir versuchen unser Mitgefühl mit uns selbst und anderen zu vermehren.

Wenn ein ausgewogenes Verhältnis besteht zwischen der Anstrengung und Richtigem Verständnis und Richtiger Absicht – der mitfühlenden Motivation – werden wir lernen, wie man geschickter lebt, um das Entstehen unheilsamer Eigenschaften zu *vermeiden*. Wir werden lernen, was man *überwinden* muß, und wir können versuchen loszulassen.

Wir werden wissen, welche Geistesfaktoren unser Wohlergehen und das Wohlergehen anderer vermehren. Und aus Mitgefühl und Liebender Güte für uns selbst und andere versuchen wir, die

244

Anstrengung zu unternehmen, diese heilsamen Faktoren und Qualitäten zu *entfalten*.

Nachdem wir das Entstehen dieser heilsamen Qualitäten erkennen, versuchen wir, ihre heilende innere Energie deutlich wahrzunehmen, das Verblassen von Dukkha und die Vertiefung unseres Verständnisses für uns selbst und andere. Dieses mitfühlende Verständnis verstärkt unsere Anstrengung, die Praxis aufrechtzu*erhalten* und die Ursachen für die Vertiefung von Weisheit und Frieden weiterhin zu erhalten.

## Neunter Tag, vormittags

# Seid ihr gewachsen?

Heute morgen möchte ich gerne einiges von dem wiederholen, was ich im allersten Vortrag in diesem Kurs gesagt habe.

Vielleicht erinnert ihr euch an einiges davon, vielleicht auch nicht. Den Großteil davon haben wir wiederholt während dieses Retreats erörtert.

Es mag von Wert sein, wenn ihr bei dieser Wiederholung darauf achtet, ob sich eure Einstellung zu diesen Dingen oder euer Verständnis dafür geändert hat.

Damit meine ich euer *jetziges* Verständnis und eure *jetzige* Einstellung im Vergleich zu eurem Verständnis und eurer Einstellung am *ersten Tag* des Retreats.

»Mitgefühl ist ein Pfeiler der geistigen Entwicklung und der Meditationspraxis. Wenn man die Schwierigkeiten nicht erkennt und diesen mitfühlenden Wunsch nicht entwickelt, wird es wohl kein Verlangen nach Lösung der Probleme geben und höchstwahrscheinlich auch kein Verlangen, geistige Entwicklung und Meditation zu praktizieren.«

»Die Art und Weise, wie wir denken, hängt von Konditionierungen aus der Vergangenheit ab. Das gleiche gilt für unsere Reaktionen. Einige unserer Reaktionen sind weise, andere nicht. Einige sind angemessen, andere nicht. Einige entstehen aus Mitgefühl und Liebe, andere aus Haß und Zorn. Einige führen zu Frieden und Glück, andere zu Problemen und Schwierigkeiten.

Wir alle hätten gern mehr Frieden und Glück. Wir alle hätten gern weniger Probleme und Schwierigkeiten. Wenn wir Achtsamkeit auf unser Denken, unsere Äußerungen, unsere Aktionen und Reaktionen entwickeln, sind wir im Prozeß der geistigen Entwicklung einen gewaltigen Schritt vorwärtsgekommen.

Das ist kein leichtes Unterfangen. Es braucht seine Zeit. Nachdem unsere Konditionierung über viele, viele Jahre erfolgte, können wir die Dinge nicht über Nacht ändern. Wir müssen anerkennen, daß unsere Gewohnheiten und Verhaltensmuster im Laufe vieler Jahre derartig stark geworden sind, daß es einfach dauert, sie zu ändern. Geduld ist gefordert. Mitgefühl ist nötig. Beharrlichkeit ist erforderlich. Gleichmut ist nötig. Die verschiedenen heilsamen Qualitäten müssen entwickelt und verstärkt werden.

Denkt daran: Wenn es darum geht, etwas Neues zu lernen, verhält es sich mit der Meditation ähnlich wie mit Angelegenheiten des Alltagslebens.«

»Manche Leute lernen schnell, manche langsam. Beharrlichkeit, Geduld, Durchhaltevermögen, ständiges Probieren, Dazulernen und Üben, das macht Fortschritte in der Meditation möglich.«

»Es ist wichtig, daß ihr versucht, für alles aufgeschlossen zu bleiben. Einiges von dem, was wir sagen, wird wohl ziemlich klar sein, und die meisten von euch werden verstehen, was gemeint ist. Es wird aber auch Passagen geben, die nicht so klar sind, und unter Umständen versteht es der eine oder andere nicht. Das macht nichts. Versucht euch darüber nicht den Kopf zu zerbrechen. Bei der Informationsfülle in den nächsten zehn Tagen ist es durchaus normal, nicht alles zu verstehen. Nehmt, was immer ihr versteht, und gebt euer Bestes, damit zu arbeiten. Laßt weg, was immer ihr im Moment nicht versteht. Möglicherweise ist es euch später einmal nützlich.

Die geistige Entwicklung hat viele verschiedene Aspekte, und es ist praktisch unmöglich, an allen gleichzeitig zu arbeiten. Je nach persönlicher Eigenart und Konditionierung neigt jeder einzelne auch zu unterschiedlichen Aspekten der Praxis.«

»... mit Hilfe von Mitgefühl, Liebender Güte und Achtsamkeit können wir das nötige Verständnis entwickeln, um unsere Konditionierungen Stück für Stück zu verändern. Geistige Entwicklung ist ein allmählicher Prozeß.

Unsere Gewohnheiten und Neigungen haben Energie, gelegentlich eine sehr starke, und es kann zu noch mehr Schwierigkeiten führen, wenn man versucht, diese Energie aufzuhalten. Statt zu versuchen jegliche unheilsame Gewohnheit oder Neigung auf einen Schlag loszuwerden, können wir die vorhandene Energie nutzen und behutsam ihre Richtung ändern. Mit mitfühlendem Verständnis dafür, warum wir in bestimmten Bahnen agieren, reden oder denken, können wir die Energie der Torheit in die Energie der Weisheit umwandeln.«

»Zu lernen, wer und was wir sind, macht einen Großteil der geistigen Entwicklung aus. Indem wir verstehen, wer und was wir sind, lernen wir, uns selbst und andere zu akzeptieren, uns selbst und anderen zu vergeben, uns selbst und anderen mit Mitgefühl und Liebender Güte zu begegnen.

Wir lernen, wie wir konditioniert worden sind. Wir lernen, wie wir mit anderen und mit der Umwelt in gegenseitiger Wechselbeziehung stehen. Wir lernen unsere heilsamen und unheilsamen Eigenschaften kennen. In dem Maße, in dem unser Verstehen zunimmt, werden wir immer besser in der Lage sein, bei jedem Problem, das auftaucht, Gegenmittel anzuwenden und Lösungen zu finden.

Folgendes ist ganz wesentlich: Wenn wir unsere Gedanken, Gewohnheiten und Verhaltensmuster auf heilsame Weise ändern wollen, müssen wir erst einmal anfangen, uns selbst zu verstehen.«

»Es ist wichtig, sich an grundlegenden Praktiken und kleineren Problemen zu versuchen, bevor man die großen in Angriff nimmt. Mit schöner Regelmäßigkeit verschaffen wir uns zusätzliche Schwierigkeiten, weil wir etwas zuwege bringen wollen, was nicht im Rahmen unserer Möglichkeiten liegt. Es gibt oft einen riesengroßen Unterschied zwischen unserem tatsächlichen und unserem eingebildeten Können. Das ist die Kluft zwischen Anspruch und Wirklichkeit.

Nur mit dieser Wirklichkeit läßt sich arbeiten, indem wir objektiv erkennen, wer und was wir sind, und genau dort ansetzen. Zu viele Menschen wollen bei einem Bild oder einer Wunschvorstellung von sich anfangen. Sie haben eine Art von Idealvorstellung von sich oder ihren Fähigkeiten. Das führt regelmäßig zu Abneigung, Schmerz, Verzweiflung und Frustration. Wenn wir glauben, wir sollten so oder so sein, es aber in Wirklichkeit nicht sind, können Selbthaß und Zweifel aufkommen.«

»Probleme und Schwierigkeiten können abgebaut werden, wenn wir bei dem ansetzen, was wir wirklich sind; wenn wir ein paar Techniken und Methoden lernen, die sich um das »Wie geht das?« drehen, und wenn wir versuchen, diese Techniken und Methoden im Alltag einsetzen.«

Diese Worte waren Zitate aus dem Vortrag des ersten Abends...
Könnt ihr eine Veränderung in eurer Einstellung, in eurem Verständnis bezüglich dieser Dinge feststellen?

Vielleicht habt ihr eine starke Konzentrationsfähigkeit, vielleicht auch nicht.

Vielleicht besitzt ihr starke Achtsamkeit, vielleicht auch nicht. Aber viel wichtiger ist... sind Mitgefühl und Verständnis gewachsen?

Haltet euch bitte vor Augen... manche Meditationspraktiken tendieren allzuoft dahin, ein Verschließen des Herzens zu fördern... es gibt da nicht immer genügend Verständnis für Mitgefühl und Liebende Güte und ihre Beziehung zur Praxis... Gleichmut wird mit Gleichgültigkeit – dem Gegenteil von Fürsorglichkeit – verwechselt.

Probieren, aufpassen, lernen – Stück für Stück, Schritt für Schritt.

Am Anfang dieser Sitzmeditation möchte ich euch kurz durch die fünf Betrachtungen führen. Anschließend könnt ihr damit weitermachen, wenn ihr wollt: Ihr könnt auch etwas Mitgefühl/Liebende-Güte-Meditation praktizieren, oder ihr geht zur Atembetrachtung über. Kommt also bitte zur Ruhe, nehmt euch ein paar Augenblicke Zeit, um den Atem zu beobachten, und entspannt euch dabei in die Sitzhaltung hinein.

***

Zunächst betrachtet bitte, daß ihr in einer glücklichen Lage seid und die verschiedenen Aspekte davon. Versucht die heilsamen, glücklichen Aspekte eures Lebens zu erwägen: Gesundheit, Wohlstand, Bildung, Freiheiten, die Gelegenheit, die Meditation zu erlernen und Mitgefühl und Verständnis zu entwickeln oder was es sonst noch geben mag.

***

Jetzt besinnt euch bitte auf Tod und Vergänglichkeit, daß offenbar alles Geburt, Dasein und Tod durchmacht, daß der Tod für uns alle ein natürliches Ereignis darstellt und daß wir nicht wissen, wann wir sterben werden. Erwägt möglicherweise auch, auf welche Art ihr zu sterben wünscht, voller Erregung und Angst oder friedlich und gefaßt.

***

Als nächstes erwägt bitte eure Handlungen und deren Resultate oder das Gesetz des Kamma oder das Gesetz von Ursache und Wirkung. Erwägt, daß ihr euch selbst die besten Bedingungen für ein besseres Leben, jetzt und künftig, verschafft, indem ihr eure Taten, Äußerungen und Gedanken auf heilsame Weise verändert.

✻ ✻ ✻

Reflektiert jetzt bitte über Dukkha oder das Unbefriedigende; daß es ein wesentlicher Bestandteil unseres Daseins ist, daß wir immer wieder von Zeit zu Zeit Dinge erleben werden, die unangenehm, unbefriedigend, Dukkha sind. Das ist ganz natürlich. Aber wir können daran arbeiten, das zusätzliche Dukkha zu lindern, das wir durch unsere Reaktionen verursachen.

✻ ✻ ✻

Schließlich erwägt bitte die Beziehung zwischen Mitgefühl und Gleichmut, sich zu kümmern, also immer mitfühlende Fürsorglichkeit zu haben, aber diese mit Gleichmut auszuwiegen und zu stärken. Versucht zu verstehen, wann Unbekümmertheit – jedoch immer in Verbindung mit Mitgefühl und Verständnis – angebracht ist.

✻ ✻ ✻

✻ ✻ ✻

(Ende der Meditation)

Heute morgen haben wir keine neue spezielle Achtsamkeitsübung für euch. Ich möchte näher auf die Übung von gestern eingehen, auf den Versuch, bewußt zu schmecken, auf den Versuch, sich vollkommen auf das Schmecken des Essens einzulassen.

Das unterscheidet sich ziemlich von den anderen sechs Übungen, die wir euch in diesem Retreat jeden Morgen aufgegeben haben. Erstere sind grundlegende physische Handlungen, die man einfach durchführt und die weder Zuneigung noch Abneigung erzeugen, wie wir glauben.

Ich habe zumindest niemanden bemerkt, der mit den Türen herumgespielt hat, weil es ihm einfach Spaß gemacht hat ... Wir haben niemanden bemerkt, der seinen Teller aus Übungsgründen fünf- oder sechsmal abgespült hat ... Niemand stand einfach so auf, setzte sich wieder hin, stand wieder auf, setzte sich wieder hin ... Das alles sind physische Vorgänge, die wir einfach tun müssen. Wir lieben sie nicht, wir hassen sie nicht, wir tun sie einfach.

*Aber* wenn es um das Essen geht, um die geschmackliche Wahrnehmung der Mahlzeit, sieht die Sache anders aus. Wir erleben einen angenehmen Geschmack, und den *mögen wir*. Wir erleben einen unangenehmen Geschmack, und den *mögen wir nicht*.

Hier spielen zusätzliche Reaktionen in den ursprünglichen Vorgang mit hinein. Und diese Reaktionen des Mögens und Nichtmögens können zu Gefühlszuständen führen, die die fünf Hindernisse hervorbringen.

Wenn wir etwas zu sehr mögen, ist das eine Sinnesbegierde. Wenn wir etwas nicht mögen, empfinden wir Abneigung, wir hassen, wir wollen loswerden. Wenn wir etwas sehr mögen, kann uns das auch unruhig und voller Sorge machen, weil wir anfangen, uns Gedanken zu machen: »Ich möchte gern mehr davon haben. Hoffentlich ist genug da!« Und wir sehen uns um: »Oh, nein. Jemand holt sich gerade den Rest.«

Die verschiedenen Hindernisse können leicht auftauchen, während wir unser Essen schmecken oder auch kurz danach.

Versucht mit Achtsamkeit, den Vorgang des Schmeckens zu betrachten. Schmeckt das Essen gut – fein. Wir essen weiter, und der nächste Bissen mag ebensogut schmecken. Und wir sind ganz bei der Sache, ganz bei unserem wohlschmeckenden Essen, ohne Gedankenkreise zu erzeugen, ohne über das Essen nachzudenken und dabei vielleicht das eigentliche Geschmackserlebnis zu verpassen.

Schmeckt das Essen nicht gut, in Ordnung, es schmeckt eben nicht; aber wir haben unsere Essensbetrachtung durchgeführt und wissen, daß uns das Essen am Leben erhalten, daß es uns das Weitermachen ermöglichen soll, und wir sind zufrieden.

So stürzt uns der Wohlgeschmack nicht in den Gefühlszustand der Gier, der Sinnesbegierde. Und der unangenehme Geschmack stürzt uns nicht in Haß und Aufregung über den Koch und so weiter.

Wir verweilen mehr im Frieden. Wir können ganz im Augenblick da sein. Wir können das Essen und Schmecken erleben und bewußt bei der Sache sein.

Versucht also noch einmal, zusätzliche Aufmerksamkeit auf den Eßvorgang zu richten. Versucht euch ausgiebig mit dem Kauen zu beschäftigen: Kaut sorgfältig. Das bringt euch sehr nahe an das Schmecken heran. Es ist hilfreich, den Löffel immer wieder hinzulegen. Oft schaufeln wir eilig schon den nächsten Bissen auf die Gabel und verpassen während dieses Vorgangs das Schmecken, weil wir in Gedanken schon mit dem nächsten Bissen beschäftigt sind, nicht mit dem, den wir gerade kauen.

Versucht euch das Schmecken ganz bewußt zu machen. Paßt auf und stellt fest, ob ihr dabei weise Reaktionen beibehalten könnt und euch keine zusätzlichen Probleme bereitet.

# Mitfreude

Heute nachmittag möchte ich über eine weitere heilsame Eigenschaft des Geistes sprechen, die uns in unserer Praxis sehr helfen kann. Diese Eigenschaft heißt Mitfreude.

So wie das Mitgefühl das Dukkha, das Unbefriedigende in uns und anderen, fühlt und danach trachtet, es zu lindern, so empfindet die Mitfreude das Wachstum, das Glück und den Erfolg in unserem Leben und im Leben anderer.

Mitgefühl trägt dazu bei, das Gefühl des Getrenntseins zu vertreiben, indem es die Seifenblasen auflöst, in denen wir uns von anderen abkapseln. Weil die Mitfreude dazu beiträgt, daß wir uns über unser Wachstum und das Wachstum anderer freuen können, löst sie ebenfalls unsere Isolation auf. Sie gestattet uns, mehr Freude und Zufriedenheit zu finden.

Mitfreude wirkt auch als ausgleichende Eigenschaft auf das Mitgefühl. Ursache dafür ist die Erkenntnis, daß es einen Weg heraus aus dem Dukkha gibt. Wir nehmen Anteil an der Zufriedenheit, der Erleichterung und der Freude, die wir und andere erfahren können, wenn wir den Weg gehen und das Verblassen von Dukkha erkennen.

Es ist sehr nützlich, über das eigene Wachstum zu reflektieren. Blickt zurück, erinnert euch, erinnert euch an die Augenblicke des Verstehens. Seht euch an, wie ihr eure Schwierigkeiten und Probleme im Augenblick betrachtet, im Vergleich zu eurer früheren Sichtweise. Versucht euch der Umwandlung zu öffnen. Es ist in Ordnung, sich dieser Umwandlung zu öffnen, um das subtile, allmähliche Wachstum in sich selbst zu erkennen.

Oftmals entgeht uns dieses Wachstum, weil es so subtil ist oder weil wir nicht in der Lage sind, genügend Abstand zu nehmen und dabei häufig in den negativen Zuständen der Minderwertigkeitsgefühle und des Selbstmitleids »ertrinken«.

Wenn ihr zurückblickt, euch erinnert, so trägt das auch dazu bei, euch mit Energie zum Weitermachen zu versorgen. Es wird dazu beitragen, die Zweifel zu bannen und euch Zuversicht geben. Es kann eure Motivation auffrischen und euer Vertrauen in die Lehren, die euch aus Dukkha, den Problemen und Schwierigkeiten herausführen, stärken.

Das verschafft euch mehr Stärke und Geduld, Geduld mit den Problemen und Schwierigkeiten, die in der Praxis auftauchen, und Geduld mit euch selbst.

In der Praxis der Einsichtsmeditation geschieht es manchmal, daß der Geist vom ständigen Beobachten völlig ermüdet. Die innere Energie ist aufgebraucht, und das kann Erregung verursachen. Man benötigt sehr viel Energie, um genau zu beobachten und nachzuforschen. Zusätzlich kann uns das, was wir dabei erkennen, ganz schön aus der Fassung bringen.

Wenn ihr feststellt, daß ihr innerlich zu aufgeputscht, erschöpft, ausgelaugt oder aus der Fassung gebracht seid, so deutet das oft darauf hin, daß der Geist auf die eine oder andere Art aus dem Gleichgewicht geraten ist. Vielleicht reicht die Ruhe, Energie oder Konzentration nicht aus, um der Achtsamkeit Stärke zu verleihen.

Es hat sich bei vielen Menschen als sehr hilfreich erwiesen, zu einem solchen Zeitpunkt den Gegenstand der Meditation zu wechseln, zum Beispiel hin zur Mitfreude, um die Energie zu erneuern, um den Geist zu beruhigen und auf einem Meditationsobjekt ausruhen zu lassen. Dies kann dazu beitragen, Fröhlichkeit nach innen zu tragen und Zuflucht zu gewähren. Es kann ein Gefühl der Geborgenheit vermitteln, wenn man über die Lehren und das eigene innere Potential nachsinnt und sich daran erfreut.

Wir können den Geist vor dem »Ausbrennen« bewahren, indem wir die Methoden erkennen und anwenden, die notwendig sind, um das innere Gleichgewicht zu finden.

Der Versuch, sich über das Wachstum anderer, über ihren Erfolg im Leben zu freuen, trägt auch dazu bei, Neid, Eifersucht, Konkurrenzdenken und Gefühle der Unter- oder Überlegenheit im Umgang mit anderen abzubauen.

Wenn wir andere auf der Sonnenseite des Lebens sehen, sie etwas erhalten, was wir gerne hätten, daß sie Stärke und heilsame Qualitäten, die wir bewundern, haben oder entfalten, können wir versuchen, das Leben mit ihren Augen zu sehen und Anteil an ihrer Freude und ihrem Glück zu nehmen, statt Neid, Eifersucht, Minderwertigkeitsgefühle oder wertende Vergleiche hervorzubringen.

Es gibt Lebewesen, die in diesem Augenblick nicht von Dukkha übermannt werden. Sie finden vielleicht Frieden und Zuflucht in ihrer Stärke, helfen anderen mit ihrer Stärke oder entwickeln ihre heilsamen Qualitäten, so daß sie zu gegebener Zeit anderen helfen können. Vielleicht erleben sie einfach nur Glück, Leichtigkeit und Frieden aufgrund glücklicher Lebensumstände – wie vergänglich diese auch immer sein mögen oder für wie vergänglich wir sie auch immer halten mögen. Wie dem auch sei – es gibt Lebewesen, die des Mitgefühls weniger bedürfen als andere.

Viele Leute fragen uns: »Ihr bekommt kein Geld. Warum macht ihr das hier? Was bringt es euch?«

Um sich diese Frage zu beantworten, möge man sich die enge Verbindung ansehen, die zwischen Mitgefühl, Liebender Güte und Großzügigkeit in der mitfühlenden Tat und der Mitfreude besteht. Die Entfaltung der Großzügigkeit ist oft einfach die Manifestation des Mitgefühls und der Liebenden Güte, die man anderen gegenüber empfindet.

Wenn Mitgefühl und Liebende Güte anwachsen, ist es für viele von zunehmender Wichtigkeit, diese Gefühle in mitfühlender Handlung auszudrücken; das äußert sich oft im Wunsch zu geben.

Es gibt viele Formen des Gebens, und wir stellen dabei fest, daß wir immer auch etwas bekommen, wenn wir geben. Das Geben unterstützt den Vorgang des Loslassens fortwährend, das Loslassen eines isolierten Selbst durch das Vermindern der Selbstsucht. Unser Wohlergehen kann sich ausweiten, weil das Geben unser Gefühl des Getrenntseins reduziert und uns hilft, unsere Wechselbeziehungen zu anderen deutlicher zu spüren.

Vielleicht spüren wir als eine Folge des Gebens auch Energie in uns aufsteigen. Wenn wir den Ursprung der Energie in uns berühren, trachten wir vielleicht weniger danach, uns von außen her zu erneuern.

Wir erkennen, daß die Quelle für Energie, Frieden und Wohlergehen in uns liegt und daß sie von unseren weisen Reaktionen auf andere Menschen und auf unsere Erfahrung herrührt.

Eine mögliche Energiequelle ist das Entstehen von Freude, in unserem Falle von Mitfreude, von der Freude, das Wachstum anderer Menschen zu betrachten, zu sehen, wie sie eine Stärke in sich entdecken, von der sie bisher gar nichts wußten. Wir beobachten

Menschen, die in ihrem Verständnis für die Kräfte des Geistes und der Lehren, die ihnen den Weg heraus aus Dukkha zeigen, wachsen. Wir beobachten Menschen, die erkennen, daß der Pfad zu innerem Frieden bedeutet, sich selbst umzuwandeln, und Menschen, die das Gefühl verzweifelter Suche loslassen, bei der sie nur Leere in ihrem Leben finden, Menschen, die dieses Gefühl durch das Verständnis ersetzen, daß es einen Pfad gibt, der zu innerer Gefaßtheit und dem Verblassen von Dukkha führt. Wir beobachten Menschen auch bei ihrem Übergang, Menschen, die vorher von äußeren Dingen abhängig waren und sich jetzt auf die eigene innere Stärke und Weisheit stützen.

Wenn Wünsche des Mitgefühls und der Liebenden Güte auf die eine oder andere Art in Erfüllung gehen, dann können sie in die positive, heilsame Energie der Mitfreude umgewandelt werden. Freude, Mitfreude, Freude über das Wachstum anderer, aber auch das Erkennen des eigenen Wachstums ist etwas sehr Machtvolles. Es lädt die »innere Batterie« wieder auf, spornt dazu an, den Pfad weiterzugehen, und versucht anderen dabei zu helfen, diesen Pfad ebenfalls zu gehen.

Als der Buddha in den Lehrreden über Mitgefühl, Liebende Güte, Gleichmut und Mitfreude sprach, nannte er sie die Brahma Viharas. Das Pali-Wort Brahma bedeutet Gott oder göttliches Wesen. Vihara heißt Aufenthaltsort oder Wohnung. Im Deutschen bezeichnet man dies als göttliche Verweilungen. Warum hat der Buddha diese Geisteszustände als Brahma Viharas bezeichnet?

Weil wir wie göttliche Wesen oder Götter leben, wenn wir diese Zustände tief genug empfinden, so sagte er, wir finden eine Verweilstätte, ein Zuhause, eine Sicherheit in diesen heilsamen Geisteszuständen, in diesen heilenden Geisteszuständen.

Ich möchte euch jetzt gerne durch eine geleitete Mitfreudemeditation führen. Richtet euch bitte in der Sitzhaltung ein und konzentriert euch für einen Moment auf den Atem.

✳✳✳

Richtet die Aufmerksamkeit auf euch selbst. Versucht euch an die Augenblicke während dieses Retreats zu erinnern, in denen euch plötzlich etwas klar geworden ist, in denen ihr einen flüchtigen Blick auf eure innere Stärke werfen konntet oder Einsicht erlangt habt, in denen ihr euch öffnen konntet. Erinnert euch an die Augenblicke, in denen ihr im Hier und Jetzt wart, ohne inneres Sträuben und ohne Festhalten, und in denen ihr das Verblassen von Dukkha erkannt habt.

*** *** ***

Versucht, euch über diese Augenblicke zu freuen und damit zufrieden zu sein. Versucht gleichzeitig Freude und Zufriedenheit an euren jetzigen Bemühungen zu finden, den Bemühungen, zu verstehen, aufgeschlossen zu sein und weiterzumachen. Laßt die heilende Energie der Freude zu.

*** *** ***

Möge ich in den Zeiten der Mutlosigkeit fähig sein, mich an jene Augenblicke des Friedens, der Unbeschwertheit oder des Verstehens zu erinnern. Möge ich mich über jene Augenblicke freuen können, über das allmähliche Erwachen und mein inneres Potential. Möge ich mich an den Lehren erfreuen, mögen sie mir eine Zuflucht sein, mir Zuversicht und die Energie zum Weitermachen geben.

*** *** ***

Richtet jetzt eure Aufmerksamkeit auf die Person, die euch am nächsten sitzt. Versucht euch über ihr Bemühen, ihre Geduld und Beharrlichkeit zu freuen, wie sie Schwierigkeiten in diesem Retreat durchsteht, gelegentlich mit dem Augenblick fließt, Einsicht und Verständnis gewinnt oder ihr Dukkha losläßt und Freude und Zufriedenheit in sich selbst findet.

*** *** ***

Laßt die heilende Energie der Mitfreude mit dieser Person zu.

*** *** ***

Möge dieser Meditierende in den Zeiten der Mutlosigkeit fähig sein, sich an jene Augenblicke des Friedens, der Unbeschwertheit oder des Verstehens zu erinnern. Mögen er oder sie sich über jene Augenblicke freuen können, über das allmähliche Erwachen und ihr inneres Potential. Mögen er oder sie sich an den Lehren erfreuen, mögen sie ihm oder ihr eine Zuflucht sein, mögen sie ihm oder ihr Zuversicht und die Energie zum Weitermachen geben.

✳✳✳

Richtet eure Aufmerksamkeit auf die anderen Meditierenden hier in diesem Raum. Versucht euch über ihre Bemühungen zu freuen.

✳✳✳

Mögen diese Meditierenden in den Zeiten der Mutlosigkeit fähig sein, sich an jene Augenblicke des Friedens, der Unbeschwertheit oder des Verstehens zu erinnern. Mögen sie sich über jene Augenblicke freuen können, über das allmähliche Erwachen und über ihr inneres Potential. Mögen sie sich an den Lehren erfreuen, mögen sie ihnen eine Zuflucht sein, ihnen Zuversicht und die Energie zum Weitermachen geben.

✳✳✳

Richtet eure Aufmerksamkeit jetzt auf eure Eltern oder nahe Verwandte. Versucht euch an eine Begebenheit in ihrem Leben zu erinnern, in der sie in der Lage waren, sich einer schwierigen Situation zu stellen und sie zu meistern, als sie eine Herausforderung in ihrem Leben bewältigen oder anderen helfen konnten. Versucht euch darüber zu freuen, daß bei diesen Anlässen heilsame Qualitäten in ihnen erschienen sind.

✳✳✳

Laßt die heilende Energie der Mitfreude mit ihnen zu.

✳✳✳

Mögen meine Eltern oder nahen Verwandten in den Zeiten der Mutlosigkeit fähig sein, sich an jene Augenblicke des Friedens, der Unbeschwertheit oder des Verstehens zu erinnern. Mögen sie sich über jene Augenblicke freuen können und Kontakt mit ihrer inneren Stärke und ihrem inneren Potential aufnehmen. Möge es ihnen eine Zuflucht sein, möge es ihnen Zuversicht und die nötige Energie geben, um ihre Herausforderungen zu meistern und ihre heilsamen Qualitäten zu entfalten.

Und jetzt richtet eure Aufmerksamkeit auf einige eurer Lehrer oder auf Leute, die euch wertvolle Lehren für das Leben vermittelt haben. Besinnt euch auf einige ihrer heilsamen Eigenschaften, besinnt euch auf ihre Anstrengung, diese heilsamen Eigenschaften zu entwickeln. Versucht, euch über ihre Bemühungen zu freuen.

\* \* \*

Laßt die heilende Energie der Mitfreude mit ihnen zu. Freut euch über ihr Wachstum, nehmt Anteil daran.

\* \* \*

Mögen meine Lehrer in den Zeiten der Mutlosigkeit fähig sein, sich an jene Augenblicke des Friedens, der Unbeschwertheit oder des Verstehens zu erinnern. Mögen sie sich über jene Augenblicke freuen können, über das allmähliche Erwachen und ihr inneres Potential. Mögen sie sich an den Lehren erfreuen, mögen sie ihnen eine Zuflucht sein, mögen sie ihnen Zuversicht und Energie zum Weitermachen geben.

\* \* \*

Dehnt eure Achtsamkeit jetzt auf die Nonnen und Mönche und alle anderen in diesem Kloster aus. Besinnt euch auf ihre Großzügigkeit. Sie stellten uns ihr Heim zur Verfügung und kümmerten sich um uns, so daß wir die Lehren des Buddhas in uns selbst erfahren können.

\* \* \*

Laßt die heilende Energie der Mitfreude mit ihnen zu.

\* \* \*

Mögen alle, die hier wohnen, in den Zeiten der Mutlosigkeit fähig sein, sich an ihr gutes Kamma und an jene Augenblicke des Friedens, der Unbeschwertheit oder des Verstehens zu erinnern. Mögen sie sich über jene Augenblicke freuen können, über das allmähliche Erwachen und ihr inneres Potential. Mögen sie sich an den Lehren erfreuen, mögen sie ihnen eine Zuflucht sein, mögen sie ihnen Zuversicht und die Energie zum Weitermachen geben.

\* \* \*

Reflektiert jetzt über euer jeweiliges Heimatland. Vergegenwärtigt euch so viele positive Merkmale der Menschen daheim wie möglich: die Sicherung der Glaubensfreiheit, der Freizügigkeit, der Meinungsfreiheit, den Schutz des Bürgers vor den Machthungrigen. Reflektiert auch über die vielen Menschen in euren Heimatländern, die sich der Verbesserung des Bildungs- und Sozialwesens widmen, die den Armen, Kranken und Unterdrückten in ihrem eigenen Land und in anderen Ländern helfen, über diejenigen, die nach Weisheit und ihrem inneren Potential suchen.

❋ ❋ ❋

Öffnet die Augen gegenüber den heilsamen Merkmalen eurer Heimatländer und der Menschen dort. Versucht euch über diese Eigenschaften zu freuen.

❋ ❋ ❋

Mögen diejenigen in meinem Heimatland, die sich der Wahrheit, Freiheit und Tugend widmen, sich an das Gefühl tiefer Inspiration und Energie erinnern können; die Inspiration, die mit der Arbeit an diesen hohen Qualitäten einhergeht. Möge es besonders dann gelingen, wenn sie mutlos sind. Mögen sie sich über jene positiven Augenblicke freuen können und Kontakt mit ihrer inneren Stärke und ihrem inneren Potential aufnehmen. Möge es ihnen eine Zuflucht sein, möge es ihnen Zuversicht und die Energie zum Weitermachen geben.

❋ ❋ ❋

Dehnt jetzt eure Achtsamkeit noch weiter aus und denkt nach über die vielen Menschen, die sich dem inneren Wachstum widmen, reflektiert über sie oder visualisiert sie, jene Menschen, die in sich diesen höheren Qualitäten entfalten: Frieden, mitfühlendes Handeln, Liebende Güte, Großzügigkeit.

❋ ❋ ❋

Denkt an die Menschen, die den Weg der geistigen Entwicklung gehen, jeder auf seine Art.

❋ ❋ ❋

Jeder einzelne von ihnen verkörpert das Potential, das in allen Lebewesen steckt.

✳✳✳

Einige sind sogar bereit, ihr Leben dafür hinzugeben.

✳✳✳

Einige geben unermüdlich ihre Energie zum Wohle anderer.

✳✳✳

Einige arbeiten an sich selbst, um innere Weisheit zu finden, die sie dann an andere weitergeben. Sie bemühen sich, mit ihrem inneren Potential in Kontakt zu kommen, um anderen zu zeigen, daß wir alle dieses innere Potential besitzen.

✳✳✳

Laßt Mitfreude mit all diesen Menschen zu, Freude über das Potential in allen Wesen, Freude über die Verkörperung ihres Wachstums, ihrer heilsamen Qualitäten in ihrem Tun.

✳✳✳

Mögen alle Wesen in Zeiten der Mutlosigkeit in der Lage sein, sich an jene Augenblicke der Inspiration, Energie, Großzügigkeit, des Friedens oder des Verstehens zu erinnern. Mögen sie sich über jene Augenblicke freuen und über das allmähliche Erwachen und ihr inneres Potential. Mögen sie Freude darüber empfinden, daß sie mit den inneren Lehren, der inneren Wahrheit in Kontakt treten. Möge sie ihnen eine Zuflucht sein, möge sie ihnen Zuversicht und die Energie zum Weitermachen geben.

✳✳✳

Wenn ihr diese Betrachtung weiter ausdehnen wollt, um weitere Lebewesen zu erwägen, so tut das bitte. Oder bringt die Aufmerksamkeit zu euch selbst zurück, indem ihr ein freudiges Gefühl angesichts eurer eigenen Bemühungen hervorbringt. Danach könnt ihr zum Atem zurückkehren, zur Mitgefühl/Liebende-Güte-Meditation oder zur Meditation der fünf Betrachtungen.

# Reden und Zuhören

Heute nachmittag haben wir eine kleine Änderung im Stundenplan. Nach etwa 190 Stunden intensiver Meditation, begleitet von Schweigen, werden wir das Schweigen bis 18.15 Uhr für ein paar Stunden aufheben. Danach nehmen wir das Schweigen bis zum Ende des Retreats wieder auf.

Rosemary und ich haben euch auf verschiedene Weise kennengelernt. Und jeder einzelne von euch hat auch uns ein wenig kennengelernt.

Aber es gibt hier noch eine weitere wichtige Beziehung, nämlich die Beziehung zwischen euch und den anderen Meditierenden. Es hat sich eine Art »Band« zwischen vielen von euch herausgebildet, auch wenn ihr vielleicht nicht viel voneinander wißt.

Da viele von euch das Wat kurz nach dem Ende des Kurses verlassen werden, möchten wir euch die Gelegenheit geben, einander kennenzulernen und möglicherweise neue Freundschaften zu schließen.

Bevor wir euch gestatten, miteinander zu reden, möchten wir euch noch eine weitere Achtsamkeitsübung aufgeben.

Versucht zusätzliche Achtsamkeit auf euer Reden und euer Zuhören zu richten. Versucht, auf die Energie und die Motivation hinter eurer Rede zu achten. Wollt ihr bloß reden, reden, reden? Wollt ihr den anderen das mitteilen, wonach euch der Sinn steht, ohne wirkliche Rücksicht auf die andere Person und ihren Hintergrund zu nehmen? Redet ihr *auf* die andere Person *ein* oder redet ihr *mit* der anderen Person?

Versucht achtsam zu sein, ganz besonders, wenn ihr zulaßt, daß sich Aversion in euer Reden einschleicht. Versucht auf das zu achten, was ihr sagt. Ist es heilsam oder nicht? Steht es unter dem Einfluß von Abneigung und Zorn oder steht es unter dem Einfluß von Mitgefühl und Liebender Güte? Versucht eure Äußerungen vor jeglichem Einfluß eurer Abneigung zu beschützen, so daß ihr eure Friedfertigkeit und die Friedfertigkeit anderer nicht stört.

Und wenn ihr zuhört, versucht voll bei eurem Gegenüber zu sein. Versucht zu verstehen, worüber diese Person *wirklich* redet, nicht bloß eure Vorstellung davon.

Versucht auch, auf die Energie und die Motivation hinter den Äußerungen eures Gegenübers zu achten, auf ähnliche Weise wie bei eurer eigenen Rede. Rühren seine Äußerungen vom Geisteszustand der Aversion und des Zorns her, oder rühren sie vom Zustand des Mitgefühls und der Liebenden Güte her? Sind sie heilsam oder sind sie es nicht? Redet euer Gegenüber auf euch ein oder redet er mit euch?

Wenn ihr erkennt, daß die Rede eures Gesprächspartners von Abneigung und Zorn geprägt ist, so versucht Mitgefühl zu empfinden für die Schwierigkeiten, die euer Gegenüber offensichtlich hat.

Unsere Beziehung zu anderen wird sehr stark von unserem Reden und Zuhören geprägt. So sehr, daß es tatsächlich Worte gibt, die eine beinahe magische Wirkung haben, in dem Sinne, daß sie uns zu sehr viel angenehmeren Beziehungen verhelfen können. Unsere Worte können eine Manifestation unseres Mitgefühls und unserer liebenden Güte sein, und sie können äußerst machtvoll sein.

Einige von euch haben etwas über die Macht, die vom Gebrauch bestimmter Worte herrührt, gelesen. Und wir haben über diesen Aspekt der Praxis noch nicht gesprochen. An dieser Stelle, bevor ihr anfangt, miteinander zu reden, möchte ich euch drei besonders machtvolle Worte mitgeben, die ihr im Gespräch mit anderen verwenden könnt.

Die Macht dieser Worte ist gewaltig und kann uns im Leben weiterhelfen. Und wenn ihr sie häufig verwendet, werdet ihr selbst feststellen, was für eine Macht in ihnen steckt.

Unter anderem haben sie die Macht, beim Anknüpfen neuer Freundschaften zu helfen, alte Freundschaften zu erhalten und zu festigen und Freundschaften, die ins Wanken geraten sind, zu erneuern.

Diese drei Worte wurden seit Jahrtausenden von weisen Menschen überliefert, und ich möchte sie euch bei dieser Gelegenheit übermitteln. Es ist möglich, daß ihr schon von ihnen gehört habt und ihre Macht vielleicht schon kennt.

Diese drei machtvollen Worte sind ... »bitte«, »danke«, »es tut mir leid«.

(Ihr habt vielleicht einige tibetische Mantras erwartet?!)

Sie können regelrecht magische Wirkung in unserer Beziehung zu anderen haben: »bitte«, »danke«, »es tut mir leid«.

Wenn ihr also anfangt, mit anderen zu reden, so bemüht euch nach Kräften um eine zweiseitige Unterhaltung, um eine Erfahrung, die ihr miteinander teilt und die von Mitgefühl und Verständnis ausgeht. Laßt nicht zu, daß Aversionen eure Äußerungen beeinträchtigen und auch nicht den Frieden und die Zufriedenheit, die ihr und andere empfinden mögen. Und versucht diese magischen Worte zu benutzen: »bitte«, »danke«, »es tut mir leid«.

# Zweifel und Aufgeschlossenheit

Um 15.30 Uhr hatten wir eine kleine Änderung in unserem normalen Stundenplan. Nach etwa 190 Stunden eines ziemlich intensiven Meditations-Retreats entspannten wir uns fast drei Stunden lang und lernten einander ein wenig kennen. Wir redeten und hörten zu, wir sprachen über das Retreat, über die Vergangenheit und die Zukunft. Einige von euch redeten viel, andere redeten wenig.

Einige wenige wollten vielleicht überhaupt nicht reden. Nach vielen Stunden des Schweigens und der Innenschau erlebten die meisten von euch einige gemeinsame Stunden des Redens und der Wendung nach außen.

Vor einer Stunde kehrten wir zum Schweigen zurück. Sitzmeditation, Gehmeditation und vielleicht eine kurze Stehmeditation. Wenn ihr eure Meditation in der vergangenen Stunde mit gestern oder heute morgen vergleicht, gab es da einen Unterschied? ... Wenn euer Geist nur ein bißchen dem meinen ähnelt, dann werdet ihr wohl bestätigen, daß es in der Tat einen Unterschied gab!

Wenn man nach einer so langen Zeit des Schweigens und ein paar darauffolgenden Stunden des Redens wieder zum Schweigen zurückkehrt, nimmt man vieles aus den Gesprächen und der Aufregung dieser paar Stunden mit. Während eines Großteils der letzten Meditationsstunde habt ihr sicherlich erkannt, daß der Geist ständig über das nachdachte, was in den letzten drei Stunden besprochen wurde.

Bei denjenigen, die nicht viel geredet haben, gab es sicherlich auch einen Unterschied in der Meditation im Vergleich zu vorher. Aber die Unterschiede waren vermutlich anderer Natur als bei denjenigen Meditierenden, die viel geredet haben.

Bei einigen von euch mögen Geisteszustände aufgetaucht sein, wie zum Beispiel Enttäuschung, Abneigung, Zweifel, Unruhe und Sorge. Manche von euch fühlen sich nun vielleicht glücklich, voller Freude und Frieden.

Wir sind alle unterschiedliche Persönlichkeiten, und die Reaktionen in diesem Retreat sind sehr verschieden. Das Ende eines

Retreats bringt, ebenso wie diese Änderung im Stundenplan, oft die unterschiedlichsten emotionalen Reaktionen mit sich.

Während dieses Kurses haben Rosemary und ich mehrmals über die Unbeständigkeit oder Vergänglichkeit gesprochen. Alles um uns herum hat sein eigenes Entstehen, Dasein und Vergehen. Unser Körper, unsere Gedanken, unsere Gefühle, sie alle entstehen, sind da und vergehen. Auch dieses Retreat kam zustande, ist im Moment im Gange und wird bald vorbei sein.

Wie wir *reagieren*, egal auf welche Erfahrung, wird den Ausschlag geben, ob wir mehr Probleme, Schwierigkeiten und Dukkha für uns selbst und andere schaffen, oder ob wir mehr und mehr Frieden, Glück und Zufriedenheit in uns und anderen hervorbringen; wie wir auf jegliche Erfahrung reagieren.

Die Techniken der Vipassana-Meditation, der Achtsamkeitsübungen, der Reflexionen, der Entfaltung von Mitgefühl/Liebender Güte – alles, was wir hier erörtert haben, wurde von vielen, vielen Menschen im Laufe von Jahrtausenden angewendet, um sich selbst und anderen dabei zu helfen, mehr Frieden, Zufriedenheit und wahres Glück zu entfalten.

Während der letzten Meditationsstunde haben vielleicht einige von euch festgestellt, daß sie nicht so gut wie vor der Redephase meditieren konnten. Bei soviel Anregung und Aufregung wird der Geist vermutlich unruhig gewesen und die abschweifenden Gedanken werden stärker als zuvor gewesen sein.

An keiner Stelle dieses Retreats haben wir behauptet, daß es bei dieser Praxis insgesamt darum gehe, sich auf den Atem konzentrieren zu können.

Auch haben wir nicht behauptet, daß wir unsere Fähigkeit zur Meditation/geistigen Entwicklung daran messen können, wie lange wir uns auf den Atem konzentrieren können.

Die Entwicklung starker Konzentrationsfähigkeit hat ihre Vorzüge, aber worauf wir während dieses Kurses Wert gelegt haben, war die Entwicklung von Mitgefühl, Verständnis und Weisheit. Und weiter legten wir Wert auf die Anwendung dieses mitfühlenden Verständnisses und dieser Weisheit, um unheilsame Eigenschaften abzubauen und heilsame Qualitäten zu festigen, damit unsere Schwierigkeiten und Probleme nachlassen und Friede und Glück anwachsen.

Welche Reaktionen ihr am Ende des Retreats auch erleben mögt, sie können wertvolle Gelegenheiten zum Lernen sein. Wenn man das Zunehmen umherschweifender Gedanken erkennt, so kann auch das eine Gelegenheit sein, um Verständnis und Weisheit zu erlangen. Wir können alle Erfahrungen nutzen. Nichts muß weggeworfen oder weggesperrt werden. Wenn wir irgendeine Erfahrung zurückweisen, so verpassen wir vielleicht eine seltene Gelegenheit zu tiefgründigem Wachstum.

Die Konzentration hängt von ihren Bedingungen ab, Bedingungen, die sie hervorbringen. Eine ruhige und friedvolle Umgebung ist der Konzentration zuträglich. Lärm und Aufregung schränkt die Konzentrationsfähigkeit oft ein.

Wenn ein Meditierender starke Konzentration besitzt, heißt das allerdings *nicht*, daß er damit gleichzeitig auch tiefes Verständnis und Weisheit besitzt. So einfach funktioniert das nicht.

Verständnis und Weisheit können überall und jederzeit entwickelt werden, wenn es ruhig oder laut ist, kalt oder heiß, regnerisch oder sonnig. Verständnis und Weisheit können überall und jederzeit entwickelt werden.

Die fünf Hindernisse heißen so, weil sie in der Regel den Meditierenden daran hindern, starke Konzentration zu entwickeln. Aber in der Vipassana-Meditation können genau diese Hindernisse als Quelle und wertvolle Hilfe für das Wachstum von Mitgefühl, Liebender Güte, Geduld, Beharrlichkeit, Gleichmut, Freude, Friede und Zuversicht genutzt werden.

Egal, was da erscheint, welche Erfahrungen wir auch im Leben machen – wir können von allem profitieren, auch wenn es unangenehme Erfahrungen sein mögen.

Wir wenden Mitgefühl und Achtsamkeit an; wir betrachten das Leben in seiner Gesamtheit... wir sehen zu, wie die Dinge kommen und gehen... wir lernen unsere Reaktionen kennen und verstehen... wir lernen immer mehr darüber, wer und was wir wirklich sind... wir lernen immer mehr darüber, was alle anderen wirklich sind, was alles andere wirklich ist... wir lernen immer mehr darüber, was das Leben in seiner Gesamtheit wirklich ist, nicht, was wir uns darunter vorstellen... wir verstehen die Konditionierung und ihre Auswirkungen.

Morgen geht das Retreat also zu Ende, und ihr werdet wahrscheinlich das Wat bald verlassen und eure Reise fortsetzen. Wir hoffen aufrichtig, daß ihr mit der Arbeit an der geistigen Entwicklung weitermachen werdet, mit diesen und/oder anderen Techniken, daß ihr auf dem Pfad der geistigen Entwicklung, hin zu Frieden und Zufriedenheit weitermacht, egal, welche Techniken ihr anwendet, und daß ihr euch und anderen helfen werdet.

Es gibt einen guten Rat, von dem es heißt, der Buddha habe ihn vor 2500 Jahren gegeben.

Dieser Ratschlag betrifft die Frage, ob wir die verschiedenen Religionen und Meditationslehren, denen wir möglicherweise begegnen werden, glauben und ausüben sollen oder nicht. Im allgemeinen bezieht er sich auf jegliche Lehre, jeglichen Ratschlag und jegliche Information, die wir von anderen erhalten, ob wir ihnen Glauben schenken sollen oder nicht.

Diese Lehrrede heißt die Kalamer Sutta. Sutta bedeutet Lehrrede, und Kalamer ist der Name der Volksgruppe, zu der der Buddha sprach. Die Kalamer Sutta lautet ungefähr so:

Der Buddha hielt sich einmal in der Nähe des Dorfes der Kalamer auf. Zu jener Zeit war es bei den Kalamern Brauch, jeden berühmten Meditationslehrer oder spirituellen Lehrer, der das Dorf besuchte, willkommen zu heißen und um Unterweisung oder Rat zu bitten. Viele Kalamer hatten schon vom Buddha gehört, daß er ein berühmter, weiser und verehrter Lehrer sei. Also kamen sie ihm in großer Zahl entgegen, um ihn zu begrüßen. Nach der Begrüßung sagten sie folgendes zu ihm:

»O Herr, gewisse Meditationslehrer und spirituelle Lehrer besuchen unser Dorf. Wenn es um ihre eigene Lehre geht, so erklären sie diese anschaulich und vollständig. Aber wenn es um die Lehren anderer geht, so beschimpfen sie diese, schmähen sie und reißen sie in Stücke. Darüber hinaus, o Herr, kommen auch noch Lehrer einer anderen Richtung zu uns und tun das gleiche. Wenn wir ihnen zuhören, geraten wir in Zweifel und Ungewißheit, welcher dieser berühmten Lehrer nun die Wahrheit spricht und welcher lügt.«

Der Buddha erwiderte: »Ja, ihr Kalamer, ihr mögt wohl zweifeln, ihr mögt wohl in Ungewißheit sein. In zweifelhaften Angelegenheiten stellt sich in der Tat Ungewißheit ein.«

Dann erklärte er zehn verschiedene Fälle, die für sich genommen keine hinlänglichen Gründe sind, um das zu glauben, was einem andere erzählen:

Er sagte, daß man etwas nicht glauben müsse, nur weil es Tradition sei oder weil es auf einer ununterbrochenen Überlieferungslinie des Lehrers beruhe oder weil es auf Gerüchten und Hörensagen beruhe oder auf der Autorität von Schriften und Büchern oder auf spekulativen Theorien oder auf Meinungen und Schlußfolgerungen oder auf Gründen und Argumenten oder weil es mit einer Theorie übereinstimmt, an die man bereits glaubt, oder weil die betreffende Person zuverlässig und berühmt ist oder weil der eigene Lehrer sagt, »...die Sache verhält sich so und so«.

Diese zehn Gründe sind für sich genommen nicht ausreichend, um irgendeiner Sache Glauben zu schenken.

Der Buddha fuhr dann fort: »Aber, ihr Kalamer, wenn ihr für euch selbst wißt, daß solche Lehren ungeschickt sind, daß solche Lehren tadelnswert sind, daß solche Lehren von den Weisen abgelehnt werden und daß das Befolgen und Ausüben solcher Lehren zu Schaden und Übel führt, dann tut ihr gut daran, solche Lehren nicht zu befolgen und nicht auszuüben.«

Dann erörterte der Buddha mit den Kalamern, was passieren kann, wenn jemand zuviel Gier oder Haß oder Unwissenheit entwickelt. Und alle stimmten darin überein, daß so jemand wohl viele unheilsame Handlungen begehen wird, wie zum Beispiel Töten, Stehlen und so weiter. Sie stimmen auch darin überein, daß derartiges unheilsames Tun ungeschickt und tadelnswert ist und von den Weisen abgelehnt wird, und daß solches Tun in der Regel zu Verlust und Sorge, zu Schwierigkeiten und Problemen führt.

Der Buddha erwähnte dann noch einmal die zehn Fälle, die für sich genommen keine hinlänglichen Gründe sind, um das zu glauben, was einem andere erzählen. Aber wenn wir selbst feststellen, daß solche Lehren und Taten unheilsam sind und ein Übermaß an Gier, Haß und Unwissenheit fördern, dann ist es besser, solche Lehren nicht zu befolgen und solche Taten nicht zu verüben.

Dann erzählte er ähnliches noch einmal; nur sprach er diesmal von heilsamen Taten, ohne Gier, Haß und von Weisheit. Die Kalamer stimmten mit ihm überein, daß solche Lehren und Taten Heilsames und Glück hervorbringen würden.

»Ihr Kalamer, wenn ihr für euch selbst wißt, daß solche Lehren geschickt sind, daß solche Lehren lobenswert sind, daß solche Lehren von den Weisen gebilligt und gefördert werden und daß das Befolgen und Ausüben solcher Lehren zum Heilsamen und zum Glück führt, dann tut ihr gut daran, solche Lehren zu befolgen und auszuüben.« Der Buddha folgte dann diesem Rat, indem er die Kalamer darin bestärkte, Mitgefühl, Liebende Güte, Gleichmut und Mitfreude zu entfalten.

Er versicherte ihnen, daß sie die Bedingungen für künftiges Heil und Glück schaffen würden, wenn sie auf diese vier heilsamen Geisteszustände achteten.

Diese Kalamer Sutta gibt uns den Rat, daß wir nichts glauben müssen, nur weil es unser Lehrer sagt oder weil jemand anerkannt und berühmt ist oder weil es in irgendwelchen Büchern steht oder weil es eine althergebrachte Tradition ist oder aus einem ähnlichen Gründ.

Wie oft im Leben sollten wir irgend etwas glauben, und doch waren wir nicht immer damit einverstanden, was uns andere erzählten. Sehr oft in unserem Leben sollten wir dieses oder jenes glauben. Nun hören wir, daß es in Ordnung ist, bestimmte Lehren nicht zu glauben und nicht auszuüben, wenn wir das Gefühl haben, sie würden unheilsame Ergebnisse mit sich bringen. Aber wir werden auch darin bestärkt, bestimmte Lehren zu glauben und auszuüben, wenn wir erkennen oder das Gefühl haben, sie würden zu heilsamen Ergebnissen führen.

Wie ich bereits erwähnte, gilt dieser Rat für alles, was wir im Leben tun. Und insbesondere gilt er für unser Verhältnis zu Meditationslehrern, spirituellen Lehrern und dem, was sie lehren. Das schließt sowohl buddhistische Lehrer als auch buddhistische Lehren mit ein.

Wenn ihr für euch selbst wißt, daß bestimmte Lehren unheilsam sind, dann ist es weise, wenn ihr euch von ihnen abwendet. Wenn ihr für euch selbst wißt, daß bestimmte Lehren heilsam sind, dann ist es weise, wenn ihr sie befolgt.

Es gibt Meditierende, die sich bei diesem Rat nicht ganz wohl fühlen. Schließlich sind wir nicht vollkommen und wissen, daß wir vieles nicht wissen und daß wir glauben, gewisse Dinge zu wissen, die so aber gar nicht stimmen. Wie können wir uns also immer sicher sein und auf uns selbst vertrauen?

Nun ... wir können immer nur so weise sein, wie wir im Moment eben sind, und es gibt ein Sprichwort, das es zu beherzigen gilt: »Im Zweifelsfalle laß es sein. Behalte die Aufgabe im Auge und frag nach.«

Wir geben unser Bestes, wenn wir uns beständig bemühen, mitfühlendes Verständnis zu entwickeln, Handlungen, Äußerungen und Gedanken, die zu Schaden und Übel führen, zu vermeiden, Handlungen, Äußerungen und Gedanken, die zum Guten, zum Glück führen, zu entfalten – dadurch befinden wir uns auf dem richtigen Weg.

Wir treffen gelegentlich falsche Entscheidungen, aber wenn unsere Motivation auf Mitgefühl beruht, wenn wir uns von der Kraft von Scham und Reue leiten lassen, dann versuchen wir jedesmal, wenn wir einen Fehler machen, mit Hilfe der Achtsamkeit aus der Situation zu lernen. Und wir versuchen möglichst, den Fehler wieder gutzumachen, uns zu entschuldigen, zu vergeben, und wir nehmen dabei die Ergebnisse unserer Handlung auf uns.

Wir müssen dabei keinen Selbsthaß entwickeln; wir übernehmen die Verantwortung und versuchen das Beste aus der Situation zu machen. Wenn wir Schwierigkeiten, die wir verursacht haben, nicht ungeschehen machen können, dann versuchen wir zu verstehen, wie so etwas künftig nicht mehr passieren wird.

Der Rat lautet: »Wenn ihr für euch selbst wißt, daß solche Lehren geschickt sind, daß solche Lehren lobenswert sind, daß solche Lehren von den Weisen gebilligt und gefördert werden und daß das Befolgen und Ausüben solcher Lehren zum Heilsamen und zum Glück führt, dann tut ihr gut daran, solche Lehren zu befolgen und auszuüben.«

Und weiter: »Wenn ihr für euch selbst wißt, daß solche Lehren ungeschickt sind, daß sie tadelnswert sind, daß sie von den Weisen abgelehnt werden und daß das Befolgen und Ausüben solcher Lehren zu Schaden und Übel führt, dann tut ihr gut daran, solche Lehren nicht zu befolgen und nicht auszuüben.«

Das überträgt jedem einzelnen von uns die Verantwortung, ständig zu untersuchen und versuchen herauszufinden, was geschickt und was ungeschickt ist, was von den Weisen gelobt, gebilligt und gefördert wird, was von den Weisen getadelt und abgelehnt wird, was das Gute, das Glück bedeutet und was Schaden und Übel bedeutet.

Unsere Entscheidungen sollen so gut wie möglich unserem Entwicklungsstand entsprechen. Es gilt nicht als gesund, zu versuchen, sich zu diesem Zeitpunkt Idealvorstellungen, Konzepte, Ansichten und Meinungen über die letztendliche Wirklichkeit, Leerheit, Eins-Sein, Gott, Erleuchtung und so weiter aufzubürden. Es kann in der Tat sehr gefährlich sein, wenn jemand anfängt zu glauben, er müßte die Grenzen von Gut und Böse gerade jetzt überschreiten.

Geschickt ist geschickt, ungeschickt ist ungeschickt, heilsam ist heilsam, unheilsam ist unheilsam, und zwar in dem Sinne, wie wir es jetzt, in diesem Augenblick verstehen. Morgen sehen wir die Dinge vielleicht anders. Wir versuchen unser Bestes, erfüllt von der mitfühlenden Absicht, Schwierigkeiten und Probleme, Schaden und Übel zu vermeiden.

Wenn ihr für euch selbst wißt, daß bestimmte Lehren unheilsam sind, dann ist es weise, wenn ihr euch von ihnen abwendet. Wenn ihr für euch selbst wißt, daß bestimmte Lehren heilsam sind, dann ist es weise, wenn ihr sie befolgt.

Vor einigen Jahren gab es in den Vereinigten Staaten einen Sektenführer namens Jim Jones. Er hatte eine Anhängerschaft von mehreren hundert Menschen. Sie zogen in ein kleines Land in Südamerika und gründeten dort eine Art Gemeinde. Offenbar war er in illegale Machenschaften verwickelt, denn die Regierung der Vereinigten Staaten fahndete nach ihm.

Aus irgendeinem abartigen Grund begingen er und Hunderte seiner Anhänger einen Massenselbstmord. Es ist kaum nachzuvollziehen, aber es geschah vor nicht allzu langer Zeit. Hätten seine Anhänger den Rat der Kalamer Sutta gekannt und befolgt, so hätte das nie passieren können.

Das ist ein Extrembeispiel, aber unglücklicherweise gibt es Wahnsinnige auf dieser Welt, und einige von ihnen werden tatsächlich Meditationslehrer und Sektengründer. Wenn wir künftig mit Lehrern und Lehren in Kontakt kommen, dann kann der Rat der Kalamer Sutta sehr nützlich sein.

Wohlgemerkt, wir sagen nicht, daß wir jeden Lehrer und jede Lehre anzweifeln müssen. Wir müssen versuchen, *aufgeschlossen* zu sein und herausfinden, was dieser Lehrer zu vermitteln sucht.

Ist es nützlich oder schädlich? Wenn es nützlich ist, dann brauchen wir nicht zu zweifeln. Wenn es schädlich ist, dann sind Zweifel allerdings angebracht. Wenn etwas heilsam ist, für einen selbst und für andere, dann ist es gut und kann befolgt werden. Wenn etwas

unheilsam ist, für einen selbst und für andere, dann ist es nicht gut und sollte nicht befolgt werden.

Bei der Fülle von verschiedenen Techniken der geistigen Entwicklung gibt es viele unterschiedliche Lehrer, die jeweils auf verschiedene Aspekte besonderen Wert legen. Wenn wir Methoden begegnen, die sich von unserer bisherigen Praxis unterscheiden, können wir uns auf folgendes Gleichnis besinnen:

Angenommen, alle Bewohner eines Dorfes am Fuße eines Berges wollten den Gipfel dieses Berges erklimmen. Einige stiegen durch die Nordwand, andere durch die Südflanke, einige machten den Aufstieg von Osten her, andere von Westen. Einige erkletterten die Direttissima, andere den Normalweg. Aber alle trafen sie sich auf dem Gipfel.

Und jetzt nehmen wir an, ihr besucht dieses Dorf und wollt den Berg besteigen. Ihr fragt im Dorf herum, wie man auf den Gipfel gelangt. Und jeder Dorfbewohner erklärt euch einen anderen Weg, und doch ist jede Antwort eine korrekte Wegbeschreibung.

Es ist sehr nützlich, das im Sinn zu behalten. Es gibt verschiedene Lehrer mit unterschiedlichen Techniken, und es gibt viele unterschiedliche Aspekte der Praxis. Wenn wir auf ein festes Bild von einem Lehrer fixiert sind, dann kann das unseren Lernprozeß blockieren, wenn der betreffende Lehrer nicht in dieses Bild paßt.

Bei einem unserer ersten Kurse zeigte ich einem männlichen Teilnehmer nach der Registrierung die Schlafräume, Duschen und Toiletten und alles andere. Als wir zum Schlafraum gelangten, drehte er sich ganz aufgeregt zu mir um und fragte: »Wo wohnen eigentlich die Mönche westlicher Herkunft?«

Ich sah ihn an und erwiderte: »Es gibt hier keine Mönche westlicher Herkunft.«

Er schien ein wenig überrascht zu sein und auch ein wenig erregt. Dann erhellte sich seine Miene wieder und er sagte: »Ach, dann unterrichten wohl die Thai-Mönche in den Kursen. Sprechen sie gut Englisch?«

Ich erwiderte: »Nein, die Mönche hier sprechen kaum Englisch, und sie unterrichten auch nicht in den Kursen.«

Dies schien den Mann abermals zu verwirren. Schon etwas kleinlauter sagte er dann: »Ach ja, die Äbtissin spricht ja Englisch. Dann unterrichtet sie wohl in den Kursen?«

Ich antwortete: »Nein, keine der Nonnen unterrichtet in den Kursen.«

Der Mann schien jetzt ziemlich bestürzt zu sein und sah auch ein wenig blaß aus. Er starrte den Schlafraum an, dann sah er mich wieder an und sagte: »Na... na... *wer* unterrichtet denn dann?«

Die Antwort lautete: »Rosemary und ich.«

Er stand da und starrte mich an, leicht schockiert, und sagte: »Oh,... na, das kann ja interessant werden!«

Festgefahrene Vorstellungen... feste Bilder... versucht, euch kein festes Bild davon zu machen, wie ein Lehrer zu sein hat. Das kann euer eigenes Wachstum blockieren, das kann euch davon abhalten, aufgeschlossen zu sein und von jemandem zu lernen, der nicht in euer Bild paßt.

Wenn wir einen Lehrer und seine Lehren mögen, dann gibt es im großen und ganzen keine Probleme. Aber was ist, wenn wir einen Lehrer und seine Lehren nicht mögen? Vielleicht paßt uns an der Persönlichkeit des Lehrers irgend etwas nicht. Aber können wir dennoch aufgeschlossen sein, um zu erkennen, ob seine Lehren in Ordnung sind oder nicht? Wir sehen zu, daß unsere Reaktionen auf solche persönlichen Eigenarten unserem eigenen Lern- und Wachstumsprozeß nicht im Wege stehen.

Manchmal liegt es nur am Vokabular, das der Lehrer verwendet. Es ist vielleicht nicht optimal, um uns seine Lehren zu vermitteln, und vielleicht ist nur eine geringfügige Änderung in der Wortwahl nötig, damit wir genau die gleichen Lehren verstehen und davon profitieren können.

Ein Beispiel dafür ist der Unterschied zwischen »ihr solltet« und »versucht«. Ich könnte sagen: »Ihr solltet achtsam sein, es wird euch und anderen nützen. Ihr solltet Mitgefühl haben, es wird euch und anderen helfen. Ihr solltet dieses und jenes tun.«

Ich könnte aber auch sagen: »Versucht achtsam zu sein, es wird euch und anderen nützen. Versucht Mitgefühl zu haben, es wird euch und anderen helfen. Versucht dieses und jenes zu tun.« Das ist ein Unterschied, und er hat seine Wirkung.

Dieser Aspekt ist ganz besonders dann bedeutsam, wenn wir auf Lehrer treffen, die nicht unsere Muttersprache sprechen. Die Übersetzung ihres Wissens von ihrer in unsere Sprache ist vielleicht nicht perfekt. Ich gebe euch ein Beispiel dafür aus diesem Retreat. Einigen von euch waren vielleicht einige der englischen Begriffe, die Rosemary und ich gebraucht haben, bislang unbekannt.*

Es ist wichtig, daß wir so gut wie möglich versuchen, Rücksicht auf diese Umstände zu nehmen. Einige Lehrer mögen ihre Lehren sehr gut verstehen, aber es bereitet ihnen vielleicht Schwierigkeiten, das, was sie verinnerlicht haben, auch auf mitfühlende Weise auszudrükken. Andere mögen »große« Lehrer sein, aber sie sind nicht ganz »die Richtigen« für uns.

Das ist ein wichtiger Punkt. Wenn wir sagen, sie seien nicht ganz »die Richtigen« für uns, was meinen wir dann mit »nicht ganz richtig«? Das Wort »richtig« hat unterschiedliche Bedeutungen.

Richtig kann korrekt und wahr bedeuten. Es könnte aber auch angemessen und heilsam bedeuten. Manche Dinge sind sowohl korrekt und wahr als auch angemessen und heilsam. Und doch ist es manchmal der Fall, daß etwas korrekt und wahr, aber nicht angemessen und heilsam ist. Und manchmal ist etwas angemessen und heilsam, aber nicht korrekt und wahr.

Ein einleuchtendes Beispiel für etwas, das korrekt und wahr, aber nicht angemessen und heilsam ist, ist, wenn ein Professor der Mathematik einem sechsjährigen Erstkläßler, der noch nicht addieren und subtrahieren kann, Algebra und Funktionsgleichungen beibringen will.

Ein Mathematikprofessor weiß in der Regel, wie man Algebra und Funktionsgleichungen korrekt und wahr vermittelt... aber ist es angemessen und heilsam für einen Erstkläßler, der die Grundrechenarten noch nicht beherrscht?

Ich bin sicher, die meisten Menschen würden mir beipflichten: Es wäre weder angemessen noch heilsam. Statt dessen würde es das Kind in Verwirrung und Schwierigkeiten stürzen. Vermutlich würde das Kind aufgewühlt, frustriert und zornig werden; voller Zweifel über sich selbst, die Mathematik, den Lehrer.

---

* Das gilt in eingeschränktem Maße auch für die englischsprachigen Kursteilnehmer. Laut Aussage von Steve ist zum Beispiel »Compassionate Understanding« in der englischen Alltagssprache kein gängiger Begriff. Um so mehr ist die Wortwahl bei einer Übersetzung von Belang. Zum Beispiel ließe sich »compassion« durchaus auch mit »Nächstenliebe« übersetzen. Das hätte sicher andere Assoziationen zur Folge als »Mitgefühl«.

Und wenn der Professor versucht, nun Stoff für Fortgeschrittene an ein Kind zu vermitteln, das noch nicht bereit ist dafür, das die *grundlegenden vorbereitenden Übungen nicht kennt*, dann wird das Kind kaum oder gar nicht in der Lage sein, diese Lehren zu verstehen.

Das ist ein klarer Fall von korrekt und wahr, aber weder angemessen noch heilsam.

Ein Beispiel für etwas, das angemessen und heilsam und dennoch nicht korrekt und wahr ist, zeigt die folgende kleine Geschichte:

Einst spielten Kinder fröhlich in einem der vorderen Zimmer eines Hauses, als ein Feuer in den hinteren Zimmern ausbrach. Ein älterer Mensch, der gegenüber wohnte, sah das Feuer und die spielenden Kinder.

Weil dieser Mensch gehbehindert war und die Kinder nicht aus dem Haus retten konnte, schrie er über die Straße:»Kinder, rennt schnell aus dem Haus! Das Haus brennt!«

Die Kinder waren jedoch zu sehr mit ihrem fröhlichen Spiel beschäftigt und wußten vielleicht auch noch gar nicht, was es bedeutet, wenn ein Haus brennt. Also dachten sie überhaupt nicht daran, das Haus zu verlassen.

Da schrie dieser ältere Mensch:»Kinder, kommt schnell her! Ich habe Süßigkeiten und Kuchen für euch!« Da rannten die Kinder so schnell sie konnten aus dem Haus, um sich die Süßigkeiten und den Kuchen zu holen. Als sie bei dieser älteren Person ankamen, gab es weder Süßigkeiten noch Kuchen.

Der ältere Mensch zeigte dann auf das Haus, und jetzt begriffen die Kinder, was es heißt, wenn ein Haus brennt. Und sie begriffen auch, jawohl, dieser alte Mensch hat uns angelogen, aber er hat uns auch das Leben gerettet!

Das ist ein deutliches Beispiel für etwas, das angemessen und heilsam ist, obwohl es nicht korrekt und wahr ist.

Es gibt ziemlich viele Meditationslehrer, die selbst wohl wissen, daß eine bestimmte Sache korrekt und wahr ist. Oder sie vertrauen darauf, daß etwas, das sie gelesen haben oder das ihnen beigebracht wurde, korrekt und wahr ist. Und oft versuchen sie dann, diese Information an jeden zu vermitteln, ohne je darüber nachgedacht zu haben, ob diese Information für die betreffende Person angemessen und heilsam ist.

Unglücklicherweise kann das ihren Schülern viele Schwierigkeiten und Probleme bereiten und die Entfaltung von Mitgefühl, Verständnis und Weisheit in ihren Schülern verzögern oder gar zum Erliegen bringen. Und, traurig aber wahr, eine solche Lehrweise kann sogar viele Menschen von der Praxis der geistigen Entwicklung abhalten.

Am besten wäre es, wenn etwas sowohl korrekt und wahr als auch angemessen und heilsam ist. Es kann aber sein, daß das nicht der Fall ist, und wir sagen, es sei »nicht ganz das Richtige«. Dann ist es wichtig, daß wir das »richtig« auf *angemessen und heilsam* beziehen.

Wenn ihr nicht mit der gesamten Lehre übereinstimmt, dann nehmt an, was euch daran gefällt, und laßt den Rest weg. Versucht aber diesen Rest nicht abzuweisen. Es gibt einen Unterschied zwischen »weglassen« und »abweisen«. Wenn wir den Rest weglassen, ohne ihn abzuweisen, dann lassen wir uns die Möglichkeit offen, daß es uns vielleicht später einmal von Nutzen sein kann. Das unterstreicht wiederum die Bedeutung der Aufgeschlossenheit.

Wir haben alle schon unsere Meinung und Ansichten über Dinge des Lebens geändert. Wie wir vor fünf oder zehn Jahren gedacht haben, mag in einigen Belangen nicht mehr mit unserer heutigen Denkweise übereinstimmen. Und wir verstehen jetzt vieles, an das wir vor fünf oder zehn Jahren nicht einmal im Traum gedacht haben.

Es ist sehr wichtig, daß wir verstehen und im Sinn behalten, daß Buchwissen und intellektuelles Wissen – also Wissen, das wir uns durch Nachdenken erschließen – sich nicht mit Wissen vergleichen läßt, das durch Erfahrung gewonnen wird.

Viele Lehrer und Schüler und viele Menschen, die Bücher über die Meditation und Bücher über den Buddhismus schreiben und lesen, haben das nicht unbedingt auch immer praktiziert. Sie haben auch nicht unbedingt immer die nötigen Erfahrungen gemacht, um zu wissen und zu verstehen, wie sie ihr intellektuelles Wissen auch anwenden können.

Diese Menschen glauben oft, die *grundlegenden* Übungen der geistigen Entwicklung seien einfach nicht gut genug für sie. Manchmal meinen sie, sie wüßten bereits alles über diese Kleinigkeiten; die grundlegenden Praktiken seien nicht so wichtig wie die Ideen, Konzepte und Vorstellungen von den letztendlichen Resultaten, an die sie glauben, daß sie irgendwie schon »über« diesen grundlegenden Übungen stünden.

Das ähnelt jemandem, der Bauwesen studiert, der alle Details über das Mauern, Fliesenlegen, Dachdecken und so weiter kennt, der sich in Materialkunde bestens auskennt. Aber ... diese Person weiß noch nicht, wie man mit Hammer, Säge, Schraubenzieher und so weiter umgeht, und kennt die einfachsten Prinzipien des Bauens nicht.

Ich habe einmal im Straßenbau gearbeitet, zusammen mit Männern, die auf keiner höheren Schule waren. Aber nach 20 bis 30 Jahren in diesem Beruf hatten sie große Erfahrung. Sie mußten große Rohre unter der Straße verlegen, damit das Wasser nach schweren Regengüssen ablaufen konnte. Ein junger Tiefbau-Ingenieur kam aus dem Planungsbüro, frisch von der Universität und verfügte über ein enormes Buchwissen.

Er sah sich um, bemerkte, daß die Gegend ziemlich flach war, und war sich zunächst nicht ganz sicher, in welcher Richtung das Rohrgefälle verlaufen sollte, um richtige Drainage zu gewährleisten. Auf der linken Seite sah er Berge und wußte, daß rechts, in nicht allzu großer Entfernung, das Meer lag. Er sah in seinen Büchern nach und wußte, daß alle Flüsse und Bäche in dieser Gegend von links nach rechts zum Meer abflossen. Also folgerte er, die Rohre müßten so geneigt werden, daß das linke Ende höher als das rechte sei.

Ein alter Straßenarbeiter wandte ein: »Nein, nein, hier läuft das Wasser von rechts nach links.« Aber unglücklicherweise gelten Diplome und Titel in unserer Gesellschaft mehr als Erfahrung, und der junge Ingenieur wußte es auch nicht besser. Also weigerte er sich, dem alten Mann Glauben zu schenken. Er dachte wohl: »Was weiß dieser alte Mann schon! Er ist wahrscheinlich kein Ingenieur wie ich!«

Kurz nachdem die Rohre verlegt waren, regnete es heftig, und die Entwässerung funktionierte nicht. Die Straße mußte wieder aufgerissen werden, und nun wurden die Rohre so verlegt, wie es der alte Mann gesagt hatte.

Es ist sehr wichtig, daß wir verstehen und im Sinn behalten, daß Buchwissen und intellektuelles Wissen – also Wissen, das wir uns durch Nachdenken erschließen – sich nicht mit dem Wissen vergleichen läßt, das durch Erfahrung gewonnen wird.

Einige der Lehrer, die ihr womöglich treffen werdet, haben vielleicht nur Buchwissen, intellektuelles Wissen, und andere haben Wissen aus Erfahrung.

Beachtet aber auch, daß *euer* Buchwissen und euer intellektuelles Wissen euch nicht den Weg zur Aufgeschlossenheit versperrt. Aufgeschlossenheit bedeutet, von jemandem mit Wissen aus Erfahrung zu lernen, auch wenn euch dessen Lehre zu einfach und zu grundlegend erscheint.

Bleibt aufgeschlossen, laßt Änderung zu. Laßt die Änderung der Gedanken, Ansichten und Meinungen zu. Laßt Wachstum zu.

Wenn ihr die verschiedenen Meditationszentren und die verschiedenen Lehrer aufsucht, so werden sie in der Regel von euch erwarten, daß ihr die Methoden, die sie lehren, ausübt, solange ihr in dem jeweiligen Zentrum weilt.

Einige Meditierende regen sich über diese Bedingung auf. Gedanken tauchen auf: »Na, es gibt doch viele Wege zum Gipfel, stimmt's? Was ist mit diesen Leuten nur los? Warum darf ich denn nicht machen, was ich für richtig halte? Die glauben wohl, ihr Weg wäre der einzig wahre! Ziemlich engstirnig, was? Da kann es mit der Weisheit ja nicht weit her sein! Wahrscheinlich wollen sie auf den falschen Berg!«

Nun, das stimmt vielleicht manchmal. Manchmal seid aber vielleicht *ihr* diejenigen, die auf den falschen Berg wollen. Aber oft gilt es, auch noch etwas anderes zu überlegen.

Wenn ihr Klavierunterricht nehmen wollt, geht ihr dann zu einem Geigenlehrer? Geht ihr zu einem Schwimmlehrer, wenn ihr Tennis lernen wollt? Die Antwort liegt auf der Hand, nicht wahr?

Klavierspielen und Geigespielen sind beides Formen des Musizierens. Aber sie unterscheiden sich voneinander und werden auf unterschiedliche Weise gelehrt. Tennisspielen und Schwimmen sind beides Sportarten. Aber sie unterscheiden sich voneinander und werden auf unterschiedliche Weise gelehrt. In der Meditation und der geistigen Entwicklung gibt es ebenfalls viele verschiedene Wege, die auf unterschiedliche Weise gelehrt werden und die nicht immer zusammenpassen.

Derjenige, der den Berg von Norden her bestiegen hat, mußte unterwegs vielleicht Wüsten durchqueren und ist jetzt ein Experte im Durchqueren von Wüsten. Derjenige, der den Berg von Süden her bestiegen hat, mußte vielleicht Flüsse und Sümpfe durchqueren und kennt sich mit dem Durchqueren von Flüssen und Sümpfen aus. Möglicherweise wissen sie nicht, wie man sich in anderem Gelände fortbewegt, und können darum den Menschen nicht helfen, die eine andere Route nehmen wollen. Aber sie sind Experten auf ihrem Gebiet.

Wenn ihr euch bereits in Techniken übt, die sich von denen unterscheiden, die der betreffende Lehrer präsentiert, dann sprecht am besten mit dem Lehrer darüber und seht zu, ob das in Ordnung geht und mit seiner Lehre zusammenpaßt. Wenn der Lehrer der Meinung ist, daß eure Technik an dem betreffenden Meditationszentrum nicht praktiziert werden sollte, dann befolgt ihr das am besten. Falls ihr es dennoch tut, dann übernehmt bitte auch die Verantwortung dafür. Das ist wichtig, denn wenn ihr gegen den Rat des Lehrers eure eigene Praxis ausübt und dabei in Schwierigkeiten geratet, kann euch möglicherweise niemand helfen. Und es wäre dann sicher nicht richtig zu behaupten, es sei die Schuld des Lehrers.

Wenn wir einen Lehrer betrachten, dessen Verhalten einen guten, gütigen und weisen Eindruck macht, dann können wir versuchen, diese Lehre in unser eigenes Leben einzubauen. Wenn wir aber einen Lehrer betrachten, dessen Verhalten und Lehrweise keinen besonders guten, gütigen und weisen Eindruck macht, dann können wir auch von dieser Erfahrung profitieren, allerdings auf andere Art. Zwar wollen wir wohl nicht besonders lange in der Nähe eines solchen Lehrers bleiben, aber während unseres Zusammentreffens mit diesem Lehrer können wir dazulernen.

Von guten Lehrern können wir oftmals lernen, was wir *tun* sollten. Von schlechten Lehrern können wir oftmals lernen, was wir *nicht tun* sollten.

Wenn wir bei jemand anderem irgendeine Eigenschaft mißbilligen, dann können wir einen aufrichtigen Blick auf uns selbst werfen und feststellen, ob wir ähnliche Eigenschaften besitzen oder nicht. Sollten wir ähnliche Eigenschaften haben, können wir noch aufgeschlossener daran arbeiten, diese Eigenschaft in uns zu ändern, weil wir uns ja bereits eingestanden haben, daß wir diese Eigenschaft nicht gut finden. Das gilt nicht nur für den Umgang mit Lehrern, sondern für jede Person und jede Erfahrung, die uns im Leben begegnet.

Wir versuchen zu erkennen, was heilsam und geschickt und was unheilsam und ungeschickt ist, wobei wir unser Verständnis und unsere Weisheit einsetzen.

Das Zusammentreffen mit Lehrern, die nicht besonders gut sind, können wir auch nutzen, um das Wachstum unseres Mitgefühls und unserer Liebenden Güte zu fördern. Wir können über diese Person reflektieren, wie wir es mit Ulli in der geführten Mitgefühl/Liebende-Güte-Meditation getan haben.

Wenn man über einen Lehrer reflektiert, gibt es aber noch etwas zu berücksichtigen. Das ist die Erwägung, wie viele seiner Schüler wohl auf unheilsame Weise beeinflußt wurden. Schließlich arbeiten wir mit unserem Geist, um so mehr, wenn es um die geistige Entwicklung geht. Wenn untaugliche Methoden gelehrt werden, kann das zu einer Vielzahl unheilsamer Ergebnisse führen.

Wenn Zweifel über bestimmte Anweisungen oder Lehren auftauchen, zögern viele Leute, Fragen zu stellen, es ist ihnen peinlich.

Im Kindesalter, aber auch später, haben wir bei bestimmten Anlässen Zweifel gehegt und Fragen gestellt.

Viele von uns haben sich dabei gelegentlich unfreundliche Antworten eingehandelt. Manchmal wurden wir ausgelacht, wurden wir angeschnauzt. Manchmal wurde uns gesagt, wir seien blöde und dumm. Wiederholtes Verletztwerden, wiederholte Gefühle der Peinlichkeit haben uns dazu konditioniert, unseren Zweifeln nicht länger Ausdruck zu verleihen, keine Fragen mehr zu stellen.

In der Anfangsphase des Retreats sprach Rosemary über die fünf Hindernisse. Der Zweifel ist das fünfte. In den Lehren hier finden sich verschiedene Methoden, den Zweifel zu überwinden, unter anderem die Ermutigung, Fragen zu stellen, mit mehr Leuten über die Zweifel zu reden, mit anderen die Zweifel zu erörtern und auf den eigenen Erfahrungsschatz zurückzugreifen, so wie es in der Kalamer Sutta empfohlen wird. Und wenn wir etwas für uns selbst wissen, dann werden die Zweifel verschwinden.

Der Zweifel wurde als das bedeutsamste Hindernis bezeichnet, weil er in der Lage ist, die Praxis zu zerstören. Er ist auch in der Lage, die Beziehung zum Lehrer und den anderen Meditierenden zu zerstören.

Wenn man nicht versucht, seine Zweifel aufzulösen, verwandeln sie sich oft in Abneigung. Zweifel sich selbst gegenüber kann in Selbsthaß umschlagen. Zweifel gegenüber der Praxis kann in Haß auf die Praxis umschlagen. Zweifel gegenüber dem Lehrer kann in Haß auf den Lehrer umschlagen.

Der »unreife Yogi-Geist«, über den ich vor ein paar Tagen gesprochen habe, rührt häufig vom Zweifel her. Wir zweifeln vielleicht die Fähigkeit des Lehrers an oder seinen Lehrstil, und dennoch versuchen wir nicht, diese Zweifel aufzulösen, indem wir mit dem Lehrer reden, Fragen stellen und offen für die Antworten sind. Statt dessen denken wir vielleicht:

»Also ... so etwas habe *ich* noch nicht gesehen.« Und dann spinnen wir diesen Gedanken weiter: »Na ... so was macht doch sonst kein Mensch, so steht das auch in keinem der Bücher, die ich gelesen habe. Das ist möglicherweise falsch so!« Und dann wird der Gedanke immer stärker, und wir legen uns die Ansicht und Meinung zurecht: »Jawohl, es *ist* falsch!« und dann die Gedanken: »Ganz klar, der Lehrer ist blöd, der weiß ja gar nicht, was er da tut!« Und wir häufen immer mehr Abneigung an, ohne jemals zu versuchen, Antwort auf unsere Zweifel zu finden.

Dann stoßen wir vielleicht noch auf einen anderen Meditierenden, der die gleichen Zweifel hat, und das bestärkt uns nur noch in unserer Meinung, so daß wir das Gefühl haben, wir bräuchten den Lehrer gar nicht erst zu fragen, *wir* wüßten es ja besser. Wir haben vielleicht das Gefühl, der Lehrer sei ein Heuchler, der irgend etwas lehre, sich aber nicht dementsprechend verhalte. Und doch gingen wir die ganze Zeit kein einziges Mal zu dem Lehrer hin, um mit ihm über unsere Zweifel zu reden. Statt dessen schließen wir die Zweifel in uns ein und wandeln sie in Abneigung um, so daß wir uns schließlich weigern, dem Lehrer überhaupt zuzuhören, und wir fangen an, jeglichen Rat von seiner Seite abzulehnen.

Das kann die eigene Praxis schwer belasten oder gar völlig zum Erliegen bringen, und ganz gewiß wird es die Beziehung zum Lehrer zerstören. Zu diesem Zeitpunkt hört der Lernprozeß auf, weil man nicht mehr aufgeschlossen ist. Der Zweifel wurde zu stark und schlug in Abneigung um.

Es ist wichtig, daß man sich davor schützt. Am ersten Abend des Kurses erwähnte ich ein Sprichwort:

> Einigen kann man es immer recht machen.
> Allen kann man es manchmal recht machen.
> Aber man kann es nicht immer allen recht machen.

Kein Lehrer kann es immer allen recht machen Das konnte nicht einmal der Buddha. Es gab Leute, die ihn beleidigten und sogar versuchten, ihn zu töten, aus Abneigung und Eifersucht.

Rosemary und ich können es euch allen nicht immer recht machen. Und doch habe ich euch alle bei diesem Anlaß darin bestärkt, Fragen zu stellen, zu allem, was ihr nicht verstanden habt. Ich sagte, daß viele Menschen vor dem, was sie nicht mögen, davonlaufen. Aber oft genug ist das, was wir nicht mögen, einfach nur das, was wir nicht verstehen.

Nehmt bitte die Gelegenheit in Anspruch, im Zweifelsfalle Fragen zu stellen, um euch viele Schwierigkeiten zu ersparen, um euch davor zu bewahren, daß sich die Entwicklung von mitfühlendem Verständnis und Weisheit in euch verzögert oder zum Erliegen kommt. Es besteht kein Anlaß, daß ihr eure Zweifel in euch einschließt und in Abneigung umwandelt.

Die meisten Lehrer dieser Tradition des Buddhismus erhalten keine Bezahlung für ihre Lehrtätigkeit; sie ist kostenlos. Sie arbeiten oft viele Stunden täglich, so wie Rosemary und ich das in diesem Retreat getan haben, und sie erwarten nichts dafür. Sie stellen ihre Zeit, ihre Hilfe freigebig zur Verfügung.

Macht Gebrauch von so einem wunderbaren Geschenk. Wenn ihr Zweifel habt, geht zu eurem Lehrer und stellt Fragen. Ihr müßt eure Zweifel nicht in euch einschließen und in Abneigung umwandeln.

Vor etwa 50 Minuten sprach ich darüber, daß es vermutlich einen Unterschied zwischen eurer letzten Meditationsstunde und euren Meditationen vor der Redezeit gab. Manche Menschen stellen Zweifel an ihrer Fähigkeit zu meditieren fest, wenn sie diese Veränderung erkennen. Und nach dem Ende des Retreats werden die meisten von euch wahrscheinlich nicht weiter versuchen, so viele Stunden täglich zu meditieren.

Oft ist es viel härter, eine bestimmte Meditationspraxis im Alltag aufrechtzuerhalten als hier im Retreat. Oft taucht Mutlosigkeit auf, zuweilen von Zweifeln begleitet. Die Konzentrationsfähigkeit ist vielleicht nicht mehr so gut.

Versucht euch darauf zu besinnen, daß bestimmte Bedingungen bestimmte Ergebnisse hervorbringen. Versucht euch darauf zu besinnen, daß starke Konzentration nicht gleichbedeutend ist mit klarem Verständnis und Weisheit.

Wir raten euch ausdrücklich, daß ihr zumindest versucht, ein gewisses Maß an Sitz-, Steh- oder Gehmeditation beizubehalten. Wir raten euch, morgens nach dem Aufwachen und abends vor dem Schlafengehen regelmäßig Übungen zu machen, so viel, wie euch eben möglich ist. Wenn ihr einige Sitzungen oder ein paar Tage auslaßt, dann fangt einfach wieder an, probiert einfach weiter.

Versucht während des Tages Achtsamkeit anzuwenden. Versucht Mitgefühl und Liebende Güte einzusetzen, die Reflexionen anzuwenden, wann immer sie von Nutzen sein können, eventuell auch ein paar spezielle Achtsamkeitsübungen.

Einige von euch haben sicherlich bemerkt, daß viele der speziellen Achtsamkeitsübungen, die wir euch vermittelt haben, mit dem Gang zur Toilette zu tun haben. Dies hat folgenden Grund:

Wenn ihr im Alltag bemerkt, daß euch irgendwelche Hindernisse stark beschäftigen, zu Hause oder in der Arbeitsstelle, in der Gesellschaft von Freunden oder anderen, könnt ihr euch jederzeit »entschuldigen« und auf die Toilette gehen. Normalerweise regt sich niemand besonders darüber auf, wenn jemand auf die Toilette muß. Und für gewöhnlich macht sich auch niemand Sorgen, wenn ihr drei, fünf oder sieben Minuten lang weg bleibt.

Genehmigt euch diese Zeit... geht zum Badezimmer... greift nach der Türklinke... öffnet die Tür... geht hinein... schließt die Tür... setzt euch hin... ganz allein... und ihr seid in eurem Meditationsraum! Beobachtet den Atem... beobachtet den Geist... beobachtet den Körper...

Versucht, euch mit Energie aufzuladen, dort im Badezimmer.

Versucht, alle nur erdenklichen Techniken anzuwenden, alle, die ihr kennt, alles, was dazu beiträgt, euren Geist auf heilsame Weise zu entfalten, alles, was euch hilft, Schwierigkeiten und Probleme zu lösen, was euch hilft, mehr Frieden und Glück zu erlangen.

Jegliche Anstrengung, bei der ihr versucht, heilsame Eigenschaften des Geistes zu stärken, jegliche Anstrengung, bei der ihr versucht, unheilsame Eigenschaften des Geistes abzubauen, jegliche Anstrengung dieser Art wird euch und anderen zu mehr Frieden und Glück verhelfen.

Dies ist sogar dann möglich, wenn ihr in der Meditation sitzt und der Geist überall hingeht, nur nicht zum Atem, auch dann, wenn ihr in der Meditation sitzt und dabei einschlaft.

Bereits die *Bemühung*, das *Sitzen* zu *versuchen*, wird gewisse heilsame Resultate hervorbringen. Jegliches Bemühen in dieser Richtung wird nützen, kein Einsatz wird umsonst sein.

Schwierige Situationen, schwächere Konzentration, Zweifel und so weiter können sich einstellen, aber, wie wir viele Male in diesem Retreat betont haben, jede Erfahrung kann für das Wachstum von Mitgefühl, Verständnis und Weisheit genutzt werden. Wir können diese Erfahrungen verwenden, aber vielleicht wollen wir auch versuchen, sie oder die Bedingungen, die solche Schwierigkeiten hervorbringen, zu ändern.

Wenn wir also zum Alltagsleben zurückkehren, kann jeder einzelne von uns Handwerkszeug mitnehmen: das Handwerkszeug der Achtsamkeit, des Mitgefühls, der Liebenden Güte, Geduld, Akzeptanz, Beharrlichkeit, des Loslassens, des Gleichmuts, der Mitfreude, der Anstrengung, des Verständnisses und vieles mehr.

Mit Hilfe dieser Werkzeuge können wir mit allen Situationen des Lebens arbeiten, möglicherweise mit mehr Frieden und Zufriedenheit als vor zehn Tagen. Wir können daran arbeiten, uns selbst zu mehr Frieden und Glück zu verhelfen und unsere Schwierigkeiten und Probleme zu verringern. Und wir können daran arbeiten, anderen zu mehr Frieden und Glück zu verhelfen und deren Schwierigkeiten und Probleme zu verringern.

Denkt bitte daran, daß wir wieder schweigen, und zwar bis zum Ende des Retreats. Wenn es den Anschein hat, daß eure Meditationsperioden von vielen umherschweifenden Gedanken beeinflußt werden, dann versucht das mit Achtsamkeit und mitfühlendem Verständnis zu behandeln.

Nichts braucht ein Problem zu sein.

Alles kann eine Herausforderung sein.

*Zehnter Tag, vor dem Frühstück*

# Respekt, Dankbarkeit, Großzügigkeit und Freude

Bei dieser Gelegenheit möchte ich darüber sprechen, in welchem Zusammenhang Respekt, Dankbarkeit, Großzügigkeit und Freude in unserer Praxis der geistigen Entwicklung stehen. Dieser Zusammenhang ist sehr wichtig und kann von großem Wert für euch sein, wenn er richtig verstanden wird.

*Respekt:* Respekt vor anderen, Respekt vor dem, was gut und wertvoll ist, Respekt vor heilsamen Qualitäten, Respekt vor heilsamen Lehren, Respekt vor denjenigen, die euch geholfen haben, Respekt vor denen, die es wert sind, respektiert zu werden. Unglücklicherweise gibt es weltweit viele Menschen und Formen menschlicher Gesellschaft, die nicht respektieren, was Respekt verdient. Es ist offensichtlich, daß in großen Teilen der Welt Geld und Macht mehr respektiert werden als menschliche Vorzüge und Lauterkeit.

Respekt vor denjenigen, die euch geholfen haben, ist eine wichtige Eigenschaft, und jeder, der sich auf heilsame Weise entfalten will, benötigt sie. Wie oft habt ihr eure Beziehung zu anderen als selbstverständlich betrachtet? Wie oft habt ihr den Respekt vor denen, die euch geholfen haben, auch wirklich gezeigt?

Als ich das letzte Mal in der westlichen Welt war, konnte ich kaum glauben, was ich da über Lehrer an höheren Schulen hörte, über die Respektlosigkeit, mit der sie von vielen Schülern und deren Eltern behandelt wurden. Ich hörte Geschichten über Schüler, die ihre Lehrer beleidigten und mißhandelten und dafür nicht zur Rechenschaft gezogen wurden. Wenn sie gemaßregelt wurden, wurden einige Male sogar die Lehrer gerichtlich verfolgt.

Warum geschieht so etwas?

Mangel an Respekt kann ein wesentlicher Grund dafür sein. Dies steht in einem krassen Gegensatz zur Situation vor circa 25 Jahren. Der Unterschied zu Thailand fällt noch krasser auf. Es wurden uns viele Geschichten über Raubüberfälle und Beinahemorde erzählt, bei denen das Opfer dem Angreifer mitteilte, er oder sie sei Lehrer oder Arzt. Und sofort entschuldigte sich der Angreifer und ließ sein Opfer in Ruhe. Dies wirkt unglaublich, aber solche Geschichten sind hier in Thailand allgemein verbreitet.

Respekt ist eine ganz wichtige Eigenschaft, und jeder, der sich auf heilsame Weise entwickeln will, benötigt sie.

In vielen westlichen Ländern betont die Gesellschaft die Gleichheit unter den Menschen, und doch sind wir *nicht* in jeder Hinsicht gleich. Oft streitet dieser Gedanke der Gleichheit wohlverdienten Respekt ab.

Es gibt das Sprichwort: »Allzugroße Vertraulichkeit erzeugt Verachtung.« Wir alle hier haben vermutlich das eine oder andere Mal im Sinne dieses Sprichworts gehandelt, andere als selbstverständlich hingenommen, keinen Respekt gezeigt, gegenüber denen, die ihn verdienen, vergessen, was andere für uns getan haben.

Das bedeutet, daß die betreffende Person undankbar ist. Es mangelt ihr an Dankbarkeit. Dankbarkeit ist eine weitere wichtige Eigenschaft, und jeder, der sich auf heilsame Weise entwickeln will, benötigt sie.

Dankbarkeit und Respekt sind eng miteinander verwandt, so daß es manchmal schwierig zu beurteilen ist, ob sie nacheinander oder gleichzeitig auftreten.

Anderen gegenüber dankbar sein, wenn sie uns auf irgendeine Weise geholfen haben, den Lehrern und ihren Lehren dankbar sein, denjenigen, die uns ernährt haben, dankbar sein, denjenigen, die sich um uns gekümmert haben, dankbar sein – das sind einige Beweggründe für Dankbarkeit.

Das folgende mag für einige von euch schwer zu verstehen sein. Könnt ihr euch vorstellen, daß Menschen dieses Wat besuchen, hier Unterkunft und Verpflegung erhalten und sich dann aus dem Staub machen, ohne einen Pfennig bezahlt zu haben, sich nicht einmal bedanken oder verabschieden? Könnt ihr euch vorstellen, daß manche Menschen hier krank wurden und spezielle Pflege erhielten, freigebig mit Arznei versorgt wurden und sich dann ohne ein Wort des Dankes und ohne sich zu verabschieden davonmachten?

Mae Chi Ah Mohn ist die allerwichtigste Person hier, denn sie ist für diese Retreats verantwortlich. Könnt ihr euch vorstellen, daß Hunderte von Meditierenden hier waren, diese Einrichtung genutzt haben, von den Lehren profitiert haben, Hilfe von den Bewohnern des Wats erhielten und es nicht für nötig hielten, zu Mae Chi Ah Mohn zu gehen und ihr für das, was sie ihnen geboten hat, zu danken? Und noch weniger Gäste hier nehmen sich Zeit, zu den anderen Mönchen und Nonnen zu gehen, um ihnen für die gütige Hilfe und Gastfreundschaft zu danken.

Dankbarkeit und Respekt zu empfinden und in unserem Tun auszudrücken – das sind Dinge, die in der Gesellschaft, aus der wir kommen, meist nicht gelehrt oder erklärt werden.

Ein kleiner Rat: Laßt keine Gelegenheit aus, Dankbarkeit und Respekt zu zeigen; wenn doch, dann zeigt ihr dies nicht, kann das ein Anlaß zu künftigem Bedauern sein, und derartiges Bedauern ist oft die Ursache von Selbsthaß.

Wir haben in diesem Retreat ausführlich über Selbsthaß gesprochen und über Mitgefühl, das dazu beiträgt, den Selbsthaß zu lindern. Laßt keine Gelegenheit aus, eure Dankbarkeit und euren Respekt zu zeigen, aus Mitgefühl euch selbst gegenüber. Helft euch selbst dabei, Bedauern und Selbsthaß zu vermeiden.

Wir haben auch über das Schamgefühl gesprochen. Die Entfaltung des Schamgefühls hilft uns, unser Verständnis von Dankbarkeit und Respekt zu festigen. Wenn es darum geht, Verständnis für unsere ungeschickten Handlungen aufzubringen, versuchen wir andere nicht als selbstverständlich hinzunehmen. Wir versuchen, Vertraulichkeit nicht in Verachtung umschlagen zu lassen. Wir versuchen, uns auf diejenigen zu besinnen, die uns geholfen haben, und wir versuchen, ihnen dafür dankbar zu sein.

Während wir unsere Dankbarkeit anderen gegenüber entwickeln, stellen wir oft fest, daß wir es denen, die uns geholfen haben, irgendwie gleichtun wollen, wir wollen anderen auf ähnliche Weise helfen, weil wir wissen, wie wertvoll diese Hilfe für uns war.

Diese Dankbarkeit gegenüber denjenigen, die wir respektieren, kann sich dadurch äußern, daß wir anderen helfen, daß wir großzügig sind. Großzügigkeit ist eine weitere wichtige Eigenschaft, und jeder, der sich auf heilsame Weise entwickeln will, benötigt sie.

Großzügigkeit kann die Manifestation unserer Dankbarkeit sein. Sie kann auch eine mögliche Manifestation unseres Mitgefühls und unserer Liebenden Güte sein.

Ohne die Großzügigkeit anderer würdet ihr nicht an diesem Retreat teilnehmen. Dies verdankt ihr der Großzügigkeit der Mönche und Nonnen, die euch ihr Kloster zur Verfügung stellen, die sich um viele Erfordernisse des Retreats kümmern, der Großzügigkeit der Thais, die viel Geld, Zeit und Arbeit für euch aufgewendet haben. Seit wir hier sind, wurde nur für euch viel gebaut, neue Schlafräume, neue Toiletten, eine größere Küche, ein Speisesaal, Tische, Bänke und vieles mehr. Viel Geld wurde freigebig gespendet, damit viele Dinge, die ihr hier benutzt, gekauft werden konnten, Moskitonetze, Decken, Kissen, Matten und vieles mehr.

Warum haben andere derart großzügig ihre Zeit, ihr Geld und Material zur Verfügung gestellt – weil sie tiefen Respekt und tiefe Dankbarkeit gegenüber diesen Lehren der geistigen Entwicklung empfinden. Sie empfinden Mitgefühl und Liebende Güte für andere, zum Beispiel für euch hier. Sie wollen dazu beitragen, daß ihr und viele andere die Gelegenheit erhalten, diese kostbaren Lehren zu erlernen.

Es war der Respekt, die Dankbarkeit und die Großzügigkeit von Millionen von Menschen in den letzten 2500 Jahren, die es uns allen ermöglichen, diese Lehren kennenzulernen, diese Lehren, die seit der Zeit des Buddha überliefert sind.

Millionen von Menschen empfanden, daß ihnen mit diesen Lehren etwas Wertvolles gegeben wurde, und sie entwickelten tiefen Respekt vor diesen Lehren und vor den Lehrern, die ihnen geholfen hatten. Sie entwickelten ebenso ein Gefühl der Dankbarkeit für diese Lehren und die Lehrer.

Und aus diesem Respekt und dieser Dankbarkeit heraus, gepaart mit Mitgefühl und Liebender Güte, entwickelten sie ihre Großzügigkeit. Entweder gaben sie denen, die ihnen geholfen haben, etwas zurück, oder sie halfen anderen auf ähnliche Weise, wie ihnen geholfen wurde.

Aber ihre Großzügigkeit bedeutete nicht nur, daß sie etwas gaben. Man kann feststellen, daß man auch etwas bekommt, wenn man gibt. Man erhält eine bestimmte Art der Freude und der Mitfreude, da man weiß, daß das, was man tut, anderen weiterhilft, da man weiß, daß das, was man tut, auch einem selber weiterhilft. Mitfreude ist eine weitere wichtige Eigenschaft, und jeder, der sich auf heilsame Weise entwickeln will, benötigt sie.

Die Mönche und Nonnen freuen sich mit euch, wenn sie bei euren harten Anstrengungen in diesem Retreat zusehen. Sie wissen, daß ihr

alle auf irgendeine Weise profitiert, wenn sie euch die Gelegenheit geben, diese Lehren zu erlernen. Und sie nehmen Anteil an dieser Freude. Mit wachsender Großzügigkeit kann auch die Mitfreude wachsen.

Diese Freude wird von immer mehr Zufriedenheit und Energie begleitet und auch von tiefer Wertschätzung und tieferem Respekt gegenüber diesen Lehren, die sehr hilfreich sind. Mit der Vertiefung von Wertschätzung und Respekt wird sich wiederum unsere Dankbarkeit vertiefen.

Und auf diese Weise wird sich kontinuierlich ein Zusammenhang zwischen diesen vier heilsamen Qualitäten herausbilden, der eine wertvolle Hilfe bei unserer geistigen Entwicklung ist, zwischen Respekt, Dankbarkeit, Großzügigkeit und Freude.

Die Lehren der geistigen Entwicklung im Buddhismus werden oft mit dem Sanskrit- bzw. Pali-Wort Dharma oder Dhamma bezeichnet, das auch »Die Wahrheit« bedeuten kann. Es gibt den Spruch in den Schriften: Das Geschenk des Dhamma ist großartiger als alle anderen.

Vielleicht empfinden viele von euch ebenso, daß das Geschenk des Dhamma, das Geschenk der Lehren, das uns allen helfen kann, großartiger als alle anderen Geschenke ist.

Und vielleicht habt ihr ein Gefühl des Respekts und der Dankbarkeit gegenüber denjenigen entwickelt, die dazu beitrugen, daß ihr dieses Geschenk in Empfang nehmen konntet. Vielleicht habt ihr aufgrund dieses Respekts, dieser Dankbarkeit, eures Mitgefühls und eurer Liebenden Güte das Gefühl, daß ihr es denen, die euch geholfen haben, gleichtun wollt oder daß ihr irgendwie dazu beitragen wollt, daß auch andere davon profitieren können.

Das Wichtigste, was ihr tun könnt, um auf diese Weise zu helfen, ist es, die Praxis der geistigen Entwicklung fortzusetzen. Setzt euer Wachstum, euren Lernprozeß fort. Setzt den Versuch fort, das Leben zu verstehen; versucht zu verstehen, wo es Dukkha, das Unbefriedigende, gibt, wo das Dukkha herkommt, wie es vergeht und wie das Dukkha künftig vermieden werden kann.

Das ist das Allerwichtigste, aber es gibt noch eine weitere Ebene – die Ebene materieller Notwendigkeiten. Um diese Retreats beibehalten zu können, um es Mae Chi Ah Mohn zu ermöglichen, die Gegebenheiten hier weiter zu verbessern, um verschlissene Decken und zerbrochene Wascheimer zu ersetzen, um die Stromrechnung zu bezahlen, braucht das Wat Geld.

Der Betrag, den ihr vor dem Retreat entrichtet habt, deckt nur die Kosten für eure Verpflegung. Die Kosten für alles andere werden nur durch Spenden gedeckt. Das Wat hat außer Spenden keine weiteren Einnahmen.

Wir möchten, daß ihr darüber sorgfältig nachdenkt. Viele Menschen haben gespendet, damit euch geholfen werden kann. Könnt ihr etwas geben, damit noch mehr Menschen geholfen werden kann? Könnt ihr auf irgendeine Weise Großzügigkeit zeigen, eine große oder kleine Spende, Geld, Arbeit, Sachspenden geben? Jegliche Spende, die diesem Wat oder anderen Menschen hilft, wird höchste Wertschätzung finden.

Denkt vielleicht einmal darüber nach, wieviel ihr ausgegeben hättet, wenn ihr zehn Tage unterwegs gewesen wärt. Denkt vielleicht einmal darüber nach, wieviel ihr ausgegeben hättet, wenn ihr zehn Tage am Strand verbracht hättet.

Vielleicht überlegt ihr einmal, wieviel ihr ausgegeben hättet, wenn ihr nur einen Tag lang »einen drauf gemacht« hättet. Und in welchem Verhältnis steht ein Tag, an dem ihr es euch gut gehen laßt, zu den zehn Tagen hier?

Das sind nur einige Fragen, die euch behilflich sein können bei der Überlegung, ob ihr dem Wat eine Spende geben wollt oder wieviel ihr euch leisten könnt.

Dies ist eine Gelegenheit, anderen zu helfen, euch selbst zu helfen, eure Wertschätzung, Respekt und Dankbarkeit auszudrücken, euer Mitgefühl und eure Liebende Güte auszudrücken.

Ich gab euch schon den Rat: »Laßt keine Gelegenheit aus, Dankbarkeit und Respekt zu zeigen. Wenn doch, dann kann das ein Anlaß zu künftigem Bedauern sein. Und derartiges Bedauern ist oft die Ursache von Selbsthaß.«

Nutzt diese Gelegenheit zum Geben, zur Großzügigkeit, um euren Respekt, eure Dankbarkeit und Wertschätzung für das, was ihr bekommen habt, auszudrücken; es ist eine Gelegenheit, anderen gegenüber euer Mitgefühl und eure Liebende Güte auszudrücken, eine Gelegenheit, Mitgefühl mit euch selbst zu haben, indem ihr dazu beitragt, unnötiges Bedauern, unnötigen Selbsthaß in der Zukunft zu vermeiden.

Nutzt die Gelegenheit zu helfen, zu einem Zeitpunkt, an dem es einfach ist zu helfen.

Und nutzt die Gelegenheit, Freude zu empfinden, Mitfreude, weil ihr wißt, daß euer Tun anderen helfen wird, weil ihr wißt, daß euer Tun euch selbst helfen wird.

Und wir können alle Anteil an dieser Freude haben.

## Zehnter Tag, vormittags

# Mitgefühl/Liebende-Güte-Meditation, Rückkehr

Heute ist der letzte Tag des Retreats. Herzlichen Glückwunsch, ihr habt es geschafft!

In dieser Sitzung gibt es zunächst eine geführte Meditation, dann eine kurze Pause und danach einen Vortrag, mit dem das Retreat zu Ende geht. In der geführten Meditation geht es um Mitgefühl und Liebende Güte.

Manche Menschen sind visuell veranlagt, das heißt, sie können sich Menschen und Situationen in erster Linie bildlich vorstellen und die Energie von Mitgefühl und Liebender Güte mit nur wenig Worten oder ganz ohne Worte erzeugen. Wenn ihr zu dieser Gattung gehört, dann versucht ein deutliches Bild zu erzeugen, das dazu beitragen wird, die entsprechenden Gefühle hervorzubringen. Andere Menschen sind eher in der Lage, sich selbst in Beziehung zu bedeutungsvollen Worten zu setzen, um die Energie von Mitgefühl und Liebender Güte zu erzeugen.

Viele Menschen finden es am Anfang schwierig, überhaupt irgendwelche Gefühle entstehen zu lassen. Wenn es euch so geht, macht euch bitte keine Sorgen deswegen. Es handelt sich hier um eine Meditationsübung, bei der wir versuchen, dieses Gefühl zu entwikkeln. Versucht einfach, während der gesamten Meditation eine Beziehung zu dem Gesagten herzustellen. Vielleicht seid ihr später in der Lage, die Meditation auf Menschen und Situationen anzuwenden, zu denen ihr leichteren Zugang habt.

Bitte richtet es euch in der Sitzhaltung ein und konzentriert euch für eine Weile auf den Atem.

✳ ✳ ✳

Richtet die Aufmerksamkeit auf euch selbst. Erinnert euch vielleicht an einige eurer Schwierigkeiten, an einige schmerzhafte Konditionierungen, die ihr während dieses Retreats akut erkannt habt. Sie haben es euch vielleicht schwer gemacht, das innere Gleichgewicht zu behalten. Und sie bereiten euch möglicherweise immer noch Schwierigkeiten, Verwirrung, Selbstzweifel, oder vielleicht empfindet ihr immer noch ein wenig Abneigung gegen euch selbst und andere.

✻ ✻ ✻

Versucht die fürsorgliche, weite Energie des Mitgefühls euch selbst gegenüber zuzulassen, gefolgt von dem Wunsch aus Liebender Güte, dem Wunsch, inneren Frieden zu finden.

✻ ✻ ✻

Möge ich Zorn, Angst, Sorge und Unwissenheit loslassen. Möge ich Wohlergehen erhalten. Möge ich auch die Geduld, den Mut, die Weisheit und die Entschlossenheit besitzen, um mich den Schwierigkeiten, Problemen und Herausforderungen des Lebens zu stellen und sie zu überwinden.
Möge ich inneren Frieden finden.

✻ ✻ ✻

Denkt jetzt an eure Eltern oder nahe Verwandte und erzeugt ihr Bild vor eurem inneren Auge. Versucht einige der Schwierigkeiten, die sie früher hatten oder jetzt gerade durchmachen, zu verstehen, vielleicht sind es Verwirrung, Mangel an innerer Ruhe, Angst vor dem Alter.

✻ ✻ ✻

Versucht, die fürsorgliche, weite Energie des Mitgefühls euren Eltern oder nahen Verwandten gegenüber zuzulassen, gefolgt von dem Wunsch aus Liebender Güte, sie mögen inneren Frieden finden.

✻ ✻ ✻

Mögen meine Eltern oder nahen Verwandten Zorn, Angst, Sorge und Unwissenheit loslassen. Mögen sie ihr Wohlergehen erhalten. Mögen sie auch die Geduld, den Mut, die Weisheit und die Entschlossenheit besitzen, um sich den Schwierigkeiten, Problemen und Herausforderungen des Lebens zu stellen und sie zu überwinden.
Mögen meine Eltern oder nahen Verwandten inneren Frieden finden.

✻ ✻ ✻

Richtet eure Aufmerksamkeit jetzt auf die anderen Meditierenden. Stellt euch deren Gesichter vor. Diese Meditierenden haben sich genau wie ihr abgemüht, zum Augenblick zu gelangen. Versucht, euch mit einigen ihrer Schwierigkeiten zu identifizieren. Während dieser Tage habt ihr vermutlich viel Gemeinsames erlebt. Vielleicht empfinden sie immer noch Ungeduld, Abneigung und können einige ihrer törichten Reaktionen nicht loslassen.

✻✻✻

Versucht, die fürsorgliche, weite Energie des Mitgefühls diesen Meditierenden gegenüber zuzulassen; gefolgt von dem Wunsch aus Liebender Güte, dem Wunsch, sie mögen inneren Frieden finden.

✻✻✻

Mögen die anderen Meditierenden Zorn, Angst, Sorge und Unwissenheit loslassen. Mögen sie ihr Wohlergehen erhalten. Mögen sie auch die Geduld, den Mut, die Weisheit und die Entschlossenheit besitzen, um sich den Schwierigkeiten, Problemen und Herausforderungen des Lebens zu stellen und sie zu überwinden.
Mögen die anderen Meditierenden inneren Frieden finden.

✻✻✻

Dehnt euer inneres Bild/eure Gedanken weiter aus, umfaßt alle Bewohner dieser Insel, diejenigen, die noch nicht frei von Schwierigkeiten sind, die immer noch unter der Macht negativer Konditionierung stehen, die immer noch Fehler machen.
Laßt die fürsorgliche, weite Energie des Mitgefühls diesen Menschen gegenüber aufsteigen, gefolgt von dem Wunsch aus Liebender Güte, dem Wunsch, daß sie Frieden finden mögen.

✻✻✻

Mögen alle, die auf dieser Insel leben, Zorn, Angst, Sorge und Unwissenheit loslassen. Mögen sie ihr Wohlergehen erhalten. Mögen sie auch die Geduld, den Mut, die Weisheit und die Entschlossenheit besitzen, um sich den Schwierigkeiten, Problemen und Herausforderungen des Lebens zu stellen und sie zu überwinden.
Mögen alle, die auf dieser Insel leben, inneren Frieden finden.

✻✻✻

Dehnt euer inneres Bild/eure Gedanken weiter aus, umfaßt alle Menschen in Thailand, junge und alte, Männer und Frauen, arme und reiche. Sie gehen durchs Leben, wachen auf, erleben ihren Alltag, gehen schlafen. Alle wollen Glück, wollen frei sein von Dukkha, und doch sind sie nicht frei von Schwierigkeiten.

✿ ✿ ✿

Laßt die fürsorgliche, weite Energie des Mitgefühls diesen Menschen gegenüber aufsteigen, gefolgt von dem Wunsch aus Liebender Güte, dem Wunsch, sie mögen Frieden finden.

✿ ✿ ✿

Mögen alle, die in Thailand leben, lernen, wie man Zorn, Angst, Sorge und Unwissenheit losläßt. Mögen sie ihr Wohlergehen erhalten. Mögen sie auch die Geduld, den Mut, die Weisheit und die Entschlossenheit besitzen, um sich den Schwierigkeiten, Problemen und Herausforderungen des Lebens zu stellen und sie zu überwinden. Mögen alle, die in Thailand leben, inneren Frieden finden.

✿ ✿ ✿

Richtet eure Aufmerksamkeit auf euer Heimatland, auf diejenigen Menschen, die euch von ihrer Konditionierung her ähnlicher sind. Besinnt euch auf einige der Konditionierungen, die es ihnen erschweren, Zufriedenheit zu erfahren, die dahin gehen, Erregung und Streß zu vermehren. Denkt an diejenigen Lebewesen, die Schwierigkeiten haben und nicht wissen, wie sie sich selbst Frieden verschaffen können.

✿ ✿ ✿

Laßt die fürsorgliche, weite Energie des Mitgefühls ihnen gegenüber aufsteigen, gefolgt von dem Wunsch aus Liebender Güte, dem Wunsch, sie mögen Frieden finden.

✿ ✿ ✿

Mögen alle, die in meinem Land leben, lernen, wie man Zorn, Angst, Sorge und Unwissenheit losläßt. Mögen sie ihr Wohlergehen erhalten. Mögen sie auch die Geduld, den Mut, die Weisheit und die

Entschlossenheit besitzen, um sich den Schwierigkeiten, Problemen und Herausforderungen des Lebens zu stellen und sie zu überwinden.

Mögen alle, die in meinem Land leben, inneren Frieden finden.

❊ ❊ ❊

Richtet eure Aufmerksamkeit jetzt auf eines oder mehrere Länder der Erde, die von Unruhe und Unglück heimgesucht werden, in denen Hungersnot oder Mord und Totschlag, Verstümmelung und Zerstörung herrschen, entweder aufgrund von eigener Aggression oder weil sich das betreffende Land der Aggression erwehren muß. Versucht den Schmerz dieser Menschen zu empfinden, die in Kämpfe verwickelt sind oder die Opfer dieser Kämpfe sind. Sie erwachen jeden Tag in Schmerz, Angst, Verlust und Trauer.

❊ ❊ ❊

Laßt die fürsorgliche, weite Energie des Mitgefühls ihnen gegenüber aufsteigen, gefolgt von dem Wunsch aus Liebender Güte, dem Wunsch, sie mögen Frieden finden.

❊ ❊ ❊

Mögen diejenigen Menschen auf der Welt, die in diesen vom Krieg erschütterten Ländern leben, frei von der Bereitschaft und der Notwendigkeit zum Kämpfen sein. Mögen sie erkennen, daß wir alle gleichermaßen Geburt, Altern und Tod unterworfen sind, daß wir in dieser Hinsicht alle Brüder und Schwestern sind. Möge der Zeitpunkt kommen, da sie Haß, Zorn, Angst, Sorge und Unwissenheit loslassen können. Mögen sie ihr Wohlergehen erhalten können. Mögen sie auch die Geduld, den Mut, die Weisheit und die Entschlossenheit besitzen, um sich den Schwierigkeiten, Problemen und Herausforderungen des Lebens zu stellen und sie zu überwinden.

Mögen sie inneren Frieden finden.

❊ ❊ ❊

Dehnt euer inneres Bild, eure Gedanken weiter aus, bis ihr die ganze Welt umfaßt. Versucht, euch einige aus der unermeßlichen Vielfalt von Lebewesen in der Welt vor euch – bildlich oder in Gedanken – vorzustellen, Menschen jeglichen Alters und jeglicher Hautfarbe,

Insekten und andere Tiere, große und kleine, zu Lande, im Wasser und in der Luft. Die meisten von ihnen sind in den täglichen Überlebenskampf verstrickt, den Kampf, geboren zu werden und zu leben. Einige von ihnen werden von anderen unterdrückt oder getötet. Die allermeisten wollen einfach leben und frei sein von Dukkha.

❋ ❋ ❋

Laßt die fürsorgliche, weite Energie des Mitgefühls gegenüber all diesen Lebewesen zu. Versucht, einige der Schranken einzureißen, die zwischen uns und ihnen stehen. Laßt den Wunsch aus Liebender Güte folgen, daß alle Wesen frei von Dukkha sein können und inneren Frieden finden.

❋ ❋ ❋

Mögen alle Lebewesen in der Lage sein, Zorn, Angst, Sorge und Unwissenheit loszulassen. Mögen sie in der Lage sein, ihr Wohlergehen zu erhalten. Mögen sie auch die Geduld, den Mut, die Weisheit und die Entschlossenheit besitzen, um sich den Schwierigkeiten, Problemen und Herausforderungen des Lebens zu stellen und sie zu überwinden.
Mögen alle Lebewesen inneren Frieden finden.

❋ ❋ ❋

Behaltet die Vision dieser vielen Lebewesen vor eurem inneren Auge bei, visualisiert euch selbst in ihrer Mitte. Kein Lebewesen steht für sich allein, isoliert in einer Seifenblase, sondern alle sind sie vereint – im Leben und seinen Schwierigkeiten, seinem Dukkha und im Wunsch nach Frieden und Glück.

❋ ❋ ❋

Versucht zu allen Lebewesen, einschließlich euch selbst, immer mehr von der heilenden Energie des Mitgefühls auszusenden.

❋ ❋ ❋

Laßt das Bild von den anderen Wesen verblassen – nur ihr bleibt zurück auf der Welt.

❋ ❋ ❋

Versucht zu euch selbst Mitgefühl auszusenden.

✳✳✳

Laßt das Bild von euch selbst langsam verblassen und fühlt, wie ihr hier in diesem Raum sitzt.

✳✳✳

Laßt zu, daß das Mitgefühl weiter für euch ausströmt, gefolgt von dem Wunsch aus Liebender Güte, dem Wunsch nach vollkommenem innerem Frieden.

✳✳✳

Nachdem ich erkannt habe, daß ich noch nicht frei von Dukkha bin, möge ich versuchen, den Schmerz des Zorns, der Angst, der Sorge und der Unwissenheit loszulassen. Mit Geduld, Mut, Weisheit und Entschlossenheit möge ich achtsam sein gegenüber meinen Gedanken, Äußerungen und Taten, so daß ich dieses Mitgefühl für mich und andere manifestieren und festigen kann, dem Frieden näher kommen werde und anderen dabei helfen kann, dem Frieden näher zu kommen.

✳✳✳

✳✳✳

(Ende der Meditation)

Ihr habt viel mehr getan, als euch Mitgefühl und Liebende Güte nur zu wünschen. Während eurer Zeit hier habt ihr daran gearbeitet, euch diesen Wunsch tatsächlich zu erfüllen.

Vielleicht glaubt ihr, ihr hättet nicht viel getan oder kaum Fortschritte gemacht. Aber überlegt euch folgendes: Ein großer Wald besteht aus vielen großen Bäumen, aber bei jedem Baum steht am Anfang ein kleines Samenkorn.

Nutzt diesen Augenblick, um Freude zu empfinden – Freude darüber, daß ihr einige Samen zum Keimen gebracht habt oder daß ihr das Wachstum bereits vorhandener Keimlinge weiter gefördert habt, Freude darüber, daß ihr Fortschritte irgendwelcher Art gemacht habt, bei eurer Tätigkeit, einen Wald des Friedens und der Ausgeglichenheit entstehen zu lassen.

Ihr habt alle hart gearbeitet. Es war eine wahre Freude für Steve und mich, euch bei euren Bemühungen zuzusehen, eure Bemühungen, Achtsamkeit, Verständnis, Mitgefühl und Gleichmut zu entwickeln.

Wenn wir nach innen schauen, beginnen wir, unseren eigenen Geist besser zu verstehen, und dies mag es uns ermöglichen, auch andere leichter zu verstehen. Dies kann uns helfen, einige der Schranken, die wir errichtet haben, allmählich einzureißen – das Gefühl des Getrenntseins.

Also habt ihr hier vielleicht ein Gefühl der Gemeinsamkeit untereinander bekommen. Ihr habt diese Tage gemeinsam verbracht, einander in euren Bemühungen unterstützt und eine »Gruppenenergie« erzeugt, die sehr förderlich für euer eigenes Bemühen ist.

Manchmal habt ihr in diesem Retreat große Schwierigkeiten durchgemacht, ein andermal ging alles ganz leicht. Wir hoffen, ihr habt ein wenig Verständnis für den eigenen Geist hinzugewonnen und könnt erkennen, wie ihr mehr Frieden in euer Leben und das Leben anderer bringen könnt.

Möglicherweise haben viele von euch diesen Zeitpunkt herbeigesehnt, besonders, wenn ihr Schwierigkeiten hattet. Andere mögen etwas Angst haben, Angst davor, den Frieden der erlangten Konzentration zu verlieren. Aber wir haben versucht zu unterstreichen, daß Meditation und geistige Entwicklung das *ganze* Leben umfaßt, und wir haben versucht, euch ein paar Methoden mitzugeben, mit denen ihr arbeiten könnt.

Ihr habt diese Methoden hier ausprobiert, und jetzt habt ihr die Gelegenheit, sie in der Außenwelt auszuprobieren. Ihr werdet keine förderlichen Retreat-Bedingungen vorfinden, aber ihr könnt versuchen, auf die Achtsamkeit und das mitfühlende Verständnis als Stütze zurückzugreifen.

Um euch beim Übergang zum Leben »draußen« zu helfen, möchte ich über einige Schwierigkeiten reden, die viele Meditierende bei der »Rückkehr« durchmachen, auch über einige mögliche Lösungsansätze.

Ein Phänomen, das ihr vermutlich feststellen werdet, ist die »Übersteuerung« der Sinne. Hier im Kloster haben wir die Bandbreite eurer Sinneskontakte eingeschränkt, den Lärm, die Unterhaltung, die Geschwindigkeit des Lebens. Wenn man ein Retreat verläßt und zum normalen Leben zurückkehrt, kann die Achtsamkeit immer noch stark überhöht und sehr empfindsam sein. Es fand eine Öffnung statt. Viele verschiedene Sinneskontakte strömen nun auf einen herein und können das Gefühl der Desorientierung vermitteln.

Das ist normal. Versucht ohne Widerstand mit der Veränderung mitzufließen, euch den Geist als sanft strömenden Fluß vorzustellen. Er fließt jetzt über rauheren Untergrund mit mehr Hindernissen. Versucht jedoch auch, weises Überlegen aufzubringen. Überprüft, ob dieses Übermaß an nach außen gerichteter Aktivität wirklich nötig ist oder ob ihr damit etwas vermeiden wollt, vielleicht die Anstrengung des Weitermachens. Versucht zu lernen, wann Schweigen und Rückzug von der Aktivität angebracht ist.

Wir alle haben im Leben die Wahl zwischen der »Kriechspur« und der »Überholspur« – versucht die nach außen drängende Energie durch innere Schau auszugleichen.

Versucht, auf eure eigenen inneren Veränderungen vorbereitet zu sein. Vielleicht behagen euch eure früheren Ziele, Meinungen und Selbstvorstellungen nicht mehr – seid bereit, sie loszulassen.

Bei alten Freunden könnt ihr in einen Konflikt geraten. Sie erwarten vielleicht, daß ihr »ganz der Alte« geblieben seid. Vielleicht wart ihr sehr gesprächig, von »großem Unterhaltungswert«.

Es ist möglich, daß ihr euch jetzt zum Schweigen hingezogen fühlt. Möglicherweise wollt ihr über bestimmte Themen nicht mehr reden.

Gestattet euch selbst, diese Veränderungen beizubehalten, und versucht, euch nicht zu sehr darum zu kümmern, was andere von euch halten, versucht, euch keine Sorgen wegen ihrer Erwartungen zu machen. Es macht nichts, wenn euch andere für schweigsam halten. Ihr könnt bei solchen Gelegenheiten darüber nachdenken, was das Wertvollste in eurem Leben ist; was andere von euch halten, kann euch keinen inneren Frieden bringen; was ihr von euch selbst haltet, wie ihr reagiert, wie ihr euch voll Mitgefühl und Liebender Güte öffnet, das kann euch inneren Frieden bringen.

Laßt euch aber auch nicht zu sehr in euch selbst und euer eigenes Tun versinken, so daß ihr nicht mehr mit Mitgefühl und Liebender Güte für andere aufgeschlossen seid. Vielleicht brauchen sie ein offenes Ohr, um ihre Ängste äußern zu können.

Versucht auch die Trauer zu erkennen, die oft mit einer Veränderung einhergeht. Der Verlust eines gewissen Selbstbildnisses oder einer Identität kann das Gefühl erzeugen, es handle sich um den Verlust an Sicherheit, sogar, wenn es sich dabei um das negative Bild der »Minderwertigkeit«, an dem wir uns immer festhielten, handelt und dieses negative Gefühl, das uns soviel Schmerz verursacht hat. Es kann sein, daß jetzt nicht mehr alles so nett und bequem aussieht, wie wir einst dachten.

Das Leben hält jetzt eine Herausforderung für uns bereit und ein gewisses Wachstum in unserem Verständnis. Mit diesem Wachstum geht zusätzliche Verantwortung einher. Die Verantwortung für unseren eigenen Frieden und für unser eigenes Glück liegt jetzt in uns selbst.

Das unterscheidet sich von der Leichtigkeit, mit der wir einst den anderen die Verantwortung gaben, dem Leben die Schuld in die Schuhe schoben und uns durchs Leben treiben ließen.

Gelegentlich mag ein Kampf stattfinden, zwischen unserem neuen Verständnis und der tiefverwurzelten, alten Sichtweise. Das ist normal. Versucht das Wachstum und die Festigkeit des neuen Verständnisses durch Besinnung zu fördern. Bei solchen Anlässen ist die Besinnung auf die Wahrheit sehr heilsam.

Die Besinnung auf die Wahrheit, auf das Dhamma, mag es uns allmählich ermöglichen, das emotional zu akzeptieren, was wir tief drinnen als wahr erkannt haben.

Wir können über alles mögliche nachdenken. Denken führt zum Handeln. Es wäre sehr hilfreich, auf heilsame statt auf unheilsame Wege zu denken.

Der Pfad zu innerem Frieden und Weisheit ist manchmal sehr unbequem, weil es sich dabei um einen Reinigungs- und Läuterungsprozeß handelt.

Wenn man bisweilen merkt, daß man völlig aus dem Gleichgewicht geraten ist, voller Zweifel ist und in einer stressigen Phase steckt, kann es hilfreich sein, die Gedanken darüber aufzuschreiben. Beim Aufschreiben läßt sich deutlicher erkennen, welche Gedanken unheilsam und irrig sind und Schwierigkeiten erzeugen. Vertraut auf euch selbst, wenn ihr keinen spirituellen Freund habt. Forscht nach, mit allem Verständnis und weiser Überlegung, die ihr zur Verfügung habt. Wenn ihr allerdings einen guten Freund habt, geht zu diesem und sprecht mit ihm oder versucht euch mit anderen zu treffen, die sich ebenfalls für die geistige Entwicklung interessieren.

Eine weitere Überlegung lautet: Hütet euch vor Idealismus, vor Idealismus in bezug auf euch selbst, auf andere und auf die Welt im allgemeinen.

Das folgende betrifft den Idealismus in bezug auf euch selbst: Während des Retreats habt ihr viele Hindernisse loslassen können und erhöhte Achtsamkeit und Verständnis entwickelt. Dies wurde durch unsere Anleitung, durch die Retreat-Bedingungen und durch die Gruppenunterstützung gefördert. Vielleicht erwartet ihr, daß ihr auch zukünftig dazu in der Lage sein werdet.

Wenn aber diese zusätzliche Unterstützung fehlt, wenn ihr ein geschäftiges Leben führt und bemerkt, wie sich unvollkommene Reaktionen auf das Leben einstellen, kann dies Zweifel verursachen, besonders Zweifel über eure Fähigkeit zur Praxis.

Versucht bei so einem Anlaß, über eure Konditionierung und eure Bedingungen nachzudenken. Ermuntert euch selbst zur weiteren Entwicklung. Versucht Mitgefühl und Geduld mit euch zu haben. Fangt einfach immer wieder von vorne an. Lernt, euch selbst zu vergeben.

Ihr müßt vielleicht eure Erwartungen herunterschrauben. Versucht nicht hoch zu greifen und zu viele Ideale anzustreben, denen ihr dann nicht gerecht werden könnt, denn das hieße, immer nur auf den Gipfel des Berges zu starren und darüber zu vergessen, wo ihr euch wirklich befindet.

Versucht damit zu arbeiten, wer und was ihr *jetzt* seid. Versucht mehr im Augenblick zu leben, Verständnis im Augenblick zu entwikkeln, und bringt die Saat aus für das Entstehen von Einsicht und Ausgeglichenheit. Der gegenwärtige Augenblick ist alles, was wir haben.

Behandelt die Praxis so, als wolltet ihr ein Pflänzchen hegen: Sorgt für Bewässerung – mitfühlende Absicht; düngt den Boden – weise Besinnung; haltet Schädlinge fern – Geistesgegenwart/Achtsamkeit; und all dies mit einer behutsamen, fürsorglichen Einstellung. Versucht Freude am allmählichen Wachstum der Pflanze zu finden, am allmählichen Anwachsen des Verständnisses, an den Augenblicken des Friedens. Die Macht der Freude verleiht die Energie zum Weitermachen.

Versucht zufrieden zu sein mit einer weiter aufgefächerten Achtsamkeit, die dem normalen Lebensrhythmus folgt, mit dem Beobachten der Geisteszustände, wie sie kommen und gehen. Wir müssen versuchen, unsere Praxis den Lebensumständen anzupassen. Folgende Geschichte, die erläutern soll, was ich mit Anpassen der Praxis an die Lebensumstände meine, handelt von einem meditierenden Freund:

Dieser Meditierende lebte in einem Meditationszentrum im Westen und stellte fest, daß ihm das Geld ausging. Also mußte er sich einen Job suchen. Mein Freund hatte in diesem Zentrum ziemlich hart an der Entwicklung von Geistesgegenwart gearbeitet und wollte dieses Bemühen an seinem neuen Arbeitsplatz fortsetzen. Sein Job war es nun, die Tore einer Autofähre an einem Flußübergang zu öffnen und zu schließen.

Die Arbeit war sehr einfach, eine Aufgabe, die sich ständig wiederholte und bei der Entwicklung von Geistesgegenwart von Nutzen sein konnte. Mein Freund bemühte sich also um Sorgfalt, Achtsamkeit auf alle Bewegungen, vom Anfang bis zum Ende, und gelegentlich war er ausgesprochen vertieft in seine Tätigkeit.

Er war ziemlich überrascht, als ihm eines Tages gekündigt wurde! Der Grund dafür war, daß er einfach zu langsam gewesen war. Anstatt alles in einer normalen Geschwindigkeit zu verrichten, wurde mein Freund über alle Maßen langsam, um die Achtsamkeit zu unterstützen.

Wir können uns viel Kummer ersparen, wenn wir versuchen, den Überblick zu behalten und unsere Verantwortung nicht nur uns selbst, sondern auch anderen gegenüber sowie den Erfordernissen des Lebens.

Seid bereit, den Fokus eurer Praxis zu verändern und versucht, euch an die verschiedenen Ebenen der Achtsamkeit zu gewöhnen. Sie sind alle Formen der Geistesgegenwart. Glaubt nicht, die eine sei besser als die andere.

Das Erkennen dessen, was *angemessen* ist, verknüpft die Geistesgegenwart mit der Weisheit in Aktion.

In der Vipassana-Praxis versuchen wir auf das Kommen und Gehen aller Geisteszustände zu achten, auf den konzentrierten und den unkonzentrierten Zustand, die aufgefächerte und die zugespitzte Achtsamkeit, auf langsame und schnelle Bewegungen. Versucht mit allem zu fließen, wehrt euch nicht gegen den Augenblick, und klammert euch nicht an die fokussierte Achtsamkeit. Wenn wir derartige Anhaftungen entwickeln, dann stellt sich Kummer ein, sobald dieser Zustand vergeht, und wir sind dann mit allem anderen weniger zufrieden.

Das Folgende betrifft den Idealismus in bezug auf die Welt und andere Menschen: Hier in Wat Khao Tham versuchen wir alle, heilsame innere Qualitäten zu entwickeln und an unseren Reaktionen zu arbeiten. Wir alle interessieren uns für die geistige Entwicklung. Das macht es uns leichter, miteinander auszukommen.

Aber in der Welt draußen gibt es viele Menschen, die nicht im mindesten daran interessiert sind, Menschen mit mannigfaltigen Verhaltensweisen, die weit davon entfernt sind, heilsam für sich selbst oder andere zu sein. Auch die Welt ist weit davon entfernt, »perfekt« zu sein.

Idealismus neigt zu dem Wunsch, alle anderen und die ganze Welt sollten so sein, wie wir uns das vorstellen. Immer schon gab es Menschen, die versucht haben, anderen ihre Ideale aufzuzwingen. Idealismus kann sehr schnell in Widerstand, Abneigung, Haß und sogar Gewalt umschlagen, wie uns die Erfahrung gezeigt hat.

Die Welt und die Menschen sind so, wie sie sind. Das heißt aber nicht, daß wir nicht versuchen sollen, uns selbst oder die Zustände in der Welt zu verbessern. Es bedeutet lediglich, daß wir versuchen sollen herauszufinden, was wir ändern können und was nicht.

Versucht herauszufinden, ob ihr euch nicht einfach in eine »reaktionäre Geisteshaltung« verstrickt habt und nun in dieser Konditionierung schwelgt. Untersucht, ob ihr euren selbstsüchtigen Anschauungen und Meinungen anhängt oder ob ihr *wirklich* aus Mitgefühl handelt.

Die »reaktionäre Geisteshaltung« ist oft nur ein Deckmäntelchen für einen Geist, der gerne in negativen Gefühlen schwelgt, dem es Spaß macht, stets nur die schlechte Seite von Menschen, Orten, Institutionen und Angelegenheiten zu sehen, und der häufig vor den positiven Eigenschaften in jedem und allem die Augen verschließt. Er sieht immer nur einen Ausschnitt und niemals das Ganze.

Versucht auch die positiven Seiten zu sehen. Ergründet die Motivation der Menschen, versucht mit ihren Augen zu sehen und ergründet den Zweck bestimmter Orte, Institutionen und Angelegenheiten. Beruht die Motivation, der Sinn und Zweck auf Mitgefühl oder auf einer anderen guten Absicht? Versucht zu erkennen, ob eure Reaktion vielleicht fehl am Platze ist. Versucht den Idealismus zu erkennen, der in Abneigung und Haß umschlägt und der euch soviel Widerstreben, innere Spannung und Streß bereitet.

Wenn ihr erkennt, daß ihr lediglich in der »reaktionären Geisteshaltung« schwelgt, versucht diese starke Energie nach innen umzulenken – macht eine innere Revolution daraus für die Befreiung des Geistes von Gier, Haß und Unwissenheit.

Der Schaden, den ihr draußen in der Welt seht, fängt im Geist an. Wenn ihr das Leid der Welt verringern wollt, dann fangt bei eurem Leid an. Wenn ihr mehr Mitgefühl und Liebende Güte in der Welt sehen wollt, dann fangt damit an, sie in euch zu vermehren. Die Energie, die ihr in eure Angelegenheiten einbringt, wird dann mehr auf Mitgefühl statt auf Abneigung beruhen.

Versucht mehr mit den Menschen und der Welt zu fließen, habt Mitgefühl mit ihrer Unzulänglichkeit. Dann seid ihr auch nicht mehr so hart euch selbst gegenüber, in euren Ansprüchen an euch selbst, und es erleichtert euch meditative Entfaltung.

Dem Augenblick nicht zu widerstehen, die Gesetze der Natur, das Leben, wie es ist, zu akzeptieren, ist äußerst wichtig für unseren inneren Frieden.

Ich möchte auch eine Geschichte erzählen, an der uns ein Meditierender in einem der Retreats Anteil haben ließ. Dieses betreffende Retreat war ziemlich anstrengend. Ich war vor dem Kurs ziemlich krank gewesen und hatte nicht viel Energie. Wir waren uns nicht im klaren, ob ich in diesem Retreat unterrichten konnte oder nicht. Aber es gab schon eine lange Warteliste, und es kamen immer noch Menschen an, die daran teilnehmen wollten. Da wir niemanden enttäuschen wollten, entschieden wir uns, doch anzufangen.

Am zweiten Tag brach ich zusammen und erlitt einen Rückfall. Steve mußte sich die meiste Zeit um mich kümmern. Alle Interviews mußten abgesagt werden. Ersatzweise gab Steve Frage- und Antwortstunden in der Halle. Glücklicherweise war ein erfahrener Meditierender anwesend, der die Leitung der Sitzungen übernahm und Kassetten mit unseren Vorträgen abspielte, wenn Steve nicht in die Halle kommen konnte. Ein weiterer Teilnehmer leitete die Yoga-Übungen.

Als ob das nicht schon genug gewesen wäre, grassierte eine Fieberkrankheit auf der Insel, und nach und nach wurde die Hälfte der Kursteilnehmer krank! Für viele war es ein Retreat, in dem sie lernten, wie man mit unangenehmen Empfindungen und unerfüllten Erwartungen umgeht.

Steve arbeitete mit den Meditierenden, sprach ihnen Mut zu und leitete sie beim Umgang mit ihren Reaktionen an. Er wurde immer mehr von einem Meditierenden beeindruckt, der trotz Krankheit stets guter Laune war und sehr gut mit dieser Erfahrung umgehen konnte. Nach einer Weile sprach Steve dies an. Der Meditierende führte das auf eine Geschichte zurück, die beim Umgang mit jeglichen Erfahrungen von Nutzen sein kann. Diese Geschichte lautet ungefähr so:

Es gab einmal einen Bauern, der einen Hengst als Arbeitspferd hatte. Dieser war stark und ein guter Arbeiter; er half dem Bauern beim Pflügen und beim Transport von Gütern.

Eines Tages war der Hengst verschwunden. Als die Nachbarn das hörten, sagten sie:»Oh, was für ein Pech, was für ein Pech!«

Der Bauer zuckte nur die Achseln und erwiderte:»Glück oder Pech, wer weiß?«

Zwei Wochen später war das Pferd immer noch nicht zurück. Die Nachbarn sagten immer wieder:»Oh, was für ein Pech, was für ein Pech!«

Und der Bauer zuckte jedesmal die Achseln und sagte:»Glück oder Pech, wer weiß?«

Am nächsten Tag kam der Hengst zurück und brachte sieben wilde Stuten mit. Die Nachbarn des Bauern riefen aus:»Oh, was für ein Glück, was für ein Glück!«

Der Bauer aber sagte nur:»Glück oder Pech, wer weiß?«

Dann versuchte der Sohn des Bauern, die Wildpferde zuzureiten. Eine Stute warf ihn ab, und er brach sich beide Beine. Die Nachbarn riefen:»Oh, was für ein Pech, was für ein Pech!«

Der Bauer sagte wieder nur:»Glück oder Pech, wer weiß?«

Kurz darauf kam ein General daher und ließ alle kriegstauglichen Männer zur Armee einziehen, um sie in einem fernen Land in den Krieg zu schicken; der Sohn des Bauern wurde nicht eingezogen – Glück oder Pech, wer weiß?

Der schlichte Satz »Glück oder Pech, wer weiß?« kann ziemlich machtvoll sein, negative Reaktionen fortblasen und dazu beitragen, daß man weniger widerstrebend an Erfahrungen herantritt, besonders an vermeintlich unangenehme.

Auch wenn wir auf unser Leben zurückblicken, können wir oft feststellen, daß so manche unangenehme Erfahrung eine wertvolle Gelegenheit zum Lernen enthielt oder dem Leben eine neue Richtung gab, hin zu tieferem Verständnis. Keine Erfahrung braucht weggeworfen zu werden. Wir können versuchen, aus jeder zu lernen, mit jeder zu wachsen. Glück oder Pech, wer weiß?

Was manche Menschen als Glück betrachten – reich sein, ein komfortables Leben führen, es immer gut haben – empfinden andere vielleicht als Pech, sofern es die betreffende Person davon abhält, hinsichtlich geistiger Entwicklung zu wachsen und das Leben zu verstehen.

Vielleicht könnt ihr euch an diese Geschichte erinnern, wenn ihr ins Alltagsleben zurückkehrt, mit unvollkommenen Umständen konfrontiert werdet und vielleicht mit Kummer oder Abneigung auf bestimmte Erfahrungen reagiert. Sie kann euch helfen, leichter durch diese Erfahrung hindurchzugehen, und euch gestatten, den Überblick zu bekommen, das ganze Bild zu sehen. Glück oder Pech, wer weiß?

Das folgende betrifft das Aufrechterhalten eurer Praxis: Versucht aus Mitgefühl mit euch selbst, die Anstrengung aufzubringen, morgens und abends formale Meditation zu praktizieren. Das wird euch helfen, den Tag auf friedvollere und ausgeglichenere Weise zu beginnen und zu beenden.

Das mag am Anfang schwierig erscheinen. Der Geist mag hundert oder mehr Ausreden finden, warum es nicht geht. Versucht euch auf die Bedeutung von geistiger Entwicklung und innerem Frieden zu besinnen im Vergleich zu den vielen belanglosen Tätigkeiten, die wir normalerweise für so wichtig halten. Das mag dazu beitragen, diese Argumente zu entkräften, mit dem Verständnis, wie wichtig innerer Friede ist und daß ihr bereits einigen Nutzen daraus gezogen habt.

Besonders hilfreich ist es, wenn man sich daran erinnert, daß es nicht darum geht, von jeder Meditationsperiode sofortige Ergebnisse, sofortige Ruhe zu erwarten. Schon der *Versuch* kann gute Resultate bringen.

Manchmal haben wir das Gefühl, es bewegte sich nichts, wir kämen nicht voran. Aber oft entgeht uns nur das subtile innere Wachstum, das da stattfindet, das allmähliche Erwachen. Eines Tages werdet ihr offen genug sein, um die Veränderung und die Ergebnisse der Praxis zu sehen.

Es nützt, wenn ihr ein wenig darüber nachdenkt, wie ihr das Leben, euch selbst und eure Probleme früher betrachtet habt. Damals erschienen eure Probleme vielleicht manchmal unüberwindlich, hoffnungslos, ohne Ausweg. Aber zumindest wißt ihr jetzt, wie ihr der Sache auf den Grund gehen könnt, vielleicht mit ein bißchen weniger Nichtanhaftung; ihr wißt jetzt, wo ihr nach den Ursachen suchen und dann die Gegenmittel anwenden müßt. Jegliches Wachstum unseres Verständnisses ist wertvoll.

Laßt nicht zu, daß eine schlechte Sitzung negative Gefühle gegenüber der Meditation erzeugt und diese Erfahrung zu einem statischen, unveränderlichen »Ich kann nicht« einfriert. Heute ist ein neuer Tag, dieser Augenblick ist ein neuer Augenblick. Vielleicht gelingt es euch, ein bißchen mehr im Augenblick zu sein, weniger widerstrebend, dafür entspannter.

Ich erinnere mich, daß ich früher nach einem Tag voller Hektik und Betriebsamkeit auf dem Weg zur Meditationsmatte oft dachte: »Heute abend bin ich zu kaputt zum Meditieren. Ich werde bloß dabei einschlafen. Warum gehe ich nicht einfach ins Bett?«, oder »Ich bin total überdreht, ich werde mich nicht konzentrieren können. Vielleicht sollte ich mir jetzt lieber eine Tasse Kräutertee machen.«

Aber ich habe trotzdem versucht zu meditieren. Manchmal löste sich die Müdigkeit einfach auf, sobald ich saß. Oft erkannte ich dabei, daß diese innere Erschöpftheit auch gute Seiten hat, weil der Geist dann nicht so widerspenstig ist, und merkte, daß die Meditation gut lief. Bei anderen Gelegenheiten entwirrte sich der Gedankensalat immer mehr, je länger ich saß.

Manchmal war es das vertraute Gefühl, einfach »nur zu sitzen«; eine Pause vom schnellen Rhythmus des Lebens zu machen, einfach »nur zu sitzen«, der Versuch, dazusein, oder der Lernprozeß, daß man sieht, wie sich die Widerstände langsam auflösen, auch wenn es eine ganze Sitzung dauerte.

Versucht die Morgen- und Abendsitzungen zu etwas zu machen, das ihr nicht missen wollt, wie Waschen und Zähneputzen, so daß ihr die Pflege des Geistes genauso wichtig nehmt wie die Pflege des Körpers.

Wenn ihr merkt, daß ihr in eurer Praxis nachlaßt, einen Durchhänger habt, euch die tägliche Regelmäßigkeit verloren geht, versucht, einfach wieder anzufangen. Vergebt euch selbst und laßt das, was war, Vergangenheit sein. Versucht keine Selbstverurteilung oder Haß zu erzeugen. Fangt einfach wieder an. Versucht auch zu erkennen, daß die Praxis nicht nur aus formalem Sitzen, Stehen und Gehen besteht. Versucht die Geistesgegenwart den ganzen Tag hindurch anzuwenden. Ihr könntet versuchen das Wachstum der Geistesgegenwart durch »spezielle Achtsamkeitsübungen« zu fördern, so wie wir es hier probiert haben, durch Geschirrspülen, Schuhe an- und ausziehen, Türen öffnen, Hausputz, Essen und so weiter. Unternehmt die bewußte Anstrengung, diese einfachen Tätigkeiten mit so viel Achtsamkeit wie möglich zu verrichten, voll konzentriert auf den jeweiligen Vorgang, statt nur auf Resultate aus zu sein.

Versucht nicht zu viel Anhaftung an Praktiken, die in ihrer Ausrichtung sehr eingeengt sind, zu entwickeln. Versucht sie den Gegebenheiten anzupassen. Erkennt, welche Resultate die jeweilige Vorgehensweise bringt. Versucht zu erkennen, was im jeweiligen Augenblick angemessen ist. Meßt eure Praktiken daran, ob sie das »Erwachen« des Geistes nähren und zu einer Linderung von Dukkha führen.

Wenn ihr feststellt, daß ihr sehr verwirrt seid, dann versucht dieser Verwirrung auf den Grund zu gehen. Welcher Geisteszustand verdunkelt den Geist? Welches Hindernis? Forscht nach, so wie ihr es hier ausprobiert habt. Versucht dies auf der mitfühlenden Absicht gründen zu lassen, eure Schwierigkeiten zu lindern. Wenn ihr nach innen geht, versucht dabei ohne Verurteilung, Idealismus und Zweifel vorzugehen; nicht mit der Absicht zu beweisen, wie schrecklich ihr seid. Dadurch würdet ihr nur weitere Abneigung gegen euch selbst heraufbeschwören.

Versucht euch an das Gleichnis vom Wäschewaschen zu erinnern. Vom Zorn auf das Hemd wird das Hemd nicht sauber.

Das folgende betrifft die Methoden, die wir euch für die Praxis in diesem Retreat gegeben haben: Diese kurze Wiederholung möge euch helfen, sie im Gedächtnis zu behalten.

Wenn wir den Geist in einem geschäftigen, hektischen Alltag entfalten wollen, vielleicht getrennt von Gleichgesinnten, ist es wichtig, daß wir versuchen, einige oder alle Techniken anzuwenden, die sich als hilfreich herausgestellt haben. Versucht nicht dem Irrtum vieler Meditationsanfänger zu verfallen, bei der Praxis ginge es nur um die Fähigkeit, sich auf den Atem zu konzentrieren, oder nur um Sitzmeditation.

Versucht euch auf das zu konzentrieren, was ihr *könnt*, und laßt euch nicht zu sehr von dem unterkriegen, was ihr nicht könnt.

Wie praktizieren wir also: Wir können versuchen, auf den Atem zu achten, auf den Körper und den Geist. Wir können versuchen, die Vergänglichkeit zu betrachten, in den Erfahrungen, in uns selbst, im Leben. Manchmal wird es sich um eine weiter aufgefächerte Achtsamkeit handeln, aber sie ist dennoch heilsam.

Das Kommen und Gehen der Erfahrungen, die Unbeständigkeit beobachten hilft uns, tieferes Verständnis zu entwickeln. Dieses Verständnis gestattet uns, mehr Akzeptanz und Gleichmut zu entfalten, mit weniger Anklammern und Widerstreben.

Versucht weiterhin eure Reaktionen zu beobachten. Sie haben die *Schlüsselposition* inne, hier entscheidet sich die Wendung entweder zu Zufriedenheit oder Schmerz. Versucht eure Reaktionen auf das Umfeld, auf Menschen und Sinnesreize zu beobachten. Seht, wie ihr reagiert, wie und warum sich Schwierigkeiten und Streß einstellen.

Lernt ehrlich mit euch selbst zu sein. Versucht zu erkennen, wann eure Reaktionen unheilsam sind. Schaut lieber nach innen als nach außen. Nehmt die Verantwortung auf euch, für euren Frieden oder Mangel an Frieden, für eure Taten, Äußerungen und Gedanken.

Versucht zu lernen, wie man den Streß losläßt, der von unheilsamen Dingen herrührt, indem man törichte Reaktionen losläßt – mit Mitgefühl für euer Dukkha.

Manchmal ist es ein schmerzhafter Prozeß, uns selbst einzugestehen, daß wir im Unrecht sind, und dann unsere gewohnheitsmäßige Antwort fallenzulassen. Aber wenn wir die Resultate dieser törichten Antworten ergründen und verstehen, hilft uns dieses Verständnis, die Wahrheit emotional zu akzeptieren.

Wir brauchen unser »Selbst-Bild«, das nur Schmerz verursacht, nicht bewahren – tatsächlich ist das Loslassen dieses Bildes ein Zeichen von Stärke, nicht von Schwäche.

Die Ruhe und Ausgeglichenheit der Mitgefühl/Liebende-Güte-Meditation und die mitfühlende Herangehensweise auf das Leben helfen uns ebenso beim Prozeß des Loslassens. Die Entfaltung von Mitgefühl und Liebender Güte kann dazu beitragen, daß wir eine tiefere Akzeptanz entwickeln; gegenüber uns selbst, gegenüber anderen Menschen und gegenüber allen Situationen, die uns begegnen. Die Mitfreudemeditation kann euch zusätzliche Energie verschaffen, Freude und Zufriedenheit in eurer Praxis. Sie trägt dazu bei, eure Motivation aufzufrischen und Zweifel zu bannen.

Wichtig sind Reflexionen, denn Gedanken spielen eine wichtige Rolle in unserer geistigen Entwicklung, Reflexionen zum Beispiel über die Kostbarkeit der Gelegenheit und in welch glücklicher Lage wir sind, über Tod und Vergänglichkeit, über das Gesetz von Ursache und Wirkung, über Kamma, über Dukkha, die unbefriedigende Grundeigenschaft des Daseins; darüber, sich zu kümmern, ohne sich zu kümmern, über den Zusammenhang von Mitgefühl und Gleichmut. Diese Betrachtungen sind äußerst machtvoll, denn sie nehmen unseren größten Ängsten und Sorgen den Wind aus den Segeln.

In einem geschäftigen Leben können wir den Geist nicht einfach »entleeren«. Wir müssen denken und verschiedene Funktionen erfüllen. Denken führt zum Handeln. Jeder Handlung geht eine Absicht voraus. Wir können uns auf »Abwege« begeben, in Denkmuster verstricken, die zu innerem Aufruhr und Schmerz führen – oder wir wenden das Denken weise an, um den Geist von törichten Denkmustern zu befreien und den Faktor der richtigen Anschauung im Geist zu verankern.

Reflexion, gerichtetes Denken, gewinnt zunehmend an Bedeutung, wenn ihr wieder draußen in der Welt seid.

Ihr seid oft getrennt von anderen Praktizierenden, von perfekten Bedingungen, von Menschen, die euch anleiten können. Das Denken und euer Geist können zum spirituellen Freund werden. Ihr müßt euch selbst beraten, euch selbst ermutigen und den Pfad oft allein gehen. Manchmal scheint es sehr schwierig zu sein, viele entgegenwirkenden Kräfte zu überwinden.

Je mehr man über die Wahrheit, Dhamma, den Pfad und die Lehren reflektiert, desto mehr gleicht diese Reflexion unsere alte Konditionierung aus, unsere alten Anschauungen, die auf Unwissenheit beruhen.

Je mehr man sein Denken in Reflexionen lenkt, desto tiefer sickert es in den Geist ein; und es ermöglicht uns, unser Leben, unsere Erwartungen und unsere Reaktionen am »Maßstab« der Wahrheit zu messen: an der Welt, wie sie wirklich ist.

Es gestattet uns, die Kraft zum »Nein«-Sagen zu finden, auch wenn es einige Kämpfe mit unseren alten Konditionierungen kostet, mit dem, wonach uns gerade der Sinn steht, und zwar deshalb, weil unsere innere Weisheit erkennt, daß diese betreffende Handlung zu mehr Streß, mehr Dukkha für uns und andere führen könnte.

Mitgefühl in Verbindung mit Weisheit ist nicht immer sanft. Es ist manchmal wie ein fester, starker und anscheinend unerbittlicher, gütiger Erzieher. Und doch, genau wie ein güter Erzieher vergibt es auch, wenn wir Fehler machen, weil mitfühlendes Verständnis das Ausmaß von Dukkha und die Mächte der Welt erkennt.

Was vorbei ist, ist vorbei. Wir können versuchen, unsere Fehler zuzugeben, die Verantwortung für unsere Taten zu übernehmen und dazu beitragen, mitfühlendes Verständnis zu entfalten. Dieses mitfühlende Verständnis dient der Erkenntnis, welche Handlungen geschickt und welche ungeschickt sind und zu Schmerz führen. So entwickelt man Verständnis darüber, wie man künftiges Dukkha vermeidet.

Wir können *jetzt* neu anfangen. Haß ist keine Lösung, vor allem Selbsthaß nicht. Heute ist ein neuer Tag. Dieser Augenblick ist ein neuer Augenblick.

Und eine weitere Ermutigung: Wo ihr auch hingeht, schaut euch nach anderen Meditierenden um. Die Konditionierung der Welt ist sehr stark. Es gibt wenige Menschen, die sich für geistige Entwicklung interessieren.

Versucht, solange es euch möglich ist, im Osten zu bleiben. Es gibt hier eine größere Ermutigung für euch auf diesem Pfad. Der Respekt vor der Meditation und die Bestärkung zum Pfad der geistigen Entwicklung sind eng mit den Religionen und den Menschen des Ostens verwoben.

Es ist hier leichter für euch, ein einfaches, auf das Wesentliche beschränktes Leben zu führen, bei dem ihr zunächst einmal alle Gedanken an Karriere und den Erwerb materieller Dinge beiseite lassen könnt. Wenn man mit dem Rucksack unterwegs ist, fällt es schwer, unnötigen Besitz anzuhäufen.

Das wird dazu beitragen, die Anfangsphase der Öffnung auf diesem Pfad zu nähren und zu unterstützen. Man hat nicht das Gefühl, daß man sich gegen den übermächtigen Strom des Materialismus, der Konditionierung und des Gruppenzwanges stemmen müßte. Sobald ihr in den Westen zurückkehrt, versucht euer Bestes, um die neue Konditionierung der Einfachheit, des Nichtanhäufens und des Gehens auf dem Pfad der geistigen Entwicklung zu nähren.

Ihr mögt feststellen, daß ein gewisser »Kulturschock« stattfindet, wenn ihr euch lange im Osten und insbesondere in Meditationszentren aufgehalten habt. Anfangs werdet ihr sicherlich den machtvollen Druck bezüglich Besitzanhäufung, Materialismus, Konsumdenken, einhergehend mit Verlustängsten, deutlich wahrnehmen.

Diese Strömung kann zu einem reißenden Fluß anwachsen, und ihr habt vielleicht das Gefühl, daß ihr versucht, gegen den Strom anzukämpfen. Manchmal habt ihr vielleicht das Gefühl, nicht vorwärtszukommen und statt dessen von der Strömung fortgerissen zu werden.

Bei manchen Menschen können Frustrationsgefühle auftauchen. Man möchte am liebsten verdrängen oder abwehren, als ob man einen Schutzschild über sich und über die empfindliche Knospe des Dhamma, die Blume des Mitgefühls, der Achtsamkeit, des Verständnisses im Inneren halte.

Bei vielen Menschen taucht der reaktionäre Geist wieder auf. Er ist oft mit Abneigung verbunden, und doch ließe er sich auch mit der durchdringenden Klarsicht von Weisheit und Mitgefühl verbinden. Es kann ein sehr lästiges Gefühl sein.

Die Abneigung besitzt die Merkmale von Streß und Leid, wie wir erkannt haben, als wir ihre Energie in uns erforschten. Sie hat darüber hinaus eine starke, machtvolle Energie. Wir können versuchen, diese Energie umzuleiten und zu nutzen, statt sie zu unterdrücken, was den inneren Streß vermehren würde. Wir können diese Energie benutzen, um uns Ansporn und Kraft zu verschaffen – die Stärke zum Anderssein, die Kraft, um die zerstörerischen Mächte der Gier zurückzuweisen.

Wir können auch versuchen, diese machtvolle Energie mit Mitgefühl und Weisheit zu verbinden, bis wir sie vollständig umwandeln können. Mitgefühl und Weisheit lehnen zu Recht Pfade ab, die die Wechselbeziehung aller Lebewesen auf diesem Planeten nicht anerkennen. Mitfühlendes Verständnis lehnt solche Pfade ab, die die zerstörerische Wirkung der Gier auf dem gesamten Planeten nicht anerkennen.

Mitgefühl und Weisheit erkennen an, daß unsere Handlungen weitreichende Auswirkungen auf den Kreislauf des Lebens und auf die anderen Menschen auf der Welt haben. Mitfühlendes Verständnis lehnt Ausbeutung und Verschwendungssucht ab, da es erkennt, daß ein derartiges Handeln Schwierigkeiten und Leid vermehrt – nicht nur in der Zerstörung der Umwelt und anderer Lebewesen, sondern auch in der destruktiven Natur dieser Energien in unserem eigenen Geist.

In mitfühlendes Verständnis umgewandelte Abneigung kann Stärke und Entschlußkraft vermitteln bei dem Versuch, soweit wie möglich aufgeschlossen zu bleiben.

Aufgeschlossen bleiben und auf die Wechselbeziehung allen Lebens achten bedeutet, sich auf das Erkennen der Tatsache zu konzentrieren, wie bedeutsam unser Handeln ist, wie wir Mitgefühl ausdrücken können, indem wir weniger konsumieren, wie wir versuchen, ein einfaches Leben zu führen und unser Bestes zu geben, um nicht in den Strom von Ausbeutung und Gier zu geraten.

Das soll nicht unbedingt heißen, daß wir uns von allen Aspekten des Lebens zurückziehen, von unserem Broterwerb, unseren Familien, unseren Freunden. Es bedeutet aber, daß wir entschlossen und wach genug versuchen, so einfach wie möglich zu leben – bewahren statt konsumieren, sparen statt ausgeben, unsere Freizeit wertschätzen, indem wir sie für die Meditation und Innenschau nutzen, statt sie mit den Massenmedien und stupiden Aktivitäten zu vertun und den Geist abzuschalten.

Meditation kann innere Stärke und Ausgeglichenheit fördern, um kraftvoll die Konfrontation mit den destruktiven Merkmalen des Materialismus zu meistern; sie nährt unser Erwachen.

Durch eine sparsame Lebensweise sind wir in der Lage, uns für einen längeren Zeitraum von unseren Pflichten zurückzuziehen, nach Südostasien zurückkehren oder ein Meditationszentrum im Westen aufzusuchen, Orte, wo es möglich ist, in einem beschützenden und förderlichen Umfeld nach innen zu gehen. Versucht einen Unterschied zu machen zwischen den Menschen und deren Geisteszuständen. Gebt euch nicht dem Streß der Gier, der Abneigung, der

Angst und Sorge hin, aber erkennt, daß viele Menschen im betreffenden Kulturkreis daran leiden. Sie sind von den unaufhörlichen Mächten der Werbung und des Materialismus konditioniert. Sie sind nicht in der Lage, den lauten Ruf der Stimme zurückzuweisen, die suggeriert, das Glück liege auf dem Pfad des Reichtums, des Habenwollens und des Gewinnstrebens.

Versucht daran zu denken, daß die Stimme des Dhamma nicht so laut ist und daß viele Menschen vielleicht niemals gehört haben, daß man das Leben auch aus einer anderen Sichtweise heraus betrachten kann. Versucht euch selbst und eure Mitmenschen mit den offenen, wohlwollenden Augen des Mitgefühls zu betrachten und diese Sichtweise mit der Stärke der Weisheit auszubalancieren. Wir erkennen, daß alle Dinge so sind, wie sie sind. Dukkha ist Dukkha, und wir möchten sein Anwachsen weder in uns noch in anderen fördern.

Das bedeutet nicht, daß sich jeder von uns sozial besonders engagieren müsse, obwohl viele von uns dies tun. Es bedeutet, daß wir in uns selbst aktiver werden, daran arbeiten, die Natur der Konditionierung zu erkennen, die Gier, Abneigung, Angst und Sorge in uns selbst zu erkennen. Wir versuchen, weder Mensch noch Natur auszubeuten; wir versuchen, die Offenheit und das Verständnis für die Verwobenheit allen Lebens zu bewahren, indem wir möglichst voller Achtsamkeit, Einfachheit und weiser Absicht leben.

Wir versuchen, Freunde zu finden, die ebenfalls auf diese Weise leben. Wir unterstützen einander, und wir unterstützen Meditationszentren, die den Raum und die Bestärkung zur Meditation und inneren Suche schaffen.

Das beinhaltet mehr, als die eigene Kultur und andere Menschen mit Abneigung zu betrachten. Dadurch transformiert man sich, im Gegensatz zum »Lehnstuhl-Reaktionär«, der mitunter die Macht der Aversion und Konfrontation in der Welt noch verstärkt.

Die Verantwortung für sich selbst übernehmen heißt, über alle Lebewesen der Erde zu reflektieren und sie ins Herz schließen, sich dem Leiden und dem Unbefriedigenden öffnen, so daß die Kraft des Mitgefühls dadurch verstärkt werden kann. Dies gibt der Praxis einen *machtvollen* Antrieb. Wir versuchen, sie stets mit der Stärke von Weisheit und Gleichmut zu bewahren.

Dies kann auch ein Zurückziehen bedeuten, wenn man vermeiden will, durch einen Öffnungsprozeß überwältigt zu werden. Versucht nicht einem Ideal zu entsprechen. Wenn wir merken, daß uns diese Strömung wieder erfaßt hat, sollen wir versuchen, mit Freude und Erleichterung festzustellen, daß wir von Achtsamkeit durchdrungen sind und nicht von Selbsthaß.

Wir können versuchen, die Meditation wieder aufzunehmen, auch wenn dies bedeutet, mit Anspannung, dem Gefühl des Mangels und des Widerstrebens im ganzen Körper dazusitzen. Wir können versuchen, uns dem Unbefriedigenden zu öffnen und die Resultate und Macht der Konditionierung in unserem Körper, in unserem Geist wahrzunehmen. Wir können Mitgefühl mit dem Dukkha in unserem ganzen Wesen zulassen und dies einfach sein lassen. Im Seinlassen steckt bereits ein Loslassen.

Ein wenig hat uns unsere Bereitschaft zur Aufgeschlossenheit für die Wirklichkeit des Augenblicks bereits geheilt. Wir versuchen, bewußt bei dem Vorhandenen zu sein. Mit Einsicht dringen wir in die Natur von Körper und Geist vor. Wir erkennen die Richtigkeit der Edlen Wahrheiten in uns, die Existenz, die Ursache und vielleicht das Verblassen von Dukkha.

Manche Menschen neigen dazu, sich sehr schnell von den Annehmlichkeiten des Komforts hinreißen zu lassen und sich im Abstumpfen des Geistes zu verlieren. Sie wollen unterhalten werden, sobald ein kleines bißchen Langeweile auftaucht, und wenden ihren Geist von möglichen Anstrengungen ab, nachzuforschen, loszulassen und nach ihrem inneren Potential zu handeln. Sie schalten ihre innere Stimme einfach ab.

Wir haben das Gefühl, es sei zu schwierig, alten Verlockungen der Sinnesobjekte widerstehen zu können – die Bequemlichkeit erscheint zu verführerisch, die Objekte und der Status zu verlockend. Bei einem Überfluß an Annehmlichkeiten kann es leicht passieren, daß die knospende Blume des mitfühlenden Verständnisses vertrocknet und eingeht.

Wir meinen in solchen Situationen, es sei besser, die Verantwortung für unser Tun nicht zu übernehmen, und verschwenden keinen Gedanken an unseren Planeten und seine Lebewesen. Anstrengung und Achtsamkeit sind erforderlich, um offen und mitfühlend zu leben und Langeweile und Gier zu besiegen, statt davor wegzulaufen oder sich darin zu verlieren, mit einem abgestumpften Geist, der das Schweigen und die innere Suche ablehnt.

Jedoch sollten wir uns vergeben, wenn wir solche Situationen zugelassen haben. Dies wird möglich durch Besinnung auf den Einfluß, den wir auf die Welt durch unser Handeln haben, und durch die Erkenntnis, daß wir die Kraft zur Veränderung tatsächlich in uns haben ... genau jetzt.

Streckt die Hand nach eurem inneren Potential aus.

Zieht euch vielleicht für eine Weile vor diesen Mächten zurück.

Versucht gute Freunde zu finden, die euch Mut machen. Verbringt ein oder mehrere Wochenenden in einem Meditationszentrum oder kommt zurück in den Osten.

Dadurch erkennen wir den Unterschied zwischen einer vitalen, offenen Lebensweise mit Freude am Forschen und Lernen und der Leere einer Lebensweise, die dem Schlafzustand gleicht.

Auch in den meisten westlichen Ländern gibt es Meditationszentren, die ihr finden und unterstützen könnt.

Meditation im Alltag zu praktizieren ist vielleicht manchmal nicht so einfach oder erscheint gar unmöglich. In solchen Zeiten ist es hilfreich, über eure meditierenden Freunde überall auf der Welt zu reflektieren. Laßt die Gesichter und Orte vor eurem inneren Auge erscheinen und fühlt euch in Gedanken mit ihnen verbunden. Besinnt euch darauf, daß viele Menschen sich vielleicht gerade in diesem Augenblick zur Meditation niedersetzen – ihr könnt euch anschließen.

Setzt euch hin und sendet ihnen gute Wünsche des Mitgefühls, der Liebenden Güte, der Freude über ihre Bemühungen. Dadurch wird das Gefühl der Einsamkeit und des Getrenntseins verschwinden.

Regelmäßige Inspiration und inneres Kraftholen sind sehr wichtig. Deshalb solltet ihr zumindest einmal im Jahr ein Retreat durchführen.

Wir hoffen aufrichtig, daß ihr weitermacht bei der Entfaltung von Mitgefühl, Liebender Güte, Mitfreude, Weisheit und Gleichmut, daß ihr diese Qualitäten entfaltet, damit ihr in der Lage sein mögt, dem Verständnis für euren Geist näher zu kommen, euer Dukkha aufzulösen, innere Ausgeglichenheit und Frieden zu finden und auch anderen dabei zu helfen, all dies zu finden.

... mit Mitgefühl und Verständnis.